U0699234

扬州大学·大运河文库

中国大运河艺术

姜师立　肖剑锋◎编著

扬州市文艺创作引导资金项目作品
扬州大学出版基金资助项目
扬州大学中国大运河研究院科研项目

中国建材工业出版社
北京

图书在版编目（CIP）数据

中国大运河艺术 / 姜师立，肖剑锋编著．-- 北京 ：
中国建材工业出版社，2024.5
ISBN 978-7-5160-4016-4

Ⅰ．①中… Ⅱ．①姜… ②肖… Ⅲ．①大运河一文化
研究一中国 Ⅳ．① K928.42

中国国家版本馆 CIP 数据核字（2024）第 022638 号

中国大运河艺术
ZHONGGUO DAYUNHE YISHU

姜师立　肖剑锋　编著

出版发行：中国建材工业出版社
地　　址：北京市西城区白纸坊东街2号院6号楼
邮　　编：100054
经　　销：全国各地新华书店
印　　刷：北京天恒嘉业印刷有限公司
开　　本：787mm×1092mm　1/16
印　　张：25
字　　数：450千字
版　　次：2024年5月第1版
印　　次：2024年5月第1次
定　　价：148.00元

本社网址：**www. jccbs. com**，微信公众号：**zgjcgycbs**

本书如有印装质量问题，由我社事业发展中心负责调换，联系电话：（010）63567692

序

中国大运河是中国古代劳动人民创造的一项伟大工程，是世界上开凿较早、沿用时间最久、跨越距离最长、规模最大的人工运河，展现出我国古代劳动人民的智慧和勇气，传承着中华民族的悠久文明和历史，是一部书写在华夏大地上的宏伟诗篇。2014 年，中国大运河成功入选《世界遗产名录》；2017 年，习近平总书记提出要“保护好、传承好、利用好大运河这一祖先留给我们的宝贵遗产”；2019 年，中央全面深化改革委员会审议通过并印发了《长城、大运河、长征国家文化公园建设方案》，大运河沿线掀起了大运河文化带建设和大运河国家文化公园建设的热潮。《中国大运河艺术》一书正是在这样的背景下创作的。

本书所称的中国大运河由京杭大运河、隋唐大运河、浙东运河三部分构成，全长 3200 多千米，其中京杭大运河包括通惠河、北运河、南运河、会通河、中运河、淮扬运河和江南运河等段，隋唐大运河包括永济渠和通济渠等段，浙东运河主要指杭州至宁波段的河道。从开凿于公元前 486 年的古邗沟算起，中国大运河是具有 2500 多年历史的活态遗产。中国大运河沟通和融汇了京津、燕赵、齐鲁、中原、淮扬、吴越等地域文化[1]。也就是说《中国大运河艺术》研究的是这片区域内的文学艺术。

1　京津文化区包括北京、天津等地，燕赵文化区主要包括沧州、邯郸、邢台、廊坊、雄安新区等地，齐鲁文化区主要包括德州、聊城、泰安、济宁、枣庄等地，中原文化区主要包括郑州、开封、洛阳、商丘、安阳、鹤壁、新乡、焦作、濮阳、淮北、宿州、徐州等地，淮扬文化高地主要包括扬州、淮安、宿迁等地，吴越文化高地主要包括苏州、无锡、镇江、常州、嘉兴、杭州、湖州、绍兴、宁波等地。

中国大运河作为我国古代贯通南北的唯一交通大动脉，不仅促进了古代中国经济发展和中外文化交流，而且在其发挥重要作用的过程中，吸纳了沿线各个地方特色和民族特色的文明成果，积淀形成了内涵深厚、千姿百态的大运河文化。中华文化是多元一体的文化，而中国大运河的开通，促进了南北文化和中外文化的大交流，形成了独具特色的大运河文化。大运河文化以其博大的包容性和开放性，吸收了沿线各种文化精华，成为中华文化的重要组成部分。中国大运河文化无论是在物质文化还是精神文化上，都深刻地影响着我们的国家和民族。随着大运河的南北大贯通和迅速开发，大运河区域的社会经济达到了前所未有的兴盛与繁荣，这不仅为大运河区域的文化发展提供了雄厚的物质基础，而且也促进了南北文化、东西文化以及中外文化的交流，使各种地域文化和外来文化相互接触、融会、整合，形成独具特色的中国大运河文学艺术。

开凿中国大运河最早的目的是运送军队和物资，后来运河成为漕运的专用通道。货物的流动带来了人的流动，也带来了文化的交流。因此，善于沟通、包容开放的宽广胸怀是大运河文化的基本特征。从某种意义上讲，文化就是沟通。如果人与人之间没有沟通的愿望，便不会有文化的诞生。这一点对大运河文化的发展更加重要，运河的本质也是沟通。大运河是一条文化的河流，它不仅直接串联起南北，沟通了黄河与长江，而且间接地连接起更为广阔的空间，对中国文化大格局的形成具有十分重要的作用，同时大运河也是联系古代中国与世界的桥梁，是古代东方主要的国际交通路线之一。运河上的洛阳、宁波分别是陆上丝绸之路和海上丝绸之路的重要城市。中国大运河的开通连接了这两座城市，促进了不同区域之间的物流和人际交往，也影响了古代中国与世界的外交往来。鉴真东渡日本、马可·波罗游历中国，都是通过运河；胡乐、胡舞、胡服，在运河流域风靡；佛教、伊斯兰教、基督教也沿着运河传播。兼容并蓄中，中华文化得以丰富。

中国大运河所创造、维系的社会环境和人文环境，中国封建社会各时期统治者及士大夫阶层的文化价值追求、审美追求和精神追求，对大运河地区乃至整个中华文化都产生了极其重要的影响。随着大运河的贯通，中国大运河沿线区域成为中国政治、经济的发达区域，也是文学艺术发展、繁衍和活跃的主要场所。丰富多彩的文化形态形成了中国大运河沿线诗意的人居环境、独特的建筑风格、精湛的手工技艺、众多的名人轶事以及丰富多彩的民间艺术和民风民俗，至今仍散发勃勃生机。沿线水工遗存、运河故道、名城古镇等物质文化遗产近3000项，国家级非物质文化遗产 500 余项，是我国优秀传统文化高度富集的区域。

中国大运河区域更是文学艺术的富集区，这与大运河对文学艺术的孕育与滋养是密不可分的。大运河的开通，促进了大运河区域的经济发展，而经济的发展促使人们进一步追求高质量的生活，新的文学作品和艺术形式的产生也就势所必然了。同时，大运河区域的经济发展使得人民受教育的水平比较高，浓厚的文化氛围有利于培养杰出文学艺术人才。另外，大运河加强了运河区域和其他地区的联系和交流，也使得大运河地区的人民能够了解到更多来自其他地区甚至国外的新知识。开阔了自己的眼界，在从事文学艺术创作时就可以站在更高的起点上，取得更大的成就。伴随着南北运河的开通，大江南北、长城内外的经济贸易和文化交流越来越频繁。在传统文化的熏陶和运河文化的滋养下，大运河两岸出现了一大批文学艺术家，文学艺术的传播周期也越来越短。不管是南方还是北方，只要是文坛上的新生事物，很快便会从大运河的一头传到另一头，并迅速传播到周围广大地区。大运河丰富的文学艺术，包括与大运河相关的各类非物质文化遗产和传统习俗等，这些文学艺术以大运河相关的“人”为基础，其载体是大运河沿线的诗文小说、书画音乐、戏曲文艺、工艺美术、生活习俗等。

《中国大运河艺术》一书对大运河沿线的文学艺术符号进行了全面的梳理与研究，是首部全面系统地介绍以中国大运河为核心的文学艺术资源的书籍。本书按文学艺术的类别创作，分为中国大运河书法艺术、中国大运河绘画艺术、中国大运河诗歌散文、中国大运河小说艺术、中国大运河戏剧艺术、中国大运河曲艺艺术、中国大运河音乐艺术、中国大运河舞蹈艺术、中国大运河雕塑建筑与工艺、中国大运河民间艺术 10 个章节，以及附录：中国大运河艺术的保护传承与弘扬。从时间上看，本书包括从远古时期一直到近现代的艺术；从范围上看，本书重点围绕中国大运河覆盖的区域，也就是中国大运河主线流经的八个省级行政区——《大运河文化传承发展规划纲要》确定的范围进行分析。本书通过周密的史料、简洁的文字，附以大运河艺术品的高清图片，如古代优秀书法作品的照片、古代十大名画的高清图、大运河艺术活动的照片，图文结合，让读者全面系统地了解中国大运河艺术的前世今生和内涵价值，厘清琳琅满目的中国大运河艺术门类和传承脉络。本书涉及文化传承、文化认同和文化走出去等理念，具备较高的文化积累价值。

中国大运河文化是中华优秀传统文化的重要组成部分，在建设中华民族现代文明中具有独特作用。希望通过阅读本书，读者能更好地理解在长期历史变迁中大运河对沿线居民生产生活以及地域文化的深刻影响。这本书对于保护传承与利用大运河文化、传承中华文脉、实施文化遗产传承发展工程、进一步完善文化遗产保护制度以及建设大运河文化带和大运河国家文化公园等具有重要价值。本书旨在通过讲述中国大运河艺术的故事，传播中国历史、中国文化和中国声音，让更多人认识大运河，领会大运河的价值，进而让我们更加了解和尊重历史，提高民族自信心和自豪感，培养文化自觉和文化自信，增强民族文化软实力。

姜师立

2023 年 6 月

第一章　中国大运河书法艺术 / 1

第一节　中国大运河书法艺术的起源与发展 / 3

第二节　中国大运河沿线的著名书法家 / 16

第三节　中国大运河沿线的书法代表作品 / 26

第二章　中国大运河绘画艺术 / 43

第一节　中国大运河绘画的起源与发展 / 45

第二节　中国大运河杰出画家与主要流派 / 61

第三节　中国大运河绘画代表作品 / 75

第三章　中国大运河诗歌散文 / 97

第一节　中国大运河诗歌 / 99

第二节　中国大运河散文 / 121

第四章　中国大运河小说艺术 / 133

第一节　运河小说的起源及发展 / 135

第二节　唐代运河传奇小说 / 137

第三节　宋元话本与大运河 / 138

第四节　明代白话小说与大运河 / 140

第五节　清代运河小说 / 146

第六节　近现代运河小说 / 152

第五章　中国大运河戏剧艺术 / 157

第一节　中国大运河戏剧的起源与发展 / 159

第二节　中国大运河沿线主要剧种 / 175

第六章　中国大运河曲艺艺术 / 187

第一节　中国大运河曲艺的起源与发展 / 189

第二节　中国大运河沿线主要曲艺种类 / 205

第七章　中国大运河音乐艺术 / 217

第一节　远古音乐 / 219

第二节　夏、商、西周至春秋时期的音乐 / 220

第三节　战国、秦、汉时期的运河音乐 / 221

第四节　三国、两晋、南北朝时期的运河音乐 / 223

第五节　隋唐时期中国大运河音乐 / 225

第六节　宋元时期中国大运河音乐 / 227

第七节　明清时期中国大运河音乐 / 231

第八节　近现代中国大运河音乐 / 236

第九节　中国大运河民歌 / 239

第十节　中国大运河船歌 / 250

第八章　中国大运河舞蹈艺术 / 255

第一节　中国大运河舞蹈的起源与发展 / 257

第二节　中国大运河沿线主要舞蹈种类 / 267

第三节　中国大运河地区杰出舞人 / 278

第九章　中国大运河雕塑建筑与工艺 / 283

第一节　中国大运河雕塑艺术 / 285

第二节　中国大运河建筑艺术 / 295

第三节　中国大运河工艺 / 309

第十章　中国大运河民间艺术 / 321

第一节　中国大运河楹联、民间传说故事 / 323

第二节　中国大运河民间信俗 / 326

第三节　中国大运河社交风俗 / 336

第四节　中国大运河船民习俗 / 345

第五节　中国大运河民间杂技与魔术 / 349

附　录　中国大运河艺术的保护与弘扬 / 353

后　记 / 363

第一章 中国大运河书法艺术

大运河沿线的文化艺术中，书法艺术发源比较早，也是与大运河关系密切的艺术形式。书法艺术繁荣的背景是大运河的全线贯通。从隋炀帝开凿大运河，到元明清时期京杭大运河贯通，再到近代，中国大运河沿岸地区一直是中国人口密集、经济发达、商贸兴盛、人才济济的地区，也是中国文学艺术领域活跃、多产、多态且硕果累累的地区。任何一种艺术形式的形成和发展都离不开其社会环境和历史背景，书法艺术也不例外。随着隋唐大运河的贯通，中国进入一个长期统一时期，文化形态稳定，中间虽有局部战争或动乱，但国家主体和政体基本稳定，中华文化的主调、要义、核心得到保持和发展，作为中华文化重要表征和基础的书法艺术也在这个时期得到巩固、发展和创新。特别是隋代科举制度的实行，书法从写给自己看，发展到写给别人看，尤其是要写给考官看，对汉字书写的要求越来越高，书法艺术随之而蓬勃发展。大运河地区经济发达，交通便利，人员流通频繁，是书法艺术发展最快的区域。

中国大运河书法艺术的起源与发展

中国是世界上最早使用文字的国家之一，汉字在劳动中创造，以图画记事开始，经过几千年的发展，逐渐演变而成当今的文字。汉字逐步发展为以毛笔书写为主，随着时代进步、中西交流，硬笔书写逐步普及，其书写规律与毛笔基本相通。

距今 8000 多年前的裴李岗，出土的手制陶上发现有较多的类文字符号。距今约 6000 年前的仰韶文化的半坡遗址，出土了一些类似文字简单刻画的彩陶。大运河畔的高邮龙虬庄遗址的陶片上也发现了一批象形文字，被考古界称为“文明的曙光”。这些符号区别于花纹图案，把汉文字的发展向前推进了一步，可以说是中国文字的起源。随后发现了二里头文化和二里岗文化。二里头文化考古发掘中发现有刻画记号的陶片，其记号共有二十四种，有的类似殷墟甲骨文字，都是单个独立的字。二里岗文化发现有文字制度，曾发现过三件有字的骨头，其中两件各有一个字，一件有十个字，似为练习刻字而刻。这种简单的文字可以称为“史前的书法”。

随着时间的推移、朝代的变换，书法也随之不断演变。书法的演变一般是指其字体的演变，从甲骨文、金文演变为大篆、小篆、隶书，至草书、楷书、行书等字体。不同的时代，时人关注的书法艺术重点也不同。唐楷尚法，宋人尚意，元明尚态，清代的碑帖之争等，书法演进的过程是与中国历史同步的，这在运河地区表现得尤为突出。

一、商代至秦末运河书法艺术

汉字的起源有“神农结绳”“仓颉造字”等传说、表述或演义，学术界认为史前文化中基本的刻画符号便是汉字形成的雏形，具备了早期文字的基本特征。从夏商周，经春秋战国，到秦汉，两千多年的历史发展带动了书法艺术的发展。这个时期内各种书法体相续出现，有甲骨文、金文、石刻文、简帛朱墨手迹、篆书、隶书等，书法艺术开始了有序发展。

甲骨文是人类历史上最早的文字之一，这种刻在甲骨上的文字是现代汉字的雏形，因其最早在动物骨头上发现而得名，也被认为是汉字最早的字体。隋唐大运河永济渠边的安阳市是世界上数量最大、最为集中的甲骨文出土地。郑州商城遗址也发现过商代早期的牛骨刻辞，山东大辛庄发现了商代晚期的甲骨文。中国的甲骨文与古代埃及的象形文字（公元前 4000 年左右由埃及第一王朝创始的文字）、古巴比伦楔形文字（公元前 3200 年左右由苏美尔人所发明象形文字）、古印度河流域的原始文字（公元前 2000 年前后）并称世界最古老的四大文字。

甲骨文兼具了象形文字、抽象文字和表音文字等综合属性，其中的许多单字与图像一样，既直观易懂，又生动活泼。刻于甲骨或兽骨上的甲骨文，结构对称、均衡，或全部规整、严谨，或整体倾斜、错落，横排、纵排不定，但间隔有制、章法成熟。甲骨文的发明与大规模的应用为后期中国文字的发展奠定了坚实的基础。

商代后期及周朝时期，中国青铜器的冶炼，铸造技艺日趋成熟，甚至成为了一个国家是否强盛富足的重要标志。青铜器上大量刻有铭文，被称为“金文”。初期的金文文字表示器具的赏赐者、使用者，或刻有一些重要信息。后期刻字逐渐增多，西周晚期的毛公鼎上刻字 497 个，堪称“鸿篇巨制”。金文一般与青铜器同时铸造完成，有阴文，称为“款”；有阳文，称为“识”。金文字体总体整齐秀丽、古朴厚重。属大篆体。春秋战国时期，周朝的传统礼制被打破，战国诸侯崇尚百家争鸣，书法开始了多元化的审美格局。战国后期，石鼓文诞生，是指刻在十块鼓形石头上古老的文字。石鼓文在大篆的基本字体结构基础上，明显出现了小篆的圆润、秀美特点，其体式肃严、浑厚凝重、朴实自然，被称为“大篆的集大成者”，被后来历代书家所喜爱。

春秋战国时期，各国文字差异很大，严重影响相互交流，阻碍经济文化发展。秦始皇统一各国后，丞相李斯主持统一了全国文字，称为秦篆，又叫小篆。小篆属于规范字体，比大篆规整划一，文字的笔画全部为粗细均匀的线条，是一种符号化文字，在金文和石鼓文的基础上删繁就简而来。其中《峄山刻石》《泰山刻石》《琅琊刻石》《会稽刻石》即为李斯所书。秦代同时也是书法艺术的继承与创新的变革时期。

由于小篆篆法苛刻，书写不便，于是出现了隶书。“隶书者，篆之捷也”，其目的就是为了书写方便。由篆书到隶书，结构由纵势变成横势，线条波磔更加明显。隶书的出现是汉字书写的一大进步，是书法史上的一次革命，不仅使汉字趋于方正楷模，而且在笔法上也突破了单一的中锋运笔，为以后各种书体流派奠定了基础。秦代在中国书法史上留下了辉煌灿烂的一页，开创了中国书法的先河。

二、两汉时期运河书法艺术

两汉书法分为两大表现形式，一种为主流系统的汉石刻；另一种为支流系统的瓦当玺印文和简帛盟书墨迹。“后汉以来，碑碣云起”是汉隶成熟的标记。在摩崖石刻中以《石门颂》等最为著名，被视为“神品”。蔡邕等人所书的《熹平石经》达到了恢复古隶，胎息楷则的要求。而碑刻中以《封龙山颂》《西狭颂摩崖》《孔宙》《乙瑛碑》《史晨碑》《张迁碑》《曹全碑》等诸碑各有特点，各有特色，尤为后人称道。最能代表汉代书法特色的，莫过于是碑刻和简牍上的书法。东汉碑刻林立，以汉隶刻之，字形方正，法度严谨，波磔分明。隶书又称“佐书”“史书”或“八分书”，隶书将秦代古隶进一步简化，字形由长变方甚至变扁，笔画线条由圆转直，笔画之间允许断、连，无论是从结构还是笔画，均追求书法的快捷、简便。随后隶书的美术性和装饰性进一步突出，出现了明显的雁尾与波挑、蚕头等特征。至于瓦当玺印、简帛盟书则是

延伸阅读

书法的书体

中国书法的五种主要书体，篆书体（包含大篆、小篆）、隶书体（包含古隶、今隶）、楷书体（包含魏碑、正楷）、行书体（包含行楷、行草）、草书体（包含章草、今草、狂草）。

艺术性与实用性的结合。

纵观中国书法艺术，其繁荣从东汉开始。东汉时期出现了专门的书法理论著作，最早的书法理论提出者是东西汉之交的杨雄。第一部书法理论专著是东汉时期崔瑗的《草书势》。而此时的隶书已达登峰造极之势。

两汉时期大运河区域的书法家可分为两类，一类是汉隶书家，以蔡邕为代表。一类是草书家，以杜度、崔瑗、张芝为代表。汉代创兴了草书，在书法艺术的发展史上有着重大意义。它标志着书法开始成为一种能够高度自由地抒发情感，表现书法家个性的艺术。草书的最初阶段是草隶，东汉时期草隶进一步发展，形成了章草。后由张芝创立了今草，即草书，张芝也被后人称之为“草圣”。与章草相对应的，今草则是在楷书建立之后，采用楷书的体式和笔法所形成的草书形式。

三、三国两晋南北朝时期运河书法艺术

1. 三国时期

三国时期运河地区隶书开始由汉代的高峰地位逐渐演变成楷书，楷书成为书法艺术的又一主体。楷书又名正书、真书，由钟繇所创。钟繇，字元常，颍川郡长社（今河南长葛）人。三国魏明帝时官至太傅，后世称为“钟太傅”。他能书写多种字体，尤其以隶书、楷书最为精妙。正是在三国时期，楷书进入刻石的历史。三国（魏）时期的《荐季直表》《宣示表》等成了雄视百代的珍品。

2. 两晋时期

两晋时，随着江南的开发，运河地区书法发展速度加快，身处江南的东晋士大夫阶层在生活处事上倡导“雅量”“品目”，艺术上追求中和居淡之美。书法主要表现在行书的盛行，行书是介于草书和楷书之间的一种字体。代表作有《伯远帖》《快雪时晴帖》《中秋帖》。

王羲之、王献之父子二人妍放疏妙的书法迎合了士大夫们的艺术品位。最能代表魏晋精神、在书法史上最具影响力的书法家当属王羲之，人称“书圣”。据说钟繇得蔡邕笔法后，传给卫夫人，卫夫人又传给王羲之。王羲之集汉魏书法之大成，改变了过去较为呆板的写法，使字体更为活泼、富有生气。王羲之传其子王献之，王献之仿其父笔法，也是一代书法大师。

王羲之的《兰亭序》写于浙东运河畔的会稽郡（今绍兴市），被誉为“天下第一行书”，其笔势飘若浮云，矫若惊龙。王羲之的儿子王献之的《洛神赋》字法端劲，所创“破体”与“一笔书”为书法史一大贡献。南朝宋之羊欣、齐之王僧虔、梁之萧子云、陈之智永等步其后尘，加上陆机、卫瑾、索靖、王导、谢安、鉴亮等书法世家的加入，南派书法欣欣向荣。

小贴士：兰亭修禊

东晋永和九年（353 年）农历三月初三，时为上巳节，魏晋时期盛行上巳节水边饮宴、郊外游春。王羲之和居住在山阴的一些文人来到兰亭举行“修禊”之典，饮酒赋诗，多有成就。王羲之为此诗集写序文，《兰亭序》即为手稿，全文共 28 行、324 字，其章法、结构、笔法均趋于完美。众人观之无不喜爱，据说王羲之书写完毕，自己也甚喜爱，再写几次均无法达其意境，后人赞之“右军字体，古法一变。其雄秀之气，出于天然，故古今以为师法”。历代书家都推《兰亭序》为“天下第一行书”。

3. 南北朝时期

南北朝时期，书法艺术分为南、北两派，运河地区书法艺术进入北碑南帖时代，北楷南行，北民南士，北雄南秀，各有特点。

北朝褒扬先世，显露家业，刻石为多。在北朝碑刻书法之中，以北魏、东魏最精，风格多姿多彩，故称魏碑，是汉代隶书向唐代楷书发展的过渡时期书法。代表作有《张猛龙碑》《敬使君碑》。北派书法家大多数是庶人，因此，北魏书法称为民间书法，最出名当推郑道昭父子，被誉为“书中之圣”“北派王右军”。康有为曾说，“凡魏碑，随取一家，皆足成体。尽合诸家，则为具美”。钟致帅《雪轩书品》称：“魏碑书法，上可窥汉秦旧范，下能察隋唐习风”。唐初几位生活在运河地区的楷书大家如欧阳询、虞世南、褚遂良等都取法魏碑。

公元 317 年至 420 年，晋室东迁至灭亡，进入南朝。南朝书法承袭东晋风气，书法家灿若群星，他们继承了前代书法的优良传统，书写了无愧前人的优秀作品，为形成唐代书法百花竞艳群星争辉的鼎盛局面，奠定了优秀的基础。

南北两派最著名的书法代表作是南梁《瘗鹤铭》和北魏《郑文公碑》，此二者可谓南北双星。碑帖的代表作有《真草千字文》。

四、隋唐时期的运河书法艺术

隋唐时期，随着大运河的贯通，书法艺术得到广泛的交流，并快速发展，造就了隋唐时期中国书法史上的空前繁荣。大运河两岸，出现了许多名扬后世的著名书法家和集大成、垂风范的艺术珍品。随着科举考试制度的推行，书法作为一项基本的应试项目，极大地促进了读书人学习和练习书法的热情，这对书法艺术的发展也起到了很好的促进作用。文人在重视政治地位的同时，也把书法作为其能力与艺术修养的重要表现形式，直接造成了隋唐时期中国书法史的空前繁荣，名家辈出，群星璀璨，出现了许多彪炳史册的书法大师，例如隋代的智永和尚，唐代的贺知章、张旭、欧阳询、褚遂良、颜真卿、李邕、徐浩、怀素、孙过庭、柳公权，以及五代时期的杨凝式等。

（一）隋代运河书法

由于南北统一，东晋时期的“二王”书风，逶迤传人，经隋代整合，“上承六代，下启三唐”，为唐代书法达到全盛提供了条件。隋朝结束了南北朝的混乱局面统一中国，之后的唐朝也是较为安定的时期，这有利于书法艺术的稳定发展。随着隋唐大运河的贯通，南帖北碑发展到隋代合而同流，正式开始了楷书的形式，在书法史中占据承前启后的地位。隋楷上承两晋南北朝沿革，下开唐代规范新局。隋代有碑版遗世，多为真书，分四种风格：一是平正淳和，如丁道护的《启法寺碑》等；二是峻严方饬，如《董美人墓志铭》等；三是浑厚圆劲，如《信行禅师塔铭》等；四是秀朗细挺，如《龙藏寺碑》等。

隋代最著名的书法家是智永和尚，传说他是王羲之的后人。此外，永欣寺另一位僧人智果，书法亦精，颇得王羲之风骨，可惜其真迹已失。

（二）唐代运河书法

唐代文化博大精深、辉煌灿烂，书法艺术成就达到了书法史上的最顶峰。唐代书法的法度追求最高、最严谨，可谓“书至初唐而极盛”。

唐代墨迹流传至今者也比前代多，大量碑版留下了宝贵的书法作品。整个唐代书法，对前代既有继承又有革新。楷书、行书、草书发展到唐代都达到了一个新的高度，时代特点十分突出，对后代的影响远超以往任何一个时代。唐代书法大家荟萃，各领风骚，不同书体，竞艳斗奇。唐代书法艺术，可分初唐、中唐、晚唐三个时期。初唐以继承为主，尊重法度，刻意追求晋代书法的劲美；中唐不断创新，极为昌盛。晚唐书艺亦有进展。

繁华的大运河两岸，书法家众多，大运河地区书法从六朝遗法中脱颖而出，楷书大家以欧阳询、虞世南、褚遂良、薛稷、欧阳通为主流。他们书法的总特点是结构严谨整洁，故后代论书法有“唐重间架”之说，一时尊为“翰墨之冠”。到了盛唐歌舞升平，儒道结合，运河之畔的江都（今扬州）人李邕变右军行法，独树一帜，张旭、怀素以癫狂醉态将草书表现形式推向极致，张旭史称“草圣”，运河边人孙过庭的草书则以儒雅见长。其他人如贺知章、李隆基也力创真率夷旷，风骨丰丽之新境界。颜真卿“纳古法于新意之中，生新法于古意之外”。扬州泰州县人张怀瓘是唐代书法理论的集大成者、中国书法理论的奠基性人物，他将书法列为十体：古文、大篆、籀文、小篆、八分、隶书、章草、行书、飞白和草书。这就是后来书法五体篆书、隶书、草书、行书、楷书的基础。到晚唐五代，国势转衰，沈传师、柳公权再变楷法，以瘦劲露骨自矜，进一步丰富了唐楷之法。杨凝式兼采颜柳之长，上溯二王，侧锋取态，铺毫着力，遂于离乱之际独饶承平之象，成为唐代书法的回光。五代之际，狂禅之风大炽，也影响到书坛，“狂禅书法”虽未在五代一显规模，不过对宋代书法影响不小。

1. 隋至唐初

隋统一中国，兼容包蓄南北朝文化艺术。至唐初，政治昌盛，书法艺术逐渐从六朝遗法中蝉蜕出来，显现出新的姿态，以楷书为主流。唐初期，社会稳定，经济繁荣，书法被列为国子监“六学之一”（国子学、太学、四门学、律学、书学和算学）。其中国子学、四门学均面对朝廷官员，而书学则面对八品以下官员及庶民，鼓励以书取士。唐太宗李世民喜爱书法，倡导书学，同时大力推崇“二王”书法，对唐代书法艺术的发展和繁荣起到了极大的促进作用。书法“初唐四杰”为欧阳询、薛稷、虞世南和褚遂良等四人，其中虞世南和褚遂良均来自浙东运河畔的“二王”书体之乡。此外，在由初唐向盛唐过渡的书法家中，李邕的行楷别开天地，他对“二王”书法的继承，重在风骨，笔力一新。代表作有《云麾将军李思训碑》和《岳麓寺碑》等。

2. 盛唐、中唐阶段

盛唐时期书法追求一种浪漫忘形的方式。如“颠张醉素”（张旭、怀素）的狂草、李邕的行书。“张旭三杯草圣传，脱帽露顶王公前，挥毫落子如云烟”杜甫对张旭描写与赞誉，生动体现了张旭狂放不羁的特点。张旭生长在运河之滨的苏州，与李白、贺知章交情深厚，杜甫将其三人列入“饮中八仙”。到了中唐，楷书再度有新的突破。以运河北部德州地区的颜真卿为代表为楷书奠定了标准，树立了楷模，形成为正统。至此中国书法文体已全部确定下来。

小贴士：运河“三杰”：李邕、孙过庭、张怀瓘

盛唐时期，扬州、苏州等地依运河之便，经济发达，文化昌盛，除张旭、怀素外，留名书法界的大家还有扬州的李邕，工诗文，擅长碑颂，其行书变王羲之法，笔法一新。江南运河边的孙过庭辞官在家撰写书论，代表作有《书谱》及草书《千字文》。扬州府泰州县人士张怀瓘，善真草、行书、小篆、八分等，他的书法著作有《二王等书录》《六体论》《文字论》《书议》《书估》《书断》等。他将中国书法字体分类为十体：古文、大篆、籀文、小篆、八分、隶书、章草、行书、飞白和草书。张怀瓘将书体归纳为十体，无疑是一大进步。如今将汉字分为真、行、草、隶、篆五体，或真、草、隶、篆四体，张怀瓘书体分类方法是其重要基础。

3. 晚唐五代阶段运河书法

公元 907 年，割据军阀朱全忠灭唐，建立后梁，由此历后唐、后晋、后汉、后周，称五代。由于国势衰弱和离乱，文化艺术也呈下坡之势。书法艺术虽承唐末之余续，但因兵火战乱的影响，总趋势是凋落衰败的。

五代之际，在书法上值得称道的，当推杨凝式，他的书法在书道衰微的五代可谓中流砥柱。此外，还有李煜、彦修等有成就的书法家。至此，唐代平正严谨的书风已告一段落。这一时期的运河书法代表人物有柳公权、萧道成、顾恺之等。

小贴士：颜筋柳骨

颜真卿，字清臣，山东琅琊人（今山东临沂），曾为平原太守（山东德州陵城区），故称“颜平原”。他的楷书去除了初唐楷书的瘦健险峻之风，在楷书中融入大篆和籀文笔意，创出的颜体楷书雄浑丰健，字体宽博、骨力遒劲，颜体墨迹或碑刻气韵贯畅，风格体现了大唐帝国繁盛的风度，成为了书法美与人格美并存的典例。“学颜而自立”者最成功的莫过于柳公权。唐穆宗曾问柳公权用笔之法，柳公权说：“用笔在心，心正则笔正。”柳公权为人正直，一身骨气，书艺超群。柳公权享年超过 80 岁，侍奉唐代七任皇帝。柳公权的书法以楷书最佳，与颜真卿齐肩。他上追魏、晋下及初唐诸家笔法，又受到颜真卿的影响，在晋人劲媚和颜书雍容雄浑之间，创造了自己的柳体。后世有“颜筋柳骨”的美誉。

五、宋代运河地区书法艺术

宋朝书法尚意，这是朱熹提倡理学所致，意之内涵，包含有四点：一重哲理性，二重书卷气，三重风格化，四重意境表现，同时注重书法创作中的个性化和独创性。这些在宋代的书法上都有所体现，如果说隋唐五代尚法，是求“工”的体现，那么到了宋代，书法开始以一种尚意抒情的新面目出现在世人面前。书家除了具有“天然”“工夫”两个层次外，还需具有“学识”，即“书卷气”。宋太宗曾在京城置御书院，并亲辑《淳化阁帖》，使帖法盛行于世。

北宋运河地区书法家代表人物是苏、黄、米、蔡，即“北宋四家”，他们一改唐楷面貌，直接晋帖行书遗风。无论是天资既高的蔡襄和自出新意的苏东坡，还是高视古人的黄庭坚和萧散奇险的米芾，都力图在表现自己的书法风貌的同时，突显出一种标新立异的姿态，使学问之气郁郁芊芊发于笔墨之间，并给人以一种新的审美意境。这在南宋生活在江南运河地区的吴说、陆游、范成大、朱熹、文天祥等书家中，进一步得到推广。宋朝南迁之后，南宋书家的学问和笔墨功底已不能和北宋四家相比了。

小贴士：“瘦金体”的创立者宋徽宗赵佶

除了宋四家，宋朝的书法家还有宋徽宗赵佶。他治国无能，却擅长书画艺术。如果赵佶不是皇帝，他在中国书画史上一定会有极其重要的席位。赵佶书法、绘画俱佳。赵佶的书法，早年学黄庭坚，并兼学褚遂良和薛稷、薛曜等，加以融会贯通，形成自己挺瘦秀润的风格，名“瘦金体”。其特点是字形瘦直、挺拔，横划收笔带钩，竖划收笔带点，撇如利刃，捺如切刀，竖钩细长。有些连笔字像游丝行空，已近行书。宋徽宗的存世作品较多，代表作有《秾芳诗帖》《草书千字文》《闰中秋月诗帖》等。

六、元代运河地区书法艺术

元代总体上来说是一个复古的时代，元代诸家以唐人楷书为基础，学习两晋，形成了一代风气。元世祖忽必烈以其雄才大略，广交有才识的汉人，从各方面发现人才，并力图恢复旧有的体制，尽管他在文化与思想上比较开放，但在军政、财政和殿试录用人才等方面却对汉人严加限制，有识之士不能在仕途上谋取功利，便转趋于艺术，在艺术中寻找自己的天地。书法领域中，赵孟頫就是其中一名杰出的代表人物。

元朝虽然在政治上是异族统治，然而在文化上却被汉文化所同化，与宋代不拘常法的意境追求不同，元朝表现为对刻意求工的形式美的追求，所以苏轼标榜的是“我书意造本无法”，赵孟頫强调的是“用笔千古不易”。前者追求率意之意，后者强调有意之意。赵孟頫生活在大都，他所创立的楷书“赵体”与唐楷之欧体、颜体、柳体并称四体，成为后代临摹的主要书体。在元朝运河书坛享有盛名的还有鲜于枢、邓文原，虽然成就不及赵孟頫，然在书法风格上也有自己独到之处。他们主张书画同法，注重结字的体态。

纵观元代书法，书法的特征是“尚古尊帖”。其成就大者还在行草书方面。至于篆隶，虽然也有几位名家，但在书法史上并无地位。元代书风，仍沿宋习，盛于帖学，虽各有其妙，却不能以一家之法立于书坛。以行、草书为主流的书法，发展到了清代才得到改变。

七、明清运河地区书法艺术

明清书法艺术是继宋、元帖学书法之后加以发展的。而今人论及清代书法时，每以“帖学”“碑学”划分为前后两期，大致以清嘉庆、道光之际（1796—1850 年）为分期点。也就是以 19 世纪 20 年代以前为帖学时期，之后为碑学时期。不过，宋元之后，以“二王”书学为中心的碑帖学时代，至明清时已转入低潮，而学习汉魏以前的篆隶书法的书法家则逐渐增长。这时名家辈出，各领风骚，运河地区的书法理论比前代更有成就，《书筏》《艺舟双楫》《书概》《广艺舟双楫》等理论著作相继产生。

1. 明朝运河地区书法

明代书法方面，以草、行、楷为主，兼有篆、隶诸体，且大多数书法家并非专攻书法，一般是工诗文兼善书法，或工画善书，或诗、书、画兼善。明代书法的发展主要分为三个阶段：

明初书法“一字万同”“台阁体”盛行。沈度、沈粲兄弟合力将工稳的小楷推向极致。“凡金版玉册，用之朝廷，藏秘府，颁属国，必命之书”，二沈书法被推为科举楷则。其时运河地区著名的书法家还有擅行草书的刘基、工小楷的宋濂、精篆隶的宋遂和章草名家朱克，台阁大家当推解缙、李东阳、沈度等人。

明中期江南运河畔的吴门书派崛起，书法开始朝尚态方向发展。明代书法开始摆脱元代书法的影响，形成明代独有的面目，从而异彩纷呈。这一时期，明代的书法活动中心，开始从运河北端的北京转移到了江南运河边的苏州，这与大运河带来的江南经济繁荣有关。“吴门书派”的兴起，是对“台阁体”书法的纠正。这个书派，经过前期的宋克、徐有贞、沈周、李应祯、吴宽、王鏊，到祝允明、文徵明、王宠、陈淳为代表的“吴中四名家”，达到了鼎盛期，所谓“天下书法归吾吴”。明代书法家们依赵孟頫而上通晋唐，取法弥高，笔调亦绝代，这和当时思想观念的开拓解放有关，书法开始迈入倡导个性化的新境域。草书意多于法，特别是大草，纵情奔放、气势开张、酣畅淋漓，而其章法布局打破了纵横有列的格局，将草书推上了一个新的高峰。明代由于手工业的发达，制纸工艺日臻完美，加上厅堂式的建筑，书法的幅式开始由手卷尺牍小品向中堂巨幛大幅发展，而大幅的作品要有雄浑的笔力、挥斥八极的气势和形式对比强烈的章法布局为依托，这种创作观念构成了明人尚势的时代特色，而行草书体正好符合了这种变化的需要。明代善草书的书家甚多，著名的有陈璧、张弼、文彭、陈道复、莫云卿、董其昌、陈继儒、黄道周、张瑞图、倪元璐、傅山、王铎等，他们各自在书法宽广的领域里驰骋，并形成了不同的风格，其中最负盛名的当首推祝允明了。

晚明运河书坛兴起一股批判思潮，书法上追求大尺幅，震荡的视觉效果，侧锋取势，横涂竖抹，满纸烟云，使书法原先的秩序开始瓦解。代表书家有张瑞图、黄道周、王铎等，而江南运河畔的帖学殿军董其昌仍坚持传统立场。

2. 清代运河地区书法

清代书法的总体倾向是尚质，同时分为帖学与碑学两大发展时期。清代书法开创了碑学，特别是在篆书、隶书和北魏碑体书法方面的成就，可以与唐代楷书、宋代行书、明代草书相媲美，形成了雄浑渊懿的书风。尤其是碑学书法家借古开今的精神和表现个性的书法创作，使得书坛显得十分活跃，流派纷呈，欣欣向荣。随着运河带来的商品经济发达，人们的思想多元化，明末书坛的狂放不羁、愤世嫉俗的风气在清初进一步延伸，如傅山等人的作品仍表现出自我内在的生命和一种不可控制的情绪表现。这一点在清代中期“扬州八怪”的身上又一次复现。

此时，金石出土日多，运河地区的士大夫从热衷于尺牍转而从事金石考据之学，一时朝野内外，学碑人士趋之若鹜，最后成为清朝书坛的发展主流，加之阮元、包世臣、康有为等人大力宣扬，碑学作为一种与帖学相抗衡的书学系统而存在。当时著名的书家如金农、张船山、邓石如、何绍基、赵之谦、吴昌硕、张裕钊、康有为等纷纷用碑意写字作画，达到了尽性尽理，璀璨夺目的境地。可谓是运河书法文化的一大景观。

与此同时，晚明传下的帖学也同时进一步光大发扬，姜英、张照、刘墉、王文治、梁同书、翁方纲等人在刻意尊重传统的同时，力图表现出新面貌，或以淡墨书写，或改变章法结构等。但由于帖学长时期传承，没有书法家能够清晰地加以清理、认识和调整，积弊、习气也日益加深，这就使帖学不可避免地出现了颓势。

清代运河书法开始进入集大成的时期，这是书法艺术史上的“真草隶篆”完整体系时期。按照书法守成、成变之象，清代书法史以嘉靖、道光为界可分前后二期，前期又分清初、康熙、乾隆两期。清初统治者尚有将满文立为国文之意，但是在明朝遗民中善于书法的如归庄、顾炎武、王夫之等人最为有名。他们背负着亡国之恨，目睹民族沦丧，胸怀悲愤，展示于书法之中，笔下流淌个人真性情，自然而动人。书论一反元明以来崇尚淡泊之气，强调人格品性。到康乾时期，统治者强调“稽古、崇儒、兴文”，康熙推崇董其昌的书法，天下靡然成风，以华亭人张照、海宁人陈邦彦、慈溪人蒋宸英为代表。乾隆素喜赵孟頫的书法，一时赵代董兴，出现了刘墉、翁方纲、成亲王、铁保所谓的四大家，而王文治的书法秀逸天成，梁同书出入米、董，力求变化，尤以风神萧散见长，是当时的名家。运河南部城镇经济发展，商业繁华，发轫于元代的“画家书法”此时得以发展，成为独具特色的“书画一体”，王时敏、扬州八怪中的郑板桥、金农等人是其中佼佼者。与此同时，篆隶书也被有识之士推上书坛，开始了书法史上的“真草隶篆”完整艺术体系时期，为书法求变拉开了序幕。这时期的代表人物有王澍、蒋骥、翁方纲、钱泳、郑谷口、朱彝尊、万经、钱玷、桂馥等。

清嘉靖、道光以后，董赵帖学盛极而衰，朴学大兴，道光皇帝志于楷书，所以唐人楷书碑版又得其时，唐贤书法复兴于董赵之上，此时是运河书法艺术求变之时，它将各体技法融为一体，将书法结合一体，加之印章艺术大兴，使之三位一体。这一时期的书法大家有赵之谦、吴大征、翁同和、沈曾植、郑文焯等人。碑学派的代表作家有邓石如、伊秉绶（曾任扬州知府并书写了“隋炀帝陵”碑铭）、丁黄易、包世臣和陈鸿寿等。随后，康有为的《广艺舟双楫》更是辑碑学理论与实践方法，成为了“学书者必读”之书。而帖派则势衰，较出名的有刘熙载、周星莲、朱和羹等人，这似乎也标志着运河艺术在书法方面开始衰退。

3. 清代运河地区篆刻

篆刻是书法艺术的一个旁支，也是一种传统的艺术形式，因古代印章多采用篆书入印而得名。它是书法和镌刻（包括凿、铸）结合来制作印章的艺术。就创作技法而言，它是指将构思好的纹样或文字镌刻在金属、石头、牙、角等材质上。清代篆刻兴旺发达，名家迭出，诸派各有千秋。运河区域早期同样涌现了不少名家，浙派、如皋派、云间派、虞山派等各有特色，共同促进了篆刻艺术的繁荣。后期赵之谦、吴昌硕、王福庵、赵叔儒等名家技艺高超，西泠印社为近代篆刻艺术发展作出了巨大的贡献。

乾隆年间，江南运河边的钱塘人丁敬不喜欢莆田林皋等人工细秀媚的印风，异军突起，以独有创见的新格调扫除林皋笼罩江浙的影响，开创了浙派。此派代出英才，以他为首与后继的蒋仁等人合称“西泠八家”，可分为前四家、后四家。前四家是丁敬、蒋仁、黄易、奚冈，追随者陈豫钟、陈鸿寿、赵之琛、钱松则合称“后四家”。

除浙派外，江苏有如皋、云间、虞山三派。如皋派以如皋人许容、乔林为代表。前者篆刻取法秦汉，参考前代诸贤，布局疏朗，刀法稳健，喜欢用多种字体来刻多方印，中间存在不协调的现象；后者则喜欢用多种印材镌刻圆章，各臻其妙，最著名的则是他所刻的竹根章。云间派的代表人物是云间人鞠履厚、王声振表兄弟二人。前者摹仿前人作品工整秀丽，功力颇厚，而自己所创作的作品则“纤巧做作”。后者则作印布局别出心裁，不顾法度，用力沉着稳健。虞山派以沈世和为代表，他的作品不趋时尚，直接汉法，自有面目，卓然成家，所刻印章布局自然，结字和谐，刀法恬静沉着，印风爽朗明快。另外，宜春人胡震、仪征人吴熙载两人也比较有名。前者刻印分朱布白有灵气，疏不嫌空，密不嫌实。后者则用刀如笔，遒劲凝练中见流畅。

同光年间，浙派、如皋、云间、虞山等意境全无，许多印人停留在对前人的摹仿上，浙江会稽（今绍兴）人赵之谦的出现打破了这一局面。他将阴柔与阳刚融会贯通，相得益彰。其作品奇逸变化，有“印外求印”的新气象。吴昌硕则勇于开拓新路，师法秦汉而不受其约束，富有新的意境与生命力，其独创一格的篆刻艺术将六百年的印学推向一个新的高峰。其作品与赵之谦相反，崇尚“印内求印”，意趣盎然，刀法中富含书法笔意，笔墨相对，方中寓圆，平中出圆，光中有破，匀中凝健。晚年作品更是炉火纯青，落刀处钝，收刀处锐，款字错落欹斜，富有天趣。清光绪三十年（1904 年）西泠印社[1]成立，吴昌硕被推为社长，对篆刻书画影响很大。

此外，较有名气的还有赵古泥、赵叔儒二人。赵古泥曾得吴昌硕指导，加之自身天资聪慧，作品风格笔力虽不超绝，但结构讲究，方中寓圆，平正挺拔，往往于疏密、奇突、巧妙方面见长。在章法上，于严正中寓奇突，朴拙中隐灵巧，疏而不觉其空，密而不觉其实，成绩斐然。赵叔儒篆刻上幼学秦汉印，尤善元朱文，儒雅中见清秀明丽，工整坚挺，精到之处，无人可及。

1　西泠印社是近代中国第一个研究篆刻的学术团体，由丁辅之、吴昌硕、王禔、叶为铭、吴埙、王福庵等人创办于杭州孤山，因近西泠而得名。

八、近现代运河书法艺术的发展

20世纪初，运河书法界深受康有为书法理论的影响。许多人追随康有为的理论，从碑版中寻找新的艺术资源，并通过大胆尝试解放自己的艺术创造力。康有为书法技艺精湛，人称康体。康有为亲身实践自己的理论并深深影响了他的四位得意弟子——梁启超、徐悲鸿、刘海粟、萧娴。他的前三位学生书名均为文名或画名所盖，萧娴则是20世纪最优秀的女书法家之一。曾是张大千书法老师的李瑞清，20世纪初即以北碑书法闻名，但他的作品粗悍霸气有余，而细腻流畅不足。比较成功的书家有于右任、李叔同等人，他们的作品粗放中有柔腻，刚劲而不失流畅。于右任是当时最具影响的书家，融北碑行草于一炉。李叔同（弘一法师）的作品以碑版为面目，而受西方画理与佛教精神的影响。他的学生丰子恺擅书画散文，作品富有生活情趣与艺术感染力。吴昌硕则不仅精于印刻，而且同样擅长石鼓文及行草，以书法笔意入画。他的学生在当代书坛极具影响——潘天寿、沙孟海、陆维钊、陶博吾。前三位为奠定中国高等书法教育立下了汗马功劳。这一时期的一个特例是沈尹默，他基本杜绝康有为的理论，坚持研习传统的帖派书法。

运河沿线向来为书法、篆刻艺术发达地区。在书法方面，运河区域出现的名家有溥儒、罗振玉、王同愈、沈增植、章炳麟、马叙伦、马一浮等。

纵观近现代书坛，以草书名世者，莫过于右任、林散之、李志敏等人。但于右任和林散之的草书均属小草范畴，并未进入狂草境界。而李志敏则走“纯草”路线，开创引碑入草独特书风，填补百年狂草史空白。即使他在日常教学中使用的钢笔讲义都由草书撰写，其致友人的小字草书信札也处处彰显大字狂草格局。

第二节 中国大运河沿线的著名书法家

一、三国两晋南北朝书法名家

蔡邕，字伯喈，陈留（今河南杞县南）人。通经史、音律、天文，工于篆、隶，尤精于隶书。其书法结构严整，点画俯仰，体法多变，后人有“骨气洞达，爽爽有神”

之评。东汉熹平四年（175 年），灵帝诏蔡邕等写定“六经”文字，其中一部分由蔡邕书丹于石，立于太学门外，世称“熹平石经”。“熹平石经”不仅为汉隶之典范，而且是研究中国古代儒家经典、经学的宝贵史料。

钟繇，字元常，颍川长社（今河南长葛）人。三国魏明帝时官至太傅，后世称为“钟太傅”。他能书写多种字体，尤其以隶书、楷书最为精妙。他改变了汉代隶书“蚕头雁尾”的装饰元素，规范了汉字的笔画，细致钻研了汉字笔画结构，追求汉字中每个部分的艺术表达，强调笔画之间的虚实联系，同时简化书写过程。他创作的楷书字体简单易书、字形方正、点画厚重、笔法清劲，其章法行向茂密，淳古简静，自然质朴且耐人寻味。主要作品有《荐季直表》《宣示表》。据说钟繇得蔡邕笔法后，传给卫夫人，卫夫人又传给王羲之。

王羲之（303—361 年），字逸少，琅琊临沂（今山东省临沂市）人，长期居住在会稽（浙江绍兴）。东晋书法家，丹阳尹王旷的儿子，太尉郗鉴的女婿，有“书圣”之称。凭借门荫入仕，历任秘书郎、江州刺史、会稽太守，累迁右军将军，人称“王右军”。王羲之善书法，兼擅隶、草、楷、行各体，风格平和自然，笔势委婉含蓄，遒美健秀。他集汉魏书法大成，改变了过去呆板的写法，使字体更为活泼、富有生气。他精研体势，心摹手追，广采众长，备精诸体，冶于一炉，摆脱汉魏笔风，自成一家，影响深远。东晋永和九年（353 年），王羲之组织兰亭雅集。他撰写的《兰亭集序》，被称为“天下第一行书”。在书法史上，与钟繇并称“钟王”，与其子王献之合称“二王”。

二、隋唐书法名家

智永，会稽（今浙江绍兴）人，王羲之七代孙，自幼苦学为书，出家为僧，人称“永禅师”，在绍兴永欣寺学书法达三十年。据《宣和书谱》记载，智永用过的秃笔盛满了几大瓮。成名后，求学者络绎不绝，竟将其所居室之门槛踏破，不得已用铁皮包上，人称“铁门槛”。他写的《真草千字文》在当时寺院、民间广为流传，影响很大。唯一传世的墨迹现存日本。智永的书法，以王羲之为师法，笔力纵横，富于变化，真草兼备，既圆劲古雅，又丰美匀适，对唐代书法尤其是虞世南的真草有很大影响。

虞世南（558—638 年），字伯施，浙东运河边的余姚（今浙江余姚）人。其书法被称为“五绝”之一。虞世南早年向智永学习书法，得王羲之风范，至晚年“遂与王右军之相后先，当时与欧阳询皆以书称，议者以谓欧之与虞、智均力敌”。虞世南的书法，既保留了二王柔顺精美之气，又吸收了北朝魏碑的清骨凝重，气力深厚，素为书法家所推崇。虞世南真迹未传世，现存遗刻《孔子庙堂碑》为宋人摹刻，现存西安碑林。尽管是摹刻，仍能透出“气秀色润、意和笔调，外柔内刚、修媚自喜”的风采。

欧阳询（557—641 年），字信本。精通书法，与虞世南、褚遂良、薛稷并称“初唐四大家”。与欧阳通合称“大小欧”。书法于平正中见险绝，号为“欧体”。代表作包括：楷书《九成宫醴泉铭》《皇甫诞碑》《化度寺碑》，行书《仲尼梦奠帖》《行书千字文》。他对书法有独到的见解，有书法论著《八诀》《传授诀》《用笔论》《三十六法》。所写《化度寺邑禅师舍利塔铭》《虞恭公温彦博碑》《皇甫诞碑》被称为“唐人楷书第一”。

褚遂良（596—658 年），字登善，江南运河边的钱塘（今杭州市）人。唐朝书法家。褚遂良工于书法，初学虞世南，后取法王羲之。他的书法自成一家，潇洒飘逸，端严遒劲。传世作品主要有《伊阙佛龛碑》《孟法师碑》《雁塔圣教序》等。

张旭（约 685—759 年），江南运河边的吴县（今江苏苏州）人，被称为“草圣”。他的狂草艺压一世，被时人称为“三绝”之一。张旭嗜酒，每酒醉后必呼叫狂走，然后落笔为书，甚至以发蘸墨权为大笔，狂书不休，人称“张颠”。公孙大娘舞剑之神态给张旭以书艺上的启迪。由于张旭重视从自然万物中汲取创作营养，故其书法变化无穷，离奇出人意料。其代表作为《古诗四帖》，变动犹鬼神，险劲清雄，龙飞凤舞，奔放无羁。除狂草外，张旭也能楷书，尤其是小楷行书，凝重、严谨，不减草书之妙。一人兼擅两种不同风格、在常人看来很难协调的书体，充分显示张旭书法水平的高超。

贺知章（约 659—744 年），字季真，晚年自号“四明狂客”，浙东运河边的永兴（今浙江杭州萧山区）人，唐代诗人、书法家。与张若虚、张旭、包融并称“吴中四士”，名列“仙宗十友”，被杜甫列为“饮中八仙”之一，人称“诗狂”。贺知章以诗文知名，其写景、抒怀之作风格独特，清新潇洒，为人旷达不羁，有“清谈风流”之誉。其诗作《咏柳》《回乡偶书》等脍炙人口，千古传诵。他“善草隶书，好事者供其笺翰，每纸不过数千字，其传宝之”。贺知章的草书“纵笔如飞，酌而不竭”。其特色是清秀俊拔，在当时就流传日本，为海内外所推重。

徐浩（703—782 年），字季海，浙东运河畔越州（今浙江绍兴）人。“始浩父峤之善书，以法授浩，益工。尝书四十二幅屏，八体皆备，草隶尤工，世状其法曰：‘怒猊抉石，渴骥奔泉云’”。唐肃宗时的诏令多出其手，深得皇帝宠爱。徐浩书法风格同颜真卿，丰润圆劲，沉着雄浑。

柳公权（778—865 年），字诚悬，京兆华原（今陕西铜川市耀州区）人，历仕唐代穆、敬、文三朝，官至太子少师。柳公权工楷书，初学王羲之，又学欧阳询、颜真卿，师古而不泥古，创新而自成一体。后世称“颜筋柳骨”，即指柳公权的书法笔力遒劲刚健，结构谨严，落落大方，面目一新。诸家笔法，经柳公权消化而熔为一炉，推陈出新，终成“柳体”。柳公权的代表作是《李成碑》和《唐大达法师玄秘塔碑》。后者今存刻在西安碑林，是习柳之人必摹之作。

三、宋代书法名家

蔡襄（1012—1067 年），北宋名臣，书法家、文学家。蔡襄精于书法，其书学虞世南、颜真卿，并取法晋人。正楷端重沉着，行书温淳婉媚，草书参用飞白法。蔡襄与苏轼、黄庭坚、米芾并称为“宋四家”。书迹传世有碑刻《万安桥记》《昼锦堂记》，墨迹有《谢赐御书诗》等。诗文清妙，造诣较深，有《蔡忠惠公文集》传世。

苏轼（1037—1101 年），字子瞻，号东坡居士，别称苏东坡。北宋眉州眉山（今属四川省眉山市）人，长期生活在运河城市，著名文学家、书法家、画家。苏轼是北宋中期文坛领袖，在诗、词、散文、书、画等方面取得很高成就。文纵横恣肆，诗题材广阔，清新豪健，善用夸张比喻，独具风格，与黄庭坚并称“苏黄”；词开豪放一派，与辛弃疾并称“苏辛”；散文著述宏富，豪放自如，与欧阳修并称“欧苏”，为“唐宋八大家”之一；书法则为“宋四家”之一，擅长文人画，尤擅墨竹、怪石、枯木等。李志敏评价“苏轼是全才式的艺术巨匠”。

黄庭坚（1045—1105 年），号清风阁、山谷道人，世称黄山谷。北宋著名文学家、书法家、江西诗派开山之祖。黄庭坚与张耒、晁补之、秦观游学于苏轼门下，合称为“苏门四学士”。他在诗、词、散文、书、画等方面取得较高成就。他的诗，被苏轼称为“山谷体”。黄庭坚的书法独树一帜，自成一家，“宋四家”之一。作品有《山谷词》《豫章黄先生文集》等。

米芾（1051—1107 年），初名黻，后改芾，字元章，谪居润州（现江苏镇江）。北宋书法家、画家、书画理论家，“宋四家”之一。米芾书画自成一家，枯木竹石，山水画独具风格特点。书法擅篆、隶、楷、行、草等书体，长于临摹古人书法，达到以假乱真程度。主要作品有《张季明帖》《李太师帖》《紫金研帖》《淡墨秋山诗帖》等。其所书《蜀素帖》，又称《拟古诗帖》，号称“天下第八行书”，被誉为中华第一美帖。

四、元代书法名家

赵孟頫（1254—1322 年），字子昂，汉族，号松雪道人，又号水晶宫道人。吴兴（今浙江湖州）人。南宋晚期至元朝初期官员、书法家、画家、诗人。著有《松雪斋文集》等。赵孟頫博学多才，能诗善文，通经济之学，工书法，精绘艺，擅金石，通律吕，解鉴赏。在绘画上，他开创元代新画风，被称为“元人冠冕”。其书取法钟繇、“二王”、李邕、赵构等，篆、隶、真、行、草诸体皆擅，尤以楷书、行书著称；其书风秀逸，结体严整、笔法圆熟，创“赵体”书，与欧阳询、颜真卿、柳公权并称“楷书四大家”。此外，赵孟頫倡导师法古人，强调“书画同源”。其绘画、书法和画学思想影响深远。

五、明代书法名家

沈度（1357—1434 年），江南运河边的松江华亭（今上海松江）人。台阁体书法的代表人物，与其弟沈粲并称“二沈”。所存墨迹《敬斋箴卷》横卷，法度严谨，书写一丝不苟，风格柔媚婉丽，很能代表阁体的书法特点。

解缙（1369—1415 年），江西吉水人。能文善诗，工于书法，著有《文毅集》。后人对其书法评价很高，《列卿记》谓其“书小楷精绝，行、草皆佳”。其书法以“二王”为基础，追步怀素、周伯琦，小楷婉丽端雅，行、草体势放纵，豪放不羁，名噪一时，被誉为台阁第一。所传墨迹《自书诗卷》写于明永乐八年（1410 年），整个作品中锋用笔，圆转纯熟，行笔迅急，气势奔放，书体草中有行，行中寓草，线条流畅，体势舒展放纵。

李东阳（1447—1516 年），茶陵派创始人，虽然身为台阁重臣，却是明初文坛上第一位反对台阁体文风的人物。著有《怀麓堂集》《诗话》《燕对录》等。书法上，篆、隶、草俱精，其草书的笔法颇有黄庭坚笔意。所作《自书诗帖》是明初草书的杰作之一，笔势强劲挺拔，章法虚实相间，可谓“大草中古绝技也”。

徐渭（1521—1593 年），初字文清，后改字文长，号青藤老人、青藤道士等，是一位生活在南运河边的诗、书、画兼工的大家，他的传世名作也都是诗、书、画三者合璧之作。他曾如此评价自己的作品，“吾书第一，诗二、文三、画四”。徐渭师古人却不拟古人，而是能够自成一体，在明代书法界独树一帜。徐渭书法的传世杰作为《草书轴》，全幅精气充足，体势豪放，布局紧密，幅面空间几乎全部被字迹占满，而书写变化无常，字体大小不一，给人一种密中见疏，紧而多变的感觉。

吴门书派，明代江南运河边的苏州出现的书法流派。前期以徐有贞、沈周、吴宽、王鳌为代表，后有文徵明、祝允明等推动和带领，他们上接唐宋、远习魏晋，改变了明初书法沉寂的状态，形成了影响深远的“吴门书派”。江南文化特有的典雅精致，使书法艺术充分展现出迷人的艺术风格。这个流派人数多、水平高、影响力大，将书法的中心一下吸引到了江南。吴门书派和后文将要叙述的“吴门画派”的形成，都是大运河对经济、文化和生活巨大影响的鲜明的例证。祝允明仕途难成，7 次会试不中。但书法技艺却名声大振。他集各书家之长，领一代风盛，属吴门书派中“明中期书法三大家”（与文徵明、王宠同列），发展为自己的独特的狂草字体，尤重变化。他的代表作有《草书曹植诗手卷》和《赤壁赋》。文徵明在祝允明逝世后执“吴门书派”之牛耳达 32 年。文徵明在书法史上以兼善诸体闻名，其行书和小楷最为出色。文徵明书法温润秀劲，稳重老成，法度谨严而意态生动。小楷特别精细工整，主要来源于“钟王”和虞世南、褚遂良，笔锋沉着稳重、体态端庄，风格清秀俊雅。他的传世墨迹很多，小楷有《前后赤壁赋》《离骚经九歌册》等。吴门书派属于严谨的古典主义，宗师重法，功底深厚，技艺超群，但失之于创新与个性不足，虽有主观的意识追求，但对古法的把握和拘泥限制了其书法艺术个性的发展，因此到明中后期，渐显颓势，并逐渐被新的书派和潮流取代。

六、清代书法名家

刘墉（1720—1805 年），山东青州府诸城人，清代乾隆、嘉靖年间著名的政治家、书法家和诗人。刘墉擅长于草书，书法用墨饱满，墨浓字肥，浑厚端庄，雄厚遒劲，时人有“浓墨宰相，淡墨探花”之美誉，“清四家”之一。

梁同书（1723—1815 年），钱塘（今浙江杭州）人。12 岁时就能书写擘窠大字。初学颜真卿、柳公权，后取法米芾，70 岁以后融会贯通，纯任自然。他习书六十余年，久负盛名，所书碑刻极多。梁同书工于楷、行书，到晚年犹能写蝇头小楷，其书大字结体紧严，小楷秀逸，尤为精到，“清四家”之一。

王文治（1730—1802 年），字禹卿，号梦楼，江南运河边的镇江丹徒人。书法家、诗人。工书法，“清四家”之一，以风韵胜，有《梦楼诗集》《快雨堂题跋》。书法得董其昌神髓，喜用淡墨，以表现潇疏秀逸之神韵，时称“淡墨探花”或“淡墨翰林”。善画墨梅，韵致卓绝，诗宗唐、宋，自成一家，并精音律之学。

翁方纲（1733—1818 年），书法家、文学家、金石学家。直隶大兴（今属北京）人。精通金石、谱录、书画、词章之学，书法“清四家”之一。论诗创“肌理说”，著有《粤东金石略》《苏米斋兰亭考》《复初斋诗文集》等。

延伸阅读

运河名城与“扬州八怪”

“盛世兴文”是历史发展的必然规律，康雍乾盛世之时，中国是世界第一经济大国，当时的扬州可称为“世界大都市”，“扬州八怪”是一批活跃在扬州书坛的书法家群体，他们敢于突破樊笼、另辟蹊径。扬州八怪形成的背景原因大体有五：一是得运河之便、南北要津，交通繁盛；二是经济繁荣、儒商养士，士无衣食之忧；三是民风雅致、崇文敬艺；四是艺术氛围浓厚，流派纷呈，优胜劣汰；五是地处高远，远离皇宫政治束缚。“扬州八怪”不仅是8个人，而是一个知识分子群体。代表人物有罗聘、李方膺、李鱓、金农、黄慎、郑燮、高翔、汪士慎，还有高凤翰、华嵒、闵贞、边寿民、李葂、陈撰、杨法等。

“扬州八怪”是一群富有正义感的知识分子，他们生活在社会的中层，既不穷困潦倒，又非大富大贵。他们接受的封建传统教育，成就了人文色彩浓厚的士子价值观——出仕则建功立业，使民安居乐业；绝官或归隐之时，便洁身自好，不苟流俗；不为官媚，不为利诱；清高自爽，我行我素。然而，现实生活中，他们又无法完全摆脱盐商富贾的支持和周济，所以长期生存在清高、自恃、愤懑和苦恼之中。重视人文、重视民众、重视文人的自我感受是“扬州八怪”的精神特质。在艺术上，他们提出个性表现，倡导艺术风格创新，主张自成风格、自立门户。他们不掩饰“书画可换柴米”，不再强拉“书画雅事”的面纱，爽快承认卖字、卖画谋生。他们的书画作品中多现梅、兰、竹、菊、松、石等文人爱物，同时借比喻、隐喻、多征等手法，表达对社会现象及官场的观点和看法，书法条幅、画题、跋文常自嘲、自讽，表现出开朗诙谐和嘲弄世俗的态度。他们的书画作品对当期及以后的中国书画界产生了巨大的影响。扬州八怪中金农、黄慎、汪士慎和郑燮书法成就最为突出。

金农，杭州人，久居扬州，原名司农，字寿田。他嗜奇好学，工于诗文书法，诗文古奥奇特，并精于书画鉴别，他收藏的金石文字多至千卷。以卖画长期居住扬州的三祝庵、西方寺等地。金农并未有意练习书艺，而书法造诣却是“扬州八怪”中最有成就的一位，特别是他的行书和隶书特点鲜明、匠心独具，享有极高的审美价值。盛名之后，追求“骇俗”之笔，他独创“渴笔八分”，融汉隶和魏楷于一体，是一种被人称之为“漆书”的新书体。漆书笔画方正，棱角分明，横画相重而整画收细，墨色乌黑光亮，犹如漆成，这成为金农的“标志”。

黄慎，字恭思、恭寿，号瘿瓢子、东海布衣等，福建宁化人，寓居扬州，卖画自价。黄慎擅长草书，先学“二王”之法，再得怀素笔意，用笔遒劲，上下勾连，喜作怪笔，人多难以辨认。他的诗韵清远，如岩绝，烟凝霭积，能非凡境。其草书从章草脱化而出，点画貌似散乱，然而散而有序，似“疏景横斜、苍藤盘结”。

郑燮，字克柔，号板桥，自称板桥居士，扬州府兴化县人，一生主要客居扬州，“扬州八怪”标志性人物。郑板桥为官期间，重视农桑，体察民情，兴民养息。在任潍县知县时，遇大饥荒，强迫富豪平价售粮，为富豪忌恨，被参奏罢官。郑板桥工于书法，自创“六分半书”，即介于楷书、隶书、篆书和草书之间的独特字体，他以“乱石铺街、浪里插篙”形容书法的变化与立论的依据。郑板桥的作品突破了传统书画的藩篱，打开了他自己的广阔天地，他的作品不是自然景物的“再现”，不是对前人的刻意模仿，也不是逃避生活的笔墨游戏。他的作品有鲜活的性情，有追求、有欣喜、有狂妄、有梦想，显示出强大的生命力。

七、近现代书法名家

吴昌硕（1844—1927 年），浙江安吉人，致力于书画篆刻，其书法以石鼓文为主，从临摹古貌到个性化的发展，进一步形成自己的独特风格，达到炉火纯青的境界。他的石鼓文书法作品，用笔中锋倒钳，杂以行草笔法，注入近代人渴望自由解放的情感，并将历代钟鼎、陶器、碑碣文字的体势杂糅其间。除石鼓文外，他对楷书也有较深造诣。他广收弟子，跟他学习书法的不仅有中国人，还有一些国外留学生，主要有王一亭、王个簃、李苦禅、陈师曾、赵古泥等，这些人在书坛上均占有重要一席。

沈曾植（1850—1922 年），江南运河边的浙江嘉兴人。其书法艺术，广取前人之长，融会贯通，形成个人风格。其行草融篆隶笔法和碑帖意气，笔势顿挫，洒落蕴藉，对书林影响颇大，王国维师出其门下，康有为受其影响，潜心研究书法，著有《广艺舟双楫》一书。

王同愈（1855—1941 年），清光绪进士，泛览图籍，深研书画。其书法取法欧阳询、褚遂良，工稳谨严。曾于二寸见方的纸上，缩临唐《王居士砖塔铭》279字全文，小中见大，形神兼备。

齐白石（1864—1957年），原名纯芝，字渭青，号兰亭，后改名璜，字濒生，号白石、白石山翁等，祖籍隋唐运河边的安徽宿州，定居北京。其书工篆隶，取法秦汉碑版，行书饶有古拙之趣。篆刻自成一家，善写诗文。齐白石中年开始治印，先揣摩浙派篆刻艺术创始人丁敬的刻印拓片和印谱，继而学习皖派篆刻艺术家赵之谦的印谱，其后融入三国东吴的《天发神谶碑》笔意，最后研习秦汉铭文和汉代凿印。他的篆刻如单刀切石，大刀阔斧，成为继吴昌硕之后的一代治印大师，有“南吴北齐”之誉。

罗振玉（1866—1940年），生于浙江上虞，长在江苏淮安。其在搜集、整理、研究甲骨文、青铜器、简牍等考古资料方面取得了重要成就，对书法也有广泛深邃的研究，篆、隶、行、楷俱佳，行楷尤其精严工稳。他是以甲骨文字入书的开创者之一。

叶为铭（1867—1948年）、丁仁（1879—1949年）、王提（1880—1960年），均为杭州人。叶为铭篆刻宗浙派，工刻碑，著有《列仙印玩》《广印人记》等。丁仁篆刻取法秦汉，兼及浙皖两宗，著有《方寸铁斋印存》。王提篆刻初宗浙派，后兼及皖派，作品结构精妙，手法凝练，淳朴茂密，不逾规矩。著有《糜砚斋印存》。1913年，他们与王福庵、吴隐，在杭州共同发起成立西泠印社，推吴昌硕为社长，吸收浙派篆刻艺术优秀人物为社员。西泠印社的成立对保存和发展浙派篆刻艺术起到重要作用。

章炳麟（1869—1936年），浙江余杭人。清光绪十六年（1890年）入杭州诂经精舍，从俞樾受业7年，被公认为国学大师。他对书法卓有研究，尤以篆书见长。他对金石学造诣深厚，所书篆文均有典章渊源可循，其作品舒展苍劲，字体古朴蕴藉。

叶恭绰（1881—1968年），早年毕业于京师大学堂仕学馆。文学和书法成就都很高。所著《遐庵诗》《遇庵词》《遐庵汇稿》等，均为中国近代文学重要著作。所著《遐庵谈艺录》对中国古代书画理论有重要贡献。他提出了书法的动笔、结构、骨力、气势、韵味五原则，主张以出土木简及汉魏六朝石刻和写意为宗。他的书法作品，初学赵孟頫，后上溯宋人，兼取颜体，尤其对苏东坡的横向取势及以夷制险技法有深切的领悟，气魄沉雄，风姿挺劲，在民国书坛上独树一帜。

张宗祥（1882—1965年），浙江宁海人，曾任江苏省教育厅长。精于行书，宗李邕，用笔起讫分明，以倜傥飘逸取胜。书学主张“要吃透一家，遍学百家，自成一家”。著有《临池随笔》《书学源流论》《冷僧书画集》等。

周梅谷（1882—1951 年），苏州人，吴昌硕入室弟子，擅长碑刻、印章。其碑刻能充分体现书法家笔神，曾创办苏州寿石斋碑刻店，主持南京灵谷寺碑刻工程。他善于鉴别古玩，古铜器修复工艺造诣很高。篆刻印章艺术水平颇高，作品古朴而又带秀丽之气，形成独特风格。

马一浮（1883—1967 年），浙东运河畔的绍兴人。13 岁中秀才第一名。其书法受包世臣影响，篆书、草书、楷书均有较深造诣，且融章草、汉隶于一体，典雅静穆，气格高古，自成一家。

沈尹默（1883—1971 年），浙江吴江（今湖州）人。12 岁开始临摹欧阳询的《醴泉铭》。1913 年到北京大学中文系执教，一意临摹北碑，从《龙门二十品》入手，坚持写《郑文公碑》《张猛龙碑》等。师法褚遂良，上宗王羲之、王献之。他刻苦磨练，形成独具风格的楷行书流派，影响及于运河沿线各地乃至全国。

张樾丞（1883—1961 年），善于治印，且擅长刻铜。他将刻竹刀法运用在铜上，刻出阳文花卉生动古雅，所创墨盒刻汉印技法独具风格。他一生治印以 10 万计，曾为溥仪、罗振玉、马衡、张伯英、傅增湘、康有为、鲁迅等刻过图章。1949 年中华人民共和国中央人民政府之印就是他镌刻的。

王雪民（1883—1946 年），天津人。深入钻研秦汉玺印、各家集古印谱、安阳出土殷契、金文、古陶、封泥及皖浙各家印谱，一生治印 40 余年，数将逾万。其兄王襄为甲骨文专家，向他提供甲骨文图录，他能以甲骨文字治印，是以甲骨文字题刻边款的首创者。有《乐石斋印存》《王雪民印存》等著述刊行于世。

马叙伦（1885—1970 年），祖籍绍兴，生于杭州。其书法由赵孟頫上溯至王羲之，又参以《郑文公碑》，作品优雅典丽，有《说文解字六书疏证》等论著。

溥心畬（1896—1963 年），满族，原名爱新觉罗·溥儒，初字仲衡，改字心畬，自号羲皇上人、西山逸士。著名国画家、书法家。他是清廷皇族，有条件研习故宫所藏历代书法名迹。他主张书法应该树立骨力，注意取势，要写小字必先写大字，心注笔法，意存体势。其书法作品取法于晋、唐，行草宗王羲之，楷书师柳宗元，雅逸挺拔，疏落有致。著有《寰玉堂书画论》。

刘淑度（1899—1985 年），名师仪，祖籍山东德州，出生于河北正定，后定居北京，著名篆刻家，齐白石弟子中的佼佼者。她先后为鲁迅、钱玄同、李苦禅等文化名人镌刻过印章。鲁迅与郑振铎合辑出版《北平笺谱》，书中所有印章全部由她刻制。

蔡易庵（1900—1974 年），生于北京，定居扬州。他治印出入秦汉，通晓皖浙，潜研汉魏六朝，善于博综各派，技艺精湛。以六朝真书入印，易懂易认，雅俗共赏，是他独创的篆刻艺术风格。被称为当代扬州印坛盟主。

第三节

中国大运河沿线的书法代表作品

1.《兰亭集序》

《兰亭集序》又名《兰亭序》《兰亭宴集序》《临河序》《禊序》和《禊贴》。东晋穆帝永和九年（353 年）农历三月初三，王羲之与谢安、孙绰等 42 位文人雅士，

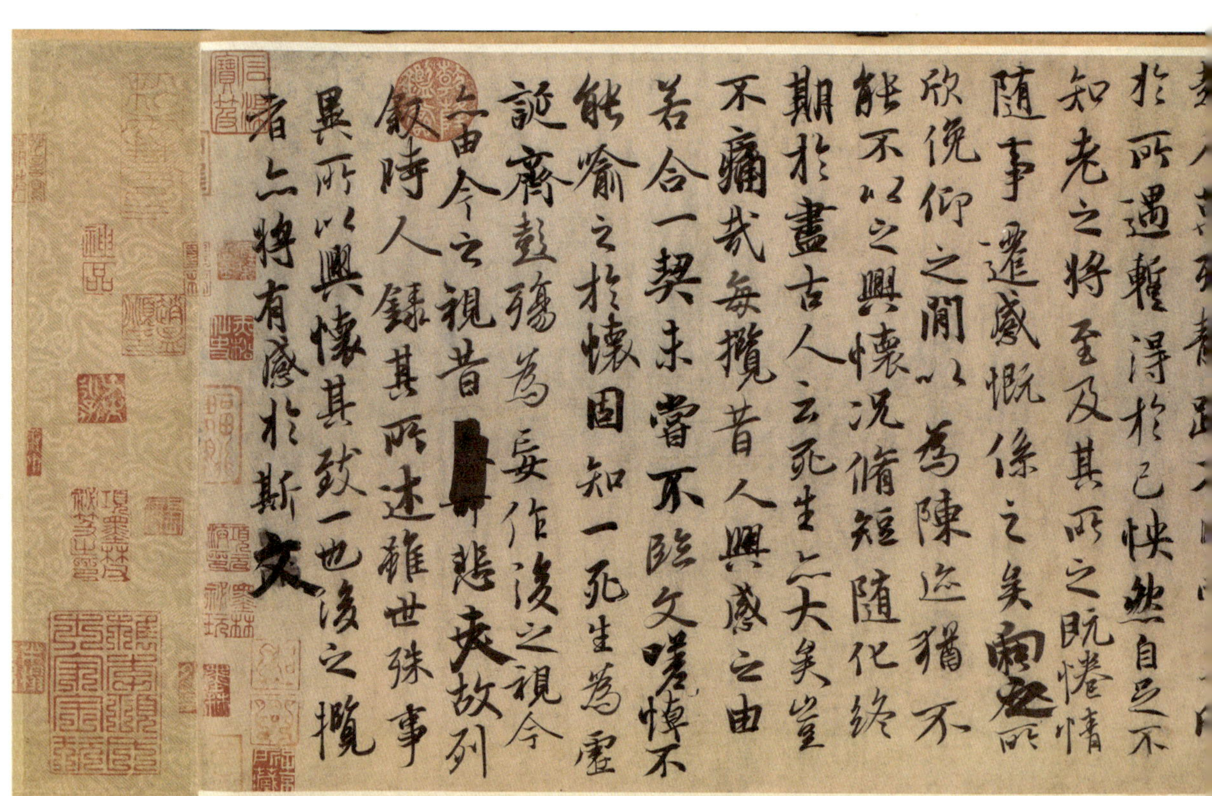

在浙东运河畔的会稽山阴的兰亭（今绍兴城外的兰渚山下）“修禊”，与会者临流赋诗，各抒怀抱，抄录成集。众人公推聚会召集人、德高望重的王羲之写篇序文，记录这次雅集，即《兰亭集序》。王羲之乘兴挥毫作序，“永和九年，岁在癸丑，暮春之初，会于会稽山阴之兰亭……”《兰亭集序》既是名篇佳作，又被誉为“天下第一行书”。

《兰亭集序》被王羲之作为传家之宝，一直传到他的第7代孙智永。智永少年出家，酷爱书法，去世前他将《兰亭集序》传给弟子辨才和尚。辨才和尚知道《兰亭集序》的价值，视若珍宝，藏在卧室梁上的洞内。唐太宗李世民特别喜爱王羲之的字，他得知《兰亭集序》在辨才和尚处，便多次派人去索取，可辨才和尚始终推说不知下落。李世民看硬要不成，便改为智取，他派监察御史萧翼装扮成书生，接近辨才，寻机取得《兰亭集序》。唐太宗敕令侍臣赵模、冯承素等人精心复制摹本。他喜欢将这些摹本或石刻摹拓本赐给皇族和宠臣，因此当时这种“天下真迹一等”的摹本盛行，一时间“洛阳纸贵”。此外，还有欧阳询、褚遂良、虞世南等名手的临本传世。而原迹，据说在唐太宗死时作为殉葬品永绝于世。

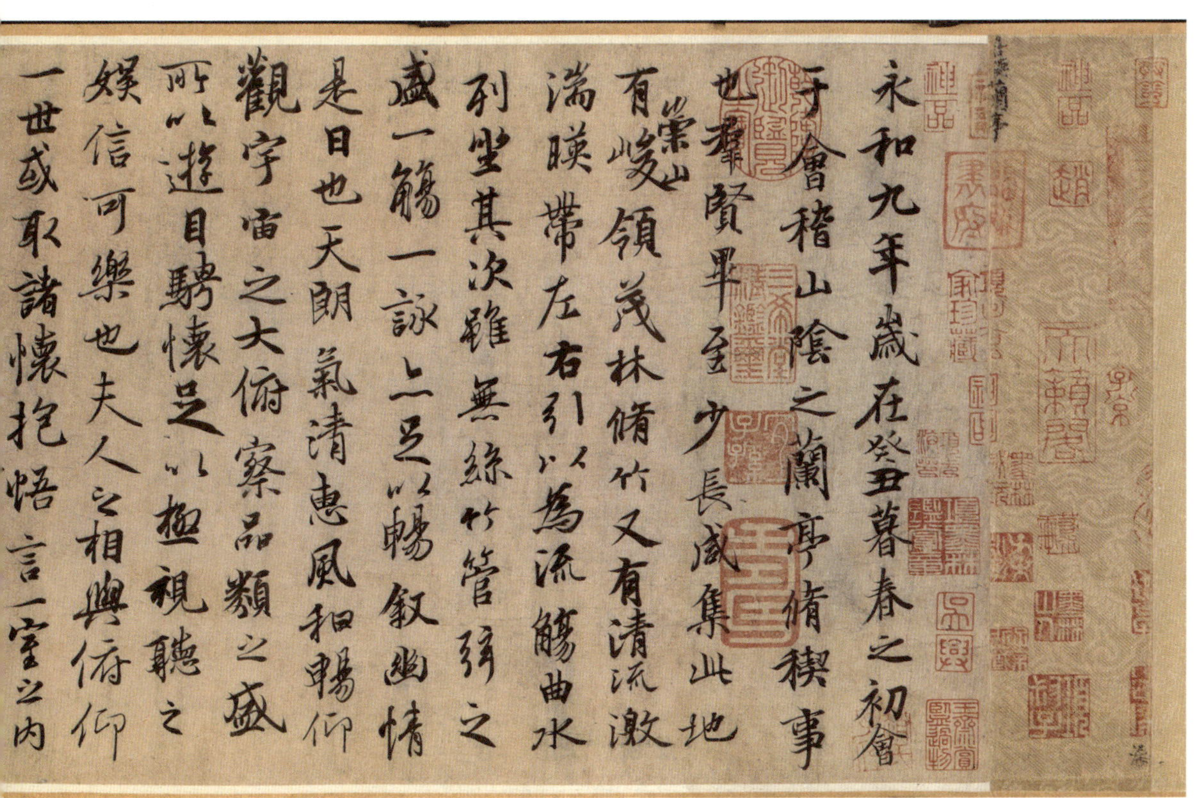

《兰亭集序》

存世唐摹墨迹以“神龙本”为最著，唐太宗时冯承素号金印，故称为《兰亭神龙本》，此本摹写精细，笔法、墨气、行款、神韵，都得以体现，公认为是最好的摹本。石刻首推《宋拓定武兰亭序》。

2.《瘗鹤铭》

《瘗鹤铭》是原刻于运河城市镇江焦山西麓崖壁上的楷书书法作品，摩崖石刻，其书者传为南朝梁的书法家陶弘景，南梁天监十三年（514 年）刻。原石刻因山崩坠入江中，后经打捞，只存五残石，现陈列于镇江焦山碑林中。

《瘗鹤铭》书自左至右，原文 12 行，每行 23 字或 25 字不等，其内容是一位隐士为死去的鹤所作的纪念文字。此铭字体浑穆高古，用笔奇峭飞逸。虽是楷书，却还略带隶书和行书意趣。铭书自左而右，与碑不同，刻字大小悬殊，结字错落疏宕，笔画雄健飞舞，且方圆并用，无论笔画或结字，章法都富于变化，形成萧疏淡远、沉毅华美之韵致。

《瘗鹤铭》的书法艺术对后世影响很大，为隋唐以来楷书典范之一，被历代书家推为“大字之祖”。

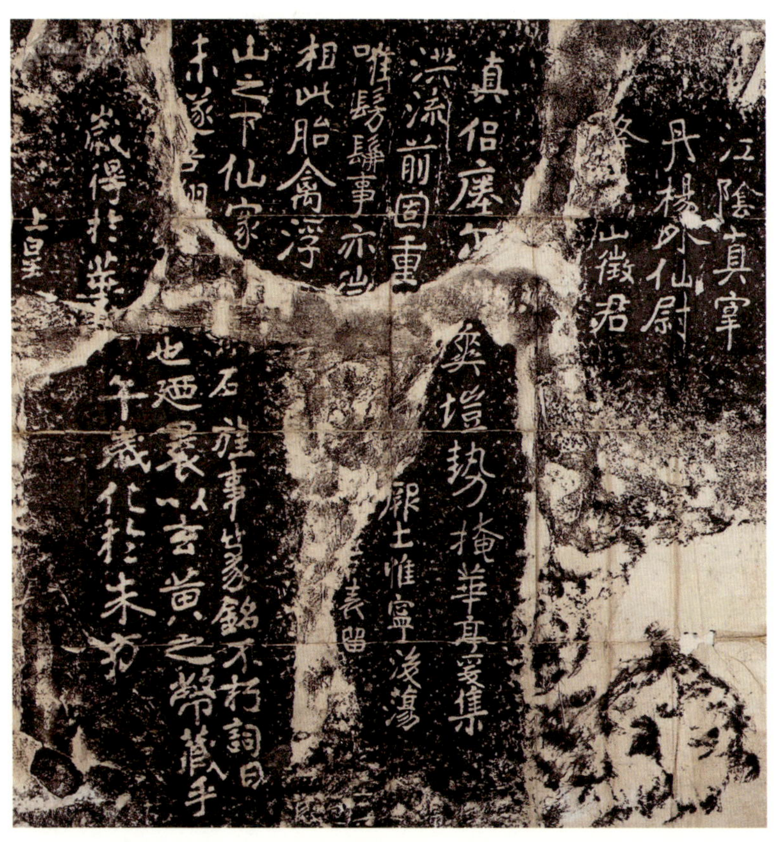

《瘗鹤铭》

3.《郑文公碑》

《郑文公碑》，又称《郑羲碑》，分为上、下两碑，故又称《郑羲上下碑》，上碑全称《魏故中书令秘书监郑文公之碑》，下碑全称《魏故中书令秘书监使持督兖州诸军事安东将军兖州刺史南阳文公郑君之碑》，传为北魏书法家郑道昭于东汉永平四年（511 年）篆刻的摩崖刻石、楷书书法作品。现上碑在山东省平度市天柱山，下碑在山东省莱州市云峰山之东寒洞山。

《郑文公碑》上碑二十行，行五十字，下碑五十一行，行二十九字。两碑文同，只数处字句稍异。下碑有碑额，正书“荥阳郑文公之碑”，二行七字。两碑文皆是记述郑道昭父亲郑羲的生平事迹，文多谀词。

《郑文公碑》书法飘逸，字态蕴藉风雅，结体宽博宕逸，气势雄浑开张，其笔力矫健，气势磅礴，雄伟多姿。既有篆隶之势，复具分隶之雅，更饶草书之情理，集众长于一碑，堪称佳构。

4.《仲尼梦奠帖》

《仲尼梦奠帖》为唐著名书法家欧阳询所作，可谓欧体楷书的登峰造极之作。《仲尼梦奠帖》共七十八字，无款印。书法笔力苍劲古茂。曾入南宋内府收藏，钤有南宋“御府法书”朱文钤印记两方，“绍”“兴”朱文连珠印记，后经南宋贾似道，元郭天锡，明项元汴，清高士奇，清内府等递藏。此帖用墨淡而不浓，且是秃笔疾书，转折自如，无一笔不妥，无一笔凝滞，上下脉络清晰，结构稳重沉实，运笔从容，气韵流畅，体方而笔圆，妩媚而刚劲，为欧阳询晚年所书，清劲绝尘，诚属稀世之珍。《仲尼梦奠帖》纸本，纵 25.5 厘米，横 33.6 厘米，今藏于辽宁省博物馆。

5.《祭侄文稿》

《祭侄文稿》全称《祭侄季明文稿》，三大行书法帖之一。书于唐乾元元年（758 年）。麻纸本，纵 28.2 厘米，横 75.5 厘米，二十三行，每行十一二字不等，共二百三十四字。钤有“赵氏子昂氏”“大雅”“鲜于”“枢”“鲜于枢伯几父”“鲜于”等印。曾经宋宣和内府，元张晏、鲜于枢，明吴廷、清徐乾学、王鸿绪，清内府等收藏，现藏台北故宫博物院。

《祭侄文稿》是时任德州平原令的颜真卿为祭奠就义于“安史之乱”的侄子颜季明所作。“安史之乱”时，颜真卿联络其从兄常山太守颜杲卿起兵讨伐叛军。史思明部攻陷常山，颜杲卿及其少子季明被捕，并先后遇害，颜氏一门被害 30 余口。唐乾元元年（758 年），颜真卿命人到河北寻访季明的首骨携归，挥泪写下这篇留芳千古的祭文。

《郑文公碑》

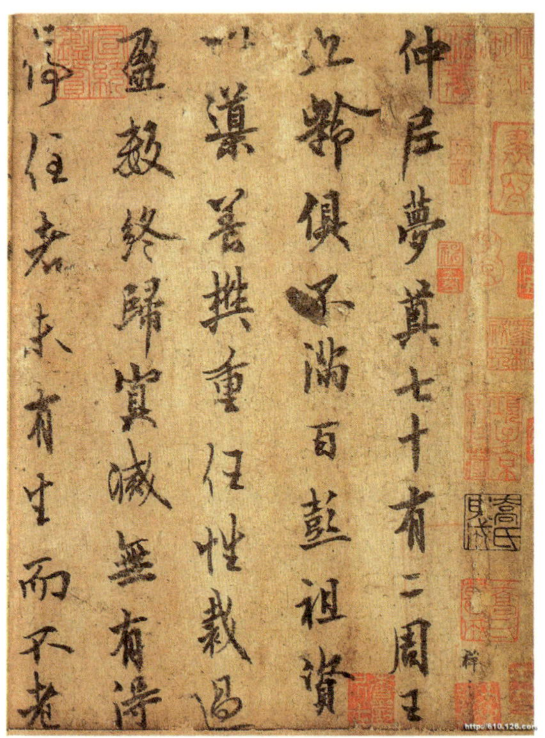

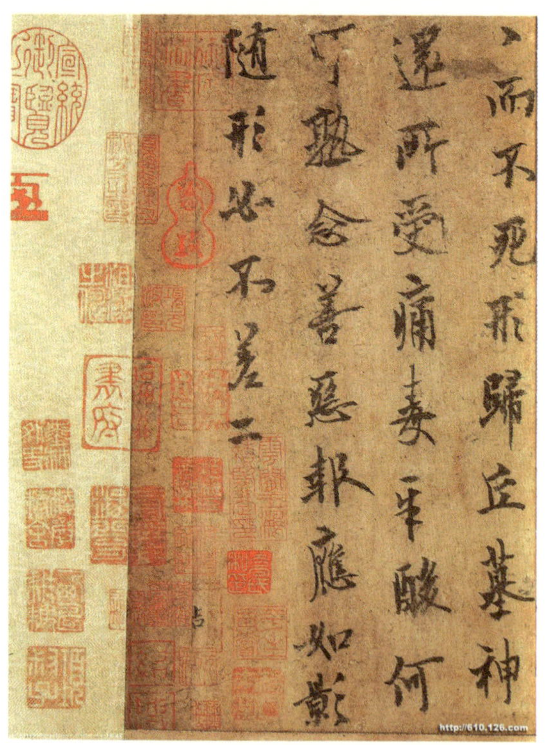

《仲尼梦奠帖》

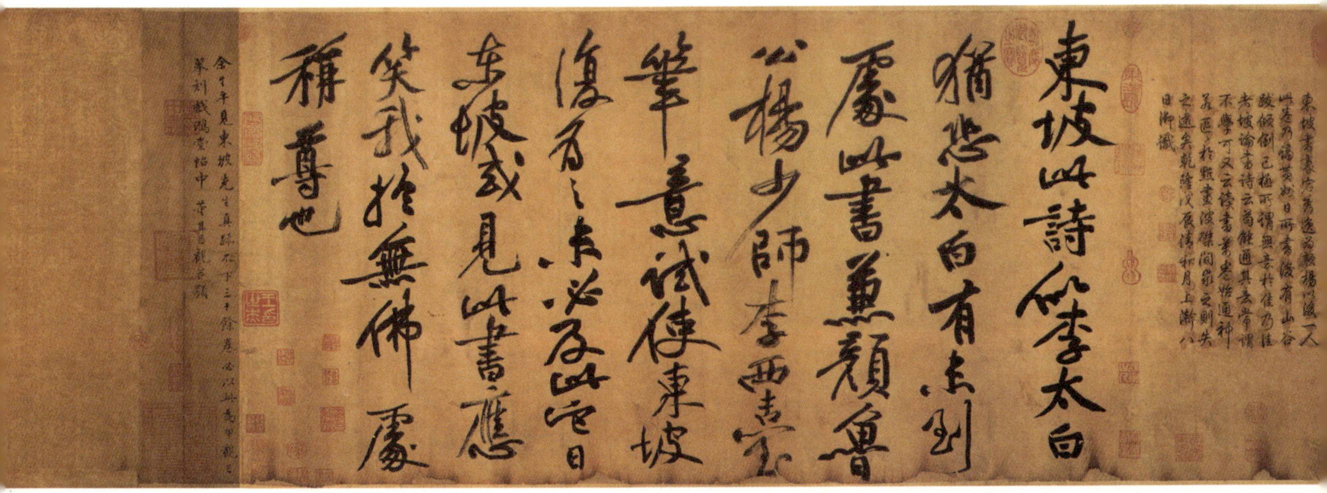

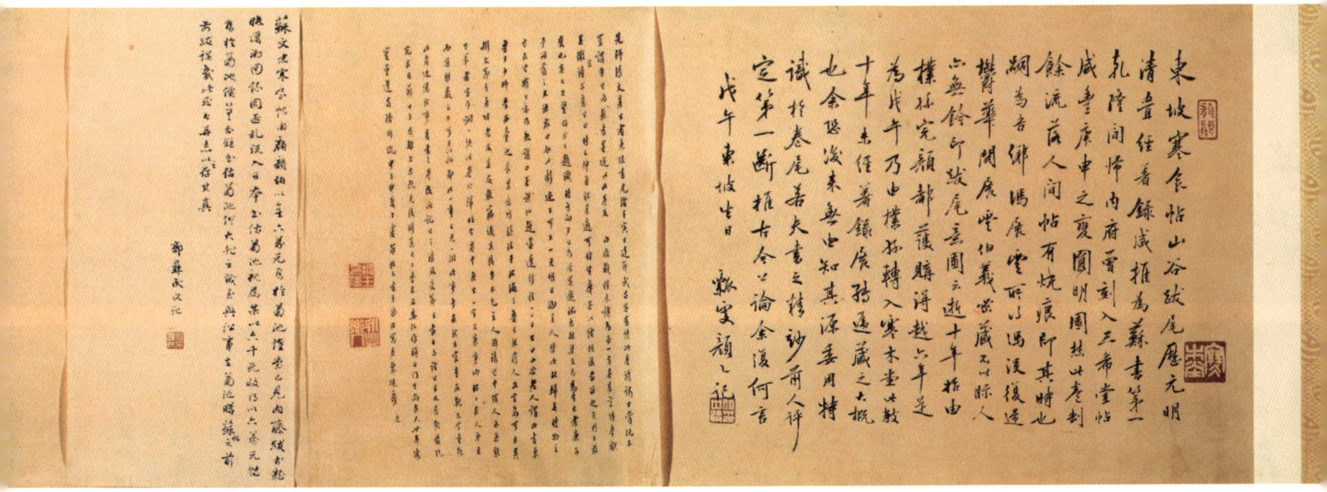

《黄州寒食帖》

容惜今年又苦雨兩月秋
蕭瑟卧聞海棠花泥
污燕支雪闇中偷負
去夜半真有力何殊病少
年病起頭已白

春江欲入戶雨勢來
不已小屋如漁舟濛濛
水雲裏空庖煮寒菜
破竈燒濕葦那
知是寒食但見烏
銜紙君門深
九重墳墓在萬里也擬
哭塗窮死灰吹不
起

右黄州寒食二首

東坡先生此帖曾藏咸豐八年英法聯軍焚燬
圓明園之厄此帖流入日本復遭東京大震
火之厄詳見卷後內藤虎兩跋
戰事期間東京都在大轟炸中此帖亦幸
[illegible]
[illegible]
民國四十八年元旦 王世杰識于臺北

蘇東坡黄州寒食詩卷引首乾隆帝行書雪堂餘韻四字用仿澄心堂紙致佳者東坡詩黄山谷跋並無名款山谷跋後又有董玄宰跋語張青父清河書畫舫云東坡草書寒食詩當屬最勝卞令之書畫彙攷亦已著録阮芸臺石渠隨筆云蘇軾黄州寒食詩墨蹟卷後有黄魯直跋為世鴻寶戲鴻堂所刻止蘇詩黄跋其後張縯一跋人未之見其跋云云數大司空云縯跋所謂太安莊堅爲作仁宗皇帝御書記者也蘆山府君乃公裕弟公卿官通直郎知蘆山縣張氏世為蜀州江原人云出留茂之裔故以三晋署望也虎按卷中埋輪之後印實係張氏所鈐又有天曆之寶及孫退谷納蘭容若諸人印記可以見乾隆以前歷世迭更珍襲之概乾隆以後授受則詳于顏韻伯跋中矣韻伯為顏筱夏方伯子家世貴盛大正壬戌來游江戶時携此卷遂以重價歸菊池君惺堂癸亥九月關東地震都下燬於火者十六七 菊池氏亦罹災先世以來收儲蕩然一空 惺堂冒犯萬死取此卷及李龍眠瀟湘卷而免於災一時傳為佳話此卷昔脫圓明之災今復免曠古未有之震火雖云有神物呵護抑亦 惺堂寶愛之力矣及惺堂命以跋語為書其事於紙尾此卷為見存東坡名蹟第一則張董諸人已道之張文襄亦稱為海內第一（見洪節卷題識節卷者文襄門下士也）微特芸臺謂為無上妙品（石渠隨筆評東坡武昌西山詩帖卷云墨蹟多當以此與黄州寒食詩為無上妙品）可知精金美玉市有定價云爾 甲子四月 內藤虎書

予於丁巳冬嘗觀此卷於燕京書畫展覽會時為完顏樸孫所藏寒食以後惺堂寄此予齋中半歲餘朝夕把玩益歎觀止乃屬乾隆御墨用心太平室純狼毫作此跋愧不能若東坡此卷用雞毫弱翰而揮灑自在耳 虎又書

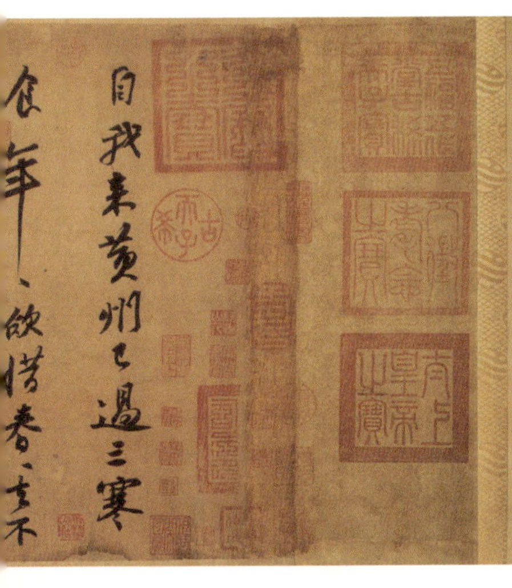
自我來黃州已過三寒
食年年欲惜春春去不

雪堂餘韻
蘇軾黃州詩帖

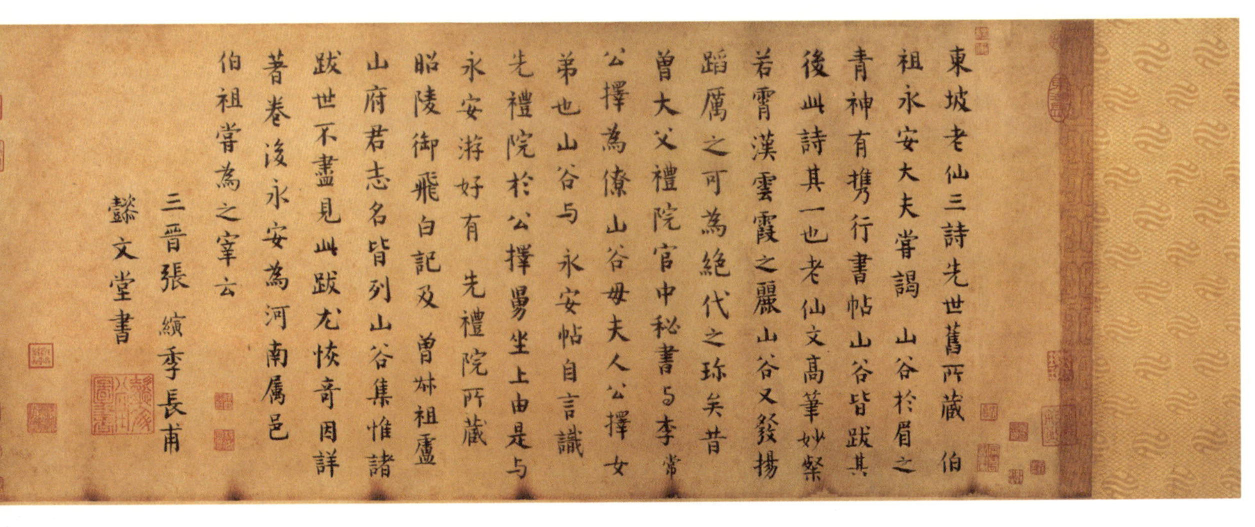
東坡老仙三詩先世舊所藏　伯
祖永安大夫嘗謁　山谷於眉之
青神有携行書帖山谷皆跋其
後此詩其一也老仙文高筆妙粲
若霄漢雲霞之麗山谷又發揚
蹈厲之可為絕代之珍矣昔
曾大父禮院官中秘書与李常
公擇為僚山谷母夫人公擇女
弟也山谷与　永安帖自言識
先禮院於公擇舅坐上由是与
永安游好有　先禮院所藏
昭陵御飛白記及　曾祖盧
山府君志名皆列山谷集惟諸
跋世不盡見此跋尤恢奇因詳
著卷後永安為河南屬邑
伯祖嘗為之宰云
三晉張　縯季長甫
懿文堂書

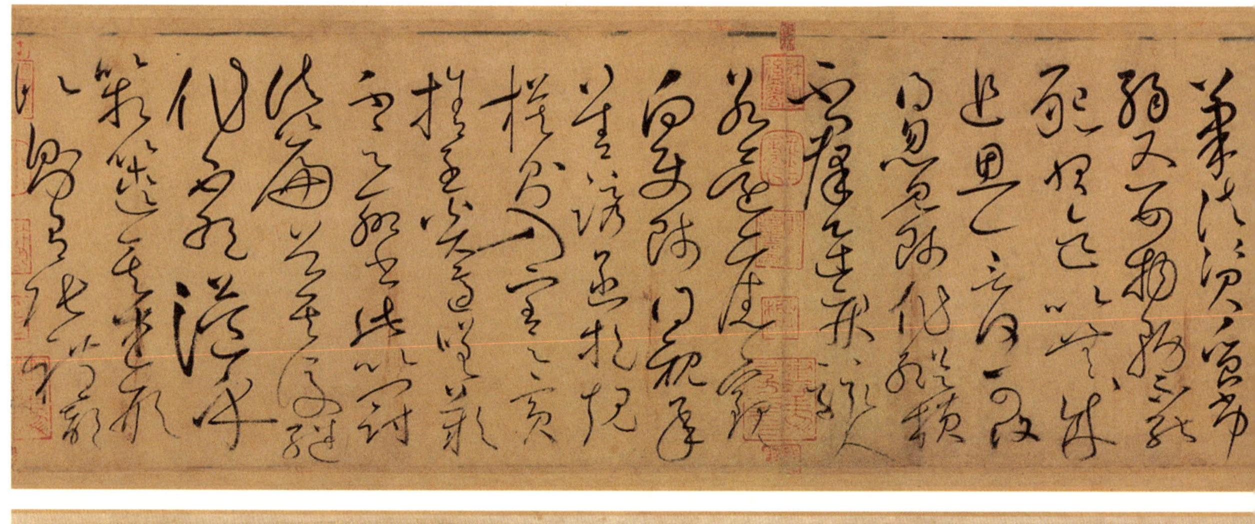

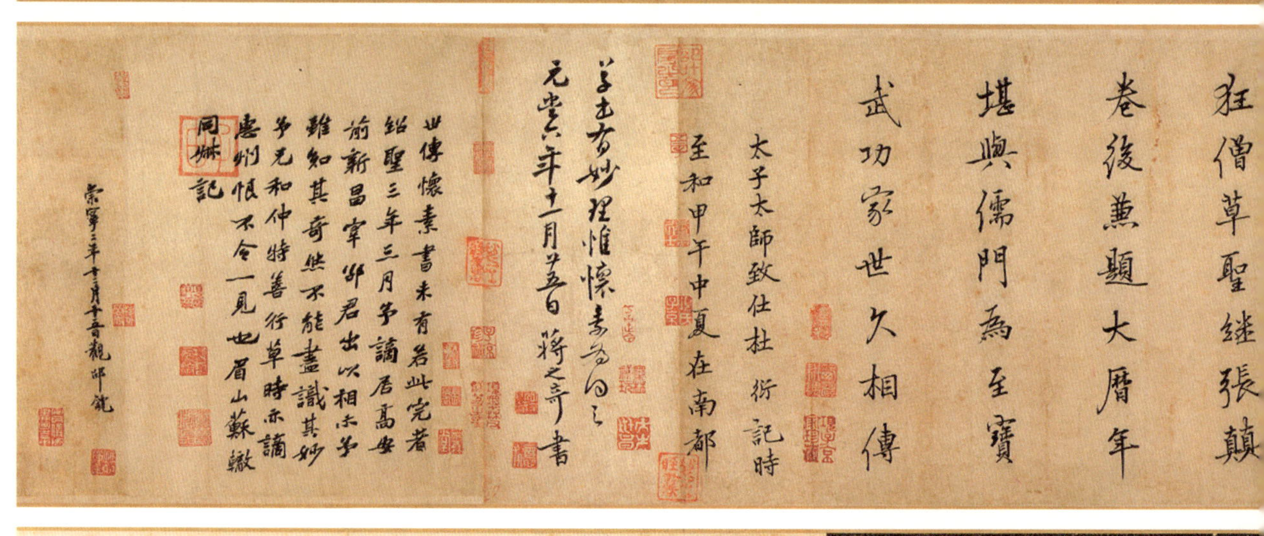
狂僧草聖繼張顛
卷後兼題大曆年
堪與儒門為至寶
武功家世久相傳
太子太師致仕杜衍記時
至和甲午中夏在南都
草書妙理惟懷素為得之
元豐六年十一月廿五日 蔣之奇書

《自叙帖》

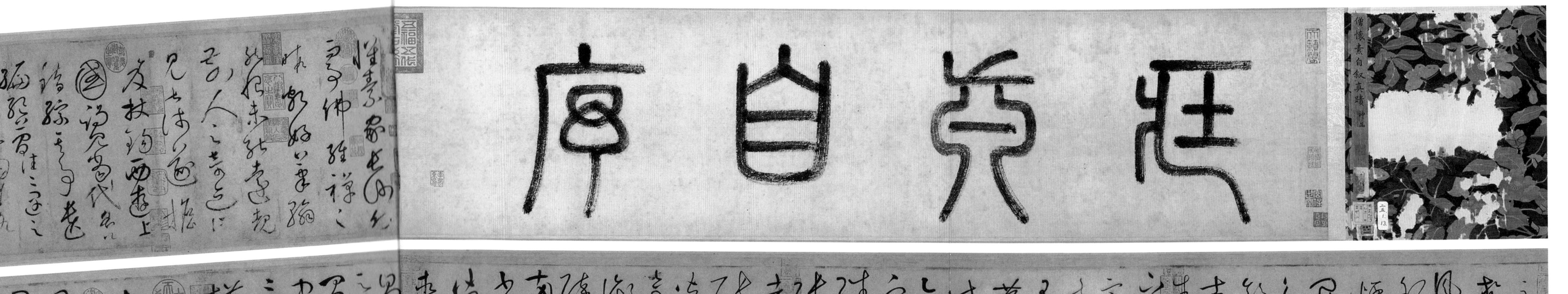

《蜀素

《祭侄文稿》作为颜书著名的“三稿”之一，曾收入宋、明、清诸代从刻本中，历代效仿者不绝，褒赞不断。元代鲜于枢评此作为“天下第二行书”。“天下第一行书”被王羲之《兰亭序》率先占有，故此作不得不屈居第二位。

6.《自叙帖》

《自叙帖》是唐代运河畔的书法家高僧怀素的草书，被称为“中华第一草书”。内容为自述写草书的经历和经验，和当时士大夫如颜真卿、戴叔伦等对他书法的品评。《自叙帖》是怀素流传下来篇幅最长的作品，也是他晚年草书的代表作。纸本，纵28.3厘米，横775厘米，共126行，698字，书于唐大历十二年（777年）。藏台北故宫博物院。首六行早损，为宋苏舜钦补书。帖前有明李东阳篆书引首“藏真自序”四字，后有南唐升元四年(940年)邵周等重装题记。钤有“建业文房之印”“佩六相印之裔”“四代相印”“许国后裔”“武乡之印”“赵氏藏书”“秋壑图书”“项元汴印”“安岐之印”“乾隆”“宣统鉴赏”等鉴藏印。

《自叙帖》曾经南唐内府、北宋苏舜钦、邵叶、吕辩、明代徐谦斋、吴宽、文徵明、项元汴、清代徐玉峰、安岐、清内府等收藏。据曾行公题，旧有米元章、薛道祖及刘巨济诸名家题识，今佚。宋米芾《宝章待访录》、黄伯思《东观馀论》、清安岐《墨缘汇观》等著录。上海延光室、北京故宫博物院、文物出版社有影印本。

7.《黄州寒食帖》

《黄州寒食帖》系三大行书法帖之一，北宋苏轼手迹。纸本，25行，共129字，是苏轼行书的代表作。原属圆明园收藏，现藏于台北故宫博物院。

这是苏轼被贬黄州第三年的寒食节所发的人生之叹。诗写得苍凉多情，表达了惆怅孤独的心情。《黄州寒食诗帖》在书法史上影响很大，被称为“天下第三行书”，也是苏轼书法作品中的上乘。历代鉴赏家均对《寒食帖》推崇备至，称其是旷世神品。董其昌在帖后题曰：“余生平见东坡先生真迹不下30余卷，必以此为甲观”。清代将《寒食帖》收回内府，并列入《三希堂帖》。乾隆十三年（1748年），乾隆亲自题跋于帖后“东坡书豪宕秀逸，为颜、杨后一人。此卷乃谪黄州日所书，后有山谷跋，倾倒至极，所谓无意于佳乃佳……”为彰往事，又特书“雪堂余韵”四字于卷首。因为有诸家的称赏赞誉，世人称《寒食帖》为“天下第三行书”。

清咸丰十年（1860年）英法联军火烧圆明园，《寒食帖》险遭焚毁，随即流落民间。1922年，颜韵伯将《寒食帖》高价出售给日本收藏家菊池惺堂。后以重金购回，并题跋于帖后，略述其流失日本以及从日本回归中国的大致过程。

8.《蜀素帖》

《蜀素帖》是江南运河畔的镇江人米芾作品，又称《拟古诗帖》，被后人誉为中华第一美帖。绢本墨迹，行书。纵29.7厘米，横284.3厘米。书于宋哲宗元祐三年（1088年），米芾三十八岁时，共书自作各体诗八首，计71行658字，署黻款。

“蜀素”是北宋时四川造的质地精良丝绸织物，上织有乌丝栏。有个叫邵子中的人把一段蜀素装裱成卷，以待名家留下墨宝，可是传了祖孙三代，竟无人敢写。因为丝绸织品的纹罗粗糙，滞涩难写，故非功力深厚者不敢问津。蜀素经宋代吴兴（浙江湖州）郡守林希收藏二十年后，一直到北宋元祐三年，林希请米芾书写，米芾才胆过人，一口气写了自作的八首诗。卷末款署“元祐戊辰，九月二十三日，溪堂米黻记”。董其昌在《蜀素帖》后跋曰：“此卷如狮子搏象，以全力赴之，当为生平合作”。

《蜀素帖》明代归项元汴、董其昌、吴廷等著名收藏家珍藏，清代落入高士奇、王鸿绪、傅恒之手，后入清内府，现存台北故宫博物院。

9.《草书千字文》

《草书千字文》是宋徽宗赵佶传世的狂草作品，中国传世十大名帖之一。作于1112年，纵31.5厘米，横1172厘米，写于整幅描金云龙笺上。其底文的精工图案，是由宫中画师就纸面一笔笔描绘而出，与徽宗的墨宝可谓相得益彰，共同成就了这篇空前绝后的旷世杰作，被誉为“天下一人绝世墨宝”。这是赵佶四十岁时的作品，笔势奔放流畅，一气呵成，是继张旭、怀素之后的杰作。今藏辽宁省博物馆。

10.《前后赤壁赋》

《前后赤壁赋》是元代大运河畔的书法宗师赵孟頫楷书奇珍。纸本，纵27.2厘米，横11.1厘米。款署大德五年，赵孟頫时年四十八岁，正值精力顶峰期。其字点画精到，结体周密，行笔劲健酣畅，唐棣跋云，“东坡二赋，松雪要每一书之，负出诸书之右，故深得晋人书法。晚年行笔圆熟，度越唐人，乃知早会用意之深如此”。

11.《草书诗帖》

《草书诗帖》，被誉为明代奇才草书绝品，系中华十大传世名帖之一。明代江南运河畔的书家祝允明所作。现藏台北故宫博物院，纸本，纵36.1厘米，横1147.5厘米，书曹植《乐府》四首，是祝允明的代表作品。

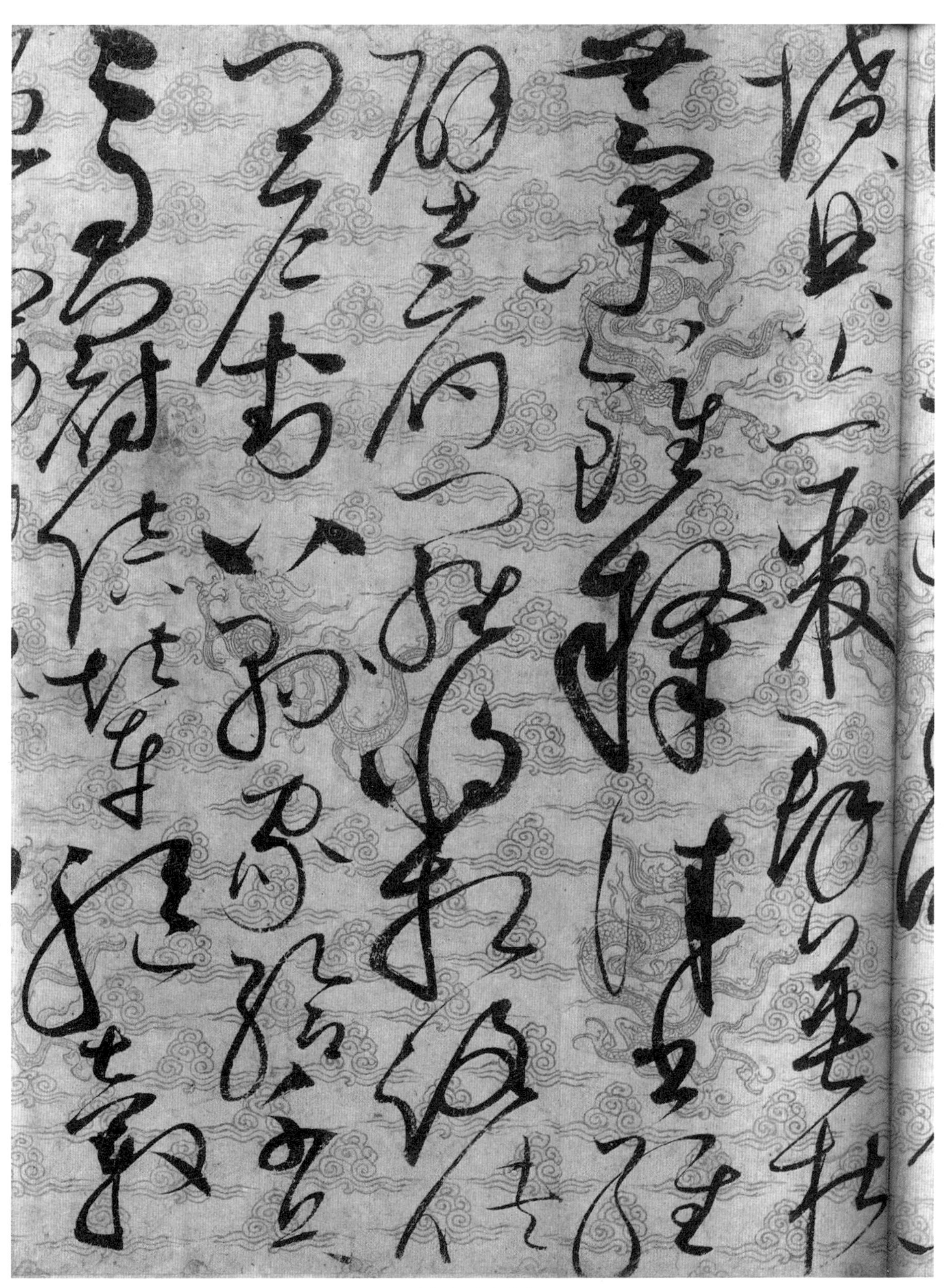

《草书千字文》

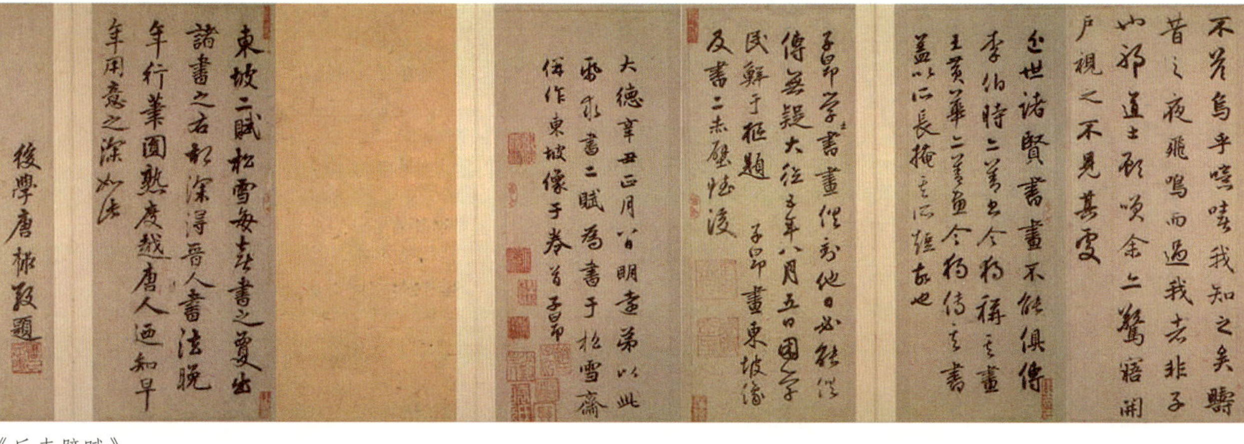

《后赤壁赋》

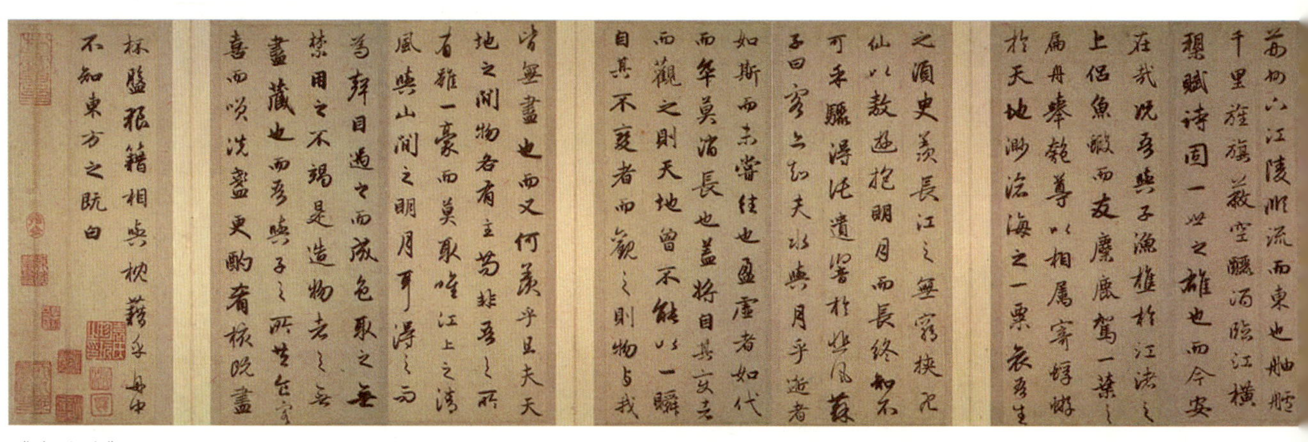

《赤壁赋》

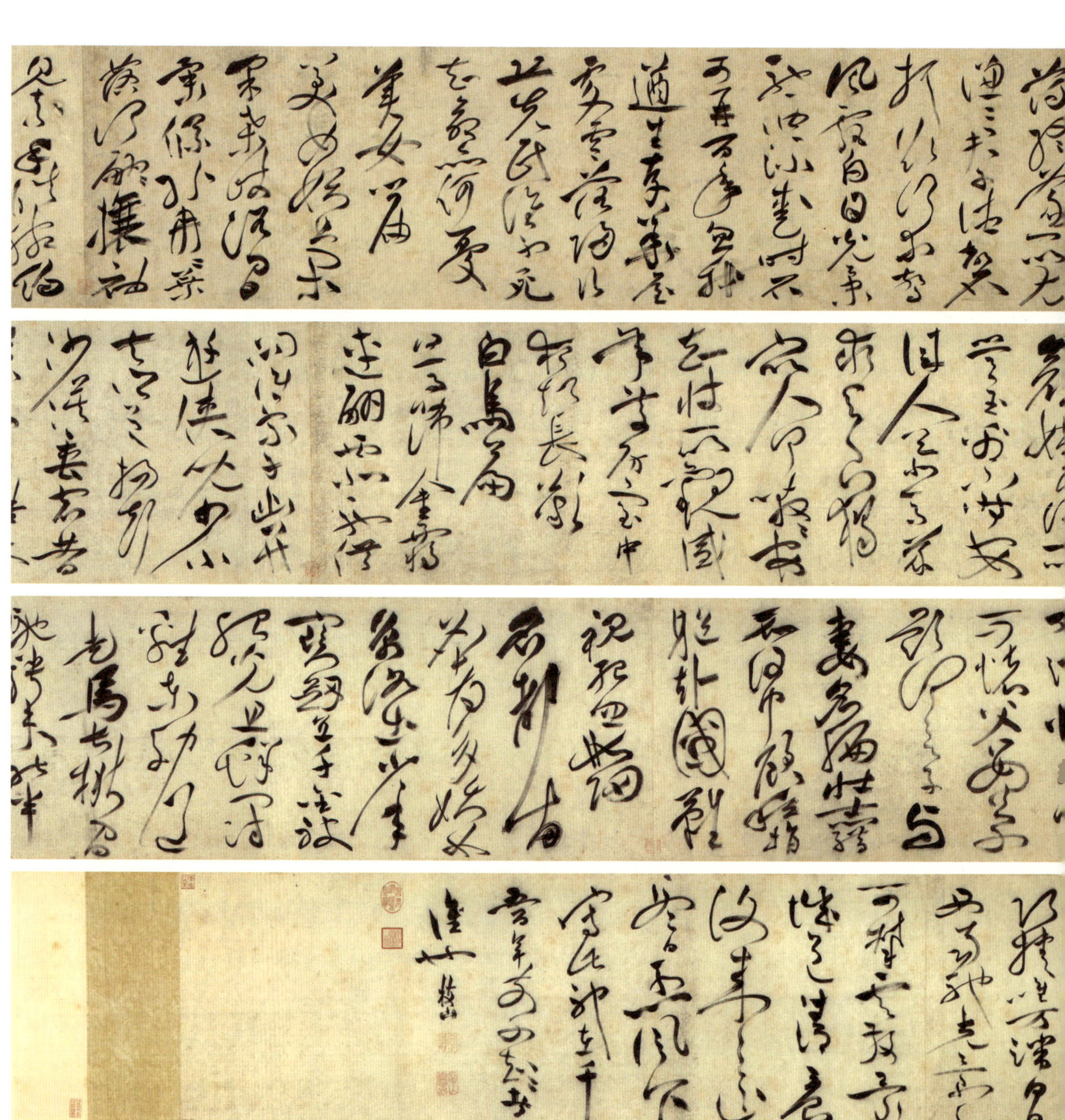

《草书诗帖》

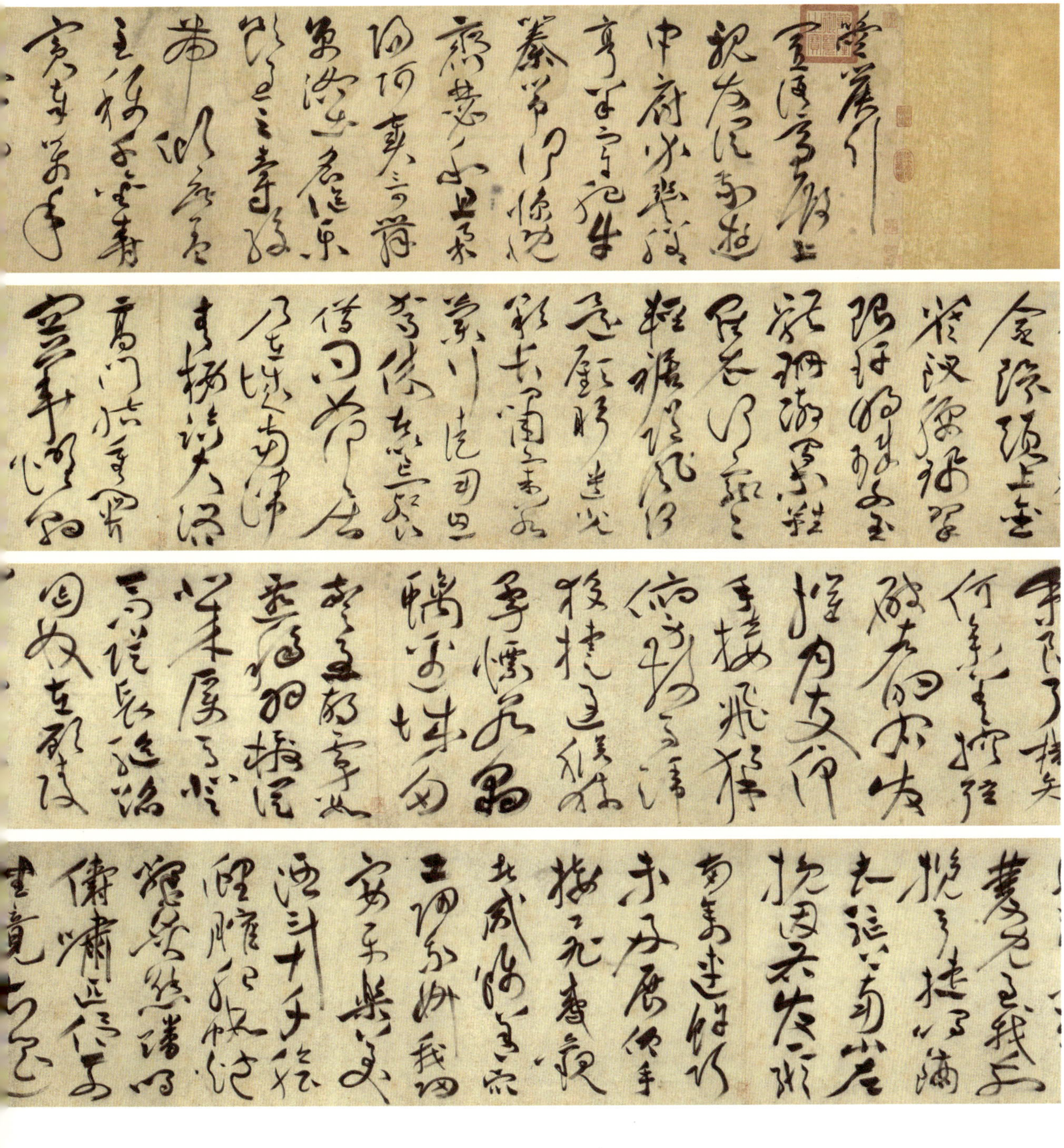

第二章 中国大运河绘画艺术

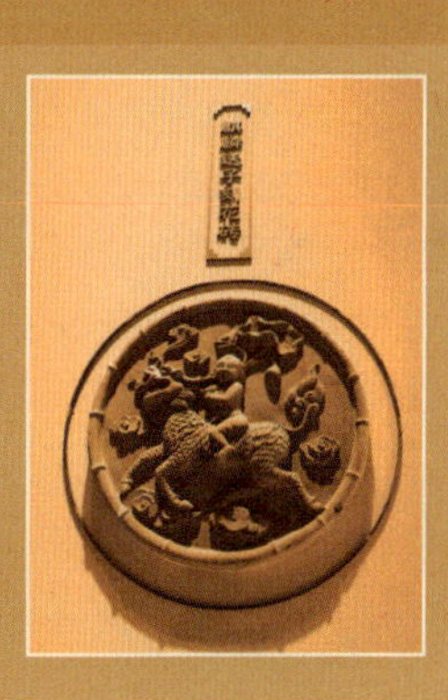

中国绘画是中国文化的重要组成部分，不单纯拘泥于外表形似，更强调神似，以毛笔、水墨、宣纸为特殊材料，建构了独特的透视理论，大胆而自由地打破时空限制，具有高度的概括力与想象力。中国绘画的发展史比中国书法的发展史更为久远，涉及的地域范围更广。中国大运河带来的商业文化推动了绘画艺术的发展，大运河的沟通功能也促进了绘画艺术的传播与传承，运河地区是中国绘画发展最早、水平最高的地区，无论是著名画家和著名画作，都占了中国绘画的大多数。

第一节 中国大运河绘画的起源与发展

绘画艺术的历史久远，风格多样，材质千变万化，表达的内容包罗万象。人类基因中，对物象和形象的感官追求与喜爱，远远超过抽象的符号或文字。已发现的人类最早的绘画行为出现在旧石器时代，当时人类的体质形态已与现代人接近，其生产能力较之以前有明显提高。人类在生产和生活中出现了基本的审美意识，开始用石制工具在岩石、骨片、木头等物体上刻画简单的图案、符号。例如已经发掘的北京周口店（约18000年以前）和河北兴隆县（13000年以前）均发现此类画刻图形，它们可以说是早期原始绘画的证明。同期，江苏连云港将军岩壁画则出现了日月星辰、鸟兽、禾苗等图案，而岩画中对人的刻画也明显区别于动物，并且把人物与日月星辰联系起来，既表现出绘画的原始状态，又表现出神学和星相学的启蒙形式。

延伸阅读

美术

美术泛指创作占有一定平面或空间，且具有可视性的艺术。用一定的物质材料，如颜料、纸张、画布、泥土、石头、木料、金属、木头等，塑造可视的平面或立体的视觉形象，以反映自然和社会生活，表达艺术家思想观念和感情的一种艺术活动。也叫造型艺术、视觉艺术。主要包括绘画、雕塑、工艺美术、建筑艺术等。现代有学者也把书法、摄影等归纳入这个门类。

贺兰山岩画

古代运河地区的绘画主要是中国画。中国画是现代人为区别于西洋画而对中国传统绘画的泛称，它包括卷轴画、壁画、年画、版画等绘画门类。有时特指以中国独有的笔墨等工具材料按照长期形成的传统而创作的绘画。中国画分为人物画、山水画、花鸟画三大画科，有工笔与写意两种画法，有卷、轴、册、屏等多种装裱形制。

运河绘画艺术的起源可以上溯到新石器时代，这一时期黄河中上游的仰韶文化和马家窑文化，黄河下游的大汶口文化和龙山文化，长江流域的河姆渡文化和良渚文化都出现了早期的绘画，恰与现代文明中的运河流域惊人的巧合。最初的中国绘画，是先民们画在陶器、地面和岩壁上的，逐渐发展到画在墙壁、绢和纸上，使用的基本工具为毛笔和墨，以及天然矿物质颜料。先秦绘画在一些古籍中有记载，如周朝的宫、明堂、庙祠中的历史人物，战国的漆器、青铜器纹饰，楚国出土的帛画等，都有较高的艺术水平。春秋战国时期的绘画资料开始增多，《韩非子》《庄子·田子方》中均有关于绘画过程及绘画作品影响等的详细叙述。这时的绘画内容逐渐开始丰富，从君王肖像，宫廷生活和征伐战事，到神话故事、历史故事和传说，再到山川树林、花鸟走兽，体现了深厚的艺术表现力和丰富的想象力。

一、秦汉时期的运河绘画

秦朝和汉朝是中国最早建立的中央集权制大国，疆域辽阔，丝绸之路与运河沟通中外艺术，绘画艺术空前发展与繁荣。尤其是汉代盛行厚葬之风，皇室、贵族墓室壁画、汉画像砖、汉画像石，以及随葬帛画，气魄宏大，笔势流动，既粗犷豪放，又细密瑰丽，生动塑造了现实、历史、神话人物形象，具有动态性、情节性，真实地反映了当时的生活状态。

这时的绘画艺术已经成为一种基本的艺术门类，并开始逐渐进入中上层社会和文人官吏阶层，绘画作品不再是皇家的专利。秦汉时期，运河区域的绘画、雕刻艺术有了很大的进步。当时，装饰性的壁画非常流行，宫殿邸舍和墓室多有壁画。宫殿壁画题材，正如《鲁灵光殿赋》所说，“图画天地，品类群生，杂物奇怪，山海神灵”。以人物鬼神入画，目的是彰善惩恶。20 世纪 70 年代中期以后，发掘的秦国都城咸阳的一号、三号宫殿遗址中发现了大批的建筑壁画，说明当时宫殿壁画十分盛行。墓室壁画内容多为人物、车马、乐舞、狩猎、饮宴、祭祀等官僚及社会上层人物的生活景象，此类壁画在河南洛阳、江苏徐州等运河城市都有发现。

汉代，运河区域在绘画方面有突出的成就，代表了这一时期艺术的最高水平。特别是北方的运河区域由于长期的民族杂居、融合，使得各民族间的艺术相互渗透影响，从而更加丰富了中华民族的艺术宝库。汉代人在绢帛、木版、漆器、陶器等物品上作画，题材广泛。此外，当时人们还在墓壁和祠堂的石材上作画，施以阴线或阳线的雕刻，一般称之为画像石。在运河文化区中，以今山东嘉祥武梁祠、长清孝堂山和沂南北寨村的石刻画像最为著名。画像石题材丰富，有渔猎、耕织、战斗、娱乐、舞蹈等场面以及历史故事。在会通河沿线，最近几十年来还出土了不少汉画像砖，表现了生产和生活的情景，线条清晰，形态逼真，与汉画像石具有同等重要的艺术价值。

魏晋南北朝时期，战争频仍，民生疾苦，但是绘画艺术仍取得了较大的发展。苦难给佛教提供了传播的土壤，佛教绘画勃然兴起。通过统治者的大力倡导、民众百姓的自发参与，佛教在中国迅速传播开来，修庙、开寺、开凿石窟、绘制造像蔚然成风，佛教形象、佛教故事及西域文化深刻影响了中国文化，并与本地文化很好地融合起来。这个时期产生了河南洛阳龙门石窟、甘肃天水麦积山石窟等大型综合石窟，其中的石刻造像、雕塑和大量绘画作品堪称人类艺术史上的瑰宝。运河区域的绘画艺术十分引人注目，出现许多著名画家，其中成就最大的是曹不兴和顾恺之。曹不兴生于江南运河畔，工于画龙、虎、马及人物等。相传孙权命他画屏风，不慎滴落墨点，随手绘成蝇状，孙权误认为真，竟用手弹之，可见其写实的功底十分深厚。东晋时的顾恺之是无锡人，多才艺、工诗赋、书法，尤精绘画，尝有“才绝、画绝、痴绝”之称。他擅长人物画，认为真正表达人物精神的是眼睛，以至画人物时往往不将眼睛画出。他的遗作有后人临摹的《女史箴图》，形象地反映了当时贵族妇女的生活面貌。

由于上层社会对绘画的爱好和参与，涌现出一批文化素养较高的上流社会知名画家。这一时期玄学流行，文人崇尚飘逸通脱，画史画论等著作开始出现，山水画、花鸟画开始萌芽，绘画注重精神状态的刻画及气质的表现，以文学为题材的绘画日趋流行。经过 300 多年的熏陶洗礼，中国的文人、书家、画家、政客乃至可识字读书的普通百姓无人不习书法。这种潜移默化、自然天成的影响，成就了中国“书画不分家”的传统和习惯，甚至决定了中国绘画的特质和画风。

二、隋唐时期的运河绘画

隋唐时期国家统一，运河地区社会相对稳定，经济比较繁荣，对外交流活跃，为绘画艺术注入了新的机遇。人物画方面，虽然佛教壁画中西域画风仍在流行，但吴道子、周昉等人具有鲜明中原画风的作品占了绝对优势，民族风格日益成熟，展子虔、李思训、王维、张璪等人的山水画、花鸟画工整富丽，达到了较高水平。

首次贯通中国大运河的皇帝隋炀帝杨广本人就雅好书画，曾撰《古今艺术图》50 卷，画其形，说其事。隋大业元年（605 年），隋炀帝沿运河下江都，沿途置离宫 40 余所。加以当时京洛一带寺院道观建筑兴起，这些宫殿和寺院都需要用绘画装饰，运河沿线壁画蔚然成风。“一时巨匠名士，争起用世，展子虔自江南至，董伯仁自河北至”。各派绘画大师汇集运河地区的东都洛阳，将不同艺术风格的作品展现在世人面前。

唐代成为中国书画史上的黄金时期，以阎立本兄弟、吴道子及周昉为代表的人物画，以敦煌 220 窟为代表的宗教壁画，以王维和李思训为代表的山水画，以边鸾为代表的花鸟画全面丰收。代表当时运河沿线绘画艺术成就的主要有展子虔的山水画、阎立本的人物画、张萱和周昉的仕女画，“画圣”吴道子则是山水和人物画皆精。此外还有花鸟、禽兽画等。

唐代的花鸟画成为独立的画科。画家边鸾的花鸟画，“精妙之极”“冠于代”“少攻丹青，最长于花鸟，折枝草木之妙，未之有也”。如他画的孔雀，“翠彩生动，金羽辉灼”“得婆娑之态度，若应节奏”。

生活在唐中期的韩干以画马著名。他画马的作品有很多，如《牧马图》《调马图》《战马图》《内厩御马图》和《八骏图》等，代表作为《照夜白》。唐玄宗有一匹西域进贡的名马叫照夜白，彪悍健劲，高大英武。韩干画中的照夜白，系于马桩之上，仍抬蹄昂首长嘶，难以驯服的犷野之态跃然纸上。唐德宗时宰相韩滉，“尤工书，兼善丹青”，他擅长画牛，代表作《五牛图》。所画五牛并立于一画之上，神态各异，或正面、或侧面、或呈扭首状，或吼或鸣或搔痒，自然逼真，令人叹为观止。

此外，隋唐时期也流行壁画，尤其是墓室壁画。考古陆续发现的昭陵陪葬墓壁画和乾陵陪葬墓壁画等，作品内容涉及社会上层贵族和下层劳动人民的日常生活，色彩鲜艳，形象生动，具有极高的艺术价值。

三、宋元时期的运河绘画

绘画的真实性在宋朝时已发展到高峰，尤以郭熙的《早春图》为写实主义的巅峰，之后就开始转向抒发主观情感。自王维被盛赞诗中有画、画中有诗后，文人画悠久的传统便延续至今。五代两宋之后，中国绘画艺术进一步成熟完备，到达一个鼎盛时期。宋代初期的几任皇帝均酷爱书画，甚至皇帝本人就是书画巨匠如宋徽宗赵佶，朝廷开始“官办”画院，京都开封和许多大城市多开画馆、书院，极大地促进了书画业的发展。文人学士也把绘画视作雅事，并提出了鲜明的审美标准，画家辈出，佳作纷呈，且在理论上和创作上也形成了一套独立的体系，其内容、形式、技法都出现了丰富精彩、多面发展的繁荣景象。

1. 山水、人物、花鸟画

运河带来城市经济的发展，极大地推动了以印刷坊刻业为龙头的文化事业的发展，也带动了书画艺术的长足进步。宋太宗在京城置翰林图画院，召画工聚集于此，汴京一跃而为全国的绘画书法中心。到北宋后期朝廷编《宣和书谱》，即录书法家 194 人，书法作品 1252 件。又编《宣和画谱》，收录画家 237 人，作品 6396 轴。经南宋到元代，从杭州到大都，运河地区的书画艺术始终呈现兴旺发达的繁荣局面。

自宋代起，绘画艺术以人物、山水、花鸟画的成就为最大。如著名画家李公麟，好古博学，尤精鉴别。他先后在大运河沿线的南康、长垣、泗州以及汴京任官达 30 余年，但却“未尝一日忘山林”，始终把绘画作为他人生的最大快乐与寄托。他善画马，被时人以为超过前代的韩干。更善于人物画，时人交誉，把他比之为顾恺之、张僧繇、吴道子之亚，推为宋画第一。他还把白描人物推向成熟的境界。

会通河畔的东平人梁楷是著名的人物画家。宋宁宗嘉泰年间（1201—1204 年）为临安画院待诏。他善画人物、山水、道释、鬼神，继承白描法，对客体去芜存菁，创减笔法。其泼墨人物画《泼墨仙人图》名垂画史。

北宋后期，风俗画和历史画有了新发展。在绘画题材上，以描绘乡村民间风俗为

主题扩大到以反映城市世俗生活为中心。其代表画家是张择端，他的代表作是《清明上河图》。

山水画在这一时期也取得很大成就。益都营丘（今山东临淄）人李成即善画山水，人称李营丘。《宣和画谱》云，“凡称山水者，必以成为古今第一”。还有开创江南山水画派的江宁（今江苏南京）人巨然，其画意蕴深远，爽气袭人。江南运河畔丹徒（今江苏镇江）人米芾，曾任书画学博士，更是书画皆精。山水画师法董源，然别出新意，多以水墨点染，重意趣不求工细，推崇“烟云掩映”。他久居江浙，“每卜居必择山明水秀处”，晚年隐居镇江，使其画更具灵气，世称“米氏云山”或“米氏山水”。

元代，人物画、花鸟画虽走向低潮，而山水画却达到高峰，尤以江南画派盛行，著名的有“元四家”，即赵孟頫、黄公望、王蒙、吴镇。

此外，元代绘画名家还有倪赞。在后人所盛称的“元四家”中，有人认为赵孟頫地位比“元四家”更高一筹，于是去掉赵孟頫而加倪赞。倪赞是江南运河畔的无锡人。他的绘画在元画家中最具有自己的风格。画作以水墨居多，画风以简淡幽雅为主，题材多为平远山林、枯木竹石，笔墨简练，体现出一种萧肃之感。并且他的画上常有很长的题跋，以衬托绘画效果。这也是元代“文人画”的一个突出特色，使诗、书、画相结合，增强情感美、现实美、形式美，使之交相辉映，成为一种综合性艺术。

2. 壁画

宋元时期，在大运河沿线城市中，如开封、杭州、平江（苏州）、大都等地，都有大量的壁画，堪称一座座绘画之城。

在北宋开封，各个宫殿、寺院、道观以及官员府邸，除绘有大量辉煌绚丽的宗教画以外，人物、楼台、殿阁、花鸟、山水、鱼龙等题材，都成为壁画的内容。甚至一部分店铺，也出现了惹人注目的壁画。大相国寺是汴京壁画精品的集中地，各殿阁廊庑间皆绘有精美的壁画。《东京梦华录》记载，“大殿两廊，皆国朝名公笔迹，左壁画炽盛光佛降九曜鬼百戏，右壁佛降鬼子毋揭盂，殿庭供献乐部马队之类，大殿杂廊，皆壁隐楼殿人物，莫非精妙”。开宝寺、景德寺、崇夏寺、奉先寺、皇建寺、寿宁院等，皆绘有精美的壁画。宋真宗在修玉清昭应宫时，曾从全国各地募召绘工 3000 余人，最后挑选百人作画，创作了一个庞大的壁画群。此外，御街两旁的东西景灵宫以及会灵观、五岳观等道观的壁画，都相当有名。

元代大都上自宫廷，下至贵族官僚府第以及寺院等，也都盛行壁画。壁画的内容包括山水、花鸟、竹木、人物、鱼龙等。著名壁画家有商琦、李衎、唐棣、张彦辅等。商琦、李衎、唐棣曾为宫廷嘉禧殿作壁画。张彦辅曾“奉敕写钦天殿壁”。商琦等人还奉旨为寺院画壁画，“一时京城传为盛事”。

3. 中外绘画艺术的交流

由于运河的沟通，中国绘画与高丽、日本广泛交流。北宋熙宁七年（1074 年），高丽曾遣使赴宋“访求中国图画”。此后，又选画家入宋观摩学习宋画。北宋熙宁九年（1076 年），高丽使臣带画工数人，摹绘汴河岸边的相国寺壁画，归国后将其重绘于高丽兴王寺正殿西侧。日本艺术家也来中国学习绘画，有时日本还请中国画家赴日传艺。日本出现了欣赏宋画的热潮。元代绘画以山水画为主流，对高丽、日本等国的影响大。如元代画家多与高丽大臣李齐贤有交往，山水画家朱德润赠以《燕山晓雪图》，其他人也多赠画。李齐贤回国时，将这些珍贵绘画带回高丽。高丽国王慕憨王爱作画，赴元朝回国时，用船运回许多书画简册、什物器具。到元朝访问的日僧雪村友梅不仅汉语诗文好，而且书画亦妙，他的墨兰深具宋元清雅恬淡的意境。他与另一位入元日僧铁舟德济，曾被元人誉为“书画双奇称绝伦”。他们不仅学到宋元绘画、书法的手法、技巧和风格，而且也收集了许多宋元名画书法真迹，如吴道子的观音、米元晖的山水等，推动了日本的书法、绘画的发展。

日本绘画对中国也产生了影响。宋代人称日本的民族绘画为“大和绘”。汴河沿岸的相国寺市场上有日本团扇出售，其上的绘画“意思深远，笔势精妙，中国之善画者或不能也”。倭画屏风也由赴日本交流的僧人带回，为宋代朝廷收藏。高丽的绘画也有相当水平，如高丽著名画家李宁得到宋徽宗的推崇，并要求宋朝画家向他学习。

四、明代运河绘画艺术

到了明代，中国绘画渐趋注重笔墨情趣的形式主义，如文徵明的画即意不在山水的描绘，而是借由山水来堆砌各种运笔的手法。绘画发展至元、明、清，文人画获得了突出的发展。在题材上，山水画、花鸟画占据了绝对的地位。文人画强调抒发主观情绪，“不求形似”“无求于世”，不趋附大众审美要求，借绘画以示高雅，表现闲情逸趣，倡导“师造化”“法心源”，强调人品画品的统一，并且注重将笔墨情趣与诗、书、印有机融为一体，形成了独特的绘画样式，涌现了众多的杰出画家、画派和优秀作品。

明代运河区域的书画艺术以文人卷轴画为主流。从题材上来看，人物画、山水画、花鸟画仍然各行其道，争奇斗艳；从技法上来看，水墨写意大行其道，并且出现了徐渭等人的水墨大写意，与此相应，工笔重彩则退居次要地位；从风格流派上来看，明代著名的书画流派主要有画院派、浙派、吴门派、华亭派、大写意派、勾花点叶派、波臣派等。大多数画家是工诗文兼善书法，或工画善书，或诗、书、画兼善。

浙派画是指明代画坛上画宗两宋山水写意，以江南山水为主要创作题材，以“神、清、老、劲、活、阔”为主要特点，风格比较接近的一批画家。因其创始人戴进为浙江钱塘人，故称。代表人物有吴伟、杜堇等。吴伟少时孤苦，曾寄居于常熟钱昕家中，成名后曾两度奉旨进京，备受明宪宗宠遇，孝宗时被赐为“画状元”。工人物、山水，早年以工笔细描为主，中年以后变为水墨写意，风格苍劲豪放，为戴进之后的浙派健将，也是江夏派的创始人。传世之作《渔乐图》展现了江南山水景色和渔人生活，表现了对秀丽江南的热爱之情，体现出自由清新的气息。杜堇是江南运河畔的丹徒人，寓居北京，寄情于诗文书画之间，过着文人画士的生活。在绘画上，山水人物、草木鸟兽诸体兼工，既工于界画楼台，又是人物白描的高手。传世之作有《梅下横琴图》。

吴门画派是指活动在江南运河一带的一批书画家，因其画风相近，且多为江苏吴地人，故称吴门画派。究其渊源，明初吴县人杜琼擅长山水，可谓开吴门之先声。明代中叶，被认为可与浙派始祖戴进齐肩的周臣，可谓吴门前辈，后来吴门四家中的唐寅、仇英都出自其门下。代表吴门书画创作最高成就的是被称为吴门四家的沈周、唐寅、文徵明、仇英，以及被称为吴门四才子之一的祝允明。其后，吴门代表人物则有钱榖、周天球、陆师道、李流芳、邵祢等。

大写意派是明代后期画坛上的一个写意花鸟画派，因其画风较写意画更为豪纵放恣，故称大写意。代表画家以徐渭的成就最高。宋元以来的文人画理论和创作实践都是徐渭大写意画的先驱，但是徐渭真正充分发挥了中国画笔墨纸张的特殊效果，使绘画具有了书法的意趣和诗歌的意境，诗书画三者璧合而创立了水墨大写意画法。徐渭的绘画大多构图奇特，信笔挥洒，以泼墨写意，风格奔放奇崛，看似不经意，却颇具个中三昧。

明代的绘画流派还有波臣派和勾花点叶派，明代的书画艺术伴随着运河水的流淌浸润了大江南北，同文学一样体现出对真情至性的追求。同时，明代的书画艺术还呈现出明显的地域特征。北方朴实豪放，运河北方的书画构图严谨，笔法苍劲，风格豪放。运河南方书画灵动秀润，则体现了南方的灵秀之气。

明代随着大运河成为国内外文化交流的通道，中国绘画开始受到西洋绘画的影响。

运河沿线国外绘画技术的传入是从传教士带来的宗教画开始的。为帮助传教，罗明坚初到澳门传教时，即携带天主及圣母玛丽圣像，这大概是最早传入中国的西洋画。利玛窦来华时，带来的西洋画更多。万历二十八年（1600 年）利玛窦进京时，还献给神宗皇帝天主像 1 幅、圣母像 2 幅。明朝有不少传入中国的西洋画，但能够见到的只有利玛窦当年赠送给程幼博的 4 幅宗教画和汤若望献给崇祯帝的 48 幅西洋画中的 3 幅。西方绘画对光线、色彩的运用与中国画风格迥异，感官效果大不相同，引起了中国国人很大兴趣。西画传入后，西画技法对中国画产生了一定影响。最先用西洋技法写真的是明末蒲田人曾鲸。他的画采用西洋透视，重墨骨而后傅彩，加晕染，成江南画派的写实手法。纯以西洋写真的有长芦盐院的莽鹄立和其弟子金珍。《画征续集》对莽鹄立评价说，“其法本于西洋，不先墨骨，纯以渲染”。

五、清代运河地区绘画艺术

明末清初时，画家开始从注重客观世界的描绘，向表现自我方向转变。八大山人、扬州八怪等都具有很强的自我风格，而不再注重再现自然的真实性。清代运河绘画作为运河文化重要组成部分，主要成就表现在卷轴画上，特别是江南运河沿线城市对文人画起到积极的促进作用。一般文人士大夫绘画活动频繁，山水、花鸟、人物画各品类异彩纷呈，运河经济的繁荣促进了年画、版画发展，而壁画则进入衰亡期。

（一）卷轴画

清代画家、画派、画法均超过明代。就绘画成就而言，宫院画在促进文人画风和中外交流方面做出了独特贡献，山水画、花鸟画都有新的突破，人物画延续前朝传统。运河地区中外文化交流活动频繁，也让卷轴画水平上了一个新的台阶。

1. 宫院画

宫院画在清代仍受到重视，康熙、乾隆二帝不时躬身动笔，设如意馆和内廷供奉，在有重大创作时，还召集民间画家进京。山水、花鸟画风格上远学宋代董、巨，元代黄、倪，近以董其昌、王时敏、王鉴为师。人物肖像画方面成就最大，承袭宫院画的工整细润及重彩特色，在肖像、典故、风俗特别是帝王生活及功德上均有出色之处。随着运河沿线的基督教的传播，西方绘画艺术大规模传入中国。中国画家吸收西方绘画的长处，特别是对重大历史事件题材的处理技巧，弥补了中国绘画的不足，使运河绘画呈现出中西融会的新景象。供职宫廷的外籍画家如郎世宁、艾启蒙、贺清泰等人的作品则用中国绘画材料按照西洋画的透视法诠释作品，对中国工笔画与西方古典写实主义绘画上进行了尝试性探讨。

清代宫院画盛于康熙、乾隆两朝，画家以技艺为皇室器重。较有成绩的有淮扬运河畔的扬州人禹之鼎，代表作有《纳兰性德小照》《移居图》《履中西郊寻梅图》。江南运河畔的嘉定人丁观鹏，代表作有与唐岱等人合画的《新丰图》，与孙祜、周鲲合画的《寿意图》《庆丰图》。江南运河畔的乌程（今浙江湖州）人金廷标代表作有《高贤遇隐图》。还有吴县人徐扬，著名作品有《乾隆南巡图》12 卷、《姑苏繁华图》及《平定回部献俘礼图》。江南运河畔的武进人钱维城，代表作是《平定准噶尔图》。花鸟画家如江南运河畔的常熟人余省、王幼学、张为邦、杨大章等人皆是赋色艳丽供奉内廷的好手。女画家缪嘉惠工于花鸟，擅长花卉、翎毛，秀逸清雅，为晚清难得的花鸟翎毛女画家。而立足中国绘画为根本，吸收西方绘画技巧的本土画家对于宫廷绘画的贡献也不小，会通河畔的山东济宁人焦秉贞绘《耕织画册》46 幅使用西画技法，画面远近大小及写实功力是前所未有的。他的弟子冷枚工于人物，擅用仇英笔意，同时加上西画技法，在同时代画家中也是佼佼者，其代表作为《耕织图》《万寿图》。

清宫在鉴别、藏画及整理画学资料上也有不少成就。康熙时，宫廷编《佩文斋书画谱》丛辑 100 卷，收集自明以来书画论、书画家传、书画题跋、考证等书 1840 种，为后来研究者必读物。又有《佩文斋题画诗》，钞历代题画诗，止于明代，30 门计 8900 余首。乾隆尤好书画，仿效宋徽宗编《宣和画谱》，命侍臣鉴别分类宫中收藏书画，嘉庆时则编有《石渠宝笈》《秘殿珠林》初编、二编、三编等六部目录书。清宫院画为运河文化在中外文化交流融合上开了新风。

清宫廷画中还有一种“工程画作”。例如康熙中后期，便由画师和工程人员绘制了二十四种河图，最著名的有《运河全图》《黄河全图》《淮河全图》，详细记载了大运河、黄河、淮河三大水域的源流、支派、地理位置及治理情况，全面而准确地反映了三大河流和各支流的全貌。所附彩色图纸绘画精细，既有很强的史料价值，又颇具绘画艺术价值。这是清代以前宫廷绘画较少涉及的部分。

2. 山水画

明清之际，运河区域文人山水画寄情山水思想浓厚，蓝瑛、项圣谟、石涛等人打破常规，立意新奇，笔法恣纵。时称“四王吴恽”的王时敏、王鉴、王翚、王原祁、吴历、恽寿平对江南运河区域影响颇深。

明末清初之际，山水画坛以宗“元四家”并倾于倪云林的疏体逸格为主流。大运河最北端的北京人陈卓、最南端的钱塘人刘度或用笔精密，或工笔画楼阁，小有成就，但无元人之灵秀。擅画山水楼阁的袁江、袁耀叔侄，其工笔画为当时第一，青绿工润，迥出时表，却重于匠气。占据当时画坛主要地位的却是同源于文人画、画风却迥异的两支。以蓝瑛、项圣谟与石涛为代表的一支反对陈陈相因，提倡借古开今，陶咏胸怀，脱出窠臼，呈现出有生气的风格。钱塘人蓝瑛山水独具风格，笔力苍劲，作品有《红树青山图》《松岳高秋图》。江南运河畔的嘉兴人项圣谟于山水画中注以愤懑之气，卓尔不群，代表作有《大树风号图》《剪越江秋图》。常居运河城市扬州的石涛为“清初四画僧”之一，他一生坎坷，胸中郁滞，笔下的画作却是豁然长啸，笔意恣纵，淋漓洒脱，奇险中兼具秀润，作品《山水清音》《淮扬清秋》《秋水野航》极抒情之妙，笔墨纵肆潇洒，意境生气勃发。“扬州八怪”之一的扬州人高翔，以石涛为师又兼学他人，构成新的理想境界。

另一支则直承董其昌的理论与实践，体现“书卷气”，要求做到与古人风格一致，如“娄东派”和“虞山派”的山水作品。

“四王吴恽”中号称“吴恽”的便是吴历、恽寿平。吴历（1632—1718 年）字渔山，号墨井道人，技法上学习元人，兼法唐寅，作品丘壑多姿，笔墨苍浑，风格醇厚深秀，作品如《珂溪山水》《柳树秋思图》皆枯笔短皴，意趣淳厚。恽寿平（1633—1690 年），初名格，字寿平，以字行，又字正叔，别号南田，他的成绩主要体现在花鸟画中，而山水画成绩并不亚于石谷。

“四王”山水被清廷尊为正宗，既因为他们注重以干笔渴墨层层积染技法表现艺术，审美趣味达到精致；更因为他们摹古旧，不显生活气息，从政治上求稳定效果。“扬州八怪”在运河城市的异军突起反映了山水画受商业影响处境不佳和运河地区审美情趣的变化，从 18 世纪末至 20 世纪初，富有开创精神的画家已是寥寥无几。乾隆、嘉靖时期有名的有仁和人黄易、钱塘人奚冈等人。黄易画山水为“娄东”一派，笔墨挥洒，较为轻松，其作品《山楼闲话图》《溪山深秀图》可见其特点，且他能在绘画中吸收金石书法的拙朴趣味，有《访碑图》传世，堪称金石书画界的领头人物，这也是运河文化繁盛、艺术交融的一个明证。奚冈画多潇洒自得，作品有《溪山放艇图》《古木寒鸦图》。嘉庆、道光时期，丹徒张宝岩一改清初以董其昌为宗的风气，得苍秀浑雄之气，注重体味自然情趣，作品笔重色浓，风格沉郁深厚，与在其前画山水章法别致笔法清劲的潘恭寿及顾鹤庆一起被时人称为“京江派”。清道光、咸丰时期，江南运河畔的武进人汤贻汾、钱塘人戴熙，画风一疏一密，又有钱杜称美于画坛。至同治、

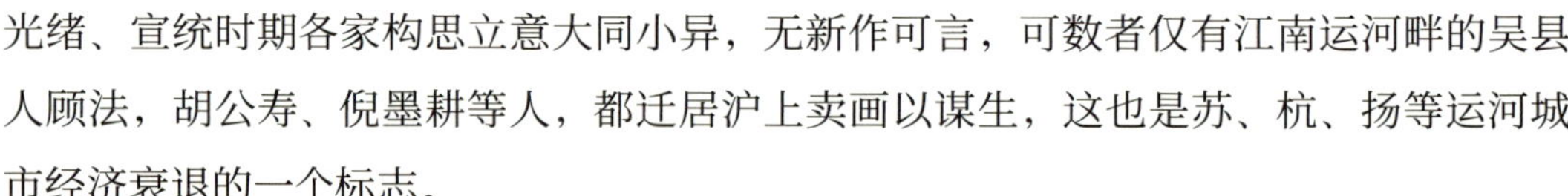

光绪、宣统时期各家构思立意大同小异，无新作可言，可数者仅有江南运河畔的吴县人顾法，胡公寿、倪墨耕等人，都迁居沪上卖画以谋生，这也是苏、杭、扬等运河城市经济衰退的一个标志。

3. 花鸟杂画

清初至嘉庆年间是花鸟画风格多样、大放异彩的时期。清初常州的恽寿平花鸟逸笔点缀，润秀清雅，影响极大，成为最流行的画风。石涛笔意恣肆，布置奇趣，别具风格，又是另一种意趣所在。至康熙、乾隆时期，“扬州八怪”走文人写意路线，成为运河花鸟画别有特色的一支。

石涛花鸟从陈淳、徐渭，与其山水相比更有一种清新、舒逸之趣，以奇简冷逸或天骨开张的独特风格，抒发对生命的热爱，达到了水墨大写意花鸟的空前水平，作品有《芭蕉菊石图》《墨竹》《出水芙蓉图》等。而影响最大的则是恽寿平一派的写生画风。恽寿平画花鸟一改明末清初沈周、陈淳画风，祖述北宋徐崇嗣，创没骨画风，画风清新雅丽，于绚烂中求平淡，有明丽秀润天趣盎然的特色，其传世之作如《红梅山茶图》《梅竹图》《桃花图》等笔墨润秀，彩色清丽，神趣生动。恽寿平画风发展成“常州派”，又称“南田派”。缪椿、宗愣风而稍易其法，有“缪派”之称，徐兰、马元驭、范廷镇等所画花卉都得南田神趣。与恽寿平同时期的苏州人王武功力深厚，在点笔方面有所发展，作品流畅生动。此外无锡人邹显吉也长于无骨花卉，最擅于画菊，有“邹菊”之称。

花鸟杂画以康熙、乾隆盛世之最，以彩色工整为要的花鸟画长盛不衰，当以常熟人蒋廷锡、邹一桂最为著名。前者画风生动，意度堂堂，所画《芙蓉鹭鹕》甚得其妙。后者画花有重粉点瓣、然后用淡色笼染的，也有设色清淡、再用晕染滋润的，以《双清图》《藤花芍药图》为最佳。而活动于扬州被称为“扬州八怪”的一些画家与正统画风相异，他们继承文人画艺术传统，在创作上重视文化修养，继承青藤、八大山人、石涛传统，突破俗套，强调师造化，抒个性，用我法，专写意，求神似，端人品，博修养，是运河文化史重要组成部分。金农为“八怪”之最，以梅竹为最好，作风古朴，而敦实一如其“漆书”字体，画作有枝干横斜、花蕊繁密、气韵静逸的，也有欹斜历乱、花朵疏落别致的，作品有《梅清》《月华图》等。郑燮有《衙斋竹图》《兰竹图》。李鱓直抒胸臆，作大写意花鸟纵横驰骋，不拘绳墨。作品《土墙蝶花图》《芭蕉萱石图》等均设色清雅，有水墨融成奇趣特色。李方膺工于画梅，主张以造化为师，表达自己的风格，有《墨梅图》《梅花图》传世。汪世慎擅画竹梅，而且画与诗文书法结合，随意点笔，清妙多姿，代表作有《桃花猫石图》《鸟悦花明图》《桃潭浴鸭图》。边寿民以擅画芦雁著称，创作时用泼墨法而不用勾线，潇洒生动，富有生趣，故有“边芦雁”之称。“扬州八怪”的出现与扬州作为运河经济中心，商业发展较快，市民阶层扩大，艺术需求旺盛有关。

清道光、咸丰、同治六十年间，花鸟杂画渐衰。画风稍变，常州派失势，点笔一派渐渐风行。画家有名气的仅有赵之琛、达受二人。至光绪、宣统年间，花鸟画渐有起色，但居于运河城镇的名家已是无人可数，赵之谦、任熊、任熏、吴昌硕等人虽生于运河城镇，但主要活动已移至上海进行。

4. 人物画

清代人物画不及山水、花鸟画发达，就艺术性而言，风格趋于纤弱，喜好玩弄笔墨技巧。题材范围除仕女、神仙、渔樵耕读外，还有不少写史实、风俗。石涛的《自写睡牛图》颇具文人水墨画写意作风。康雍乾时期运河沿线的浙江人王树合、金古良，江苏吴县人金建等人以白描或仕女著称，真正有成绩的则是“扬州八怪”中的罗聘、黄慎、闵贞等人。罗聘的人物画意趣很高，构思奇特，形象也偏于“怪”。黄慎画人物用笔流畅，写实功底深厚，其画作《采菊图》《漱石捧砚图》《伏生授经图》等意境隽永，形体自然。闵贞仙佛、人物均佳，《醉八仙》章法圆稳，笔墨淋漓，布局融洽，画中人物醉态可掬。肖像画中最有名的当属蒋骥、丁皋、沈宗骞三人，他们从理论上对传真的创作方法进行了探讨，蒋骥的《传神秘要》、丁皋的《传真心领》、沈宗骞的《芥舟学画编》都是在前人传神实践基础上提炼的理论研究成果。乾隆、嘉靖以后运河区域人物画更见衰退，稍有名气的多以仕女画见长，最出名的仅有费丹旭一人，大多数画家已转至上海。

（二）国画东传海外

清代卷轴画在中外交流方面作用显著，更多的是在运河沿线进行，应该说这是运河文化开放性的一个亮点。清初开始，中外绘画艺术相互融合。康乾盛世时，一方面中国画家学习西洋画法，如肖像画家丁允泰善于西洋烘染法，专精人物，俯仰转侧之势极工；另一方面，其他国家也吸收中国绘画不同流派的技法，浙江吴兴画家尹海于1720年来到日本长崎，日本南画派大家池大雅深受其影响。浙江苕溪人费澜、费晴湖将浙派画风传入长崎，花鸟画家浙江德清人沈铨携弟子郑培、高均东渡日本，对日本花鸟写生画派产生重要影响，被称为“舶来画家第一人”。朝鲜与中国的绘画交流也十分密切，唐岱、黄慎、闵贞对朝鲜李朝画家金弘道等人山水人物都有一定影响。至晚清时期，不断有留学生到日本与欧美学习他国的艺术精华，最优秀的当属李叔同。

（三）壁画、年画、版画

与明代相比，运河区域壁画艺术更加衰微，数量减少，质量不高，较有新意的有成于清乾隆七年（1742 年）的雍和宫壁画，既有元代藏密传统元素，又有敦煌中晚期唐密宗壁画的余韵。北京故宫长春宫回廊“红楼梦”壁画笔调细腻，略参西洋画法，描绘了“四美钓鱼”“醉眠芍药”等故事情节，人物形象近于仕女画，空间处理运用了焦点透视法，且使用油彩，这是运河区域民间艺术形式进入宫廷的一个明证。

版画因运河经济和市民文化的发展，在戏曲小说插图中得到了长足进步。至乾隆年间，京派名气大涨。清顺治五年（1648 年），汤尚所刻萧云从画《太平山水图》已有独幅风景版画味道。朱圭在清康熙三十五年（1696 年）刻焦秉贞《耕织图》，清康熙五十一年（1712 年）刻沈瑜《避暑山庄图》《园明圆图咏》，清康熙五十六年（1717 年）刻冷枚《万寿盛典图》，将殿版推向新高潮。在苏杭一带，继明《顾氏画谱》《十竹斋画谱》之后，1679 年，利用“饾版”所刻五色彩画及《芥子园画传》均为明写实手法之余风。而供奉内廷的郎世宁等人则利用西洋版画技法作铜版画，为版画史注入新的种类。嘉庆、道光以后，版画插图渐衰，画稿雕工大不如前，只画不刻而印的石版画的兴起随石版图书风行而大放光彩。清光绪三十三年（1907 年）天津出现了五日刊的《醒俗画报》，使运河文化史在雕刻艺术开始走下坡路时散出一股清新之风。

年画作为一种民间通俗艺术形式，满足过年美好祝福的需要，在城镇农村有广大的爱好者，在运河南北蔚为大观，而且因供求关系及审美习惯对创作的制约，形成了地区性特色，最有名的是“南桃北柳”。天津杨柳青年画作坊在明代已出现，至清乾隆间达到极盛。绘画风格明显受殿版版画和宫院画的影响，追求绘画效果，单色版印刷，辅以人工染色，线刻精工细腻，染色鲜丽辉煌，乾隆后期现实性作品增多。诞生于苏州桃花坞一带的木刻年画，承继宋代的雕版印刷工艺，由绣像图演变而来。桃花坞年画产生于苏州北城商业气氛较为浓厚的集中地带，明代已印行，清康熙年间出现木版年画作坊，乾隆时更为兴盛，后由于石版画的影响力渐衰。风格上受安徽、苏州版画及吴地画家影响，采用套色木刻的方法，并吸收西方铜版画运用排线方法，注意透视明暗、空间纵横的表现与墨色变化，朴中带雅，明静对比强烈。内容上以故事性强的画面为主，并乐于表现繁华的城市面貌与市民生活。明清时期，桃花坞年画沿运河广泛传播，与天津杨柳青木版年画一起享有“南桃北柳”的美誉。

杨柳青年画

延伸阅读

南画北移

在明朝崇祯年间到清朝乾隆年间这一特定的历史时空范围内，中国书画的收藏圈从江浙民间北移到清宫内府，散落在民间的收藏逐渐向皇宫集中，这一历史过程，被称之为“南画北移”。在南画北移的历史过程中，扬州是一个重要的节点。

“南画北移”通过大运河完成。漕帮和清帮为其提供了安全保障，从江浙到北京，水路比陆路更安全，更节省时间。以沙船作为运载工具，也为书画的转运提供了安全和便利。

参与“南画北移”的历史人物很多，有项元汴、汪珂玉、孙承泽、高士奇、王鸿绪、王廷宾、周亮工、曹溶、梁清标、耿昭忠、曹寅、宋荦、安歧等。商人是“南画北移”的重要人物，如吴其贞；书画装裱师是“南画北移”的重要中介，张黄美、王际之等；文人官僚是大买家，其中有周亮工、梁清标，以及旗人官僚曹寅、耿昭忠等。最后汇集到乾隆和他的皇商手中。

六、近现代绘画艺术的发展

运河区域的美术，随着社会政治经济生活的发展变化而出现了新的发展变化。传统美术由于仍能满足大多数人的审美要求，依然存在并持续发展。西洋美术的优点被越来越多的人所认识，得到广泛传播。进步的美术工作者，致力于传统美术与西洋美术的结合，探索美术反映人民大众的现实生活，奠定了中国现代美术的基础。

1. 绘画团体纷纷涌现

20 世纪 20 年代前后，运河沿线不仅出了大批画家，而且成为全国绘画艺术活动的中心，当时全国为数不多的专业美术高等学校有相当大一部分设在这里，绘画团体也纷纷出现和开展活动。

在北京，1918 年，郑锦等创办美术学校，后改名为艺术专科学校。1919 年，一批国画家成立中国画学会，推金北楼、周养斋为会长，发行《湖社半月刊》《艺术半月刊》，举行集会，交流绘画技艺。1920 年北京大学成立画法研究会。1922 年，王悦之、李毅士、吴新吾等组织西画研究团体阿博洛学会，鼓励会员创作西画，并开办了两期暑假美术学校、三次阿博洛美术展。1927 年，金潜庵等发起成立湖社。中国画学会还先后在比利时、德国、加拿大举办过中国画展览。20 世纪 30 年代至 40 年代，先后成立了京华美术学院、女子西洋画学校、北平美术专科学校、北华美术专科学校。在北京师范大学和辅仁大学设有美术系，后又出现了松风画社、雪庐画社、四友画社、北平画社等绘画团体。

在天津，1923 年，陆文郁等组织遽庐画社。1929 年，陆文郁等又组织城西画社。1931 年，陈少梅等成立湖社天津分社（总社在北京）。同时，刘子久发起成立天津国画研究会，并被推为主任委员。

在扬州，1936 年前后，八所中学的美术教师吕凤子、贾俞清、朱小云、朱鹏等发起成立晴社，以国画为主，兼及油画和篆刻。同时，姚白雪等人组织新芽画会，也举办过画展。抗战时期，陈含光、陈惠之、鲍娄先等在晴社的基础上成立涛社，举办过两次规模较大的画展。抗战胜利后，居扬画家举行过两次雅集，春霖中学举办过书画展。鲍娄先、耿鉴庭等 50 余位画家举行过“尊师”书画义展义卖活动。

在常州，1933 年，苏州美术专科学校毕业生李复，与同窗徐京、尤迁、钱延康等，创办尚美女子艺术专科学校。1934 年 2 月开学，第一期招收学生 70 人。

在无锡，1920 年，贺天健等组织锡山书画会。1925 年，胡汀鹭、贺天健等创办无锡美术专门学校。1935 年，李公威等发起成立云林书画会。

在苏州，1919 年，颜文樑、杨左匋等发起成立苏州美术画赛会，以美术会为常设机构，刊行《美术》半月刊，参加者 100 余人。1922 年，颜文樑等创办苏州美术专门学校，共毕业学生 1600 人左右。1925 年，陈迦盦、管一得、余彤甫等组织冷红画会，先后举办画展 13 次。1929 年，东吴大学美术爱好者组织飞飞画会。翌年，苏州美专学生组织了茉莉书画会。1933 年，吴湖帆等组织正社书画会。在此前后，还出现了怡园画社、桃坞画社、婆罗画社、平社画会、南国画会等绘画团体。

在杭州，1927 年，蔡元培、林风眠等创办西湖艺术院（后更名为杭州美术专科学校）。1930 年，9 名成员分裂出去，另立一八艺社，在鲁迅指导下进行木刻创作。

2. 木版年画异军突起

张泽兴（1886—1963 年），少年时代逃荒到杨柳青，后成为杨柳青木版年画的著名艺师。阎文华（1887—1963 年），天津杨柳青人，他继承祖传技艺，擅画道释人物肖像，1915 年曾参加政府推行的年画改良活动，一生创作了大量作品。

苏州桃花坞本版年画，已处于濒临失传的境地。张寿艺在苏州北寺塔自设画店，收徒授艺，使桃花坞年画后继有人。他的弟子许良甫为桃花坞木版年画的著名艺人。

起源于运河古镇张秋的东昌木版年画，1912 年继续保持兴旺势头。当时张秋有画店 3 家，仅源茂永一家就拥有印案 25 盘，雇工百余人，年用纸 1300 令。后张秋的刘振升画店迁至聊城。聊城刻书业发达，木版年画一经与刻书业相结合，就大大促进了自身的发展。不久，聊城的木版年画店发展到 20 多家。东昌年画线条明快，色彩鲜艳，题材丰富，除行销于鲁西地区外，还远销山西、陕西、河北、河南及东北地区。

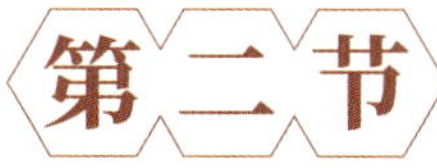

第二节 中国大运河杰出画家与主要流派

一、三国两晋时期著名画家

1. 曹不兴

曹不兴，亦名弗兴，三国时著名画家，江南运河边的吴兴（今浙江湖州）人，被称为“佛画之祖”。与东晋顾恺之、南朝宋陆探微、南朝梁张僧繇并称“六朝四大家”。

曹不兴擅画龙、虎、马及人物，有“落墨为蝇”等传奇故事，其佛画成就对后世影响很大，相传其所画龙头令谢赫叹服不已。据《贞观公私画史》载，其作品有《青溪龙》《赤盘龙》《南海监牧进十种马图》《夷事夷兽样》《桃源图》等，可惜早已散佚。西晋著名画家卫协师承曹不兴技法。

2. 顾恺之

顾恺之（348—409年），江南运河边的晋陵无锡人。东晋杰出画家、绘画理论家、诗人。在文学和绘画方面均有很高成就，被称为画绝、文绝和痴绝。顾恺之作画，意在传神，为中国传统绘画的发展奠定了基础。著有《论画》《魏晋胜流画赞》《画云台山记》，其中“迁想妙得”“以形写神”等论点，对中国画的发展有很大影响。存世的《女史箴图》传是早期的摹本，内容为西晋张华所撰约束宫廷嫔妃的教诫。

3. 张僧繇

张僧繇，吴郡吴中（今江苏苏州）人。南北朝时期梁朝著名画家。苦学成才，长于写真，并擅画佛像、龙、鹰，多作卷轴画和壁画。成语“画龙点睛”的故事即出自于有关他的传说，记载他在金陵一乘寺用讲求明暗、烘托的“退晕法”画“凸凹花”，有立体感，“笔才一二，像已应焉”，很像现在的速写，被称为“疏体”。张僧繇的绘画艺术对后世有极大的影响，唐朝画家阎立本和吴道子都远师于他。张僧繇的作品有《五星二十八宿神形图》《梁武帝像》《清溪宫水怪图》《摩纳仙人图》等。传世作品有唐人梁令瓒临摹的《五星二十八宿神形图》，今已流往国外。

二、隋唐时期著名画家

1. 展子虔

展子虔（550—604年），渤海（今山东阳信）人。元人汤星曾见过展子虔的《故实人物》《春山人马》和《北齐后主幸晋阳宫》等图，认为展子虔的画“人物面部神采如生，意态具足，可为唐画之祖”。迄今传世的展子虔作品只有《游春图》一幅，是我国现存最早的山水卷轴画。《宣和画谱》说展子虔“写江山远近之势尤工，故咫尺有千里之趣”。

2. 阎立本

阎立本，初唐杰出的工艺家与人物画家。他历仕高祖、太宗和高宗三个皇帝，官至工部尚书。其父阎毗、兄弟阎立德都是著名画家。高祖时作《秦府十八学士》；太宗时作《凌烟阁二十四功臣图》《步辇图》等，画中所有人物皆为立身像，绘画采用“铁线描”笔法，恰如其分地表现不同人物的身份、性格、气质和风貌，形象生动，惟妙惟肖。

3. 吴道子

吴道子，生于河南阳翟（今河南禹州市），处于洛阳东南方的颍水之上。自幼嗜画，未及弱冠便“穷丹青之妙”，应召入皇宫，任内教博士官，他的人物画和山水画造诣尤深。吴道子一生创作壁画三百多幅，但没有真迹传世，现存的《送子天王图》，据说是他的作品。吴道子的画法技巧不仅继承发展了前人凹凸法的特色，而且新创造出“莼菜条”的笔法。“轻盈飘逸”“满壁风动”的吴道子作品被誉为“吴家样”，以“吴带当风”载入画坛。后世尊吴道子为“画圣”。

4. 张萱、周昉

张萱曾做过唐玄宗朝的宫廷画师，擅长仕女画，独创“米晕耳根”法。现存于美国波士顿美术馆的《捣练图》，刻画了女子在捣练、执绢、理线、熨平等劳动过程中栩栩如生的神态，尤其在绢下窥视的女孩和扇火女童畏热回首的情景，天真稚趣，十分逼真。另一幅《虢国夫人游春图》只有宋摹本，刻画贵族夫人悠闲自得的生活，真实地再现了“安史之乱”前杨氏姊妹生活的迷醉放浪。

周昉生活在中唐时期，据《历代名画记》载，他“初效张萱画，后则小异，颇具风姿”，被誉为“周家样”。周昉画的特色是“衣裳劲简，彩色柔丽”。唐代尚丰满，周昉的作品便“作仕女多为浓丽丰肥之态，盖其所见然也”。此外，通过对人物神情的描绘，刻画其不同的性格与心态，也是周昉仕女画的特色之一。现存作品《簪花仕女图》《调琴吸茗图》和《纨扇仕女图》等从不同角度表现了宫女们的生活，姿态各异，眉目传神，丰满雍容之中往往流露出寂寞与无聊。

三、宋元著名画家和画派

1. 张择端

张择端（约1085—1145年），密州诸城（今属山东）人。少时游学汴京，后习绘画，入为画院翰林，宋徽宗时作成《清明上河图》长卷。画家抓住“清明上河”这一主题，把民俗节日、市民生活、市场盛况与繁忙的运河联系在一起，精心绘就了传世名作《清明上河图》。图中城郭、市肆、桥梁、街道之远近高低，草树、马牛、骆驼之大小出没，居者、行者、舟车之往还先后，皆曲尽其态。场面宏大壮观，景物错落，人物浩繁。整幅画突出了城郊、运河与城市三个主要部分。人物上千，风光数十里。三教九流，面目各异；七十二行，各具神韵。该图具有极高的艺术价值和写实精神，对后世了解和证实该时期繁荣的生活景象有重要的参考意义。特别针对黄河、汴河、运河、漕运等许多历史史料的记载，也在画卷中得到了一些证实。张择端另有画清明节汴京金明池比赛龙舟热闹场面的《金明池夺标图》，与《清明上河图》堪称“双璧”。

2. 南宋四家

南宋四家，即指南宋院体山水画家李唐、刘松年、马远、夏圭四人，也称“南宋四大家”，又有“李刘马夏”之称。四家画属豪纵简略一路画风，在山水、花鸟与人物三种创作上同时标示出南宋阶段性风格特征。在南宋画风形成过程中，李唐肇其端，续接北宋传统的同时又在建构南宋时尚，代表作有《万壑松风图》《清溪渔隐图》。随后刘松年的画作使得南宋面貌为时人所重，他绘制并传世的《四景山水图》绘制了西湖畔春、夏、秋、冬四季美景。至马、夏辈，南宋画风完全确立，从而使南宋画风在美术史上以“院体”之格占有独特的空间。马远的传世画作不少，最为著名的莫过于《踏歌图》，夏圭的代表作为《溪山清远图》《西湖柳艇图》。以“南宋四家”为代表的南宋院体山水画，弃置北宋以来以主峰为中心的高山激流式构图，使画面的中心偏离正中。画面出现颇有选择与舍取，安排位置，苦心孤诣。而画面诗意的追求和细节的真实并举，使得中国艺术意境得以进一步发展，开创了山水画的新风貌。除此之外，“南宋四家”还影响至明代浙派山水画，甚至远及海外。

3. 元四家

元四家有两种说法，一种说法为赵孟頫、黄公望、吴镇和王蒙。另一种说法认为赵孟頫与其他三人不是同类，应该去掉赵孟頫加上倪瓒。

赵孟頫（1254—1322 年），字子昂，湖州（今浙江湖州）人，是宋画向元画过渡时期的画家，颇具开创之功。他精通诗、书、画、经。绘画尤长于人物、花鸟、鞍马、竹石、山水，传世名作有《三马图》等。书法用笔圆转流美，骨力秀劲，世称“赵体”。时人称其书画是“以书法称雄一世，画入神品”。

黄公望（1269—1354 年），曾为全真教道士，故又号一峰道人，江南运河边常熟人。曾长期云游杭州、松江等地，寄情于山水之间，山水画有极高造诣。他画山水宗董源、巨然而自成一家，可入逸品。其画设色者以浅绛居多，笔势雄伟。水墨画尤为苍茫简远。

传世作品《富春山居图》和《九峰雪霁图》等可谓山水画的杰作。又作《写山水诀》，总结自董源、巨然以来的山水画的绘画经验，自创了“浅绛山水”（水墨山水，着赭石及少量石青的淡雅色调山水画），以苍厚笔墨写江浙一带山水。

吴镇（1280—1354 年），号梅花道人，嘉兴人。善画山水竹木，笔力劲爽，墨气淋漓。有多幅《渔父图》传世，形式有立轴、横卷、册页各种形式。在山水墨色的深沉中，渔父高士的宁静平淡之情，弥漫于整个画面。

王蒙（1308—1385 年），字叔明，号香光居士，湖州（今浙江湖州）人，赵孟頫之甥。他的山水画，融各家之法而独创一格，取景多山重水复，屋宇、人物点缀得宜，曲尽幽深之致，被明人董其昌誉为“天下第一”。代表作有《春山读书图》《葛稚川移居图》《夏日山居图》《秋山草堂图》《湘江烟雨图》《深林叠嶂图》等。

倪瓒（1301—1374 年），号云林子，又署云林散人，无锡人。倪瓒擅画山水、竹石、枯木等，绘制的山水画章法疏简、笔调清润、格调幽淡。作品多画太湖一带山水，构图多为平远景色，画中山树林木皆取简略笔意，孤帆扁舟、疏林坡岸、浅溪水遥、草屋茅舍。他的山水画多用侧锋，折带画山石，枯笔干墨，淡雅松秀，意境荒寒空寂，风格萧散超逸。倪瓒还喜爱画墨竹、山石、林木小景，似江南院落中的盆景，简阔婉约，令人寻味。

四、明代著名画家和画派

1. 明代画院派

画院派是指当时供奉内廷的一批书画家。明初承宋元旧制，宫中仍设画院。明宣宗朱瞻基酷嗜书画，画院中聚集了一大批来自全国各地的著名书画家，成为运河北部画坛上的中坚力量。画院派代表人物有王级、边景昭、戴进、林良等。

朱瞻基（1399—1435 年），庙号宣宗，年号宣德，自幼喜好诗词书画，山水、人物、花鸟诸体兼善，亦工书。钱谦益《列朝诗集》中曾评说朱瞻基“点染写生，遂与宣和（宋徽宗赵佶）争胜”。他在位的十年期间，画院中聚集了多位画家，可以说是明代画院最兴盛的时期。其代表作为《戏猿图》，画面中流水山石中间三只嬉戏的猿猴，造型严谨，构思别致，饶有情趣。

边景昭（1356—1436 年），永乐、宣德间供奉内廷，为人旷达洒脱，能诗善画，尤工花鸟，为院派画家中工笔花鸟的代表。永乐年间，他的鸟与赵廉的虎、蒋子成的人物、并称为“禁中三绝”。传世之作《竹鹤图》描绘溪水之畔、翠竹之间两只丹顶鹤悠闲而处的情景，布局、颜色变化有致，勾勒、描绘严谨自然，具有清爽明丽的气息。

戴进（1388—1462 年），浙江钱塘（今杭州）人，早年为银匠，后改学绘画，宣德年间被召入画院，与李在、谢环、石锐、周文靖等同为待诏。其山水画取法两宋，被《四友斋画论》称为明代“院体中第一手”。后因谢环嫉妒其才能，被排挤出宫，长期在民间卖画为生。擅画山水、人物，兼能花鸟，为浙派画家的创始人，浙派中的后起之秀吴伟、王谔、蒋嵩、张路等，皆出自其门下，对明代画坛影响颇大。传世代表作《风雨归舟图》成功地运用了“水晕墨章”的技法，笔墨兼工带写，境界洒脱而意象空濛，表现了风雨交加的自然景色和其中的人物情态。

林良（约 1428—1494 年），供奉内廷，官至锦衣卫指挥使，精于水墨大写意花鸟，与吕纪并为明代花鸟画的代表画家。其传世代表作《鹰》描绘老鹰扑捉八哥的情景，将一强、一弱两只飞禽的不同形象表现得淋漓尽致。同时，被风吹弯的树枝、散落在地上的树叶也描绘得极有动感，表现了鹰与八哥之间战斗的激烈，加强了作品的感染力。

2. 吴门画派

吴门画派是指活动在江南运河一带的一批书画家，因其画风相近，且多为江苏吴地人，故称吴门画派。

沈周（1427—1509 年），字启南，号石田，又号白石翁，长洲（今江苏吴县）人。他出身于吴门书画世家，一生读书不仕，为人耿介独立，风神潇洒如神仙中人。尤工于书画，其书学黄庭坚，挺拔苍劲；其画汇融宋元诸家而自成一体，山水、人物、花鸟诸体兼工，是吴门画派的领袖人物，文徵明、唐寅均出自其门下。在沈周的影响下，后来吴门画派的许多名家也都是诗文书画兼善，从而形成了文人画的一代新风气。传世之作有《庐山高图》《沧州趣图》《东庄图册》《写生册》等。《庐山高图》是成化三年（1467 年）沈周为他的老师陈宽祝寿而作的巨幅山水画，该图主要描绘香炉峰的瀑布景色，画法谨细文秀而气势雄伟，画面上部有作者自题“庐山高”三字篆文。《沧州趣图》画的是秋冬之际的山水景色，用笔老健而多变，是其晚年的代表作品。代表作还有《墨泉图》《文禽菊花图》《吴山图》等。

唐寅（1470—1523 年），字伯虎，一字子畏，号六如居士，别号桃花庵主，江苏吴县人。自少奇颖狂放，不逐时尚。明弘治十一年（1498 年）参加乡试，考中第一名解元。次年赴京会试，因牵涉科场舞弊案被黜。从此更加放浪名教之外，不复约束，晚年皈依佛门。在舍北桃花坞修筑了一所园圃，日与诸名流盘饮其中，曾自刻图章一枚，上写“江南第一风流才子”。唐寅博习多识，工书善画，能诗工文，著有《六如居士全集》。曾拜周臣为师，其画多为山水，取法宋人李唐、刘松年，景物清丽，灵峭而有韵致，尤具文人画气质；也画仕女人物、水墨花鸟。传世名作有《山路松声图》《枯槎鸜鹆图》《秋风纨扇图》等。

文徵明（1470—1559年），初名璧，字徵明，长洲（今江苏吴县）人。与祝允明、唐寅、徐祯卿义气相投，互相切磋，人称“吴中四才子”。能诗工文，尤善书画，是书画双界领袖。书法工于行草，尤精小楷，也能隶书，其行草有智永笔意，大字仿黄庭坚。其画尤工山水，远承宋元赵孟頫、吴镇、王蒙诸家，近学沈周，花鸟、人物画也有一定影响，所作多以江南山水庭院和文人悠闲的生活为题。其诗宗法白居易、苏轼，著有《甫田集》。传世名作有《兰亭修禊图》《寒林钟馗图》《真赏图》《松鹤飞泉图》《湘君湘夫人图》等。

仇英（1502—1552年），号十洲，江苏太仓人，客居苏州。他出身漆匠，后从周臣学画，为文徵明所称誉，以卖字画为生。仇英擅画山水、人物，又能画花鸟。其人物画最擅画仕女，既工设色，又善水墨、白描，笔法流转劲利，妍而不媚，山水画宗法赵伯驹、刘松年，其青绿设色画细润而具风骨。又擅临摹，晚年客于收藏家项元汴处摹写历代古迹，下笔能以假乱真。他的原创作品《汉宫春晓图》被画坛评价极高，与《清明上河图》《富春山居图》等旷世奇作并列。

3. 勾花点叶派

勾花点叶派是明末周之冕创立的写意花鸟画派。周之冕是江南运河边的苏州人，擅长写意花鸟，常将草书的笔法融于画法之中，运笔迅疾，线条流畅，看似杂乱无章，实则法度严谨。尤其是笔墨中表现出一种动势，使其笔下的花鸟栩栩如生，富于生命力。从而将水墨写意画法与设色工致的技法融于一体，创立了勾花点叶画派，促进了水墨花鸟画的发展。据说他曾在家中蓄养了各种飞禽，天天观察它们的饮啄飞止，故能得飞鸟之神。其作品用笔生动流畅，设色鲜艳雅丽，描花摹鸟莫不形神毕肖。其传世名作有《竹石雄鸡图》《鞭蓉鸭图》《梅花鹌鹑图》等。

4. 波臣派

波臣派是明末画坛上的工笔人物肖像画派，因其创始人曾鲸字波臣，故称波臣派。曾鲸（1568—1650年），曾流寓运河边的浙江杭州、乌镇、宁波、余姚一带从事绘画活动，晚年客居金陵（今江苏南京），擅画人物肖像，兼画花卉。据说他画的人像“如镜取影，妙得神情”。他画人像往往烘垫精十层，然后敷彩，生动传神。同时，他在重视墨骨和传神的传统人物画法基础上，融合西洋画法，开创了更重烘染和立体感的凹凸法技巧，为中国肖像画开辟了新的途径，代表作有《王时敏小像》等。

5. 华亭画派

董其昌（1555—1636年），字玄宰，号思白、香光居士，江南运河边的松江华亭（今上海市）人。擅于山水画，师法于董源、巨然、黄公望、倪瓒，笔致清秀中和，恬静疏旷；用墨明洁隽朗，温敦淡荡；青绿设色，古朴典雅。以佛家禅宗喻画，倡“南北宗”论，为“华亭画派”杰出代表，兼有“颜骨赵姿”之美。存世作品有《岩居图》《秋兴八景图》《昼锦堂图》《白居易琵琶行》《草书诗册》《烟江叠嶂图跋》等。画作及画论对明末清初的画坛影响甚大。颇能诗文，著有《画禅室随笔》《容台文集》等。

6. 徐渭

徐渭是明代绘画创作理论成就最高的画家之一，作为明代性灵派的一员健将，他无论是诗文，还是书画，或是戏曲，都讲究直抒胸臆，强调真情至性。在绘画上，他特别强调“心为上，手次之，目口末矣”。徐渭开创的大写意花鸟一洗明末守旧仿古之风，开创了文人画的新境界，在明代乃至中国绘画艺术史上留下了浓重的一笔。徐渭的传世之作主要有《墨葡萄》《杂花图卷》《牡丹蕉石图》《榴实图》《黄甲图》《驴背吟诗图》等。《墨葡萄》是明代写意花鸟画的代表作品，也是徐渭水墨大写意花卉的代表作之一。全图以豪纵不羁的水墨技巧描绘出葡萄晶莹欲滴的生动效果，画面左上角有作者的自题诗一首：“半生落魄已成翁，独立书斋啸晚风。笔底明珠无处卖，闲抛闲掷野藤中。”以草书题写入画，字势欲斜跌宕，不禁令人想到作者坎坷不平的身世。《杂花图卷》10幅，画牡丹、石榴、荷花、梧桐、菊花、南瓜、豆角、紫薇、葡萄、芭蕉、梅花、水仙等四季花果、树木数十种，每幅皆有题诗。全图一气呵成，蔚为大观，反映出作者“胸中有一段不可磨灭之气”，充分体现了作者“世间无事无三昧”“不求形似求生韵”的创作意图。《牡丹蕉石图》以奔放恣纵的泼墨技法画牡丹蕉石，是徐渭水墨大写意花卉的得意之作。《榴实图》是徐渭画作中少见的一幅绢本水墨花卉，画右上角也有自题诗一首：“山深熟石榴，向日笑开口。深山少人收，颗颗明珠走。”可见此图也是借题发挥之作，以榴实的无人采收，比喻自己珠玉般的才华无处施展。《黄甲图》以奔放精练的笔墨描绘了螃蟹的爬行之状和秋荷的萧疏景象，画面右上角也有自题诗：“兀然有物气豪粗，莫问年来珠有无。养就孤标人不识，时来黄甲独传胪。”可见作者以甲蟹讽刺甲科的深刻寓意。总之，徐渭每每通过诗、书、画相结合的方式给人联想，营造出一种画外之意，大有“嬉笑怒骂皆成文章”的感受。

五、清代著名画家和画派

1. 娄东派

娄东派由江南运河畔的太仓人王时敏开创。山水以黄公望为宗，画学宋元，作品以《雅宜山斋图》《云壑烟滩图》有名，至王原祁时影响最大。王原祁（1642—1715年）曾奉旨编撰《佩文斋画谱》。山水学黄公望浅绛一路画法，熟而不甜，生而不涩，实而弥清，所画《溪山深秀》《云山图》《华山秋色图》都用干墨重笔，颇见功力。此二人之后以黄鼎、唐岱、方士庶及“后四王”等人为有名，常熟人黄鼎擅王蒙笔法，多用干笔皴擦，淡墨渴染，有苍郁之趣。满洲人唐岱兼法宋元，笔墨工稳，略变王原祁面貌。方士庶则山水用笔灵敏，气韵骀宕，早有出蓝之目。“后四王”则于乾隆后由于作品情调不脱古人窠臼，全无生气。

2. 虞山派

虞山派首领是王鉴。王鉴（1598—1677年），字圆照，太仓人，临董、巨、黄各家颇见功力，《长松仙馆图》《云壑松阴图》等都是苍笔破墨、丰韵沉厚之作。真正代表这一派的则是王翚。王翚（1632—1717年）字石谷，号耕烟散人，因画《南巡图》称旨，康熙赐书《山水清晖》，故又号清晖主人，常熟人。王翚力追董、巨，醉心于范宽，对王蒙、黄公望山水取法尤多，对沈周、文征明、董其昌山水也多有会意，所以其作品功底深厚，面貌多样，是“虞山派”的代表。其作品《千岩万壑图》《断崖云气图》《石泉试茗图》等都具有古朴清丽特色。虞山派传人以杨晋、李世倬最为有名。前者作品秀劲工致，常绘农村景象，取材别致；后者则极苍润劲秀。

3. 八大山人

一些民间画家在艺术上希望独辟蹊径，开拓创新，其中石涛、朱耷、髡残和弘仁四人最为出众，被称为清代“四僧”，他们重视师法自然，突破成规，创立新意，且具有清新怡人的意趣。其中朱耷就是八大山人。朱耷（1626—约1705年），江西南昌人，明末清初画家、书法家，中国画一代宗师，为明宁献王朱权九世孙，明灭亡后，落发为僧，后又入青云谱为道。通常称他为朱耷，晚年取八大山人号。其于画作上署名时，常把“八大”和“山人”竖着连写。前二字又似“哭”字，又似“笑”字，而后二字则类似“之”字，哭之笑之，即哭笑不得之意。八大山人以绘画逃避和抗议自己的命运，孤独、寂寥、清冷、傲岸，不仅将笔墨张力发挥到了极致，而且到达了人画合一的境界。

4. 扬州画派

扬州画派，又名“扬州八怪”，是指清代康熙中期至乾隆末年活跃于扬州地区的一些职业画家。由于人数众多，故有“扬州画派”之称。代表性人物有汪士慎、黄慎、金农、高翔、李鱓、郑燮、李方膺、罗聘、边寿民、高凤翰、杨法、李葂、闵贞、华喦、陈撰等。其中郑燮（号板桥）占有突出的地位。徐悲鸿曾在郑燮的一幅《兰竹》画上题云，“板桥先生为中国近三百年最卓绝的人物之一，其思想奇，文奇，书画尤奇。观其诗文及书画，不但想见高致，而其寓仁悲于奇妙，尤为古今天才之难得者”。这一画派的共同特点，是不拘传统、锐意创新，追求书画的本源精神，以书言情，以画表意的书画群体。他们的文学及书法修养都很高。画题以花卉为主，也画山水、人物，继承了徐渭、朱耷、石涛的创新精神，主张自立门户，抒发真情实感，反对当时崇尚摹拟、泥古之风，被时人目为“偏师”“怪物”，遂有“八怪”之称。其实，扬州画派诸家在艺术上面目各不相同，但也有共同之处。首先，由于他们大多都出身于知识阶层，以卖画为生，生活清苦，故多借画抒发不平之气；其次，他们都注重艺术个性，讲求创新，强调写神，并善于运用水墨写意技法，画面主观感情色彩强烈，并以书法笔意入画，注意诗书画的有机结合。他们以标新立异的精神给画坛注入生机，并对后世水墨写意画的发展有着重要影响。

5. 清代扬州“界画二袁”

清代仍有少数画家喜爱工笔绘画，钟情于工整、壮美的“楼阁界画”，这其中最具代表性的就是扬州的袁江、袁耀叔侄二人。袁江生活在清康熙中后期，袁耀生活在乾隆时期。袁江追摹明代吴门名家仇英，潜心钻研宋人界画和工笔画稿，其绘画作品楼阁殿堂规整、精美，与山光水色巧妙结合。袁江以卖画为生，也曾受山西、扬州等地的富贾之邀，为商人们绘制厅堂和园林中的中堂、屏风等。袁江的传世作品不少，他被称为清代界画第一。袁耀继承了叔父的画风和技法，他绘制的山水、楼阁呈现出界画特有的工整、华丽之风，流传下来的作品比袁江多，且多为大画幅作品。他所绘制的扬州《山水四条屏》用工笔写实的方法展示了扬州瘦西湖亭台楼阁的秀润和邗沟山水的壮美，是其小画幅作品中的佼佼者。

六、近现代运河画家

1. 运河区域出生的画家

近现代绘画艺术包括国画和西画艺术，二者在运河区域都有所发展和提高。大批在这里出生的青少年走上绘画艺术之路，成长为著名画家。其中不少人成了现代中国国画和西画艺术的杰出代表。

溥心畬(1896—1963年)。生于运河城市北京，并长期生活在北京的爱新觉罗•溥儒，号心畬，满族，是清恭亲王奕䜣之孙、末代皇帝溥仪的从兄。自幼喜欢读书习字作画。其绘画，初学黄公望、王原祁一派。后宗宋、元，工山水，兼画花鸟、人物，画风清淡典雅，自成一格。1933年在北京举行画展，引起轰动。参观者以为近世未见此种笔墨，遂悬金争购，以致供不应求。其传世作品有《溪舟弄笛图》《秋山楼阁图》《抱琴访友图》等。

李叔同（1880—1942年）。生于运河城市天津并在天津度过了少年时代的李叔同是著名音乐家，也是著名美术家，少年时代就打下了良好的绘画技法基础。清光绪二十六年(1900年)李叔同赴上海南洋公学学习，曾与国画大师任伯年等组织书画公会。清光绪三十一年（1905年），赴日本上野美术专科学校留学，攻读西洋油画。宣统二年（1910年）回国后，任天津高等工业学堂绘画教习。翌年，去杭州浙江两级师范学堂（后改为浙江省立第一师范学校）主持西画和音乐两科教学达7年之久，培养了不少美术人才。著名画家丰子恺就是他的入室弟子。

刘奎龄（1885—1967年）。清光绪三十一年（1905年）入天津敬业中学（南开中学前身）学习，接触到西洋绘画理论和技法。毕业后，开始自学绘画。他以翎毛为学习和创作方向，突破传统的题材范围，不仅画孔雀、仙鹤、狮、虎，而且画牛、羊、狗、驴、鸡、狐、狼等。所画各种动物，形象逼真，具有较强的感染力。传世作品有《双雉图》《孔雀》《双狮图》《松风双猿》等。

呼盉斋（1908—1966年），聊城人。1930年前后即在家乡与人联合举行过书画展，翌年，入上海新华艺术专科学校学习，绘画技艺大为提高。他的绘画作品，构思新颖，用笔洗练，具有浓郁的生活气息。抗战胜利后，任山东南华学院、齐鲁大学艺术教授，出版了《呼盉斋画集》《呼盉斋花鸟画集》。对中国古代书画的鉴赏颇有见地，郭沫若称他为“真正的鉴赏家”。

马星驰（1873—1934年）。会通河畔的济宁人，自幼爱好绘画，长大后在上海以卖画为生。曾以个人作品参加法国主办的万国艺术展览，获得观众好评。辛亥革命前回国，任上海《神州画报》主编。辛亥革命后，他在美国人福开森主办的上海《新闻报》插画室担任主任职务。在上海《神州画报》《真相画报》《新闻报》副刊《快活林》上发表了大量漫画，产生广泛影响。艺术上以构图通俗易懂为特色，并且将“拆字”方法用于漫画作品中。

潘玉良（1895—1977 年），祖籍镇江，生于扬州的女画家。1918 年考入上海美术专科学校学习西画，1921 年官费留学法国，入巴黎高等美术学校，与徐悲鸿同学。1925 年赴意大利，入罗马美术学院学习油画。学习期间创作的油画《裸女》《酒徒》，入选罗马国际艺术展览会，获金质奖章。1928 年回国，先后任上海美术专科学校西画系主任、南京中央大学艺术系西画教授、上海美术西画研究所所长职务，参加了全国美术展览，在上海、南京等地举行了 9 次个人画展，出版了《潘玉良油画集》。在法国期间，她创作了大量绘画和雕塑作品，多次在法国举行画展，并到美国、英国、意大利、希腊等国举行过展览，共获奖 21 次。部分作品被法国、德国国家艺术博物馆收藏。她的名字被列入法国出版的《拉鲁斯词典》。传世作品有油画《读者》《椅子上的少女》，雕塑《张大千像》《王济远像》等。

吕凤子（1886—1959 年），江南运河畔的丹阳人。他早年中秀才，1912 年在家乡创办正则女子职业学校，1917 年开始致力于美术教育和创作，1931 年创作的《庐山云》获法国巴黎世界博览会中国画一等奖。抗战初期创作的《逃亡》《船夫拉纤》，被认为是当时中国民众痛苦生活的真实写照，曾由政府送到国外展览。1942 年创作的《四阿罗汉》获全国美展一等奖。

刘海粟（1896—1994 年），常州人。他 14 岁到上海一家背景画传习所学画舞台背景，后返回常州，任图画音乐专修馆教师。刘海粟创办中国第一所美术学校——上海图画美术院（后改为上海美术专科学校），1918 年创办中国第一份专业美术杂志——《美术》。翌年，与友人共同发起组织新美术团体“天马会”，被康有为收为入室弟子。1921 年应蔡元培之邀，到北京大学画法研究室讲演，并在北京举行了油画、水粉画展览。后又赴日本、欧洲，参观访问了著名博物馆，并与当代著名画家讨论艺术，举办画展。参展的国画《松鹰》《芦雁》《卢森堡之雪》分别被德国和法国的国家美术博物馆收藏。

贺天健（1891—1977 年），无锡人。少年时代临摹明人山水画本，他一边研究“扬州八怪”作品，一边学习西洋画的写实技法。1918 年，结识著名国画大师吴昌硕，画风受其影响。1920 年与友人在无锡组织锡山书画会。翌年，创办无锡美术专科学校。1923 年任上海中国画会主任委员，主编《画学月刊》。贺天健曾在北京、天津、无锡等地举行过个人画展，传世作品有《河清可俟图》等。

颜文樑（1893—1988 年），苏州人。他幼承家学，12 岁已初步掌握中国画技法。1919 年与杨左匋共同发起中国第一个全国性定期美术展览会——苏州美术赛会。1922 年与友人创办苏州美术专科学校。1929 年赴法国留学，入巴黎高等美术学校学画。翌年，以在苏州所作色粉画《厨房》《画室》和油画《苏州瑞光塔》参加法国春季沙龙，其中《厨房》获荣誉奖。

吴湖帆（1894—1968 年），苏州人。1933 年与陈子清等在苏州发起成立正社书画会，1936 年作《云表奇峰图》，构思新颖、立意巧妙，层次井然，立体感强，一举成名。吴湖帆先后创作了《黄山松云图》《万松金阙图》《海野云冈图》《相对夕阳红图》《潇湘雨过图》等，并在苏州、北京、南京等地举行过画展。1934 年应邀到北京故宫鉴定文物，并任评审员。

徐悲鸿（1895—1953 年），宜兴人。他早年曾师从康有为学习书画，1918 年受聘任北京大学画法研究会导师。翌年，赴法国，入巴黎高等美术学校，师从著名画家达仰学画。1927 年回国，先后任北平大学艺术院院长、南京中央大学艺术系教授、北平美术专科学校校长，被举为北平美术家协会名誉会长。他既擅长油画，又谙熟国画，融中西绘画技法于一体，成为中国现代绘画艺术的重要奠基人。所作《国殇》《愚公移山》《漓江春雨》《风雨鸡鸣》《傒我后》《田横五百士》《九方皋》等，表现了强烈的爱国主义主题和大胆的艺术革新精神。徐悲鸿所创作的奔马形象，将中西绘画技法完美结合在一起，具有高超的美术水平和独特的艺术风格，驰誉海内外。他长期致力于美术教育工作，培养了许多著名画家。

倪贻德（1902—1970 年），杭州人。他 1919 年考入上海美术专门学校学习，绘画技艺得以迅速提高。1927 年赴日本留学，入东京川端绘画学校。后在金华东南联合大学创办艺术专修科。主要作品有《裸女》《河岸》《潘女士像》《码头》等。

陈半丁（1877—1970 年），绍兴人。与任伯年、吴昌硕等书画名家之切磋技艺达十年之久，深得其真传。1931 年任北平艺术专科学校教授，与齐白石、陈师曾等名家友善。其作品擅长写意，花卉、山水、人物皆能挥洒自如，具有秀润苍古之趣。传世作品有《牡丹》《菊花》等。

陈之佛（1898—1962 年）生于浙东运河岸边的余姚。1921 年其作品被选参加日本农商省举办的工艺展览会，并获奖。回国后陈之佛任上海东方艺术专科学校、南京中央大学艺术系教授，同时进行工笔花鸟画创作，传世作品有《海棠绶带》《荷花鸳鸯》《和平之者》《瑞雪兆丰年》《春江水暖》《鸣喜图》等。

2. 其他地区画家在运河区域的绘画艺术活动

运河区域优良的艺术氛围，吸引了大批其他地区画家。北京和杭州是 20 世纪 20 年代前后全国画家最集中的两个城市，在这里从事艺术活动的来自其他地区的画家最多。长期生活在北京的画家，有齐白石、黄宾虹、陈师曾、王悦之、张大千、于非闇、王梦白、李苦禅、王雪涛等。其中以齐白石、于非闇等在北京的时间较长，成就较大，影响较广。

齐白石（1863—1957年），湖南湘潭人。初学木匠，掌握了高超的雕花技能。后改学绘画，拜本乡画家胡沁园为师。1919年定居北京，得名画家陈师曾、王梦白、徐悲鸿等的鼓励和帮助，进行“十年变法”，画艺大进，成为独具风格的国画大师。1929年被徐悲鸿聘为国立北平大学艺术学院教授。他的国画，既不同于传统的文人画，又不同于传统的画工画，其题材取自五谷杂粮、瓜果蔬菜、昆虫虾蟹等，形象妙在似与不似之间，用笔着色洒脱自由，既合于文人画的审美要求，又适于儿童画的欣赏口味，受到海内外的广泛欢迎。他广收弟子授艺，其中不少人成为名家。著名国画家李苦禅就是他的得意门生。

于非闇（1889—1959年），长期居住在北京。他幼年受家学熏陶，略通绘画门径。青年时代曾从民间画师学画，终生尊重民间艺人，后通过临摹宋元以来历代绘画名家作品，掌握了传统的工笔花鸟画技艺，成为独树一帜的工笔花鸟画大家。20世纪30年代，他与张大千合作了不少作品，受到广泛赞赏。20世纪40年代初，他创立的“双勾重彩”画法独具风格，在海内外产生了广泛影响。其主要作品有《玉兰黄鹏》《丹柿图》《白牡丹》《牡丹双鸽》《富贵锦鸡图》等。

在杭州的非运河区域的画家有吴昌硕、林风眠、李超士、潘天寿等，王悦之、李苦禅等也在杭州从事过绘画教育和创作。除吴昌硕在清末已成国画大师，民国初年继续从事美术活动外，以林风眠、潘天寿等在杭州的时间较长，成就较高，影响较广。

林风眠（1900—1991年），广东梅县人。杭州成为他长期进行美术创作和教学的地方。他先后创作了《人道》等反映当时社会现实生活的作品，以及《平静》《构图》等表现学院派绘画功底的作品。同时，他还培养了许多美术方面的人才。他的绘画在继承中国画艺术传统的基础上，借助西洋画技法来丰富自己的表现手法，并将二者结合起来，融为一体，突破了中国绘画艺术的旧程式，形成具有鲜明西洋画特色的中华民族绘画。

潘天寿（1897—1971年），浙江宁海人。他曾任上海美专教师。1926年，潘天寿出版《中国绘画史》。1928年应林风眠之邀，任杭州西湖艺术院国画系教授兼主任。他主张国画创作和教学应该发挥振兴民族的作用，画家应该重视自己的人品修养。他擅长写意花鸟画和山水画，取材平凡，却立意深邃，章法奇特，布局善于“造险”和“破险”，技法朴厚劲挺，气势宏阔，形成独特风格。在长期的美术教育中培养了不少后继之才。

第三节

中国大运河绘画代表作品

1.《洛神赋图》

《洛神赋图》是东晋著名画家顾恺之的作品，北京故宫博物院馆藏珍品。绢本，设色，纵 27.1 厘米，横 572.8 厘米。

这幅画根据曹植著名的《洛神赋》而作。现存宋摹本在一定程度上保留了顾恺之艺术的若干特点。全卷分为三个部分，曲折细致而又层次分明地描绘着曹植与洛神真挚纯洁的爱情故事。人物安排疏密得宜，在不同的时空中自然地交替、重叠、变换，而在山川景物描绘上，无不展现一种空间美，体现了早期山水画的特点。

2.《富春山居图》

《富春山居图》是元代画坛宗师、“元四家”之首黄公望晚年的杰作，画家于 79 岁高龄时开始创作。纵 33 厘米，横 636.9 厘米，纸本，水墨。此图始画于元至正七年（1347 年），于元至正十年（1350 年）完成，描绘的是杭州东郊至桐庐钓台间富春江的胜景。该画先后被沈周、董其昌收藏。清初，《富春山居图》于宜兴被吴洪裕收藏，清顺治七年（1650 年）吴洪裕临终前画被烧成两段，前半段被另行装裱，重新定名为《剩山图》，20 世纪 30 年代重出江湖，后被著名画家吴湖帆购藏，后归于浙江省博物馆。后半段《无用师卷》先归丹阳张范我，再由季寓庸收购，盖有“扬州季因是收藏印”，续由浙江平湖著名收藏家高士奇以“六百金”购得，后又归松江王鸿绪。清雍正六年（1728 年）前后，该画又回到扬州，索价高达千金。清雍正十三年（1735 年）前后，被安岐购得，至清乾隆十一年（1746 年），收入乾隆内府。1933 年，故宫文物南迁，《无用师卷》由北京辗转运至四川、贵州等地，现藏于台北故宫博物院。

3.《汉宫春晓图》

《汉宫春晓图》是明代画家仇英的作品，现藏于台北故宫博物院。绢本重彩，尺幅很大，纵 37.2 厘米，横 2038.5 厘米，作为装饰性绘画来说属于巨制，是中国重彩仕女画第一长卷。此图勾勒秀劲而设色妍雅，画家借皇家园林殿宇之盛，以极其华丽的笔墨表现出宫中嫔妃的日常生活，极勾描渲敷之能事。不仅是仇英平生得意之作，在中国重彩仕女画中也独树一帜，独领风骚。

《洛神赋图》

《富春山居图》

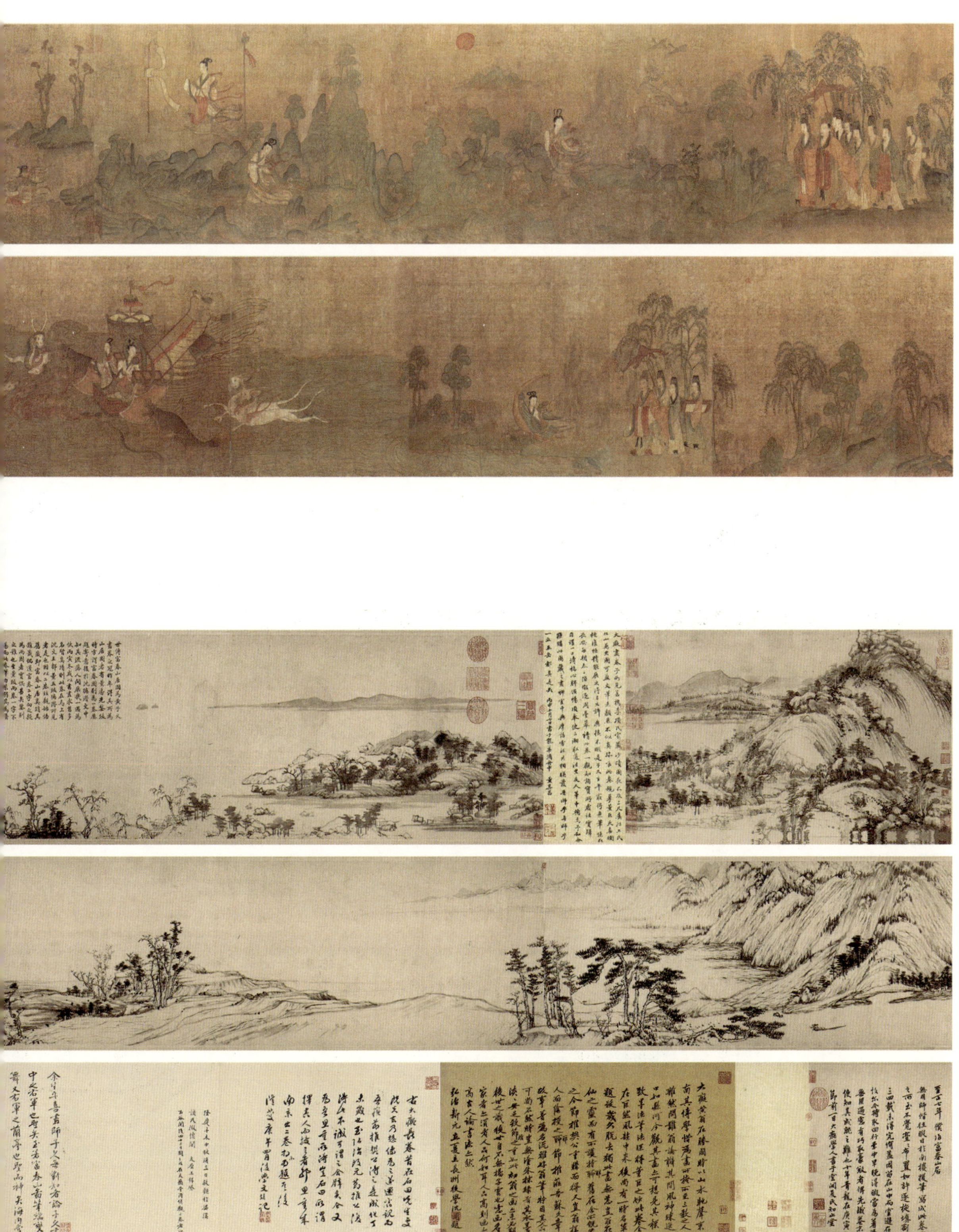

4.《百骏图》

《百骏图》是清代郎世宁的作品，该稿本为纸质，纵 102 厘米、横 813 厘米，现藏于台北故宫博物院。

1715 年意大利人郎世宁以传教士的身份远涉重洋来到中国，就被重视西洋技艺的

《汉宫春晓图》

康熙皇帝召入宫中，从此开始了长达五十多年的宫廷画家生涯。在绘画创作中，郎世宁融中西技法于一体，形成精细逼真的效果，创造出了新的画风，因而深受康熙、雍正、乾隆器重。《百骏图》是他的代表作之一。此图描绘了姿态各异的百匹骏马放牧游憩的场面。全卷色彩浓丽，构图复杂，风格独特，别具意趣。

《百骏图》

5.《步辇图》

《步辇图》是唐代阎立本的作品，北京故宫博物院馆藏珍品。绢本，设色，纵38.5厘米，横129.6厘米，线条流利纯熟，富有表现力。《步辇图》是以唐贞观十五年（641年）吐蕃首领松赞干布与文成公主联姻的历史事件为题材，描绘唐太宗接见来迎娶文成公主的吐蕃使臣禄东赞的情景。

图卷右半是在宫女簇拥下坐在步辇中的唐太宗，左侧三人前为典礼官，中为禄东赞，后为通译者，唐太宗的形象是全图焦点。从绘画艺术角度来看，作者的表现技巧相当纯熟。衣纹器物的勾勒墨线圆转流畅中时带坚韧，畅而不滑，顿而不滞；主要人物的神情举止栩栩如生，写照之间更能曲传神韵；图像局部配以晕染，如人物所著靴筒的褶皱等处，显得极具立体感。此图也说为宋摹本，但摹绘较精，仍不失原作之真。

《步辇图》

6.《清明上河图》

《清明上河图》现藏北京故宫博物院。绢本设色，宽 24.8 厘米，长 528.7 厘米，是北宋画家张择端存世的仅见的一幅精品。

作品以长卷形式，采用散点透视构图法，生动记录了北宋都城东京（今河南开封）汴河边的面貌和当时社会各阶层人民的生活状况，是东京当年繁荣的见证，也是运河情况的写照。在五米多长的画卷里，绘制了数量庞大的各色人物，牛、骡、驴等牲畜，车、轿、大小船只，房屋、桥梁、城楼等，各有特色，体现了宋代建筑的特征，具有很高的历史价值和艺术价值。《清明上河图》不仅绘画技艺高超，表现力丰富，而且围绕其流传的许多曲折故事也从侧面见证了中国文化的兴衰与传承。

有学者认为："清明上河图"这一画题，取的是政治清明和平，天下"海晏河清"之意，这也是宋徽宗亲书亲题的原因。《清明上河图》是宣和元年（1119 年），徽宗为庆祝改元令张择端绘制的。而画作的时空顺序参照的是当时流行的赋的写法。赋的写法介乎叙事与抒情之间，在空间次序上讲究以对照的手法描写地理方位，以东对西、以南对北。在时间顺序上，也讲究对比手法，以春对秋、以寒对暑，以春秋代表一年。《"清明上河图"新解》一文中提出"清明上河图的时空顺序，随汴河两岸连续对照展开，空间视点随着河船河岸，对比移动，让一日的时间，从清晨发展到正午。全卷的时空

《清明上河图》

《乾隆南巡图》

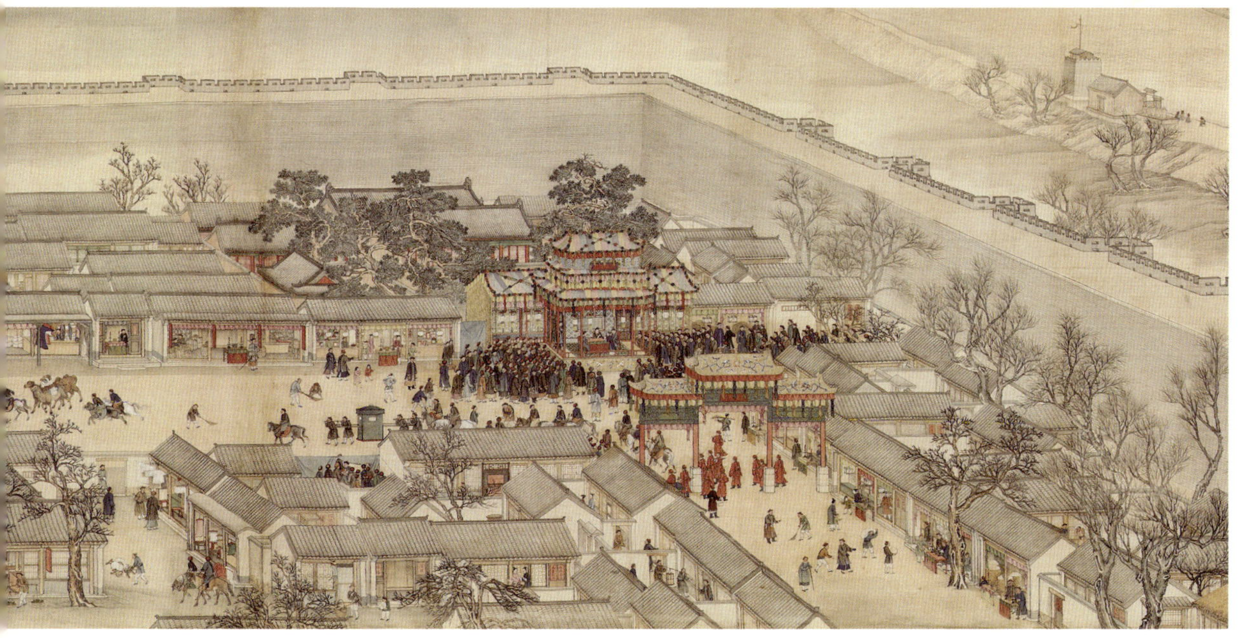

《姑苏繁华图》

《清明上河图》

次序，以中央虹桥为界，让一年的时间在桥的右边卷首处，以春天开始，过了虹桥后，进入秋天至卷尾。观者在边卷边展、边看边收之际，不知不觉，从春天看到秋天，如此一来，春天派与秋天派的争议，豁然而解”。

7.《康熙南巡图》

清代王翚等作，绢本，设色，纵 67.8 厘米，横 1400 至 2600 厘米不等。康熙曾经有过 6 次沿运河南巡的盛举。在康熙二十八年（1689 年）第二次南巡结束后，根据皇帝的命令，由曹寅之弟曹荃任《康熙南巡图》监画，征召画家开始绘制《康熙南巡图》。该图共十二巨卷，由著名画家王翚领衔主绘，参与绘制的画家还有冷枚、王云、杨晋等，全图历时六年方告完成，详细描绘了整个南巡过程。十二卷图现已不复完整，尚存九卷，第一卷、第九卷、第十卷、第十一卷、第十二卷藏于北京故宫博物院；第二卷、第四卷现藏法国巴黎的吉美博物馆；第三卷、第七卷现藏美国纽约的大都会艺术博物馆。

8.《乾隆南巡图》

中国国家博物馆馆藏《乾隆南巡图》凡十二卷，纸本，设色，总长度达到 154.17 米，卷名依次为《启跸京师》《过德州》《渡黄河》《阅视黄淮河工》《金山放船至焦山》《驻跸姑苏》《入浙江境到嘉兴烟雨楼》《驻跸杭州》《绍兴谒大禹庙》《江宁阅兵》《顺河集离舟登陆》《回銮紫禁城》。此图分为绢本与纸本，均由圆明园如意馆的宫廷画师徐扬绘制，以传统写实手法描绘了乾隆帝在清乾隆十六年（1751 年）第一次南巡途中的系列场景。徐扬，苏州府吴县人，清乾隆十六年（1751 年），他果断抓住乾隆帝南巡江浙的契机，精心选择了最能代表自己绘画艺术水平的作品，前往行在御前献画，博得了乾隆帝赏识，得以在如意馆充任“画院供奉”。自清乾隆二十九年（1764 年），徐扬开始奉旨绘制绢本《乾隆南巡图》，直到清乾隆三十四年（1769 年）才全部告竣。

9.《姑苏繁华图》

《姑苏繁华图》（题跋中称其为《盛世滋生图》）是清代宫廷画家徐扬创作的一幅纸本画作，描绘了清运河重镇苏州的繁华景象。该作品完成于 1759 年，历时 24 年，现收藏于辽宁省博物馆。《姑苏繁华图》，全长 12 米多，画面“自灵岩山起，由木渎镇东行，过横山，渡石湖，历上方山，从太湖北岸、介狮何两山之间，入姑苏郡城，自葑、盘、胥三门出阊门外，转山塘桥，至虎丘山止”。画家采用散点透视方法，以青绿山水为主调，描画人物，繁而不乱，并突出人物刻画。全卷绘有各种桥梁 50 多座，各种商号

《康熙南巡图》

招牌230多块，各类客、货船只400多艘，各色房屋2140多栋，各色人物4800多人，完整地再现了古城苏州“商贾辐辏，百货骈阗”的市井风貌。

10.《唐宫仕女图》

《唐宫仕女图》是唐代张萱、周昉的作品。《唐宫仕女图》展示着“回眸一笑百媚生”的唐代美女众生像。其中最杰出的代表莫过于张萱的《虢国夫人游春图》《捣练图》和周昉的《簪花仕女图》《挥扇仕女图》，以及晚唐的《宫乐图》，它们所表现的贵族妇女生活情调，成为唐代仕女画的主要艺术特征。

11.《五牛图》

唐代韩滉的作品，北京故宫博物院馆藏珍品。萱麻纸本，纵20.8厘米，横139.8厘米，无款印。韩干以画马著称，韩滉以画牛著称，后人称其为“牛马二韩”。这幅《五牛图》是韩滉最为传神的一幅。五头健硕的老黄牛，在这位宰相笔下被拟人化，传达出注重实际、任劳任怨的精神。中国古代留存今世的多为花鸟人物，以牛入画，且如此生动者，《五牛图》堪称孤品。

12.《韩熙载夜宴图》

五代时顾闳中的作品，北京故宫博物院馆藏珍品。绢本，纵 28.7 厘米，横 335 厘米。以连环长卷的方式描摹了南唐官宦韩熙载开宴行乐的场景。用笔细润圆劲，设色浓丽，人物形象清俊、娟秀，栩栩如生而名闻中外，是今存五代时期人物画中最杰出的代表作。全图共分五段，每一段画面以屏风相隔。这幅画卷不仅是一幅描写私人生活的图画，更重要的是其反映出那个特定时代的风情。

13.《千里江山图》

北宋王希孟的作品，北京故宫博物院馆藏珍品。绢本，设色，纵 51.5 厘米，横 1191.5 厘米，为中国北宋青绿山水画作品。作者王希孟曾得到宋徽宗赵佶的亲自传授，半年后即创作了《千里江山图》。整个画面雄浑壮阔，气势磅礴，充满着浓郁的生活气息，将自然山水，描绘得如锦似绣，分外秀丽壮美，是一幅既写实又富于理想的山水画作品，是中国传统山水画中少见的巨制。

14.《山路松声图》

江南运河畔的唐寅山水画的代表作，在技法、章法上都有超越前人之处。画面右

《捣练图》

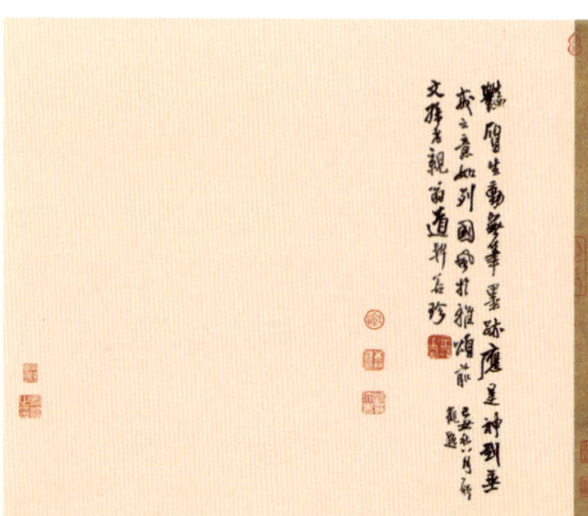

《虢国夫人游春图》

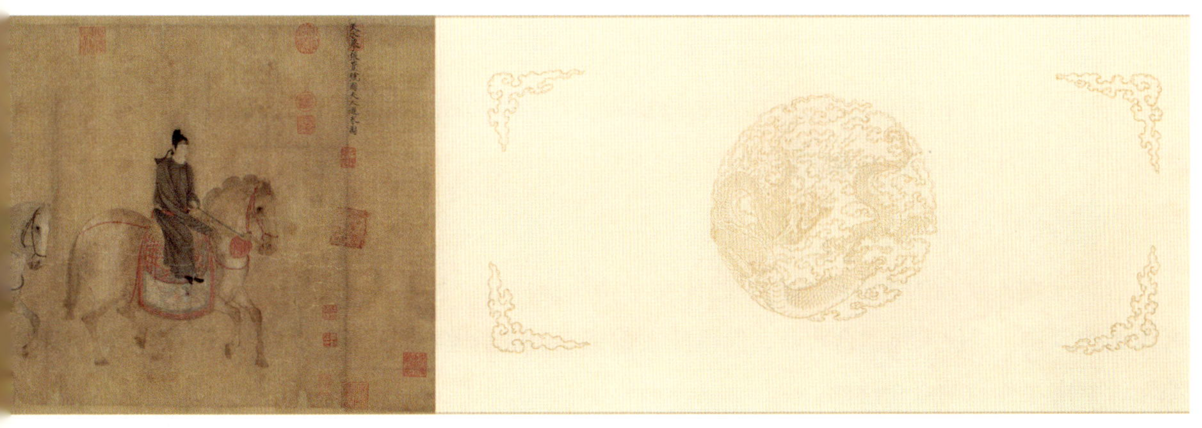

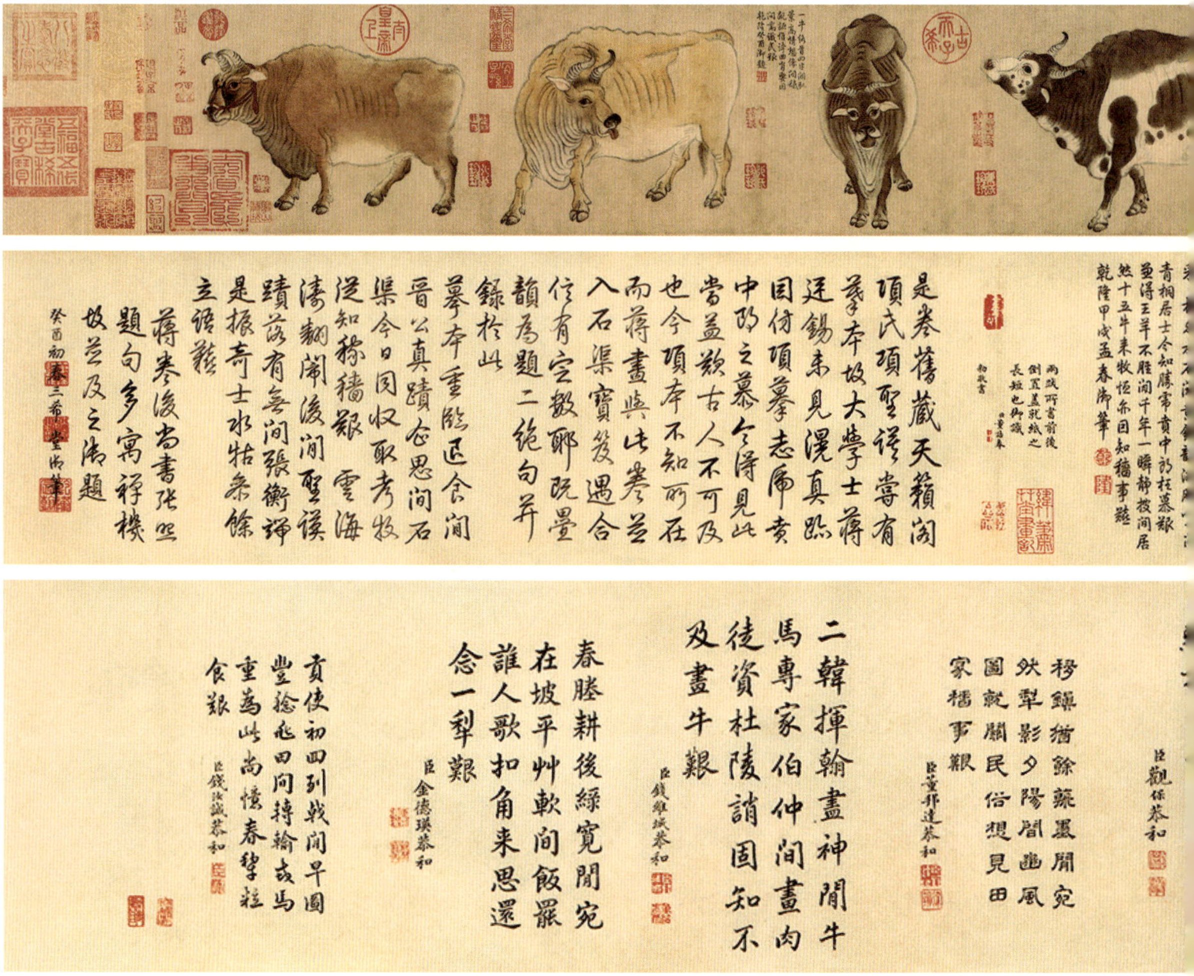

《五牛图》

上角题诗曰：“女几山前野路横，松声偏解合泉声。试从静里闲倾耳，便觉冲然道气生。”体现了作者超凡脱俗的旷达胸怀。

15.《秋风纨扇图》

唐寅仕女人物画的代表作，画中的仕女手持纨扇，面带愁容，画面的左上角有作者本人的题诗：“秋来纨扇合收藏，何事佳人重感伤。请把世事详细看，大都谁不逐炎凉”，寄寓了作者的身世之感。

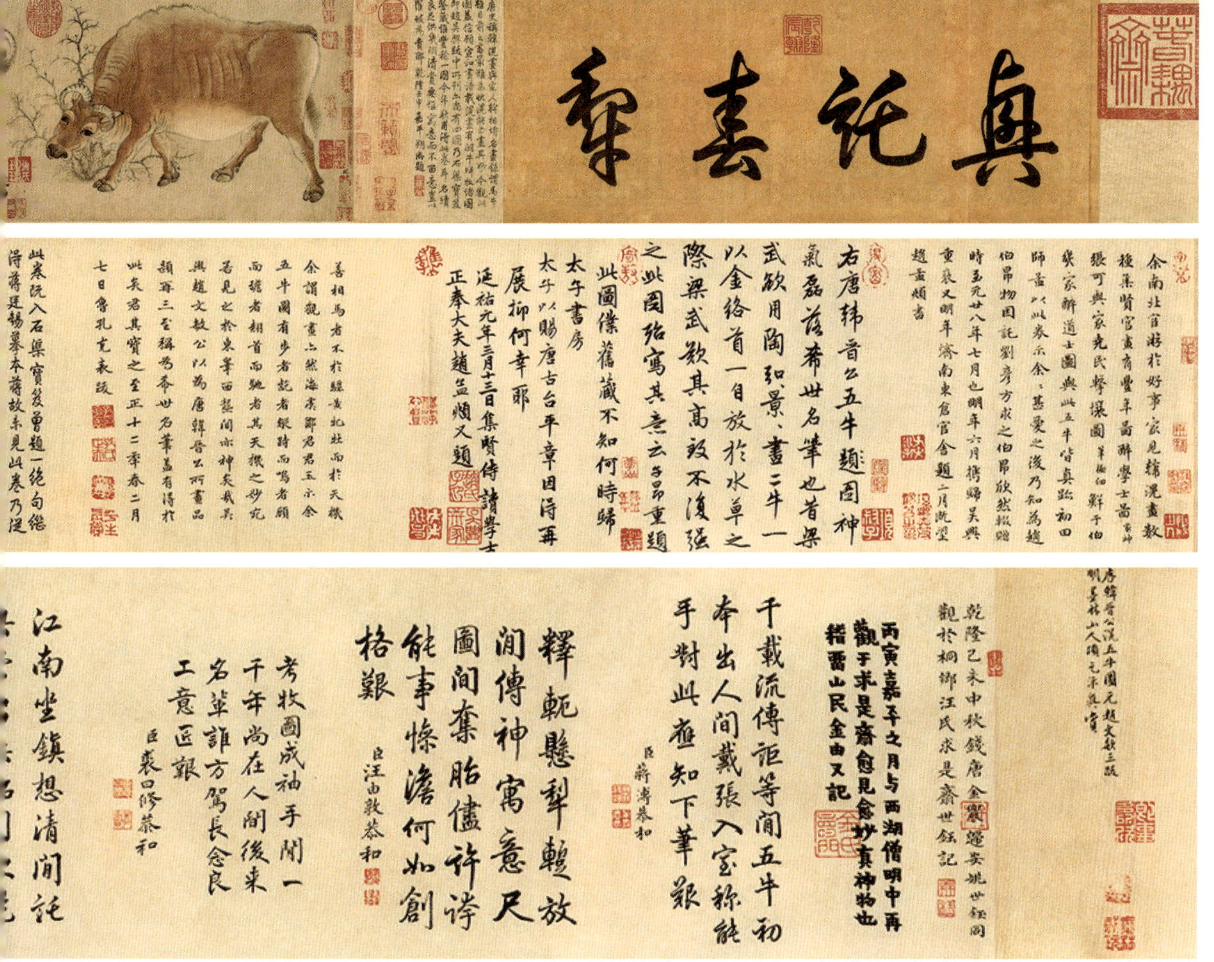

16.《运河揽胜图》

《运河揽胜图》是清代扬州画家王素的作品，反映了当时淮扬运河畔邵伯码头的繁华场景，堪称邵伯版《清明上河图》。1853 年，太平军攻克扬州，王素为逃避战火，举家迁居江都邵伯，画出反映当时社会百态的《运河揽胜图》。随着社会动荡，《运河揽胜图》流失海外，2009 年，扬州博物馆以 30 万元购得收藏。原画尺寸为 94 厘米 ×174 厘米，分为两部分，大小相等，裱于一副对开的屏风之上，真实记载了清代邵伯运河两岸的市井风情。

《韩熙载夜宴图》

《千里江山图》

熙載風流清
為天官侍郎以
脩為時論所誚

《山路松声图》

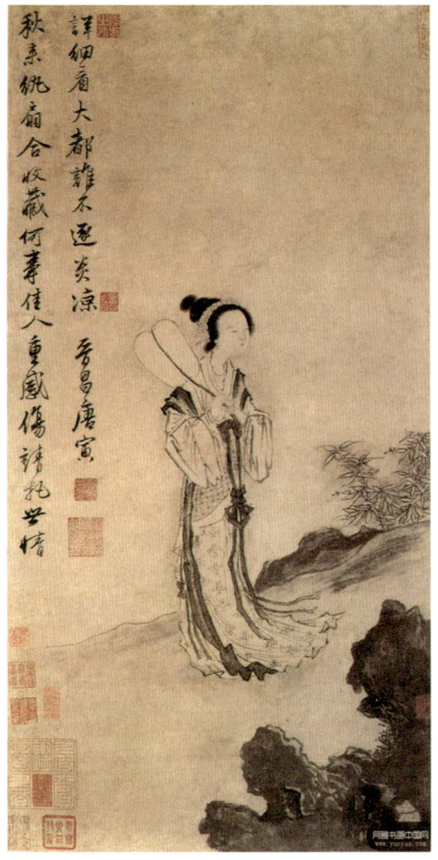

《秋风纨扇图》

《运河揽胜图》

第三章 中国大运河诗歌散文

大运河是一条文化的河流。发达的经济、迷人的风光、五光十色的民风民俗使大运河成为文学艺术的摇篮。中国的“唐诗之路”就是基于隋唐大运河背景之下的文化之路，唐诗宋词以及他们的作者都与大运河结下了不解之缘。有学者曾说，“大运河是中华文脉，沿线积淀了丰厚的文化资源。一颗颗文化明珠，通过大运河这条金丝线串起来了”。因为大运河，诗城扬州成为唐代诗人最关注的城市；因为大运河，宋词传播大江南北，“凡有井水处，皆能歌柳词”。不仅是诗词与大运河息息相关，散文也与大运河有着千丝万缕的联系。唐宋散文八大家都与大运河密不可分，明代的散文前后七子都生活在运河边，清代的袁枚、郑板桥更是运河边的散文大家，近代的散文大家鲁迅、周作人、朱自清、瞿秋白也都生长在运河城市。

第一节 中国大运河诗歌

中国诗歌指的是汉族地区的汉语、汉字诗。中国诗歌浩如烟海，佳作甚多，文辞优美庄重，音韵朗朗上口。而中国诗歌的“富矿区”就在大运河沿线。

一、隋代以前的运河诗歌

1. 先秦时期的诗歌

诗歌在中国源远流长，绵延数千年。早在西周至春秋时代，我国诗歌就已产生了大批辉煌篇章，其标志是我国第一部诗歌总集《诗经》的出现。《诗经》收诗305篇，分“风、雅、颂”三部分，都可以配乐演唱。《诗经》善用赋、比、兴的表现手法，句式以四言为主，多用重章叠句，为后世文学创作奠定了深厚的人文基础和艺术底蕴。《诗经》是集体创作的诗歌集，绝大多数都是采诗官在运河沿线采集的。战国后期，楚国产生了一种新诗体——楚辞（骚体）。楚辞句式长短参差，以六言、七言为主，多用“兮”字。楚辞的奠基人和主要作者屈原，运用这种形式创作了《离骚》《九歌》《九章》等不朽诗篇，成为我国文学史上的伟大诗人。其代表作《离骚》，是我国古代文学史上最为宏伟瑰丽的长篇抒情诗。屈原之后有宋玉、唐勒、景差等楚辞作家，

他们的楚辞在运河地区也流传甚广。《诗经》和《楚辞》，是诗歌发展的两大源头，在文学史上并称“风骚”，也成为运河地区诗歌艺术的标志性作品。

2. 汉乐府

汉代，随着统一国家的建立，社会经济的发展，民间文化也开始繁荣起来。人们“感于哀乐，缘事而发”，创作了一些反映当时下层群众社会生活的歌谣，这些歌谣经朝廷音乐机构的收集，流传下来，成为乐府民歌，再经过加工配乐，又变成乐府诗。现在我们见到的乐府诗歌中，哪些来自运河文化区，已经是无法考证的了，但是从有关的记载来看，汉代运河文化区也是出产诗歌较多的地区。《汉书·艺文志》“歌诗”类收录的有产地可考的民间诗歌共有15种230篇，其中可确认为属于运河文化区域者就有13种216篇，它们大都出自于齐郡、淮南、三辅、河东、洛阳、河南，也就是后来的运河地区。民间诗歌是汉代文学中的瑰宝，其内容广泛，形象鲜明，语言朴实，其代表作如《战城南》《十五从军征》《东门行》《病妇行》《陌上桑》《有所思》《上邪》等，都具有诚挚、细腻、热烈的思想感情、清新淳朴的艺术风格。

“乐府”原指国家音乐机构，后代将乐府所收集与编辑的可以配乐演唱的歌辞也称为“乐府”。汉乐府民歌继承《诗经》民歌“饥者歌其食，劳者歌其事”的现实主义传统，多“感于哀乐，缘事而发”，通俗易懂，长于叙事，富有生活气息，句式以杂言和五言为主，体现了诗歌艺术的新发展。《陌上桑》与《孔雀东南飞》是汉乐府民歌中最优秀的作品，也是叙事诗的代表作。《孔雀东南飞》是我国诗歌史上第一篇思想性和艺术性高度统一的长篇叙事诗，被称为“长诗之圣”“古今第一首长诗”。它代表着汉代乐府民歌发展的最高峰。在汉乐府的影响下，文人五言诗逐渐发展成熟，其标志是东汉末年出现的《古诗十九首》。这是一组由寒门文人创作的抒情短诗，被誉为“一字千金”“实五言之冠冕”。

3. 建安文学

魏晋南北朝时期，大运河流域经济的发展为文学的繁荣提供了必要的物质基础。大运河流域出现了大批颇有成就的诗人，他们对推动中国古代文学的发展起到了重要的作用。

汉魏之际，以“建安文学”为代表的五言诗成就十分突出，其代表人物“三曹”（曹操、曹丕、曹植）和“建安七子”（孔融、王粲、阮瑀、陈琳、徐干、应玚、刘桢）全都是生活在运河区域的文学家，他们创作了大量反映社会现实的诗篇。曹操是杰出的政治家、军事家，又是杰出的文学家和诗人，他的诗文学价值很高。五言诗中最有名的诗是《蒿里行》。四言诗中的名篇很多，《龟虽寿》中“老骥伏枥，志在千里；烈士暮年，壮心不已”，成为历代传诵的励志名句。《短歌行》中“山不厌高，海不厌深；周公吐哺，天下归心”表达了诗人高远的政治抱负。他的诗苍劲雄健，才气纵横，“被之管弦，皆成乐章”，有不少传世之作。曹丕是曹操的次子，他的诗内容受民歌影响颇深，语言通俗，描写也十分细致，其中《燕歌行》是现存最早最完整的文人七言诗，他的《典论•论文》对我国文学批评的发展也颇有贡献。曹植是曹操的第三子，他的诗多为五言，善于用比兴手法，语言精炼，词语华茂，对五言诗的发展颇有影响。“建安七子”的诗文中不乏佳作。如王粲的《七哀诗》“出门无所见，白骨蔽平原。路有饥妇人，抱子弃草间。顾闻号泣声，挥涕独不还”，真实地描写了董卓之乱后，其部将在长安相互攻杀所造成的悲惨景象。

魏晋南北朝时期，著名的诗人文士经常举行集会活动，这些集会活动大都在经济文化发达的运河河畔举行，而参加集会的文人也大都是运河区域的文学家。曹魏时曹丕居住在邺城（河北临漳）邺宫西园，常招集建安文人在那里相聚，饮酒赋诗，讨论文学方面的问题，成为后世文人进行集会活动的滥觞。西晋时，“二十四友”的“金谷之会”是魏晋南北朝时代文士的又一次大聚会。金谷园是西晋卫尉石崇的园囿，当时诗人文士常常在这里集会。在金谷“二十四友”中，有19位出生在运河区域。他们在金谷园中“引致宾客，日以赋诗”，比王羲之的兰亭集会更要早。到了东晋，又有著名的“兰亭集会”。与之相同的还有南朝初年的“乌衣之游”，这也是文人的一种集会活动。当时号称“江左第一”的谢昆，与其族人谢灵运、谢瞻、谢晦、谢曜、谢弘微等举行家族性的文学集会，“尝共宴处，居在乌衣巷，故谓之乌衣之游”。《晋书•谢灵运传》说“灵运既东，与族弟惠连、东海何长瑜、颍川荀雍，泰山羊璿之以文章赏会，共为山泽之游，时人谓之四友”，这便是朋友之间的文学聚会了。《梁书•武帝纪上》说，“竟陵王子良开西邸，招文学，帝与沈约、谢朓、王融等并游焉，号曰‘八友’”。这“竟陵八友”之中，大多数人都出生于运河区域。他们在竟陵西邸，以诗会友。沈约、谢朓、王融是诗歌永明体的创立者。

东晋诗歌渐多，产生了大量文辞绚丽的作品，但陶渊明的诗一枝独秀，以其清新之风为后世推崇。南朝文风绚烂，诗歌靡丽，大量用典，以齐梁的诗歌为盛。北朝诗歌朴素、有风骨，以《木兰辞》为最好。《木兰辞》与《孔雀东南飞》并称“乐府双壁”。这段时期还产生了大量的诗歌评论，钟嵘的《诗品》、刘勰的《文心雕龙》、萧统的《文选》等对诗歌的内容、思想、鉴赏产生了巨大作用。

二、隋唐运河诗歌

（一）隋代诗歌

隋代文学的主要成就是诗歌。隋代诗歌受南朝浮艳文风的影响较深。

开凿大运河的决策者、指挥者隋炀帝杨广也很有文采，文风上醉心南朝，他曾写过两首运河诗歌，一首是《早渡淮诗》："平淮既森森，晓雾复霏霏。淮甸未分色，泱漭共晨晖。晴霞转孤屿，锦帆出长圻。潮鱼时跃浪，沙禽鸣欲飞。会待高秋晚，愁因逝水归。"另一首是他第一次沿大运河下江都时作的《泛龙舟》诗，当时大运河刚贯通，他登基不久，意气风发，踌躇满志。诗歌描写了船队的壮观，也抒发了他当时的心情，"舳舻千里泛归舟，言旋旧镇下扬州。借问扬州在何处，淮南江北海西头。六辔聊停御百丈，暂罢开山歌棹讴。讵似江东掌间地，独自称言鉴里游"。他还写过两首《春江花月夜》，其一："暮江平不动，春花满正开。流波将月去，潮水带星来。"其二："夜露含花气，春潭漾月晖。汉水逢游女，湘川值二妃。"隋大业三年（607年），隋炀帝征服了突厥，首次北巡时，他看到陈威塞外，威震北疆的目的完全实现了，兴致十分高涨，即兴赋诗一首："鹿塞鸿旗驻，龙庭翠辇回。毡帷望风举，穹庐向日开。呼韩顿颡至，屠耆接踵来。索辫擎膻肉，韦鞲献酒杯。如何汉天子，空上单于台。"在隋炀帝看来，当初的汉武帝也不如我，谁能像我一样作为汉人的天子，来到北方游牧国家可汗的帐篷内？作为首位君临边塞的中原王朝的天子，隋炀帝确实是有资格可以骄傲的。

隋炀帝的重要谋臣之一、会稽余姚（今浙江余姚）人虞世基也是一位诗人，他后期的《入关诗》颇有文采："陇云低不散，黄河咽复流。关山多道里，相接几重愁。"他的弟弟虞世南的诗歌艺术造诣更高，曾作《相和歌辞·饮马长城窟行》。在《奉和出颍至淮应令》中直接写到大运河，"良晨喜利涉，解缆入淮浔。寒流泛鹢首，霜吹响哀吟。潜鳞波里跃，水鸟浪前沉。邗沟非复远，怅望悦宸襟"。他的小诗《蝉》则更有灵性，"垂緌饮清露，流响出疏桐。居高声自远，非是藉秋风"。

（二）唐代运河诗歌

唐代是中国诗歌史上的黄金时代。运河诗韵，万紫千红，群芳斗妍。

1. 初唐诗杰骆宾王

"初唐四杰"王勃、杨炯、卢照邻、骆宾王，四人都与运河有关联，其中骆宾王与运河关联最密切。骆宾王出身寒门，七岁能诗，号称"神童"。著名的《咏鹅》："鹅、鹅、鹅，曲项向天歌，白毛浮绿水，红掌拨清波。”便是他在七岁时候所作。他长期在运河城市任职，唐嗣圣元年（684 年），武则天废中宗自立，同年九月，徐敬业在扬州起兵。骆宾王起草著名的《为徐敬业讨武曌檄》写道，“班声动而北风起，剑气冲而南斗平，喑呜则山岳崩颓，叱咤则风云变色。以此制敌，何敌不摧，以此图功，何功不克？……请看今日之域中，竟是谁家之天下”，慷慨激昂，气吞山河。武则天读至“一抔之土未干，六尺之孤何托”，惊惶地问左右：“谁写的？”大臣告诉她是骆宾王作的，武则天感叹曰：“宰相安得失此人？”十一月，徐敬业兵败被杀，骆宾王下落不明。才华横溢的骆宾王还著有许多名篇，他特别擅长七言诗，以构思巧妙，格律严谨著称。名作《帝京篇》为初唐罕有的长篇，当时以为绝唱。骆宾王久戍边城，还写下了不少边塞诗，如《从军行》“平生一顾念，意气溢三军。野日分戈影，天星合剑文。弓弦抱汉月，马足践胡尘。不求生入塞，唯当死报君”流露出气宇轩昂的报国情怀。尤其是其名作《在狱咏蝉》：“西陆蝉声唱，南冠客思深。不堪玄鬓影，来对白头吟。露重飞难进，风多响易沈。无人信高洁，谁为表予心。”这首诗托物寄怀，文笔洗练生动，悲愤之情，撼人肺腑。

唐开元、天宝年间，诗人崔颢和韦建直接描写过大运河上的人事风情。崔颢是汴州（今河南开封一带）人，他在《维扬送友还苏州》一诗中写道，“长安南下几程途，得到邗沟吊绿芜。渚畔鲈鱼舟上钓，羡君归老向东吴”。韦建曾任河南令，他的诗《泊舟盱眙》写道，“泊舟淮水次，霜降夕流清。夜久潮侵岸，天寒月近城。平沙依雁宿，候馆听鸡鸣。乡国云霄外，谁堪羁旅情”。

这一时期的运河诗人还有长孙无忌（洛阳人）、褚亮（杭州钱塘人）、褚遂良父子、许敬宗（杭州新城人）等。

2. 盛唐边塞诗人王昌龄与岑参

王昌龄（698—757 年）字少伯，曾任江宁尉，世称王江宁。他善用七绝体描写边塞军旅生涯，意境高远，涵义深沉。代表作《出塞》“秦时明月汉时关，万里长征人未还。但使龙城飞将在，不教胡马度阴山”寄托了对戍边士卒献身边关崇高精神的敬佩和对汉代英雄李广的向往，表达了以身许国的壮烈情怀，为唐七绝诗的压卷之作。其他七首《从军行》，也从不同角度描写了壮丽的边塞生活。如立志破敌取胜的“黄沙百战穿金甲，不破楼兰终不还”。此外，王昌龄还写过著名的《闺怨》诗“闺中少妇不知愁，春日凝妆上翠楼。忽见陌头杨柳色，悔教夫婿觅封侯”，表现了少妇思夫之情。

岑参（715—770 年），南阳（今河南南阳）人。他的代表作有三篇，分别是《走马川行奉送出师西征》《轮台歌奉送封大夫出师西征》《白雪歌送武判官归京》，名句有“北风卷地白草折，胡天八月即飞雪。忽如一夜春风来，千树万树梨花开。”岑参还写过一些与运河相关的诗，如《送张秘书充刘相公通汴河判官便赴江外觐省》：“刘公领舟楫，汴水扬波澜。万里江海通，九州天地宽。昨夜动使星，今旦送征鞍。老亲在吴郡……复展膝下欢”，还有《送王大昌龄赴江宁》：“泽国从一官，沧波几千里。群公满天阙，独去过淮水……自闻君欲行，频望南徐州……君行到京口，正是桃花时。”

3.“诗圣”杜甫

杜甫（712—770 年），他同情黎民百姓的不幸遭遇，忧国忧民，写下了许多现实主义的诗作。杜甫的诗具有深刻的思想性，为后代学者所景仰膜拜，被后人称为“诗圣”。在《解闷》十二首中，他写到了运河名城扬州，“商胡离别下扬州，忆上西陵故驿楼。为问淮南米贵贱，老夫乘兴欲东流”。

这一时期的运河诗人还有颜真卿（京兆长安人）、萧颖士（任广陵参军事）、张扑（河南滑县人）等。颜真卿曾任永济渠边的德州平原令，他在江南运河边的苏州写过《登平望桥下作》，“登桥试长望，望极与天平。际海蒹葭色，终朝凫雁声。近山犹仿佛，远水忽微明。更览诸公作，知高题柱名”。

4. 中唐运河诗人

中唐时期，国力转衰，诗人们忧国忧民，诗作多感伤、讽刺现实，逐渐形成“新乐府诗派”。

元结是“新乐府诗派”的先驱，诗歌创作上锐意“规讽”“感化”，如同情劳苦人民悲惨遭遇的《贫妇词》、反映农民痛楚的《农臣怨》。

韦应物（737—790 年），曾任苏州刺史。韦应物的诗，属新乐府诗派。同情民间疾苦、揭露官吏的贪残，经常成为他的诗歌的主题。如《观田家》“饥劬不自苦，膏泽且为喜。仓禀无宿储，徭役犹未已。方惭不耕者，禄食出闾里”。如怜悯采冰工人的《夏冰歌》：“当念阑干凿者苦，腊月深井汗如雨。”被官府征发采玉的男丁、供贵族姬妾舞女着装的“寒夜织女”，在诗人的笔下都给以同情。此外，韦应物的山水诗也写得清新自然，如行云流水一般。如脍炙人口的《滁州西涧》“独怜幽草涧边生，上有黄鹂深树鸣。春潮带雨晚来急，野渡无人舟自横”。白居易在《与元九书》中曾称赞韦应物的诗“高雅闲淡，自成一家之体”。

从唐贞元年间到唐元和年间（785—820 年），唐诗现实主义风格形成，以白居易和元稹为代表的新乐府诗派活跃在诗坛上。

白居易（772—846 年），字乐天，晚年号香山居士，是新乐府运动的旗手。所谓“新乐府”，即以汉乐府精神为灵魂，继承杜甫的现实主义手法，用新题来写时事的诗。其特色是贴近生活，贴近下层人民，通俗易懂，言简意赅。他生于河南新郑，先后任杭州刺史和苏州刺史，多次在运河上行走，代表作为《长恨歌》和《琵琶行》。他在担任杭州刺史时带领民众兴建了西湖的白公堤。白居易写运河的诗有《长相思》“汴水流、泗水流，流到瓜洲古渡头，吴山点点愁”，形象地描述了沿唐代大运河旅行的线路。在《自余杭归宿淮口作》一诗中他写道，“舟行明月下，夜泊清淮北”。唐宝历元年（825 年），他受诏为苏州刺史，又一次沿着运河旅行。在苏州他带领百姓建起了七里山塘，就是今天从苏州城内直到虎丘云岩寺的山塘河前身。白居易的《赋得古原草送别》“离离原上草，一岁一枯荣。野火烧不尽，春风吹又生。远芳侵古道，晴翠接荒城。又送王孙去，萋萋满别情”，也是在通济渠畔的安徽宿州所作，其中“野火烧不尽，春风吹又生”成为千古名句。白居易在大运河城市扬州还有一个与刘禹锡以诗唱和的故事。唐宝历二年（826 年），刘禹锡罢和州刺史任返洛阳，白居易从苏州归洛阳，两人都走的运河，在扬州相逢。两人同登栖灵塔，共话离别情。白居易在筵席上写了一首诗《醉赠刘二十八使君》，刘禹锡便写了《酬乐天扬州初逢席上见赠》来酬谢他：“巴山楚水凄凉地，二十三年弃置身。怀旧空吟闻笛赋，到乡翻似烂柯人。沉舟侧畔千帆过，病树前头万木春。今日听君歌一曲，暂凭杯酒长精神”。

元稹（779—831 年），字微之，河南（今洛阳）人，与白居易齐名，同为新乐府诗派主将。元稹的诗作同情劳动人民的苦难，揭露统治阶级的贪残盘剥。如《田家词》“牛靿咤咤，田确确。旱块敲牛蹄趵趵，种得官仓珠颗谷。六十年来兵簇簇，月月食粮车辘辘。一日官军收海服，驱牛驾车食牛肉”。元稹的《乐府古题》19 首和《新题乐府》12 首集中反映了民生疾苦，其中《连昌宫词》揭露天宝年间昏暗的政治导致安史乱发，具有叙事诗的性质，堪与《长恨歌》比肩。

此外，这一时期的运河诗人还有孟郊（江南运河边的湖州人）、张籍（江南运河边的吴郡人）、李绅（江南运河边的润州无锡人）等，他们都是新乐府运动的参加者。孟郊的传世之作是《游子吟》“慈母手中线，游子身上衣。临行密密缝，意恐迟迟归。谁言寸草心，报得三春晖”。张籍为韩愈大弟子，其乐府诗与王建齐名，并称“张王乐府”。代表作有《秋思》《节妇吟》《野老歌》等。李绅的《悯农二首》其一“春种一粒粟，秋收万颗子。四海无闲田，农夫犹饿死”。其二“锄禾日当午，汗滴禾下土。谁知盘中餐，粒粒皆辛苦”流传甚广。

5. 晚唐运河诗人

唐宝历元年（825 年）至唐亡（907 年），在文学史上被称为晚唐，这一时期的运河诗人有杜牧、皮日休、陆龟蒙、罗隐和韦庄等。

杜牧（803—853 年）的诗风格清新，语言生动，引人入胜。如七绝《江南春》："千里莺啼绿映红，水村山郭酒旗风。南朝四百八十寺，多少楼台烟雨中。"《泊秦淮》："烟笼寒水月笼沙，夜泊秦淮近酒家。商女不知亡国恨，隔江犹唱后庭花。"江南风情，历历在目。而《遣怀》"落魄江湖载酒行，楚腰纤细掌中轻。十年一觉扬州梦，赢得青楼薄幸名"以及《寄扬州韩绰判官》"青山隐隐水迢迢，秋尽江南草未凋。二十四桥明月夜，玉人何处教吹箫"生动地反映了运河城市扬州商品经济的发达和市场的繁荣。以诗咏史，是杜牧诗作的另一艺术特色，比如咏周瑜的《赤壁》"东风不与周郎便，铜雀春深锁二乔"、评项羽的《题乌江亭》"江东子弟多才俊，卷土重来未可知"。

罗隐（883—909 年）的诗以讽刺为主，如刺祥瑞的《雪》"尽道丰年瑞，丰年事若何？长安有贫者，为瑞不宜多"，如《西施》"家国兴亡自有时，吴人何苦怨西施。西施若解倾吴国，越国亡来又是谁"。

韦庄（约 836—910 年）的诗艺术水平较高，如《古离别》"晴烟漠漠柳毵毵，不那离情酒半酣。更把玉鞭云外指，断肠春色在江南"。《台城》"江雨霏霏江草齐，六朝如梦鸟空啼。无情最是台城柳，依旧烟笼十里堤"。

晚唐运河诗人还有许浑（江南运河边的丹阳人，曾任润州司马）、陆希声（江南运河边的吴郡人）、王祝（曾任常州刺史）等。

6. 唐诗里流淌的大运河

唐诗中写大运河的诗很多，其中不乏古典文学精品，伴随大运河流传千古，主要有三类。

一类是写开凿大运河民工的悲惨命运，揭露隋炀帝骄奢淫逸的生活。如罗隐的《隋帝陵》"入郭登桥出郭船，红楼日日柳年年。君王忍把平陈业，只博雷塘数亩田"。李商隐的《隋宫》"紫泉宫殿锁烟霞，欲取芜城作帝家。玉玺不缘归日角，锦帆应是到天涯。于今腐草无萤火，终古垂杨有暮鸦。地下若逢陈后主，岂宜重问后庭花"，胡曾的《汴水》"千里长河一旦开，亡隋波浪九天来。锦帆未落干戈起，惆怅龙舟更不回"。

第二类是肯定大运河的作用。如李白的《题瓜洲新河饯族叔舍人贲》称赞齐浣开瓜洲运河："齐公凿新河，万古流不绝。丰功利生人，天地同朽灭。"李敬方的《汴河直进船》："汴水通淮利最多，生人为害亦相和。东南四十三州地，取尽脂膏是此河。"准确地反映出大运河成为维系唐王朝的生命线的事实。皮日休的《汴河怀古》"万艘龙舸绿丝间，载到扬州尽不还。应是天教开汴水，一千余里地无山。尽道隋亡为此河，至今千里赖通波。若无水殿龙舟事，共禹论功不较多"被认为对隋炀帝开通大运河的最公正的评价。

第三类是对沿河两岸美丽风光的礼赞。张祜写镇江西津渡的《金陵渡》"金陵津渡小山楼，一宿行人自可愁。潮落夜江斜月里，两三星火是瓜洲"。刘长卿在《送子婿崔真甫、李穆往扬州四首》中写道，"渡口发梅花，山中动泉脉。芜城春草生，君作扬州客。半逻莺满树，新年人独远。落花逐流水，共到茱萸湾"。这个茱萸湾就是古邗沟进入扬州的第一道湾，过了这个湾就进扬州古城了。无独有偶，孟浩然在茱萸湾也作过一首《问舟子》"向夕问舟子，前程复几多。湾头正堪泊，淮里足风波"。而高适的名句"莫愁前路无知己，天下谁人不识君"（《别董大》）也是在运河边的沧州所作。王昌龄的《芙蓉楼送辛渐》"寒雨连江夜入吴，平明送客楚山孤。洛阳亲友如相问，一片冰心在玉壶"则是在镇江送客沿运河回洛阳的送别诗，"一片冰心在玉壶"成为千古名句。

浙东运河更是历史上的唐诗之路，隋唐时期的越州（今绍兴）已是四海扬名的鱼米之乡。越州的名茶、莼羹、鲈鱼惹人向往，无数诗人慕名前来，从杭州渡过钱塘江，沿浙东运河抵达越州，从曹娥江沿古剡溪溯源而上，最后到达天台山，这是当时非常流行的一条游览线路，许多诗人流连忘返，留下诗篇。后世的文人也纷纷沿着这条道路赏景吟诗，追忆先贤的足迹，这条路线因此被许多人称作"唐诗之路"。无论是《春日留别》中孙逖思念江南之情，还是刘长卿的《西陵寄灵一上人》反映的运河游记，抑或是《回乡偶书》中贺知章的家乡情结，《梦游天姥吟留别》中李白的浙东游历，无不说明浙东运河是唐代诗人们创作的源泉。贺知章的《回乡偶书》流传最广，"少小离家老大回，乡音无改鬓毛衰。儿童相见不相识，笑问客从何处来"。"离别家乡岁月多，近来人事半消磨。惟有门前镜湖水，春风不改旧时波"，表达了诗人久居客地，重返故乡的无限感慨和欣慰。李白的诗《别储邕之剡中》："借问剡中道，东南指越乡。舟从广陵去，水入会稽长。竹色溪下绿，荷花镜里香。辞君向天姥，拂石卧秋霜"记录了从广陵（今扬州）沿运河到东南一带游历的行程。

三、宋代运河诗词

在中国文学发展史上，词是自唐中期以来在都市经济繁荣与音乐发达的基础上发展起来的、在许多文人墨客的努力下逐渐形成一种新文学体裁，自唐末经五代十国时期以来，获得较快的发展而呈现繁荣。宋朝时期，运河城市的繁华为词的发展营造了极广阔的社会环境与文化环境，使词这一文学形式发展到它的极盛时期，形成清新绮丽的婉约词和雄迈劲健的豪放词两大词派。

1. 婉约词派

在词的内容和形式以及艺术上都有一定开创性的词人是柳永。柳永大部分时间是在汴京和沿运河城市中度过的，终老于江南运河边的润州（今江苏镇江）。失意中的柳永曾沿运河漫游，由汴河南下江淮，在泗州、扬州、平江（今苏州）、钱塘（今杭州）、会稽（今绍兴）等城市驻足流连。又曾从汴京向西至洛阳、长安等地。滔滔的运河之水、岸畔飘逸的杨柳，激发着柳永的才思，他写下了“杨柳岸晓风残月”等大量羁旅生活的作品，也描绘了汴京（今开封）、钱塘、扬州、平江等众多的运河城市。如他描写平江“吴王旧国，今古江山秀异，人烟繁富”“晴景吴波练静，万家绿水朱楼”“吴会风流，人烟好，高下水际山头”等。他追叙扬州时的生活，“扬州曾是追游地，酒台花径仍存。凤箫依旧月闻”。他在《望海潮》一阕中写钱塘“市列珠玑，户盈罗绮”的豪奢景象和“三秋桂子，十里荷花”的清丽风光。他写泗州的运河与航船，“一叶扁舟轻帆卷，暂泊楚江南岸。孤城暮角，引胡笳怨。水茫茫，平沙雁，旋惊散”。这些作品对于我们今天了解运河城市有一定意义。

作为婉约词派杰出代表，柳永的词把传统抒情诗中融情于景、情景一体等艺术手段和慢词结合起来，就使得抒情更为畅达和自由，促进当时民间慢词的发展。柳词传播之广，影响之大，在北宋词人中非常突出，有“凡有井水处即能歌柳词”之评价。

到北宋后期，运河地区又涌现出一批杰出的词人词作。如秦观（1049—1100 年），字少游，号淮海居士，扬州高邮人。秦观擅写优美的抒情词，是北宋婉约词派的重要作家。他在作品中创造了许多深于情、专于情的优美女性的艺术形象，传达出词人的真挚情感，发展了词的技巧，如《鹊桥仙》《浣溪沙》《鹧鸪天》等词。秦观在《送孙诚之尉北海》诗中写道，“吾乡如覆盂，地据扬楚脊。环以万顷湖，粘天四无壁。”说高邮的地势中间特别高而突出，而四周却是十分的低洼，就像一只倒扣过来的水盂。他和老师苏轼在大运河沿线城市游历，留下了许多美丽诗词和运河佳话。苏轼曾到高邮看望秦少游，他们二人与孙觉、王巩会集于东岳庙附近，饮酒论文。后人就建了文游台而纪念这次四位名士的雅聚。现在，高邮仍建有秦少游纪念馆——文游台。

同时期的婉约派大家还有江南运河边的钱塘人周邦彦。周邦彦寄情风月的词，皆雕琢得玉润珠圆，富丽精巧，被称为“词家之冠”。在词学上，他创制了许多慢曲，以及“引”“近”“犯”等新调。自幼生活在运河畔边的周邦彦对运河风情、人文掌故、自然景致熟谙而情深。在北宋元丰初年（1078年）他还是一名太学生时，即以献《汴都赋》而深受宋神宗的赏识，特提任为太学正。在此后的仕宦生涯中，他经常往来于运河之上，或在运河地区做官，从而留下了许多描绘运河上的人或事的诗赋词作，如《金陵怀古》《夏日漂水无想山作》《隋堤路》等。他在描述运河之景、运河之情的词《兰陵王柳》第一叠写道，“柳阴直，烟里丝丝弄碧。隋堤上，曾见几番，拂水飘绵送行色。登临望故国，谁识。京华倦客，长亭路，年去岁来，应折柔条过千尺……”生动描写了作者离开京城汴梁泛舟在运河上所见的柳色。

到南宋时，婉约派宗主是女词人李清照。李清照早年的词作多描写悠闲情怀与风光景物，也有对豪迈抱负和自由、理想的追寻，更多的则是热烈而大胆地歌咏爱情之作。南渡以后，感受着外敌的入侵，国家的残破，加上家破人亡和流离颠沛的遭遇，使其词作呈现出感情的沉挚和凄切。“生当作人杰，死亦为鬼雄”，不仅是感叹身世，而且蕴含着对国家兴衰的沉痛感情。《永遇乐·落日熔金》从写今转为忆昔，通过对昔日中州（即汴京开封）“盛日”回忆，想到了“如今”的“人在何处”，面对迥然不同的心境和前后相隔如霄壤的生活境遇，表达了对国家今昔盛衰之感及个人身世的悲怀，读来含蕴丰富，令人回肠荡气。因此，李清照的词在宋代词坛上别树一帜，自成一家，被人称为“易安体”。

2. 豪放词派

在宋初的词坛上，五代以来的“花间派”词风盛行，如晏殊、晏几道以及欧阳修等词人，但也出现了在词的题材领域有新开拓、在词的形式上有新发展的革新派词作。这批词人以运河边的范仲淹和张先为代表。

范仲淹（989—1052年）是江南运河边的吴县（今苏州）人，少时贫困力学，大中祥符年间中进士。天圣初，任泰州兴化令，主持修筑捍海堰，世称范公堤。在苏州任知府时，疏浚太湖水道，大兴水利。晚年所作《岳阳楼记》为传世名篇。他把边塞诗的内容带进词作领域，使词的创作具有了更多的社会内容和开阔的风格。如《渔家傲·秋思》“塞下秋来风景异，衡阳雁去无留意。四面边声连角起。千嶂里，长烟落日孤城闭。浊酒一杯家万里，燕然未勒归无计。羌管悠悠霜满地。人不寐，将军白发征夫泪”。

苍凉的塞下风光，白发苍苍的守边将军和离乡背井的士兵的诉说，都加深了燕然未勒、壮志未酬的感慨。

张先（990—1078 年），江南运河边的湖州乌程人。天圣进士，初为宿州椽，历任吴江令、嘉禾判官，晚年优游于湖杭之间，尝与梅尧臣、欧阳修、苏轼等游，他的词造语工巧，多花月艳冶，是宋代较早创作较多慢词的一位词人，对当时词从小令向慢词发展起了推动作用。其词作《谢池台》《破阵乐》《剪牡丹》《山亭怨》《卜算子慢》等，就是对慢词这一艺术形式的普遍应用。

豪放词派的代表人物是北宋的苏轼和南宋的辛弃疾。苏轼豪放风格以充沛激昂甚至悲凉的感情融入词中，写人状物以慷慨豪迈的形象和阔大雄壮的场面取胜，代表作有《江城子·老夫聊发少年狂》《水调歌头·明月几时有》等。苏轼之所以被后世尊为“豪放派”之鼻祖，主要是他的词作抒豪情、言壮志，表现了与众不同的慷慨豪迈气质，领词风转变之先河。如“大江东去，浪淘尽、千古风流人物。故垒西边，人道是、三国周郎赤壁。乱石穿空，惊涛拍岸，卷起千堆雪。江山如画，一时多少豪杰。遥想公瑾当年，小乔初嫁了，雄姿英发。羽扇纶巾，谈笑间，樯橹灰飞烟灭。故国神游，多情应笑我，早生华发。人生如寄，一樽还酹江月”。又如《江城子·密州出猎》“老夫聊发少年狂，左牵黄，右擎苍，锦帽貂裘，千骑卷平冈。为报倾城随太守，亲射虎，看孙郎。酒酣胸胆尚开张，鬓微霜，又何妨！持节云中，何日遣冯唐？会挽雕弓如满月，西北望，射天狼”。全篇洋溢着一股报国杀敌的豪情，热切浓烈、意气奋昂，给人一种豪气干云天的冲动感觉。

词本来是用来让歌女们吟唱的，而歌女们最爱唱的，当然是能够打动人心的缠绵悱恻之句。因而在苏轼作词之前，宋词的词风是婉约的。当苏轼作词之时，柳词早已如日中天。缠绵婉约不只是柳词的特点，而是当时宋词的总体风格，苏轼让宋词踏上了革新的道路。即使是现实生活，个人悲愁，苏轼也能从个人的情感上升到理性的旷达，而非花间婉约的缠绵。《水调歌头》：“明月几时有？把酒问青天。不知天上宫阙，今夕是何年。我欲乘风归去，又恐琼楼玉宇，高处不胜寒。起舞弄清影，何似在人间！转朱阁，低绮户，照无眠。不应有恨，何事长向别时圆？人有悲欢离合，月有阴晴圆缺，此事古难全。但愿人长久，千里共婵娟”。作者俯仰古今变迁，感慨宇宙流转，揭示睿智的人生理念。通篇咏月，却又处处关合人事，充溢着浓厚的哲学意味，是一首自然与社会高度契合的作品。

到南宋时期，抗金救国的社会环境进一步促进了豪放词的繁荣，而其中著名的词作家有岳飞和张孝祥。

岳飞（1103—1141 年），字鹏举，相州汤阴（今属河南）人，是南宋初年著名的抗金英雄。他沿着运河北上抗金、誓图恢复故土，留下了千古绝唱《满江红·写怀》“怒发冲冠，凭栏处，潇潇雨歇。抬望眼，仰天长啸，壮怀激烈。三十功名尘与土，八千里路云和月。莫等闲，白了少年头，空悲切！靖康耻，犹未雪；臣子恨，何时灭。驾长车，踏破贺兰山缺。壮志饥餐胡虏肉，笑谈渴饮匈奴血。待从头，收拾旧山河，朝天阙”。

继承豪放词风而成为豪放派杰出代表的则是辛弃疾。辛弃疾（1140—1207 年），字幼安，号稼轩，济南历城人。南宋初年，聚众坚持抗金斗争，后率部渡淮河南归。初任江阴签判，后长期在江淮一带运河地区任地方官。一生以收复失地为志。曾向朝廷上著名的《美芹十论》，全面提出自己的抗金主张以及练民兵以守两淮的建议。建立了有名的飞虎军，成为长江沿岸一支重要的国防力量。他平生创作了大量的诗词，留存至今的词即有 600 余首，编为《稼轩长短句》。

辛弃疾的词以强烈的政治热情、豪爽的英雄本色和多样的艺术风格，开拓了词的境界，把词引向比苏轼更广阔更激荡的社会现实，从而获得更辉煌的艺术成就。在《水调歌头》《贺新郎》《满江红》等词中，使人感受到他以英雄自许或以英雄许人、欲挽狂澜于既倒、恢复祖国河山的豪情壮志与奋发有为的精神：“醉里挑灯看剑，梦回吹角连营，八百里分麾下炙，五十弦翻塞外声，沙场秋点兵。马作的卢飞快，弓如霹雳弦惊。了却君王天下事，赢得生前身后名，可怜白发生”。他在江南运河边的镇江所作《南乡子·登京口北固亭有怀》，“何处望神州，满眼风光北固楼。千古兴亡多少事？悠悠。不尽长江滚滚流。年少万兜鍪，坐断东南战未休。天下英雄谁敌手？曹刘。生子当如孙仲谋”，表达了北伐中原、收回失地的强烈愿望。

3. 宋代写运河的诗歌

苏轼曾在运河沿线多个城市任职，多次乘船沿运河北上南下，他曾先后在运河畔的徐州、扬州、常州、杭州等地为官，多次沿大运河旅行。在徐州任太守时，他曾带领人民抗洪，他的诗作《百步洪》就记载了这段经历。苏轼在杭州时还有修西湖苏堤的故事，他写了《饮湖上初晴后雨二首》，其中“水光潋滟晴方好，山色空蒙雨亦奇。欲把西湖比西子，淡妆浓抹总相宜”成为歌咏西湖的千古名句。

苏轼还曾任扬州知州，在扬州期间，他上奏批评盘检漕船之弊，要求恢复旧制，允许漕船携带一分私货。除此之外，为向他的老师欧阳修致敬，他还在欧阳修建的平山堂旁，建了一座谷林堂。在扬州的运河古镇邵伯，苏轼与秦观、孙觉、苏辙、黄庭坚、张耒、晁补之等“七贤”在运河之畔的斗野亭作诗，使斗野亭成为文坛圣地。目前，斗野园内集苏（轼）、黄（庭坚）、米（芾）、蔡（襄）宋代四大书法家字迹的“七贤”诗镌刻在碑壁上。苏轼最后终老在常州，如今常州还建有东坡园，纪念这位文坛泰斗。

宋代诗人王安石的诗歌成就超越他的文章，无论是写实、咏史，还是描景状物，皆意境深厚感人。《泊船瓜洲》精巧工丽，“京口瓜洲一水间，钟山只隔数重山。春风又绿江南岸，明月何时照我还”。

南宋的运河诗歌也有不少佳作，杨万里创作的《御命郊劳使客，船过崇德县三首》“北关落日送船行，欲到嘉兴天已明。睡起一河冰片满，槌琼摐玉梦中声”，反映了在江南运河桐乡段旅游的经历。与李清照同时期的还有爱国诗人陆游，他位卑未敢忘忧国，一生都想着收复中原，曾向朝廷献计北伐，后又亲上边境战场。但无奈却只能寄情于诗词。他在《书愤》中他写道，“早岁那知世事艰，中原北望气如山。楼船夜雪瓜洲渡，铁马秋风大散关。塞上长城空自许，镜中衰鬓已先斑。出师一表真名世，千载谁堪伯仲间”。《示儿》则将陆游始终不渝的爱国之志表现得淋漓尽致，“死去元知万事空，但悲不见九州同。王师北定中原日，家祭无忘告乃翁”。南宋最著名的爱国诗人则是文天祥，他面对敌人的屠刀，英勇就义，留下了“人生自古谁无死，留取丹心照汗青”的壮怀。

四、元代运河诗词

元代随着元明清大运河的开通，大运河成为中国最主要的交通动脉之一，同时也成为中华文脉流淌的通道。无数官员沿着运河去上任，无数的士人沿着大运河游学，参加科举考试的士子几乎都曾乘船在运河上经过，一代又一代文人墨客在这条运河上留下了华美的诗文。

元代诗人萨都剌（1272 年—？）留下了不少运河诗词，是我国文学史上著名的少数民族诗人之一。元泰定四年（1327 年），五十六岁的萨都剌以三甲进士及第，当年秋季授镇江录事司达鲁花赤，于赴任途中路过扬州。萨都剌有《过江后书寄成居竹》诗云，“扬州酒力四十里，睡到瓜洲始渡江，忽被江风吹酒醒，海门飞雁不成行”。成居竹名原常，是隐居在扬州的一位不求仕进的人，萨都剌过扬州与他相见，过江后又作了这首诗相寄。元至正六年（1346 年）秋，七十五岁的萨都剌赴江南诸道行台御史职，又过扬州，他回忆起上一次的情景，将前两首诗句重加组合，写成《过广陵驿》一律：“秋风江上芙蓉老，阶下数株黄菊鲜。落叶正飞扬子渡，行人又上广陵船。寒砧万户月如水，老雁一声滔满天。自笑栖迟淮海客，十年心事一灯前”。寄托了他自己的身世之感和对大运河的深厚感情。他乘船沿大运河南下时，还写了一首《过嘉兴》“三山云海几千里，十幅蒲帆挂烟水。吴中过客莫思家，江南画船如屋里。芦芽短短穿碧沙，船头鲤鱼吹浪花。吴姬荡桨入城去，细雨小寒生绿纱。我歌《水调》无人续，江上月凉吹紫竹。春风一曲《鹧鸪》吟，花落莺啼满城绿。”这首诗既写景，又写情，情景交融，生动描写了嘉兴段运河的诱人神韵。

元代诗人贡奎也有一首运河诗《二月二达通州》“河冰初解水如天，万里南来第一船。彻夜好风吹晓霁，举头红日五云边。”在这首诗中，诗人抒写了沿大运河北上到京任职的欣喜心情。元至元二十八年（1291 年）南方供应京城的漕米达到 128 万石，诗人看到大批漕粮运至北京，国家衣食无忧，心中十分欣慰。贡奎北上京城时，曾在大运河的中心城市扬州逗留，饮了桂花露酒，赋诗：“维扬城里花名酒，对酒却思花胜时。一笔东风八仙处，月轮空挂最高枝。”

从通州沿运河南下，就到了天津，这里古代又称直沽，是北运河与南运河交汇的地方，也是河运与海运的交汇点。元代诗人有诗《直沽口》，“远漕通诸岛，深流会两河。鸟依沙树少，鱼傍海潮多。转粟春秋入，行舟日夜过。兵民杂居久，一半解吴语”。这首诗描写了处于两条运河交汇处直沽口优美的自然风景，不仅写了运河，而且写到了海运，因为元代河运与海运并存。特别是最后一句写出了运河运输的繁忙：因为来自南方的漕船增加了，南北交流日益频繁，连用吴语演唱的民歌直沽当地人都能听得懂。

从徐州至淮安的这段运河，在元代借用了泗水，这段运河上有处著名的险工，称为吕梁洪。元代诗人傅若金曾描写吕梁洪：“险或过三峡，深疑及九渊”。元代诗人俞俊也有一首运河诗《楚州夜泊》：“漏鼓声频欲四更，野航灯火对愁明。城头楚语惊乡楚，船尾吴歌动客情。漠漠水云听雁度，潇潇风雨自鸡鸣。主群远道何嗟及，未必江湖老此生”。元代诗人方回的《洛社晓行》则写了江南运河的重要节点洛社的景观：“船摇不能卧，起问夜如何。煜煜明邻火，遥遥起暗歌。暖知残雪尽，晴见大星多。良喜前程稳，无风水不波”。

五、明代运河诗歌

诗歌和散文虽然不是明代文坛的“强项”，但在有明一代的运河地区，却出现了一大批诗人，从作品的数量上来看，远远超过唐宋。

1. 吴中四杰

明初的诗人代表首推高启、宋濂、刘基。这三位明初文坛的代表作家，都是由元入明的人物，因为亲身经历过元末明初的社会动荡，因此他们的作品大多具有现实意义。其中，高启就是一位在运河岸边长大的才子。

高启（1336—1374 年），长洲（今江苏苏州）人。与流寓苏州的四川人杨基、徐贲、浔阳人张羽并称为“吴中四杰”（或称“明初四杰”）。高启工于诗文，尤长于诗。其诗兼善众体，诗风雄健豪迈，是明初成就最高的诗人。其中，最能体现他个性特色和艺术才华的是一些以写景抒情的七言歌行和七律。他的古歌行多能接触农村的现实生活，具有浓厚的乡土气息。如《田家行》《养蚕词》《登金陵雨花台望大江》等，都具有较强的现实意义。

2. 台阁体

随着明王朝统治的逐步稳固，在明代文坛上又出现了以“三杨”为代表的“台阁体”。这种文学流派，因其代表作家多系台阁重臣，故名。其代表人物为杨士奇、杨荣、杨溥，时称“三杨”。台阁体诗文的内容多是歌功颂德、粉饰太平，或是应制、题赠之作，形式上典雅工丽，号称“词气安闲，雍容典雅”。内容上既无新意，形式上也平庸呆板。但因为台阁体的代表人物都先后官至大学士，位居宰相之职，所以当时追随者甚多，以至于这种文风统治文坛达一百年之久，直到前后七子出来以后才逐渐销声匿迹。

3. 于谦

就在台阁体文风盛行之际，有一位不受台阁体影响而独树一帜的诗人——于谦。

于谦（1398—1457 年），钱塘人。他酷爱写诗，其诗风清新刚劲，质朴自然。从内容上看，其诗大致分为三类：一是反映民生疾苦、揭露官吏盘剥的诗篇，即忧民诗，如《荒村》《田家翁》《悯农》等，具有现实意义；二是反对侵略、关心国家命运的诗作，即爱国诗，如《出塞》《夜坐念边事》等，充满爱国思想；三是表述自己的坚贞情操和志节的诗作，即述志诗，大多借物抒情，抒发自己的抱负，表明自己的志向。如脍炙人口的《石灰吟》，“千锤万凿出深山，烈火焚烧若等闲。粉身碎骨浑不怕，要留清白在人间。”这是他青年时写的一首诗，作者以石灰自比，表达了为国家勇于自我牺牲的精神和诗人坚贞不渝的感情。

4. 明代写运河的诗词

明代汤显祖、归有光等著名文学家创作了很多大运河诗词。明代的文坛领袖李东阳曾作《咏鳌头矶》，其一：“十里人家两岸分，层楼高栋入青云。官船贾舶纷纷过，击鼓鸣锣处处闻”。其二：“折岸惊流此地回，涛声日夜响春雷。城中烟火千家集，江上帆樯万斜来”。此诗第一首写运河至此分为两股，居民沿运河两岸分布，豪宅层楼矗立于云霄之中，显示着这座北方都市的不凡气势，以及它的繁华和富裕。运河上穿梭着此来彼往的官船和商舶，出闸进闸的钟鼓之声连绵不断，此起彼伏。第二首写诗人登上鳌头矶之所见所闻。诗人从矶上俯瞰，但见从南旺北下的滔滔洪流从远处奔泻而至，然后至此西去与卫河相接后东移北上，河水受到阻遏和控制，因而浪涛汹涌、吼声如雷，诗人用十四个字写出会通河与卫河相接处运河水的狂暴与被人们控制的无奈、极具气势。最后用“江上帆樯万斛来”一句概括，写出临清繁荣的原因。

明代著名散文家归有光也有首运河诗《发白河诗》，“白河流水日汤汤，直到天津接海洋。我欲乘舟从此去，明朝便拟到家乡”。明代钱宝则有首《广陵怀古》，“茱萸湾接古邗沟，白塔河分上下流。疏凿当时有深意，徒劳关吏日持筹”。这首诗提到了三个与运河相关的地名，即茱萸湾、古邗沟和白塔河。明代诗人杨士奇过宿迁时，写下了一首优美的山水诗《九日过宿迁》，“挂席迢遥晚未休，行程逦迤望邳州。数家农舍通篱落，几处渔舟聚洑流。回首乡园天渺渺，惊心时序水悠悠。紫萸黄菊非无意，沙鸟汀云漫自愁”。

六、清代运河诗词

到了清代，作为古典文学传统最后绝响的运河诗、词、散文和戏剧创作，在二百多年的时间里达到了一个新的高度，但随着运河经济的衰退和清朝封建统治的结束，不到几十年的时间便迅速为新文学所取代。具体而言，诗歌作为运河文化的一个亮点，一方面继承了传统创作经验，一方面针对文化传统的变化提出了一系列变革主张；词的创作自宋代以来就没有再真正地兴盛起来，清代运河地区作为整个中国的文化中心，则成为承载这种特殊的文学体裁的重要区域。

1. 清代运河诗歌

清代诗人植根于运河深厚的文化土壤，总结明代复古逆流教训，继承发展前代遗产，开创了超越元明的新局面。

清初运河区域正值沧桑变革、民族矛盾尖锐之时，作为明朝遗民的诗人艺术风格各异，但反映现实生活和突出爱国精神这一主题则是鲜明的，被称为诗坛开国宗匠的钱谦益、吴伟业虽因降清为后人斥责，但自此二人运河诗歌风气始变，对清初诗坛影响很大。至康熙盛世，南明已灭，全国统一，民生安定，诗坛开始众星争辉。王士祯的诗雍容抑扬，适应时世需要，虽稍稍恢复明七子的路子，但不固守旧学。其他流派和诗家，前后相继，在艺术上争奇斗巧，只是清初诗歌的战斗锋芒早已无存。就在清诗处于衰落境地时，龚自珍召唤风雷，打破万马齐喑局面。他的《己亥杂诗》写道，“九州生气恃风雷，万马齐喑究可哀。我劝天公重抖擞，不拘一格降人材”。不仅具有启蒙思想的进步内容，而且在艺术形式上具有独创性。

明清之际，运河文人反清情绪激烈，许多名诗人志行皎洁，坚持民族气节，不肯出仕清朝，以诗为剑、为酒、为言，反抗清朝的统治，这当中最著名的是顾炎武，他著有《亭林诗文集》。诗作约有四百首，多是五言诗，记明清之际民族兴亡大事，托物寄兴，吊古伤今，充满深厚民族感情和爱国思想，具有较高的史料价值。语言简朴古雅，无一长语，喜用典故，呈现出学者本色。

就艺术成就而言，钱谦益、吴伟业的影响要大于遗民诗人。钱谦益降清后又诟清，作品激越苍凉，复明意志强烈，以诗坛领袖论诗作序，对清初运河诗界影响很大。

钱谦益（1582—1664 年），常熟人。其诗作多抒发反清复国心情，与吴伟业、龚鼎孳合称“江左三大家”。他的诗纵横飞扬，规模宏大，善于使用典故，和杜甫《秋兴》作 124 首《后秋思》，对重视雅致趣味的清代诗人很有吸引力。论诗接受重“性灵”立场，反对前后七子的赝古、公安派的空灵、竟陵派的狭窄，主张转益多师，重视学问，提倡将唐诗的华美修辞严整格律与宋诗重理智相结合，写性情学问兼济的“有本”诗。运河宗宋诗派即以钱诗为起点，明清运河诗风的变化，也以钱诗为一大转折。

吴伟业（1609—1672 年），字骏公，号梅村，江苏太仓人，有《梅村家藏稿》。明末清初社会动荡之时，结合自己身世写了许多以重大历史事件为背景的诗篇。如清顺治十年（1653 年）应清朝统治者征召北上进京所作《过淮阴有感》颇能代表一代运河文人的心情，“登高怅望八公山，琪树丹崖未可攀，莫想阴符遇黄石，好将鸿宝驻朱颜。浮生所欠止一死，尘世无由识九还。我本淮王旧鸡犬，不随仙去落人间”。

清康熙、乾隆时期，清政府在运河南北大兴文字狱，加强思想钳制和功名利禄引诱，乾嘉学派在文禁森严情况下放弃顾炎武治学精神走上为考据而考据的道路，儒林风气大变，诗歌创作受到消极影响，注重诗歌本身的运河诗人仅有查慎行、王士祯、朱彝尊三人，其他如沈德潜、厉鄂、袁枚、赵翼、郑燮、黄景仁等人多以诗论取胜。查慎行（1650—1728 年），浙江海宁人，有《敬业堂集》，撰《补注东坡编年诗》。他的早年诗作多反映社会民生问题，表现士大夫忧国忧民的责任感。在艺术上讲究音节色泽，以白描见长，公开举起崇尚宋诗旗号，仿效陆游、苏轼为多，发挥了宋诗的艺术技巧，没有一般宋诗缺乏情韵的毛病，是清初学宋诗成就最大的一人。其中一首《晓过鸳湖》颇能表现江南运河一带的风光，“晓风催我挂帆行，绿涨春芜岸欲平”。

朱彝尊（1629—1709 年），江南运河边的浙江秀水（今嘉兴）人。有诗文集《曝书亭集》，编有《明诗综》，同时作为名词家，为浙西词派开创者，有《曝书亭词》，并编有《词综》，还是博通经史的学者，著有《经义考》，是一个典型的学者型文人。其诗有才气，重才藻，求典雅，不乏格律工整、宏中肆外的作品，但缺乏初盛唐诗歌激荡奔放的气概，代表这一风格的《鸳鸯湖棹歌一百首》以描写水乡风景为主，其中最为精致的一首以细腻语调描绘太平盛世的运河地区的景色：“城北城南尽水乡，红薇径外是回塘。千家晓阁纱窗拓，二月东风蕙草香”。

清康熙初年，王士祯任扬州推官时曾编唐律绝为《神韵集》，晚年又编《唐贤三昧集》标举“神韵说”。“神韵说”大抵出自严羽的妙语、兴趣之说，以不着一字、尽得风流为最高境界，倾向于王孟、韦柳一派，主要是要求诗歌有清亮音节、高妙意境和天然韵致寓于言外之味。沈德潜编选了《古诗源》《唐诗别裁集》《明诗别裁集》《国朝诗别裁集》。诗论上主“格调说”，即以汉儒诗教为本，以唐诗格调为用，将“温柔敦厚”的原则和蕴含的艺术表现混二为一，造成一种既顺从清朝严格思想统治又点缀康乾盛世的诗风。翁方纲有描写运河风景的诗作《韩庄闸二首》，“秋浸空明月一湾，数椽茆店枕江关。微山湖水如磨镜，照出江南江北山。门外居然万里流，大定一带似维舟。山水湖色相吞吐，并作浓云拥渡头”。袁枚则继承晚明公安派独抒性灵、不拘格套理论，又师承杨万里的诗学主张，提出“性灵说”，影响颇大。在当时诗坛，这种理论对恢复诗歌的抒情功能和个性表现有重要作用。

郑燮有《郑板桥全集》，诗作反映民生疾苦的部分如《孤儿行》《逃荒行》《姑恶》《悍吏》等，具体真切而富有同情心，为一般诗人少有。描写运河重镇扬州的作品《扬州》很有特色，“画航乘春破晓烟。满城丝管拂榆钱，千家养女先教曲，十里栽花算种田。雨过隋堤原不湿，风吹红袖欲登仙。诗人久已伤头白，酒暖香温倍悄然”。他在潍县县衙作的诗，“衙斋卧听萧萧竹，疑是民间疾苦声。些小吾曹州县吏，一枝一叶总关情”，把个人的命运与民间疾苦紧密地联系在一起，体现了作者忧国忧民的思想。这首诗因贴近民众及深深的爱民之心，感动了一代又一代人。

清代后期，整个运河区域文化处于新旧思想冲突激烈状态。龚自珍以傲岸姿态发出极具穿透力和震撼力的声音，将清文学推向更具有自觉的抗争性的高度，此后的章炳麟、秋瑾、南社诸生受其影响很大。龚自珍著有《定盦文集》，其诗作特色之一便是对社会弊端的揭露和对社会危机特别是士林精神萎弱与人格堕落以及人性解放、人格完善等问题的思考。《己亥杂诗》中“落红不是无情物，化作春泥更护花”也已成为千古名句。他的诗歌风格为南社诗人所继承。

真正标志民主革命高潮的到来，是 1909 年文学团体南社的出现，它以提倡民族气节相号召，实际上是应和民族民主革命，反对清朝的种族压迫和专制统治，命名为南社，意即“操南音不忘本”，以示反对清朝，有《南社》《南社小说集》，发起人为陈去病、高旭和柳亚子，受龚自珍的影响，清新朴实，流转自如，是南社诗人中影响最大者。

2. 清词

词在清代又走向一个新的高峰。这一现象的出现源于运河文人在压抑环境下需要寻找一种委婉曲折的抒情形式，清诗虽然多种风格并存，但从清初开始，重学问和理智化的趋势非常明显，造成了在抒情功能上的缺陷，需要从其他文体中得到弥补。词和诗相比而言较为轻松自由，贴近日常生活和鲜活的情感，而与散曲相比，又显得雅丽一些，对于性情收敛、爱好雅致的清代文人而言容易接受。清词除了表现在词的创作、词论、词籍的整理付梓，更多的是词史上的各种风格、流派在清代都得到了总结和发扬。

清代一开始便呈现词的中兴气象，词坛作者辈出，作品纷呈，以陈维崧、朱彝尊、纳兰性德为三大家，而且崛起了两大词派——阳羡派和浙西派，两大派的代表人物都诞生在运河区域，并长期在江浙、京城及运河区域活动。

陈维崧（1625—1682 年），江苏宜兴人，工于骈文及词，曾与朱彝尊合刊作《朱陈村词》。著有《湖海楼词》，为清代词坛带来了久违的阳刚之美。《过秦楼》为前者代表。他的词风影响清代文廷式、蒋景祁、陈维岳等多位词人。

纳兰性德（1655—1685 年），字容若，满族人。他自幼喜作词，自唐五代以来诸家词皆有选本，推崇南唐北宋，词风极似其哀感顽艳，以洪武韵改并联属名《词韵正略》，所著词集《侧帽集》后改名《饮水集》。他的词作善于白描，以情取胜，最善小令，为清代词令之冠。

朱彝尊的词创作影响更大，有词集《江湖载酒集》《茶烟阁体物集》《蕃锦集》《麝尘莲寸集》，作品雅丽空灵，咏物词之精工，集句词之精纯，风格偏于婉约、风雅一类，也不乏雄健沉郁之气。他的主张被与其年龄相近的浙西人李良年、李符、沉登、龚翔麟等人所接受而蔚然成风，形成浙西词派，可称为栋梁的是朱彝尊和中期的厉鹗。

清代前期活动在运河区域的词人尚多，诗人吴伟业、王士祯均有词名。吴伟业有《梅村词》，小令为花间之风，慢词凄凉。王士祯则小令隽美精工，长调疏宕雍穆。词人中，浙江萧山人毛奇龄、浙江海盐人彭孙遹均擅小令，彭词婉约清丽，颇似晏几道。江苏无锡人顾贞观为纳兰性德密友，词集名《弹指词》，以峭逸见长，别有风骨，寄吴兆骞二首以词代书的《金缕曲》真切动人，为世人传诵，纳兰性德读后决意将之救出成为一时佳话。而浙江吴江人吴兆骞有《秋笳词》，词风悲凉激楚，艺术性很强。

清中叶，以振兴词苑为己任的常州词派继浙派后成为运河词坛的一大势力，创始人是张惠言，另有张琦、黄景仁、恽敬等，嘉庆、道光时的周济将之发扬光大，同治、光绪时谭献、王鹏运再举大旗，主词坛一百多年。该派以儒家的诗教论词，尊词体，崇比兴，严正变，品词以温庭筠、周邦彦、吴文英、王沂孙为典范，将常州派理论更为系统化也更为简明实用的是周济。他著有《宋四家词选》及《词辨》《味隽斋集》。在词的创作上提出学词途径为由求空到求实，从有寄托到无寄托，词品上则标举意境的创造。

鸦片战争后至清帝退位的60年间，新旧潮流搏击词坛，其内容之庞杂，是词史上所未有的，风格流派之盛，为清词之冠。在词集整理上，谭献辑清人词为《箧中词》，朱孝臧校刻唐宋金元人词百六十余家为《强村丛书》，冯煦刻有《宋六十一家词选》都是词史研究的重要资料，词论上亦有诸多名作，谭献《复堂词话》立论以常州派为宗，重视有寄托，王国维在《人间词话》中提出“境界说”、强调词人不失其赤子之心。词作虽然是哀婉的古典回声，但不是完全与时代相脱节，运河传统文化面临的严重危机所引起的伤感深深渗透其中。江苏江阴人蒋春霖，著有《水云楼集》，部分作品专写战乱引起的世事衰微之感，其他则多抒发个人身世感伤。

七、近现代运河诗词

近现代运河诗人以刘大白、朱自清、柳亚子等为主要代表。刘大白（1880—1932年）生于绍兴，长期生活和从业于绍兴。早年加入中国同盟会，参加辛亥革命和反对袁世凯的斗争。五四时期任教于上海复旦大学中文系，学做新诗，为新文学运动著名倡导者之一。1924年出版第一部新诗集《旧梦》，收入的诗篇以描写人生和歌颂爱情为主，题材大多取自浙东农村。描写人生的诗篇《收成好》《田主来》《卖布谣》《脱却布裤》《成虎不死》等，用通俗的形式，质朴的语言，描绘农民在地主残酷剥削下的苦难生活，表露了对不合理社会制度的强烈愤恨，歌颂了农民敢于反抗的斗争精神。描写爱情的诗篇《爱》《心印》《丁宁》等，用坦率真挚的感情，优美和谐的语言，抒发了对爱情的赞美，表示支持青年男女为爱情自由，抗争封建礼教的精神。《旧梦》还收入了部分讴歌劳工神圣和红色世界的诗篇。1926 年又出版了第二本新诗集《邮吻》。他的新诗题材广泛，形式多样，既善于吸收泰戈尔、日本俳句等外国文学的优点，又善于发扬中国古典诗歌的优秀传统，对中国现代诗歌的发展做出了杰出的贡献。

在诗歌创作方面，五四新文化运动中，北京出现了早期白话诗创作群体。胡适、刘半农等为开风气之先的作家。胡适早在 1917 年 2 月，就在《新青年》杂志上发表白话诗 8 首。翌年 5 月，他又与刘半农、沈尹默等在《新青年》杂志上发表白话诗。1920 年 3 月，他出版了个人的也是中国的第一部白话诗集《尝试集》。刘半农于 1918 年 5 月开始发表白话诗，至 1926 年出版了《瓦釜集》《扬鞭集》两本新诗集。胡适、刘半农等创作的早期白话诗，突破了旧体诗的固定句式，打破了旧体诗音节韵律的限制，是中国诗体的一次解放，为后来的新诗创作做出了开拓性的尝试。

20 世纪 20 年代中期，北京出现了以闻一多、徐志摩等为主要成员的前期新月派诗人群。他们以《晨报副刊•诗镌》为阵地，提出并实践“理性节制感情”的美学原则和诗的形式格律化主张。闻一多于 1923 年和 1928 年先后出版了《红烛》《死水》两本新诗集，他的新诗在内容上充满了爱国主义情怀，在形式上继承了旧体诗的格律，体现了对音乐美、绘画美和建筑美的追求。

1922 年 3 月，杭州西湖之滨出现了由应修人、冯雪峰、潘漠华、汪静之等人组织的湖畔诗社。他们的诗作以抒情为主，以表现爱情为基本内容。湖畔诗派具有鲜明的浪漫主义色彩，在中国新诗发展史上占有一定的地位。

新诗在诗坛上逐步取得了统治地位，但大运河沿线的许多地区仍盛行写作旧体诗，其中以苏州较为突出。这里有民国时期全国影响最大的旧体诗社团——南社。该社虽成立于辛亥革命爆发前，它初始有社员 17 人，至 1916 年达到 1326 人。它的活动，一是由社员经常向本社寄送诗文，汇集出刊《南社丛刊》。二是社员每年定期举行雅集、交流心得。20 世纪 20 年代至 30 年代，吴梅、张茂熵、潘昌煦、邓邦述等组织了“九三吟社”“六一消夏词社”，张一磨、费仲深等组织了“消寒诗会”“东斋诗钟社”，旧体诗结集陆续出版。

诗歌作品直接取材于运河及其沿线社会生活的，新旧体数量都不少，其中以大运河最古老的河段——邗沟和古城扬州、古渡瓜洲为题材的最多。如清末维新派首领康有为，作《再游扬州感赋》：“崇墉仡仡是扬州，千载繁华梦不收。芳草远侵隋苑道，芜城空认蜀冈头。名园销尽负明月，文物凋零思选楼。四十年来旧游处，邗沟漫漫水南流”。

扬州人朱自清从小就生活在扬州和邵伯的运河边，于 1925 年夏应聘到北京清华大学任教，10 月作新诗一首《我的南方》，这首诗并没有提到邗沟、扬州等名字，但字里行间所流露的却是对它们的无限眷恋之情。

创造社成员郁达夫，1928 年 11 月从无锡出发游至扬州时，作《怀扬州》，以表达对古城扬州的向往之情，“乱掷黄金买阿娇，穷来吴市再吹箫。箫声远渡江淮去，吹到扬州廿四桥”。中国现代著名戏剧家田汉，1929 年游历里运河和扬州，作《游扬州》，“邗沟水曲古扬州，廿四名桥镜底收。又是绿扬村畔路，孤城如铁月如钩。”同年 4 月，柳亚子作《广陵纪游》，“绿扬城郭古扬州，天遣狂生恣俊游。修禊风光迟半月，过江裙屐尽名流。烟花李白愁边句，宫阙杨麽镜里头。太息竹西歌吹地，输他白石有清讴”。1937 年 4 月，田汉由瓜洲乘船重游扬州，作《瓜洲》“两三渔火一桅舟，待渡瓜洲古渡头。南国故人应记取，当年风雪上扬州。”画家张大千于 1946 年 2 月重游扬州，感慨万千，作《淮扬小景》：“不胜异代兴亡感，休说当年帝子游。西子西湖都瘦了，二分明月照人愁”。

著名诗人臧克家在台儿庄战役刚结束就深入战地采访，写下了新诗《死灰里萌出了新生的嫩芽》，“祝捷的欢呼，使全国疯狂。胜利的荣光，一万丈长！运河载起国魂远走，直到它驻足以北的地方”。臧克家在临清创作了几百篇诗歌，大部分曾以《运河》为书名结集出版，这是民国时期出版的唯一运河诗歌集。

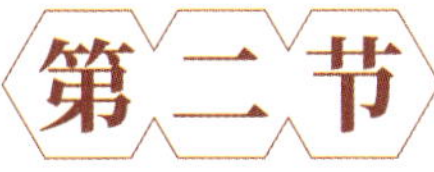

第二节　中国大运河散文

散文是一种文学形式，与之相对的称为韵文或诗文。散文可分为广义与狭义的解释，其中，广义散文最容易辨识与定义的方式，是“松散”的结构。运用普通语法结构，不讲求音韵和排比，没有任何束缚及限制的文字梳理方式，都可称为散文。狭义散文是单指文学范畴内，结构松散之非韵文作品。现代散文，是指与小说、诗歌、戏剧并列的一种文学体裁，也有广义和狭义之分。广义的散文，是指诗歌、小说、戏剧以外的所有具有文学性的散行文章。除以议论抒情为主的散文外，还包括通讯、报告文学、随笔杂文、回忆录、传记等文体。狭义的散文是指文艺性散文，它是一种以记叙或抒情为主，取材广泛、笔法灵活、篇幅短小、情文并茂的文学样式。大运河地区是散文发源及流行的地区。

一、先秦运河散文

1. 战国时期的散文

战国时期，散文勃然兴起，突破了《尚书》和钟鼎文那种简朴的文体和语言风格，吸收民间口语、使用语助词增强表达效果的文体出现了。战国诸子的散文在中国古代文学史上占有重要的地位，以产生于运河流域的孟子、庄子、荀子等的作品文学价值最高。孟子的议论语言犀利，逻辑严密，大气磅礴；庄子的文章汪洋恣肆，瑰奇曲折，想象丰富；荀子的文章朴实凝重，说理透彻。

二、秦汉时期运河散文

秦汉时期，运河区域既是全国的政治中心，又是全国的文化中心，雅俗文化都得到充分的发展，就文学艺术而言，汉赋、散文、汉乐府繁盛一时。

汉赋是一种散文韵文并用、以体物言志为内容的文体，它直接从骚体演变而来，与战国诸子的散文也有重要关系。秦至汉初，由于南北交通路线开辟，南北经济文化交流加强，北方文人明显受到楚辞的影响。汉初的辞赋在江淮流域及中原地区最为流行，辞赋大家也多出自此地区，而这个地区，也大致是我们所说的运河区域。汉赋主要有两种，一是西汉早期的骚体赋，二是兴起于汉初、兴盛于西汉中期、贯串两汉的大赋，这是汉赋的主体。

骚体赋的作家中影响最大的是贾谊。贾谊是西汉初年洛阳（今洛阳东）人。年轻的贾谊因自己的抱负不能实现而感到愤懑，他觉得自己的景况与当年楚国的屈原十分相似，所以在渡湘水的时候，写下了《吊屈原赋》，“呜呼哀哉！逢时不祥。鸾凤伏竄兮，鸱枭翱翔。阘茸尊显兮，谗谀得志；贤圣逆曳兮，方正倒植”。在楚太傅任上，他又作《鹏鸟赋》，表达自己面对厄运，处之泰然的心境。贾谊的赋借物抒怀，文词朴实，是骚体赋的佳作。他的代表作有政论文《过秦论》《论积贮疏》《陈政事疏》等，评论时政，风格朴实峻拔，议论酣畅。

大赋的代表作家在西汉有司马相如、扬雄、东方朔，东汉有班固、张衡等。司马相如是蜀郡成都人，在 20 岁的时候便到京城长安做了郎官，后来梁王入朝，他的随从齐国人邹阳、吴国人枚乘等辞赋大家也来到长安，司马相如与他们相见恨晚，遂辞去郎官职务，做了梁王的宾客，以便能与枚乘等相游处，他的辞赋创作也因此而进入了黄金时期，《子虚赋》等名篇便是在这个时期写成的。司马相如将《上林赋》呈给汉武帝，汉武帝大加赞赏。司马相如的赋用华丽的辞藻、铺张的手法，或描写宫殿苑囿的雄伟美丽，或描绘皇家狩猎巡游等活动的壮观场面，或表达一种超凡脱俗的志向。司马相如的一生大部分时间是在运河区域度过的，他所写作的大赋，几乎全是在运河区域生活的时间内写成的。他的赋在汉赋发展史上是一个新的里程碑，具有划时代的意义。

班固的辞赋也很有成就，最著名的还是仿司马相如《子虚》《上林》而作的大赋，其中《西都赋》《东都赋》是其代表作。张衡是东汉中期人，出生于南阳西鄂（今南阳市南），生活在京师洛阳。张衡辞赋的代表作是《东京赋》《西京赋》，这两篇赋与班固的《两都赋》形式相仿，意旨也无大异，但粉饰太平的话少了，讽喻的意义更为深刻。

秦汉时期的散文有很大的成就，这些散文大都产生在运河文化区内。西汉初年，颍川（今河南禹州市）人晁错的《论贵粟疏》《贤良对策》等文，言词激切，有声有色，感情充沛，富于文采，对后代散文的发展有深远的影响。西汉时期散文的最高成就是司马迁的《史记》，它善于使用绘声绘色的对话，刻画人物的性格，塑造了上至王侯将相，下至游侠俳优的社会不同层次、不同类型的人物有血有肉的形象，并贯注了自己的爱憎和感情。《史记》开启了我国古代散文创作的新时代。班固的《汉书》在散文创作方面对后世也产生了重大的影响。

三、隋唐运河散文

唐代古文运动，约兴起在唐德宗贞元到唐宪宗元和年间，历经三十余年。“古文”一词为韩愈首先提出。他把自己的奇句单行、上继先秦两汉文体的散文称为“古文”，以与当时社会上的“俗下文字”，即六朝以来一直流行在文坛上的骈文相对立。由于韩门弟子的纷纷响应，更由于文学大家柳宗元的支持和参与，古文渐成文坛主要风尚，形成“古文运动”。韩、柳也因此成为唐宋“古文八大家”的源头。

进入唐朝后，先有陈子昂、李白、王维，后有萧颖士、李华、元结、独孤及、梁肃和柳冕、权德舆等人提倡古体文风。他们都堪称韩柳古文运动的先驱。中唐之后，古文运动的先驱们，都与运河结下了不解的情缘，他们为官、生活都在运河沿线。如常州人萧颖士，开元年间曾任广陵（今江苏扬州）参军、河南府（今河南洛阳）参军，安史之乱以后，避乱南行，为扬州功曹参军。李华于安史之乱后曾任杭州司户参军，后长期寓居江南，卒于楚州（今江苏淮安）。独孤及生于洛阳，安史之乱后也避地江南，终于常州刺史任所。梁肃幼时亦避乱于江南。权德舆则祖居洛阳，而生于江南，住润州丹阳（今镇江），30 岁前任职于江淮一带。他们之间或为挚友，或为师生，或为姻亲。相互切磋文章，形成一种朴实无华，崇尚古文的文风。韩愈也有着类似的经历。韩愈少年时代便避乱江南，29 岁后，在运河之滨的汴州、徐州出为幕僚。

“文道”“文气”“文理”三者结合，显示了韩愈散文深邃的思想性和内容的务实性。在此理论指导下，他创造了大量优秀的散文，许多名篇脍炙人口，流传千古，具有很高的艺术性。

韩愈的杂文，立论鲜明，笔调犀利，战斗性强。《送李愿归盘古序》中描写了官僚无能和官场丑态。《师说》当中提出的“弟子不必不如师，师不必贤于弟子，闻道有先后，术业有专攻”，不失为饱含哲理的进步见解。再如《送孟东野序》总结了“道统”内外不同流派善鸣人物的共性，提出了“大凡物不得其平则鸣”的论点。

韩愈的叙事文，写人状物继承发扬太史公司马迁的优良传统，扶正辟邪，文可传神。《张中丞传后叙》饱含激情、绘声绘色地记述了张巡等人睢阳之战中力挫叛军、以死许国的忠勇精神，语言生动，刻画真挚，使英雄形象跃然纸上。

他的抒情散文《祭十二郎文》，被誉为“祭文中千年绝调”。韩愈从生活琐事着眼，叙身世，话家常，娓娓道来，融深挚的叔侄之情于悲痛之中，启人哀绪，“生而影不与吾形相依，死而魂不与吾梦相接”。尤其作者发出的“自今以往，吾其无意于人世矣”的悲叹，更令人深感其痛之深，情之切。韩愈的散文，思想上自由奔放，艺术上精益求精，手法上驾轻就熟，气势磅礴，感情充沛，许多金句已变成成语，流传至今。

柳宗元是韩愈古文运动的主要支持者之一。在重散文轻骈俪上，二人几乎一致。但韩愈为文，过于重“道”；柳宗元为文，则较为重文。在韩愈眼中，文章只不过是“明道”“载道”的工具；在柳宗元心目中，文章却是与道紧密结合在一起的。由于柳宗元政治上的曲折坎坷，他的古文强烈地体现出“以民为本”、同情贫弱、抨击官府黑暗和批判宗教迷信的色彩。柳宗元喜欢采取寓言的形式，讥讽社会的黑暗和不平。如著名的讽刺小品《三戒》，借麋、驴、鼠三种动物的形象尖锐地讽刺统治阶级中丑恶的人情世态。《黔之驴》抨击外强中干的某些小人，《永某氏之鼠》嘲讽那些苟且偷生于权贵门下的人，而《蝜传》中对贪得无厌者的刻画入木三分。柳宗元的语言简洁锋利，意味深长，生动夸张，具有较强的教育、启迪效应，表现出了杰出的讽刺才能。《捕蛇者说》阐发了苛捐杂税毒于蛇蝎的道理、《种树郭橐驼传》警告统治者要让人民能勉强活下去。柳宗元还有一批山水游记，《永州八记》是其代表作。《小石潭记》中的水、《钴鉧潭西小丘记》中的石，给读者留下深刻的印象。

韩、柳而外，李翱、皇甫湜、沈亚之、孙樵、罗隐、皮日休和陆龟蒙等人也先后参加了古文运动，创造出一大批具有很高艺术价值的作品，并深刻影响了宋代古文运动。

四、宋代运河散文

宋初的诗文，主要继承晚唐五代的风气，词藻华丽而内容空虚，以致形成以杨亿、钱惟演、刘筠等为代表的宫廷侍臣、翰林学士们应酬唱和、毫无生气的“西昆体”。这种官场的诗风遭到一部分诗文改革家们的反对。永济渠边的大名府（今河北大名东北）人柳开与山东郓州汶阳（今山东济宁汶上）人穆修便首先站出来，积极提倡唐代韩愈、柳宗元的古文，开宋代诗文改革之先声。

真正开始为宋初文坛带来更多新鲜气息的是王禹偁。他曾任长洲（今属江苏苏州）知县、扬州知府，屡次上书主张变法，为北宋政治改革派之先驱。王禹偁文章通俗畅达，首倡“文以传道而明心”之说。诗文多反映国计民生，尤其是他出生于运河区域，又长期在沿运地区做官，因此对运河两岸人民的生活有深切了解，留下了许多与运河息息相关的诗文。如他受命知长洲时，就写下了他乘船沿运河赴任的情形：“移任长洲县，扁舟兴有余。移任长洲县，孤帆冒雨行。全家随逆旅，一夜泊江城。移任长洲县，沿流渐入吴。见碑时下岸，逢店自征酤”。他在运河上看到了来来往往的漕船，“江南江北接王畿，漕船帆樯去似飞”。也想到了在风雪严寒中为官府运送官物的民夫，“因思河朔民，输税供边鄙。车重数十斛，路遥几百里。羸蹄冻不行，死辙冰难曳。夜来何处宿，阒寂荒陂里”。他也多次送同僚任漕臣赴运河各地，《送王司谏赴淮南转运》“白兽樽前侍玉除，暂分邦计别宸居。映淮风月供吟笔，拱极星辰伴使车”。他也目睹了运河频繁的治理，“狴牢未空歇，堰埭劳修营”。这些无疑都是现实主义的写作，抒情状物平易简洁，对扭转当时的浮丽文风起到了积极作用，开诗文革新之先风。

自此以后，力主诗风改革，倡导文风革新的是梅尧臣、苏舜钦等人。梅尧臣在诗

坛上享有盛名，平生致力于诗歌创作，论诗强调《诗》《骚》传统，反对内容空洞和堆砌浮艳的诗风，反对西昆体，所作力求平淡、含蓄、写实。与梅尧臣齐名的苏舜钦，字子美，生于汴京，被罢官后他寓居于苏州运河一带，过着寄情于山水的生活，苏州的沧浪亭就是他建的。

到北宋中期，高举诗文改革大旗并成为主将的是欧阳修、王安石、苏洵、苏轼、苏辙、曾巩等人。欧阳修长期在运河沿线的京城和滁州、扬州、颍州、亳州、青州、蔡州等地区做官，累迁参知政事。在北宋的文学革新运动中，欧阳修做出了卓越的贡献，成为当时文坛的领袖。他强调文章的内容重于形式，反对内容浮薄空泛的文章，提倡平易流畅、委曲婉转的文章风格。此后的文学家大都继承和发展这一风格。欧阳修的各体文章，大都写得简洁明畅而又丰满生动。如《朋党论》《五代史伶官传论》等政论文，反复论证，抑扬顿挫，议论犀利，以理服人。又如《泷岗阡表》《祭石曼卿文》《醉翁亭记》等散文，都以极其简练的笔墨，渲染勾勒出浓厚的抒情气氛。

欧阳修推荐的王安石，不仅是一位著名的政治家和思想家，而且也是一位卓越的文学家。王安石长期在京城开封和沿运地区的扬州、鄞县、常州等地为官，累拜同中书门下平章事，任宰相，主持熙宁变法，罢官后退居江宁（今江苏南京）半廿园，终其余年。王安石与欧阳修、梅尧臣有着大致相同的文学观，主张文学为社会服务，形式从属于内容，其《游褒禅山记》《伤仲永》等散文，笔力雄健，富有感情。《上仁宗皇帝言事书》《答司马谏议书》等政论文，更是谨严简洁、文风峭刻，历来被人们当作政论文的典范来诵读。

与王安石同时的还有苏洵、苏轼、苏辙父子，号称“三苏”。虽然苏轼、苏辙在政治观点上与王安石等相左，但却同王安石一样，在文学上取得了巨大的成就，他们共同扫清了绮靡晦涩的文风，使诗文创作走上了平实畅达、反映现实生活的道路，故“三苏”与欧阳修、王安石、曾巩等共同被人们称为“唐宋八大家”。尤其是苏轼、苏辙，虽籍贯四川眉州眉山，但却实实在在为运河派作家。他们长期在运河沿线地区为官。如苏轼除在东京汴梁任京职外，所任地方官主要为杭州通判，知密、徐、湖、登、杭、扬诸州，晚年即寓居常州，并在常州病卒。苏辙除在汴京任职外，主要在陈州、应天、齐州、汝州等运河沿线州府做地方官。他们的作品大量反映运河区域的社会状况，影响了一批运河籍作家，如号称“苏门四学士”的秦观为扬州高邮人，张耒为楚州淮阴人，晁补之为济州巨野人，黄庭坚为洪州分宁人。苏门再传弟子陈师道为徐州彭城人，还有洛阳人陈与义等。他们的文学成就，都是对运河文学的贡献。

五、明代散文

明代台阁体的文风越来越引起一些文人的不满和反对，其间最有代表性的便是茶陵派和前后七子。前七子是指明代弘治、正德年间聚集在京师、倡议文学复古运动的七位文学家：李梦阳、何景明、徐祯卿、边贡、康海、王九思、王廷相，其中以李、何影响最大。在前七子之中，与运河关系最密切的便是徐祯卿。徐祯卿自幼天资颖悟，家中不蓄一书，而无所不通。在县学读书的时候，诗歌已经写得很好，并作《谈艺录》，历述魏晋以前诗体的变化。与同里唐寅交好，唐寅又将徐祯卿介绍给沈周、杨循吉，由是知名，并与祝允明、唐寅、文徵明齐名，号称“吴中四才子”。明弘治十八年（1505年），徐祯卿考中进士，在京师与李梦阳、何景明志趣相投。徐祯卿著有《启功集》六卷，附《谈艺录》一卷，及《剪胜野闻》《新倩集》等，并行于世。

后七子是指明代嘉靖、万历年间在文坛上出现的复古派文学家李攀龙、王世贞、谢榛、宗臣、梁有誉、徐中行和吴国伦。来自运河区域的就有谢榛、宗臣、王世贞、徐中行四人。他们继前七子之后，把文学复古运动推向了一个新的高潮。其文学主张基本与前七子相似，认为“文必西汉，诗必盛唐，大历以后书勿读”。创作上以模仿古人为能事，有的甚至篇篇模仿，字字模拟，比前七子有过之而无不及。

正当前后七子的拟古主义文风弥漫文坛之际，首先起来反对拟古主义的是唐宋派。代表人物是王慎中、唐顺之、茅坤、归有光。茅坤编的《唐宋八大家文钞》影响至极。因他们在散文创作上都主张学习唐宋古文，故称之为唐宋派。在唐宋派的四位代表作家中，三位都是来自运河区域的文学家。归有光（1506—1571年），江苏昆山人，唐宋派中散文创作成就最高的一位作家，著有《三吴水利录》《震川集》40卷等。自称“余好为古文辞，然不与世之为古文者合”。他反对前后七子的复古主张，斥王世贞之辈为“妄庸巨子”，推崇唐宋古文。创作上，他强调“独抒胸臆”，主张文章要有真情实感，同时还进一步扩大了散文的题材，将日常生活琐事引入了严肃正统的古文中来，使散文与生活的联系更加密切。因此，他所写的散文朴素简洁，善于叙事，既富情韵，又有新意，深受当时人推崇。如《项脊轩志》《先妣事略》《寒花葬亲》等，大多写得笔触细腻，情真意切，“不事雕饰而自有风味”，给人一种清新的感觉。

在明代后期，由于社会矛盾异常尖锐，文坛上也呈现出两种趋势：一部分文人组织文社，以文学为武器参与政治斗争，如几社的陈子龙、夏允彝，复社的张溥、张采等；另一部分文人则遁迹山丘，洁身自好，如张岱、徐霞客等。文坛上的代表人物大都是出生于运河区域的文学家。

张溥，江苏太仓人。他政治进步，富有正义感，同情东林党人。崇祯初年即创立复社，倡导复兴古学，改良政治。文学上强调诗文创作应该服务于现实，所作大多内容充实，雄健浑朴，具有强烈的现实意义。其代表作《五人墓碑记》记述了颜佩韦等五人率领苏州市民，为营救东林党人周顺昌而与宦官魏忠贤展开的一场斗争，歌颂了苏州市民不畏强暴、敢于斗争的英雄事迹。

张岱，浙东运河边的山阴（今浙江绍兴）人。著有《陶庵梦忆》《西湖梦寻》《琅嬛文集》等。其散文多写山水景物、日常琐事。文笔清新，时杂诙谐。如其代表作《西湖七月半》，文章描绘了七月十五杭州人游西湖赏月的风俗，却没有写西湖的风光秀丽和节日的热闹非凡，而是着重描写了六类看月之人——实际上是概括了六种类型的人生倾向。

徐宏祖，号霞客，江苏江阴人。平生不求仕进，自 22 岁游太湖始，纵横数万里，足迹踏遍了祖国的山山水水，将所历之山川形胜，一一记录于《徐霞客游记》之中，共计六十余万字。《徐霞客游记》不仅是我国地理方面的一部科学著作，也是一部文笔优美的游记散文集，具有很高的文学价值。如《游黄山日记》《游雁荡山日记》《游天目山日记》等，都是笔触细腻、格调清新的山水佳作。

六、清代运河散文

散文的创作在清朝并没有再出现高举大旗的人物，整体文风在承续传统和小心求变中缓慢行进。清初散文虽然仍存有晚明小品遗风，但主导方向是在理论上恢复宋古文的传统，代表人物就是清初三大家之一的汪琬，到了以程朱理学为内核的桐城派出现，才真正建立了清代正统古文的营地。在运河地区最有影响的是姚鼐，乾嘉时期学者多与之相异，他们的散文大抵比较朴实，不似古文家拿捏腔调，只是文学味太淡。而袁枚、郑燮的一些短文均率意而为，多少恢复了晚明小品的韵致。龚自珍文更是有新异的时代特征。清代同时也是骈文受重视的时期，乾嘉时期形成的与桐城派古文相对抗的局面不仅是为了重视其作为散文的价值，更是有意排斥桐城派迂腐固执的思想见解，但骈文作为一种古雅而拘谨的文体，毕竟缺乏锐意与活力，只是一部分人表现其高深文化修养和优雅情趣的形式。清代后期，曾国藩重振桐城派声威，但已经无法挽回古文衰落，桐城派的中兴已成回光返照，梁启超所代表的从文言散文向白话散文过渡的文化风格开始变得有生命力。

入清后，随着运河正统文化的强化，晚明小品传统虽被继承，但创作分散、思想尖锐的文字也少见，大抵转向一种闲逸的情调，以示对尖锐矛盾的逃脱和对统治思想的疏离，张岱的一些作品就代表着这一倾向。散文载道功能再次得到恢复，使号称连接唐宋古文传统的古文占据文坛统治地位。李渔的《闲情偶寄》将日常生活变成艺术化享受，有活泼美感，较高谈阔论更有文学趣味。以遗民自居的顾炎武、黄宗羲所努力提倡的经世致用之文也别有韵致，特别是顾炎武主张文须有益于天下，有为世人所称道的《郡县论》《生员论》《复庵记》《吴同初行记》。

清代中期运河文坛既有散文纷争，又有骈散对立。唐宋古文运动以后，骈文失宠，但作为应用文仍为士子熟悉，待唐宋古文因受理学制约在元明无法适应需要时，特别是晚明复社诸子提倡骈文，又有重兴机会。入清以来，运河文化的趋于雅化使骈文更得到肯定，清初骈文大家陈维崧、毛奇龄把晚明风气带入清代，至乾嘉时桐城派大盛，方苞义法中的程朱理学内核在运河社会变革中必然遭到反对，为与之抗衡，骈文作者林立，选集并出，而创作上最突出的是扬州人汪中，他不喜宋儒之学，对封建礼教和传统思想每加驳斥，文章自出新意，名篇有《狐父之盗颂》《哀盐船文》。但是骈体文在写作上的困难使它无法为大量学养有限的文人所掌握，而运用范围上也十分有限，阻碍了骈体文的发展。

乾嘉年间，文坛巨擘桐城派虽然受到许多攻击但影响仍能深入运河区域，代表人物是姚鼐。姚鼐主持江宁、扬州等地书院四十年，江浙运河一带文人几乎尽为其门下，著有《惜抱轩诗文集》，编有《古文辞类纂》，体例清楚，选择较精，并附以评论，便于学习掌握桐城派古文理论的要旨，流传极广。姚鼐文论擅总结前人成果，提出学问三事和为文八事，并把文章风格分为阳刚阴柔两端。写人物与景物间有生动之笔，游记也颇重文采，不像方苞那样为追求庄肃雅洁而显得沉重。而沿袭桐城派之流又别开蹊径的有阳湖派，因开创人张惠言、恽敬及后续者为阳湖人而得名。这二人出于桐城派，受此派古文法，但又不愿拘于桐城派范围，故在取法、字句稍稍变异，将骈文笔法引入古文，使其也可博雅工丽。

此外，袁枚、郑燮、龚自珍的散文也很出名。郑文最有特色的是他多讲日常琐屑之事的家书，用语通俗颇似常人真情实话，发自肺腑，令人喜爱。袁枚厌恶一般古文家动辄以明道欺人，文章思想开明，感情真挚。《随园记》颇为出色，文笔自然流转，不见用力，而文气十足，又让人觉得结构严谨，表现了相当高的修养和才气，被称为性灵派。龚自珍主张指陈时弊、诋排专制，政论及学术论文纵横无羁，记人物、叙行旅，抒发人生感想的杂文突出其孤傲不驯的个性。

清后期散文主流分别是由曾国藩领导的承袭桐城派的“湘乡派”和由梁启超提倡的“新文体”，前者在古文的传统上求变，后者则是以一种浅俗文言写成的恣张飞扬的文章体式，带有向白话文靠拢的意味。曾经漫游海外深入接触西方文明的王韬对文章的看法距桐城派更远，他上承袁宏道、袁枚和龚自珍，重性情和自我表现，其文章可视为由旧式散文向梁启超新式报章体文字的过渡。而章太炎的散文则时代色彩很浓，雅俗共赏的文章如《驳康有为论革命书》，可作为震撼一时的名篇，另一部分则是论学著作，思想之深入、用语之老练罕有所及。

七、近现代运河散文与散文家

近代运河散文家以鲁迅、周作人、朱自清、瞿秋白等为主要代表。鲁迅不仅是中国现代小说的奠基人，而且也是中国现代散文的开拓者。从1918年9月在《新青年》杂志发表“随感录（二十五）”开始，他先后创作出版了《热风》《华盖集》《华盖集续编》《三闲集》《二心集》《而已集》《南腔北调集》《且介亭杂文》等8部杂文集和《野草》《朝花夕拾》等两部散文集。鲁迅的杂文，以广泛的尖锐的“文化批评”和“社会批评”为内容，锋芒所向，直指国粹主义、迷信思想、封建礼教、帝国主义、封建军阀等，产生了强烈的社会影响，被称为“鲁迅风”。

周作人（1885—1967年），鲁迅弟弟，早年留学日本，回国后任教于北京大学、燕京大学，并投身文学革命。1921年发表《美文》一文，倡导叙事抒情散文，同时进行散文创作的实践，先后出版《自己的园地》《雨天的书》《泽泻集》等散文集，收入散文百余篇。他的散文遵循以自我为中心、以言志为本的主张，都是表现个人生活和情思的作品。他的作品一部分通过记事、写景咏物，抒发自己在日常生活中的感受和情趣，如《苦雨》《喝茶》《谈酒》《乌篷船》《故乡的野菜》等。另一部分是就当时文坛上的思潮表示个人的观点，如《文艺与道德》等。在笔法上往往使用淡雅清逸的笔调，散漫随意的风格，产生出亲切平和的韵味。在语言上不重修饰，朴实无华，然而在朴素平淡之中又蕴含着广博的知识。他的小品散文创作，对中国现代散文的发展产生过较大影响。

朱自清自1925年起由写诗转向写散文，先后出版了《背影》《欧游杂记》《你我》《伦敦杂记》等文集。他的散文，内容上分为反映社会与人生问题和写景抒情两大类。反映社会与人生问题的散文如《生命的价格——七毛钱》《白种人——上帝的骄子》《执政府大屠杀记》等，具有鲜明的反帝反封建倾向。写景抒情的散文如《桨声灯影里的秦淮河》《荷塘月色》《背影》等，则具有极高的艺术价值。他将细致描绘生动景观与真挚抒发浓郁情感结合在一起，辞章结构精巧缜密，描写刻画生动逼真，被文学界赞为诗与画的和谐统一，白话美文的典范。

瞿秋白（1899—1935 年），生于江南运河沿线的常州，在国外采访期间，他写了大量散文，寄回北京《晨报》发表。这些散文，被分别收入《饿乡纪程》《赤都心史》两本集子中，内容是途经天津、哈尔滨、赤塔等地和在莫斯科等地的见闻，有描绘，有议论，有抒情，兼具新闻报道的真实性和散文作品的艺术性两大特色，是优秀的散文，也是早期报告文学的成功之作。回国后，他撰写了《涴漫的狱中日记》等散文。20 世纪 30 年代，他与鲁迅并肩战斗，写下了大量具有较高思想性和艺术成就的杂文。

20 世纪 20 年代中期，北京出现了林语堂、孙伏园、孙福熙、川岛等“语丝派”散文作家群。他们创作的散文，内容上竭力排击旧事物，以促进新生事物的成长，形式上以短小犀利的杂感为主，同时也有抒情小品，主要作品有林语堂的《祝土匪》《说文妖》《“读书救国”谬论一束》、孙伏园的《伏园游记》、孙福熙的《山野掇拾》、川岛的《月夜》等。

在此同时，北京还出现了以俞平伯、钟敬文、废名等为代表的闲适小品散文作家群。他们避开现实社会的矛盾斗争，咏物抒情，表现空灵的意境和伤感的思绪。主要作品有俞平伯的《桨声灯影里的秦淮河》、钟敬文的《荔枝小品》、废名的《竹林的故事》等。

20 世纪 30 年代，北京出现了以何其芳、李广田等为主要成员的“京派”散文作家群。他们的早期创作，基本上固于个人的圈子，感情纤弱，雕琢细致。后来通过接触社会现实和走上革命道路，突破了个人思想感情圈子，积极反映人民群众的生活和斗争，但在艺术上未能有相应的提高。主要作品有何其芳的《画梦录》、李广田的《画廊集》等散文作品。

关于运河及其沿线自然景观与社会风情的小品和游记为数不少。周作人创作的《苦雨》《乌篷船》《济南道中》等小品散文，描写浙东运河及其故乡绍兴一带的景观与风情。其中，1926 年写的《乌篷船》集中描写了在浙东运河及相连的江河中乘船游历的情趣。朱自清的《航船中的文明》一文，记述了他第一次乘坐浙东运河夜航船从绍兴到西兴的见闻和感想。

郁达夫曾经写过大量散文，其中以游记最为突出。1935 年 5 月写的书信体散文《扬州旧梦寄语堂》，对 20 世纪 20 年代至 30 年代运河古城扬州作了真实的记述与描绘。作品首先告诉他的朋友林语堂，他 1928 年秋天第一次去扬州是带着“太有诗意”的梦想去的，可到了扬州就没有诗意了。随后，作品介绍了他所见到的扬州街市和风景名胜的现状。进了城去，果然只见到了些狭窄的街道、低矮的市廛，灯烛辉煌，歌喉宛转的太平景象，竟一点儿也没有。作品进而分析了扬州街市和风景名胜衰败若此的原因，指出扬州是随着运河的修建而成为中国南北交通的要道后，才繁荣起来，“铁路开后，扬州就一落千丈，萧条到了极点。故而目下的扬州只剩了一个历史上的剥制的虚壳，内容便什么也没有了。”

第四章 中国大运河小说艺术

由于大运河的交流沟通功能，带来了以运河为纽带的商业文化，而小说这种艺术形式正是商业文化的产物。小说的产生、发展、成熟与大运河密不可分，随着运河的开通，社会生产力的发展，城市经济的繁荣，小说创作有了丰厚的土壤。运河的开通，融会了中国南北各地的官民礼仪、特色物产、饮食服饰和风情民俗，形成了绚丽多彩的运河文化，推动了文学艺术的大发展。广大市民阶层对文化娱乐的需要，有力地促进了小说创作水平的提高。在运河文化的营养和滋润中，中国古代文学史上诞生了“四大白话”小说，分别是《水浒传》《三国演义》《西游记》《金瓶梅》。到清代，用《红楼梦》替代了《金瓶梅》，后人将这四部小说称为“四大名著”。

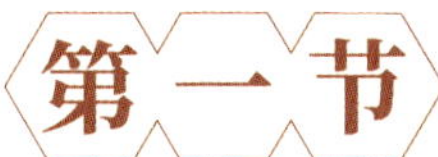

第一节

运河小说的起源及发展

小说是一种以刻画人物形象为中心、通过完整的故事情节和环境描写来反映社会生活的文学体裁，人物、情节、环境是小说的三要素。情节一般包括开端、发展、高潮、结局四部分，有的包括序幕、尾声。环境包括自然环境和社会环境。小说按照篇幅及容量可分为长篇小说、中篇小说、短篇小说和微型小说（小小说）。小说与诗歌、散文、戏剧，并称“四大文学体裁”。

“小说”一词最早见于《庄子•外物》，“夫揭竿累，趣灌渎，守鲵鲋，其于得大鱼难矣；饰小说以干县令，其于大达亦远矣”。意思是举着细小的钓竿钓绳，奔走于灌溉用的沟渠之间，只能钓到泥鳅之类的小鱼，而想获得大鱼可就难了。靠修饰琐屑的言论以求高名美誉，那和玄妙的大道相比，可就差得远了。春秋战国时，学派林立，百家争鸣，诸子百家为说服王侯接受其思想学说，往往设譬取喻，援引史实，巧借神话，多用寓言，以便修饰言辞以增强文章效果。庄子认为此皆微不足道，故谓之“小说”，即“琐屑之言，非道术所在”“浅识小道”，也就是琐屑浅薄的言论与小道理之意，这是“小说”的本来含义。

东汉桓谭在其所著的《新论》中，曾对小说如此进行评价，“若其小说家，合丛残小语，近取譬论，以作短书，治身理家，有可观之辞”。认为小说仍然是“治身理家”的短书，而不是为政化民的“大道”。

东汉班固在《汉书•艺文志》中写道，“小说家者流，盖出于稗官。街谈巷语，道听途说者之所造也。孔子曰：‘虽小道，必有可观者焉，致远恐泥，是以君子弗为也。’然亦弗灭也。闾里小知者之所及，亦使缀而不忘。如或一言可采，此亦刍荛狂夫之议也”。这是史家和目录学家对小说所作的具有代表性的解释和评价。孔子虽然认为小说仍然是小知、小道，但从另一角度解释了小说讲求虚构，植根于生活的特点。

小说历经先秦、两汉、魏晋南北朝八百多年的积累和沉淀，进入唐代才正式形成。追溯八百多年的发展历程，主要体现在四个方面。一是寓言故事，如《孟子》《庄子》《韩非子》《战国策》等书中都有不少人物性格鲜明的寓言故事，已经带有小说的特点。二是史传，如《左传》《战国策》《史记》《三国志》，描写人物性格，叙述故事情节，既为小说提供了素材，又积累了叙事经验。三是文人笔记，这一点在魏晋南北朝时期尤为明显，文人笔记大都记载一些轶事、掌故、素材。四是民间娱乐消遣。茶馆饭店常驻的说话人、说书人，以话本为基础，每天把故事小小地说一段（小说），以吸引客人每天过来听书。

小说萌芽于先秦，发展于两汉，形成于魏晋南北朝。先秦两汉时期，当时社会出现的神话传说、寓言故事、史传文学成为古典小说叙事的素材。神话传说已经具备人物和情节两个基本因素，散见于诸子百家书中的寓言典故提供了借鉴经验，历史著作有比较完整的结构、人物形象和历史背景。魏晋南北朝时期出现了志怪小说和志人小说。从严格意义上说，这仍然算不上是真正的小说，只能算是小说的雏形。《世说新语》是这个时期的优秀作品，里面收集了许多短小精悍的小故事。

《世说新语》是南朝宋文学家刘义庆及门客们撰写的文言志人小说集，是魏晋轶事小说的集大成之作，是魏晋南北朝时期“笔记小说”的代表作。其内容主要是记载东汉后期到魏晋期间一些名士的言行与轶事。《世说新语》依内容可分为“德行”“言语”“政事”“文学”“方正”等三十六类，每类有若干则故事，全书共有一千二百多则，每则文字长短不一，有的数行，有的三言两语，由此可见笔记小说“随手而记”的诉求及特性。书中所载均属历史上实有的人物，但他们的言论或故事则有一部分出于传闻，不是都符合史实。书中相当多的篇幅杂采众书而成。如《规箴》《贤媛》等篇所写的一些西汉人物的故事，采自《史记》和《汉书》。其他部分多采自于前人的记载。

《世说新语》及刘孝标注涉及各类人物共1500多个，魏晋两朝主要的人物，无论帝王、将相，或者隐士、僧侣，几乎都包括在内。书中对人物的描写有的重在形貌，有的重在才学，有的重在心理，但都集中到一点，就是重在表现人物的特点，通过独特的言谈举止写出人物的独特性格，使之气韵生动，跃然纸上。

《世说新语》所记虽是片言数语，但内容非常丰富，表现了运河区域士族阶层的生活方式、精神面貌及其清谈放诞的风气，是记叙轶闻隽语的笔记小说的先驱，也是后来小品文的典范，对后世笔记小说的发展有深远影响。后人仿照此书体例而写成的作品不计其数，在古小说中自成一体。书中不少故事，有的成为戏曲小说的素材，有的成为诗文常用的典故，在中国文学史上具有十分重要的地位。

第二节

唐代运河传奇小说

唐朝时期，随着大运河的开通，不同地区人们交流频繁，古代小说的发展趋于成熟，形成了独立的文学形式——传奇体小说，由此我国的小说脱离历史领域而成为文学创作。唐代三大爱情传奇是此时期的标志性作品，这是中国小说发展史上崭新的一页。鲁迅先生在《中国小说史略》中说过，“小说亦如诗，至唐代而一变，虽尚不离于搜奇记逸，然叙述宛转，文辞华艳，与六朝之粗陈梗概者较，演进之迹甚明，而尤显者乃在是时则始有意为小说”。迄今仍在流传的唐传奇不过数十篇，其中很多与运河相关。

1.《枕中记》与《任氏传》

《枕中记》的作者沈既济（约750—800年），苏州吴县人。《枕中记》中马卢生去邯郸逆旅中自叹穷困潦倒，借得道士吕翁的青瓷枕入睡，梦幻中飞黄腾达，出将入相，富贵奢华，惊醒之后发觉还不到蒸一顿黄粱米饭的工夫。于是他彻底觉悟了人生宠辱升降，不过如梦一般虚幻，万种欲念因此消弭。源自这一故事的成语“黄粱一梦”与“南柯一梦”一样，流传后世。

《任氏传》也为沈既济所作。故事写贫穷书生郑生与狐女任氏相爱，郑生的朋友、富公子韦崟惊羡任氏的美貌，想夺人所爱，任氏晓以大义将其折服。任氏又为郑生谋划，郑生远出就职，任氏预知此行不利，不愿从行，但郑生强邀，不得已而成行。途中果然被猎犬所害。狐女任氏对爱情的坚贞和拒绝不义的勇敢，精彩生动，给人留下深刻印象。

2.《霍小玉传》

《霍小玉传》是从女性的角度写人间爱情悲剧的名作。歌妓霍小玉与书生李益在长安相恋，同居三载。李益发誓永不变心。后来李益以书判拔萃，授郑县主簿，将要赴任。

小玉恳请他留长安八年，以尽毕生之欢，然后自己剪发出家，了却情缘。李益却执意赴任，不久另娶贵族卢氏。小玉痴心等待，并变卖服饰，托人四处寻找。但李益自知亏心，屡邀不至。小玉相思成疾，卧床不起。一黄衫侠客听闻后强拉李益来见小玉。小玉悲愤交集，痛斥李益的负心行为，并宣称自己死后冤魂化为厉鬼，使李益夫妻一生不安，困扰于猜疑和嫉妒之中。作者以满腔同情心塑造了霍小玉这样一个受尽侮辱和迫害的不幸女子的形象，生动细致地刻画出她既多情又刚烈的性格，鞭挞了薄幸男子的负心之举，有着震撼人心的悲剧效果，是唐代传奇的上乘之作。

3.《南柯太守传》

《南柯太守传》是唐代文学家李公佐创作的传奇。这篇传奇写东平人淳于棼在古槐树下醉倒，梦见自己变成槐安国的驸马，任南柯太守二十年，与金枝公主生了五男二女，荣耀一时。后来与檀萝国交战失败，金枝公主病死，最后失宠遭馋，被遣返故里，沿途破车惊醒，发现“槐安国”和“檀萝国”竟都是蚁穴，历历如现。这个故事反映了人生如梦，后来有成语“南柯一梦”，典始于此。全文构思巧妙，设想新奇；结构精美，描写生动；能融合寓言与志怪的表现手法，具有讽刺文学特色；情节丰富，脉络清晰，富于文采。

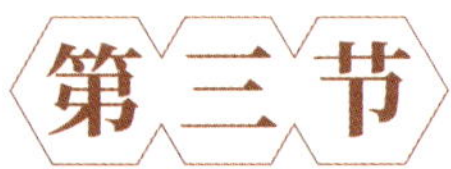

宋元话本与大运河

宋元时期，运河作用的进一步发挥促进了商品经济的发展和市井文化的兴起，给小说创作带来深厚的土壤。话本经过文人加工形成许多话本小说和演义小说。

运河工商城市的发展，使之成为人物繁阜之地，城市市民阶层日益壮大起来，适应其文化需求的市民文学便应运而生，并逐渐发展起来。宋元时期，运河城市中的说话人与话本文学便是这种市民文化的重要内容之一。

在运河沿岸城镇中，较早兴起并获得发展的是各种伎艺表演及供人们消遣赏玩的“河市乐”。如王曾《王文正笔录》所记，“宋城南抵汴渠五里，有东西二桥，舟车交会，民居繁夥，倡优杂户，厥类亦众。然率多鄙俚，为高之伶人所轻诮。每宴饮乐作，必效其朴野之态，以为戏玩，谓之河市乐。”其中在“河市乐”表演中，既有“说话人”，也有“说诨话”之类的表演。据王灼《碧鸡漫志》记载，“……其词虽俚，然多颖脱，含讥讽，所至皆畏其口，争以酒食钱帛遣之”。

“河市乐”这种在河边简单的撂地表演后来逐渐发展到汴京、杭州等运河大城市中，形成瓦子、勾栏等娱乐场所。瓦子，又称瓦舍，因有时与一定的市场交易相结合，故也称瓦肆。据《梦粱录·瓦舍》条记载，“瓦舍者，谓其‘来时瓦合，去时瓦解’之义，易聚易散也”。瓦子作为综合性文艺演出场所，其内部由不同的专业艺人圈成许多小圈子。这些小圈子或用栏杆、或用绳索、或用幕嶂，围成勾栏，一个勾栏即为一个演出场所。在开封、杭州都有许多这样的瓦子、勾栏。据《东京梦华录》记载，北宋时开封东角楼街即为瓦肆最集中之地，有“街南桑家瓦子，近北则中瓦，次里瓦，其中大小勾栏五十余座。内中瓦子莲花棚、牡丹棚，里瓦子夜叉棚、象棚最大，可容数千人”。其他还有旧曹门外朱家桥瓦子、大内西边的州西瓦子、保康门瓦子、旧封丘门外斜街州北瓦子等。《武林旧事》所记南宋杭州城内的瓦肆勾栏则有南瓦、中瓦、大瓦、北瓦等共 23 处，每个瓦肆皆有众多勾栏。如北瓦内即有 13 座勾栏。当时这些瓦肆的演出伎艺主要有三大类：一是百戏杂伎，如杂剧、傀儡戏、影戏等；二是各类演唱，如小唱、嗓唱、诸宫调等；三是说话。

说话就是说书，是宋代新创的艺术形式之一，是瓦肆勾栏中最常见最普遍而数量最多的文娱节目。

以说话人凭借的话本为主要内容的话本文学，在说话人与才人的共同努力下，逐渐丰富繁荣起来。最早由于社会文化水平及书写、印刷条件的限制，说话艺人并没有话本，说话内容主要是口传心授。后来逐渐有了底本，但文字内容也比较简略，一般只记录唱词，主要故事情节仍靠说话人在演说时即兴发挥，增添细节。这也为底本的逐渐加工和不断丰满奠定了基础。特别是社会上产生了大批的“书会”“才人”后，话本开始大量产生，并被书坊整理加工，刊印成读物，成为保存说话艺术特色的书面文学。这时才有了真正意义上的小说这一文学体裁。

宋元话本数量很多，根据说话内容又分为小说话本、讲史话本、说经话本等。据罗烨《醉翁谈录》等书记载，仅小说话本就有 140 余种。但由于这些话本的流传，多各自为篇，因此绝大部分后来都已散佚，现存的仅有二三十篇，散见于《京本通俗小说》《清平山堂话本》《喻世明言》《警世通言》《醒世恒言》诸书中。话本的内容有相当部分即直接取材于运河区域或反映运河区域社会状况的。如话本《闹樊楼多情周胜仙》就是讲发生在北宋东京汴梁金明池边的故事。《白娘子永镇雷峰塔》为明代冯梦龙所作，改编于南宋林洪的作品，即是以杭州为背景而描述的一个传奇故事。《金玉奴棒打薄情郎》《简帖和尚》等，皆以繁华的运河城市为背景，描绘了当时运河城市市民的生活状况及其思想感情。因此，话本文学是属于城市市民的平民文学，是作者用平民的观点来评判历史，代表平民对社会生活发表意见。同时也满足着广大城市平民的艺术需求。话本文学把下层人民作为主角展现在文学作品中，增强了其现实性，为后来小说文学的创作开辟了更广泛的道路。如“说三分”通过说话人的演说及其底本的流传，对后来《三国演义》长篇小说的形成有重要作用。说经话本《大唐三藏法师取经记》，无疑为后来《西游记》的创作提供了丰富的素材。而演说朴刀类“青面兽”、杆棒类“花和尚”与“武行者”以及《大宋宣和遗事》等，更对长篇小说《水浒传》的创作有着重大而直接的关系，开辟了中国小说的新纪元。因此，话本文学不仅成为运河文化的重要组成部分，更在中国文学发展史，特别是小说发展史上有着重大的影响。

第四节

明代白话小说与大运河

明代，小说开始走上了文人独立创作之路，这一时期，小说作家主体意识增强，多部经典之作流传于世。如《西游记》《水浒传》《三国演义》《金瓶梅》，以及“三言二拍”（《醒世恒言》《警世通言》《喻世明言》《初刻拍案惊奇》《二刻拍案惊奇》）等。

1. 章回小说

章回小说是明代文学的代表文体，作为叙事文学的代表，在明代运河地区的文坛上独领风骚，究其原因有以下几点。

运河带来的城市经济的发展，为章回小说的出现提供了物质条件。随着城市商品经济的发展、市民队伍的空前壮大和人们物质生活水平的不断提高，致使人们的精神生活需求也在不断提高。商品经济的繁荣不仅为说话艺术——即通俗文学的发展奠定了基础，也为章回小说的产生铺平了道路。

水陆交通的发达，尤其是运河水运的四通八达，不仅使南北方的政治经济关系更加密切，也更利于南北方的文化交流，人们大规模流动，为章回小说的广为传播提供了条件。

印刷条件的改善，为章回小说的发展提供了技术条件。元大德二年（1298 年），安徽旌德县尹王祯改泥活字为木活字，并创造了转轮排字架，大大提高了排字效率，他用了不到一个月的时间，就印出了 600 部他自己编纂的六万余字的《旌德县志》。

章回小说自元末明初产生以后，在明代得到了长足的发展，产生了一大批在中国文学史上颇具影响力的作家、作品，并且大都出现在运河区域。其中影响最大的就是被称为“明代四大奇书”的《三国演义》《水浒传》《西游记》和《金瓶梅》。

出现于元末明初的《三国演义》和《水浒传》是我国最早的两部章回小说。两书的出现标志着我国章回小说的正式形成。

《水浒传》的故事发生在水浒文化和运河文化交汇、叠合的古郓州区域，也就是梁山泊及周围地带。元初以后，大运河一直在郓州地区纵向穿过，水泊梁山正是运河水系的一部分。梁山泊自古就处于沟通东西、连接南北的交通要道。大运河穿行鲁西地区，对古郓州及周边地区产生了重要影响。《水浒传》写的是北宋的故事，但它的广泛传播和最终成书，则是在元末明初。大运河的贯通，对《水浒传》的形成，有着重要影响。随着运河城市的兴起，运河沿线成为各种信息的传播交汇点，全国各地的故事在这里汇聚，然后在运河中的船上品味、消化、加工，又随运河南北传播，故事越传越远，影响越来越大。《水浒传》作者施耐庵写的虽然是北宋的故事，但也以这些故事投射自己生活的那个时代。《水浒传》烙上了深深的大运河印记。通过大运河的传播，《水浒传》的故事渐渐成型、水浒人物的形象逐渐丰满，最后通过作者的加工与润色形成了我们今天看到的《水浒传》。

《三国演义》的作者罗贯中虽然不是运河边出生，但他 14 岁时就辍学随父亲去苏州、杭州一带做生意，后到慈溪随著名学者赵宝丰学习。元至正十年（1350 年），罗贯中来到杭州，当时许多说话艺人在这里说书，一些杂剧作家也在这里活动。罗贯中与这些志同道合者为友，加上他对民间文学又极其喜爱，开始创作章回小说和剧本。元至正十六年（1356 年），罗贯中到张士诚幕府作宾，结识了施耐庵，并拜其为师。元至正二十三年（1363 年），罗贯中寻访大运河沿线的城市和江南各地，搜集三国时期东吴的故事传说，发掘整理了大量流行于运河两岸的三国故事。元至正二十六年（1366 年），罗贯中在杭州开始《三国演义》的写作。明洪武元年（1368 年），他与施耐庵居住在淮安府山阳县（今淮安区）城西门土地祠附近，期间游览汉代遗址，并继续写作《三国演义》。到明洪武三年（1370 年），罗贯中已写了十二卷。后来，施耐庵病卒，罗贯中携自己未完成的《三国演义》书稿返回故里，完成最后的著书。

《三国演义》和《水浒传》的出现，在中国小说发展史上具有重大意义。首先，《三国演义》和《水浒传》为中国文学提供了一种与传统的抒情文学完全不同的文学样式——章回小说。章回小说作为叙事文学的代表，从此正式登上了文学舞台。其次，《三国演义》和《水浒传》为章回小说提供了历史演义和英雄传奇两种范例，开辟了以演绎历史故事为中心和以叙述英雄人物为中心的两种章回小说模式。

继《三国演义》和《水浒传》之后，明代嘉靖年间又出现了一部民间创作与文人创作相结合的章回小说——《西游记》。《西游记》的出现，开辟了明代章回小说创作的又一途径。其作者吴承恩是淮安府山阳县河下（今淮安市淮安区）人，号射阳居士，射阳湖是古邗沟流经的重要湖泊，当初淮安就属射阳县，运河边的宝应县射阳古镇曾是汉代广陵郡的郡治所在地。吴承恩的故居，坐落在淮安城西北的河下打铜巷最南端，是古老的淮河和大运河交汇之处。正是这块人杰地灵的运河热土，催生了古典浪漫主义的文学巨著。作为《西游记》的诞生地，淮安地处南北之中，因大运河而兴，文化兼收并蓄。《西游记》根植于大运河文化，是大运河文化的瑰宝。明嘉靖三十九年（1560年），吴承恩任江南运河畔的浙江长兴县丞，后辞官归乡。回到淮安后，明隆庆四年（1570年）开始着力撰写《西游记》。

吴承恩在前人创作的基础上，凭借自己的艺术想象力和表现力，创作出了神话小说《西游记》。作品用神话来再现社会，用神话来表现理想，文笔曲折，思想复杂，但总的思想倾向是积极的。小说通过大闹天宫和西天取经过程中的41个独立的小故事，深刻批判了封建社会的黑暗腐朽和统治阶级的昏庸残暴，歌颂了人民群众反抗斗争和摆脱压迫、争取自由的愿望，表现了人们征服自然的斗争精神。其在艺术表现上的积极浪漫主义特征和以取经故事为线索联络情节的结构特点，为后世的章回小说创作提供了宝贵的经验。

《金瓶梅》是明代文坛最早出现的世情小说。世情小说是明代章回小说的又一类型，它既不同于历史演义和英雄传奇的“吊古伤今”，也不同于神话小说的“假神话以曲折地反映现实”，而是直书现实人生，表现人情世态。在创作题材上，世情小说较历史演义等章回小说有了较大突破。作品描写清河县一个破落户财主西门庆发迹的故事。清河县是明代运河岸边繁华的商业城市，书中描写了大量有关运河地区的社会风貌，为后世留下了珍贵的第一手资料。《金瓶梅》是我国第一部文人独立创作的章回体小说，可谓中国小说史上的一块里程碑；同时《金瓶梅》是第一部以家庭生活为题材的章回小说，开创了世情小说的先河；而且《金瓶梅》首次注意对人物性格的描写，对后世章回小说的创作产生了巨大影响。

《金瓶梅》旧题兰陵笑笑生作，关于《金瓶梅》的作者，学术界至今仍无定论，目前大约有60多位“金瓶梅作者”的候选人，其中大部分候选作者的籍贯都在运河区域。应该说，大运河边的重要城市临清最有可能是《金瓶梅》的背景地，当时的临清是经济重镇、商业都会，手工业发达，以手工业命名的街巷众多，又是各种货物的集散地。临清还是南粮北调的中转站和粮食储存中心，市井文化十分繁荣，为小说提供了创作背景。《金瓶梅》第五十八回开始到第一百回，有25处直接写到临清，第九十八回的标题即是“陈敬济临清逢旧识　韩爱姐翠馆遇情郎”。《金瓶梅》尽管写的是宋代的事，但研究者认为，其时代背景就是明代的临清。也有研究者认为，清河县是运河边的另一个城市淮安，理由是淮安在清代就有清江浦、清河等地名。

到了清代，《红楼梦》替代《金瓶梅》，被称为“明清四大白话小说”，到了20世纪80年代，被称为中国古典文学“四大名著”。“四大奇书”开创了明代章回小说的四大类型，在它们的影响下，出现了明代章回小说创作的繁荣。

这一时期还出现了历史演义小说，如明末江苏吴县人冯梦龙编著的《新列国志》，以《左传》《史记》为主要依据，记叙了春秋战国时期列国的历史故事。金陵（今江苏南京）人甄伟的《西汉演义》描写了楚汉相争和汉初消灭各诸侯藩王的斗争。它们都是有代表性的历史演义小说。

同时还出现了英雄传奇小说，如署名秦淮墨客校阅、烟波钓叟参订的《杨家府世代忠勇通俗演义》，叙述了自南宋以来就广为流传于民间的杨家将故事，描写了众多的英雄形象。吴县人袁韫玉的《隋史遗文》以秦琼和程咬金等乱世英雄作为中心人物，描写了隋唐的兴亡。该小说将草根英雄作为小说的中心人物，将帝王将相作为小说的次要人物，标志着“说唐”小说发展到了一个新的阶段。

神魔小说以《封神演义》为代表。该书是根据宋元讲史话本《全相武王伐纣平话》、博采民间传说并加以虚构而成的一部长篇神魔小说。一方面假借历史故事托古讽今，从侧面反映了明代的社会现实；另一方面又通过神魔斗法的描写，宣扬了宿命论和三教合一的思想。该小说在民间极为流行，并对民间信仰产生了影响。

世情小说较有影响的当推《醒世姻缘传》及才子佳人小说《玉娇梨》等。《醒世姻缘传》，又名《恶姻缘》，小说展示了运河区域的风土人情，宣扬了传统的伦理道德思想，客观上也反映了运河地区的社会现实。书中故事的发生地以山东运河畔的武城县、绣江县为主，还用大量篇幅描写了北京城和通州等地。作品描写了运河沿线的社会风俗、科举教育、政治腐败、民生苦痛、宗教生活，是研究运河文化必不可少的参考书籍。《醒世姻缘传》多次提到了明代的运河旅游。还提到了运河水神。比如第

86 回“吕厨子回家学舌　薛素姐沿路赶船”就写到了运河沿线信仰的水神金龙四大王。其实金龙四大王是明清时期随着京杭大运河的全线贯通和漕运的兴盛而产生的一种民间信仰，原型为南宋人谢绪。运河沿线的宿迁龙王庙就是供奉的金龙四大王。

《玉娇梨》又名《双美奇缘》《三才子》。作品写明代秀才苏友白与太常寺卿白玄的女儿白红玉、外甥女卢梦梨之间的爱情故事。从体裁流变上来看，才子佳人小说可以说是明代世情小说的雅化；从内容题材上来说，才子佳人小说应该属于社会生活小说，但它又是社会生活小说当中一种非常特殊的形式。在明末清初出现了大量的才子佳人小说，并且经由运河广泛地流传到全国各地。

2. 短篇小说

明代的短篇小说有两类，一类是文言短篇小说，一类是白话短篇小说。

继承六朝志怪和唐人传奇的传统，明代在运河地区也出现了一些文言短篇小说，但成就不高。其代表作品便是人们常说的“三灯丛话”——瞿佑的《剪灯新话》、李祯（字昌祺）的《剪灯余话》和邵景詹的《觅灯因话》。“三灯”作为文言短篇小说集，故事曲折，文笔也较清新，少数作品反映了当时的社会黑暗和动乱，较有现实意义，大多数作品则是为了宣扬封建的伦理道德观念。

与章回小说即明代的白话长篇小说相适应，明代的白话短篇小说创作取得了较大的成就，并且达到了中国古代白话短篇小说创作的最高峰。白话短篇小说是在宋元说话艺术的基础上发展起来的一种迥异于唐宋文言传奇小说的新型通俗小说，它的产生和发展与运河带来的城市经济繁荣和商业发达带来的市民阶层的壮大有着密不可分的关系。因此，明代的白话短篇小说大多以运河两岸繁华的城市、码头为故事背景，真实地再现了一幅明代运河文化的风俗画卷。

明代最早出现的一部话本集是嘉靖年间洪楩辑印的《六十家小说》。因其版心印有“清平山堂”四字，重刻时更名为《清平山堂话本》。《清平山堂话本》共编为六集，名为《雨窗》《长灯》《随航》《欹枕》《解闲》《醒梦》，每集各分上下卷，每卷五篇，每篇演绎一个故事，共六十篇，今存二十九篇。《清平山堂话本》是宋元时期说话艺人表演时的“底本”，内容以宋元话本为主，是话本中的“小话”（相对于讲历史故事的“平话”而言），但也有少数文言作品。其内容或是描写运河区域市民的婚姻恋爱生活，或描写运河沿线新兴商人的经商活动，从不同侧面揭示出封建社会城市生活的面貌和状况，反映出市民的生活状态、思想意识和审美情趣。其优秀篇章为《快嘴李翠莲记》，以喜剧的形式塑造出一个聪明伶俐、快人快语、不守封建礼法、不为传统所容的青年妇女形象。而代表明代白话短篇小说创作最高成就的是冯梦龙的“三言”和凌濛初的“二拍”。

“三言”是指明代天启年间，冯梦龙在广泛搜集宋元话本和明代拟话本的基础上编选的《喻世明言》（原名《古今小说》）《警世通言》和《醒世恒言》三部白话短篇小说集。冯梦龙（1574—1646 年），运河边的长洲人。自幼生长于运河边的冯梦龙深受运河文化的熏陶，提倡真性情，是一个豪放派的人物，重视通俗文化。他编选了短篇小说集“三言”，改编了余劭鱼的长篇历史演义小说《列国志传》，更名为《新列国志》，增补了长篇神魔小说《平妖传》；在戏曲方面，他创作了《双雄记》《万事足》两个传奇，改编了《精忠旗》《酒家佣》等多个剧本；在民歌方面，他搜集整理并刊行了《挂枝儿》《山歌》两部明代民歌集；在杂著方面，创作了《智囊》《谭概》等。总之，在通俗文化的研究、整理、创作方面都做出了巨大的贡献。

从内容上来看，“三言”中的许多篇目都是以运河两岸的商业城市为故事背景，反映运河两岸的风土人情。大致上可将其中的故事分为四种类型：一是婚姻故事，主要描写城市平民追求自由爱情和幸福生活的愿望，同时也抨击了封建制度对妇女的压迫，如《杜十娘怒沉百宝箱》；二是社会故事，主要描绘了当时朝廷内部的斗争，如《沈小霞相会出师表》；三是友情故事，与运河商品经济的繁荣相适应，这类故事主要是歌颂真挚的友情，而对背信弃义之人进行无情的鞭挞，如《施润泽滩阙遇友》，歌颂了运河沿线的两个小手工业者真挚的友谊；四是伦理故事，这类故事或宣扬封建的贞节观，或宣扬虚无主义的人生观等，是对当时运河商业经济繁荣之后的城市生活的真实再现。

“二拍”的作者凌濛初本来就是书商，崇祯年间他模仿“三言”创作的《初刻拍案惊奇》和《二刻拍案惊奇》两部白话短篇小说集，是继“三言”之后最有代表性的拟话本小说集，也是中国小说史上第一部文人独立创作的拟话本小说集。“二拍”题材来源于古今书籍，故事也大多以运河两岸的商业城市为背景。如《转运汉巧遇洞庭红 波斯胡指破鼍龙壳》写苏州商人文实海外冒险的故事，反映了明末商业的发展和资本主义的萌芽；《宣徽院仕女秋千会 清安寺夫妇笑啼缘》歌颂了枢密院同金帖木儿不花的公子拜住与宣徽院使孛罗的女儿速哥里失二人生死不渝的爱情；《神偷寄兴一枝梅 侠道惯行三昧戏》赞扬了苏州侠盗懒龙劫富济贫的侠义行为等，这些都是具有积极意义的。

在“三言”“二拍”的影响下，明末又出现了一大批属于通俗文学范畴的白话短篇小说，其中较有影响的是抱瓮老人的《今古奇观》、梦觉道人的《幻影》（又名《三刻拍案惊奇》《型世奇观》《型世言》等）及周清源的《西湖二集》等，从而构成了明末清初蔚为大观的通俗文学苑地。

第五节

清代运河小说

清代运河连接了中国的政治中心和经济中心，发达的交通促进了商业流通及文化的交流融合，在经过几个朝代的演变以后，运河区域各种文化在清代都形成了自己鲜明的特色。文学艺术作为其重要组成部分，承担了精神层面的主要内容。运河区域文学中的小说、诗、词、文和戏剧构成了封建王朝社会文化的核心——继承前代传统，又适应新的需要不断进化，忠实记录了运河的发展历程。艺术中绘画、书法、篆刻、雕塑、工艺美术和建筑作为文化的载体和表现形式，比前者更能展示运河经济地位的兴衰。而音乐、舞蹈、杂技和戏曲虽然不像文学那样可以通过文字直观地表达，但它们是运河文化的整体特征，特别是劳动大众文化趣味的“活化石”。

小说作为清代运河区域文化中的重要组成部分，在艺术风格上丰富多彩。它主要有两类，一类是文言小说，这类小说上继唐宋小说传统，以志怪为最；下承清人考据风气，以杂俎为最，充分显示出运河文化已有的传统底蕴。另一类是通俗小说，量大体杂，以《红楼梦》为代表作，主要反映了当时文化的流动变迁。此外，作为一种首创形式的翻译小说随着国门打开，也大量涌现出来。

一、文言小说

清朝文言小说虽然内容繁杂，题材多变，但已经没有以前的繁盛景象。从总体上看，志怪守成，杂俎汇集，谐谑势衰，志人、传奇成为绝唱。

1. 志怪类

清代运河区域出现的志怪小说继承了以前的传统，在一定程度上代表了当时的最高成就。

明末清初，江浙文人陷于亡国之痛不能自拔，志怪小说继承六朝“纪实”风格，多于怪异事中寄寓思念亡明之情，描写夸张，几近传奇，较优秀的有《池北偶谈》《冥报录》等几部。清代中期比较有名的则有《子不语》《谐铎》《阅微草堂笔记》等几部小说。《子不语》是袁枚所撰。此书书名取于《论语·述而》“子不语，怪力乱神”，共14卷，皆为“广采游心骇耳之事，妄言妄听，记而存之，非有所惑也”，对时间、地点、事件、故事叙述方法皆有六朝小说痕迹，文字力主简略，写法现实。总体上“其文屏去雕饰，反近自然，然过于率意，亦多芜秽，自题‘戏编’，得其实矣”。《谐铎》为沈起凤撰。此书仿《聊斋志异》而作，内容风格与之相近，但少狐怪，多成精山禽水怪。语言清秀，笔端蕴情甚为感人，对后世小说、戏剧影响很大。《阅微草堂笔记》为纪昀撰，纪昀，字晓岚，曾总纂《四库全书》。作为与《子不语》并称同列“志怪小说双雄”的作品，《阅微草堂笔记》有其独到之处。此书共24卷，包括《滦阳消夏录》6卷、《槐西杂志》4卷、《姑妄听之》4卷、《滦阳续录》6卷、《如是我闻》4卷，多记怪异事，也有忠孝节义、劝善惩恶、因果报应之谈。《右台仙馆笔记》为俞樾撰。俞樾，字荫甫，号曲园，德清人，晚清巨儒。长期活动于江浙运河沿岸城市，此书取材广泛，举凡天南海北、山川博物、人物世态、风俗艺文等无所不包，就文笔而言，此书当属畅达一流，为志怪一类绝响之作。

2. 传奇类

自唐朝以来，传奇小说经久不衰，到了清代，虽然没有以前辉煌，但仍不失为传载运河文化的利器。《虞初新志》《聊斋》及其仿作、王韬作品可并称三顶峰。

《虞初新志》的作者张潮是歙县人，客居扬州。此书收80余位作家的320余篇作品，多为名家名作，不仅刻画了一批生活于运河沿岸城市的风流人物，而且反映了明末清初一批知识分子对待社会现实的不同心态。后人仿此书而成，如《虞初续志》《广虞初志》之类形成“虞初”系列。书中收录的与运河相关的作品有：《董小宛传》为金坛人张明弼撰，此书记杭州才女董小宛与才子冒襄的感情纠葛的故事；《秦淮健儿传》的作者李渔，原籍兰溪（浙江绍兴），生于如皋，明末清初戏曲理论家，此书记载市井狂徒秦淮健儿之事；另有《乔复生王雨来二姬合传》等。

《聊斋志异》（简称《聊斋》，俗名《鬼狐传》）是清朝小说家蒲松龄创作的文言短篇小说集，最早的抄本在清代康熙年间已有流传。全书共有短篇小说491篇（也有说是494篇）。它们或者揭露封建统治的黑暗，或者抨击科举制度的腐朽，或者反抗封建礼教的束缚，具有丰富深刻的思想内容。描写爱情主题的作品在全书中数量最多，它们表现了强烈的反封建礼教的精神。作者蒲松龄（1640—1715年），字留仙，一字剑臣，别号柳泉居士，世称聊斋先生，自称异史氏。济南府淄川（山东省淄博市淄川区洪山镇蒲家庄）人。他自幼便对民间的鬼神故事兴致浓厚。蒲松龄曾在运河沿线的宝应、高邮一带为官，搜集了大量离奇故事，经过整理、加工过后，都收录到《聊斋志异》中。他曾在高邮盂城驿担任过代理驿丞，传说在盂城驿写出了一篇聊斋故事。如今高邮盂城驿中还塑有蒲松龄的石像。《聊斋志异》中胭脂的故事发生地东昌府，就是今天的运河城市——山东聊城。相传当年蒲松龄骑着毛驴来聊城，在东昌湖边撷取素材而后写成《胭脂》。故事的原型是山东学政施闰章断案，为学子洗冤的史实。如今美丽的东昌湖还有了一个富有诗意的别称——“胭脂湖”。

《聊斋志异》书成后的一百多年，仿其体例的作品持续不断，主要以《萤窗异草》《小豆棚》《浮生六记》为代表。《萤窗异草》系满洲尹庆兰在北京撰写，此书同《聊斋》题材笔法相似，而立意上独具匠心。《小豆棚》作者曾衍东生活在由强而衰的乾嘉道三朝，书中多记官场积弊、天下奇闻、儿女情长故事。《浮生六记》系长洲（今江苏苏州）人沈复所写，该书富有创造性，首先体现在题材和描写对象上。在书中，作者以深情直率的笔调写出了夫妻间至诚至爱的真情，真实反映了运河城市的生活，书中多次提到了运河旅游。在卷一《闺房记乐》中，沈复写了他与妻子芸娘偷偷地沿着运河去吴江，一路水上游览的故事。书中记叙了沈复全家沿山塘河游虎丘、沈复游扬州瘦西湖的故事。在卷四《浪游记快》中，记载了沿大运河的城区水系游扬州瘦西湖的场景“城尽以虹园为首，折面向北，有石梁曰‘虹桥’，不知园以桥名乎？桥以园名乎？荡舟过，曰‘长堤春柳’，此景不缀城脚而缀于此，更见布置之妙。再折而西，垒土立庙，曰‘小金山’。……过此有胜概楼，年年观竞渡于此，河面较宽，南北跨一莲花桥。桥门通八面，桥面设五亭，扬人呼为‘四盘一暖锅’”。这可能是最早将扬州瘦西湖景观称为“四菜一汤”的散文。

3. 诙谐类

清代运河区域城市中出现的诙谐类小说在整个文言小说中并不占主流地位，作者多为市井之人，小说选题也多由正史中截取。代表性的作品有寓言小说集《吴鳏放言》、文言笑话集《夜航船》两部。《吴鳏放言》为嘉定人吴庄撰，书中首条言其年六十丧偶鳏居，心情郁闷，以寓言体发泄人生苦闷，继而结书。作者笔锋甚健，作品为清代寓言小说中的佳品。《夜航船》为吴江人破额山人撰，多记诙谐趣事，讥讽世风。

4. 志人类

运河文化为运河文人发展提供了便利条件，也给志人小说提供了丰富的素材和创作动力，促使志人小说在清末达到高潮。以具体内容可以分为三类：仿《世说新语》之作、专记某一类人之作、杂记人物之作。《世说新语》的广泛传播为后世小说家提供了强大的创作动力。到了清代，运河区域的许多作品仍深受其影响，其中较为有名的有《女世说》《说铃》《今世说》等。专记某一类人物的志人小说共有三部：一部是仁和（今浙江杭州）人吴长元所撰《燕兰小谱》，专记乾隆甲午至乙巳年间的北京优伶，各名伶均有题咏，并略记其事情；第二部是浙江镇海人姚燮撰写的《十洲春语》，此书成于清道光二十一年（1841 年），镇海为英军攻陷，作者沦为难民，颓废丧志，可谓狭邪小说先声；第三部是宜兴人陈维崧的《妇人集》，全记清初较有名气女子之事。

5. 杂俎类

杂俎类兼容传奇等四类不取的琐屑材料，以笔记体记录，内容更丰富，形式更自由，多反映江南运河区域文人心态、文学艺术、生活习俗等。可以充分显示这类作品的代表作有《觚剩》《坚瓠集》《梦厂杂著》《履园丛话》《金壶七墨》等。

二、通俗小说

同文言小说相比，清代通俗小说在语言、志趣、思想内涵上都处于劣势，但通俗小说作为社会的百科全书，在反映整个清代运河区域文化发展方面却比文言小说略胜一筹。

1. 清初通俗小说

清初，运河区域的通俗小说普遍表现出知识分子“反清复明”的民族意识。《后水浒传》作为清通俗小说的第一部，借续《水浒传》之名，而行复明之实，代表了当时运河士人的一种文化心态。此书共 40 回，“言宋江既死，余人尚为守御金，然无功，李俊遂率众浮海，王于暹罗”。

至于其他讲史小说，尚有两类：一类专讲断代评话，以《隋唐演义》为代表；另一类专记某一历史事件，以《女仙外史》为代表。

真正代表前期通俗小说创作成就的是曹雪芹的《红楼梦》。《红楼梦》的出现，将中国古代小说发展推向了高峰。曹雪芹（约 1715—1763 年）是满洲正白旗人，祖父、父亲皆为江宁织造，曹雪芹曾多次从北京沿大运河南下，曹家丢官抄家后，曹雪芹在北京西郊香山完成了《红楼梦》的前 80 回。后 40 回作者相传是高鹗，但前八十回与后四十回思想旨意、宝黛性格、艺术风格上均存在差异，所以人们将高鹗写的后四十回当作是《红楼梦》的续书。《红楼梦》是一部具有高度思想性和艺术性的伟大作品，成书于清乾隆四十九年（1784年）。无论是作品本身还是作者曹雪芹，都是大运河文化孕育出来的杰出文化符号。曹雪芹世家与大运河有长达80余年的不解之缘。曹雪芹的高祖曹振彦于顺治十三年（1656年）任两浙盐法道，两浙盐法道的官署设在杭州，曹振彦上任的路线是从北京沿大运河到杭州，他也是曹家最早走完京杭大运河全程的人。康熙沿运河六次南巡，有四次是由曹家负责接驾的。《红楼梦》中人物甄士隐是苏州人，贾雨村是湖州人，林如海是在扬州的苏州人，他们都生活在运河城市。《红楼梦》里也有不少关于大运河的描写。书中开篇写甄士隐一生“小荣枯”的故事，就发生在“地陷东南”之际的运河苏州段的阊门外。第二回“贾夫人仙逝扬州城”，给林黛玉的父亲林如海造成了家庭困境，为林黛玉从扬州沿大运河进京投靠外祖母提供了机会。于是就有了第三回的“林黛玉抛父进京都”。全书结束于宝玉出家，贾宝玉在常州运河边的毗陵驿拜别父亲贾政。

清前期由于文字狱严重，知识分子不敢研究当时社会比较敏感的问题，转而把小说作为可以利用的讲史工具，《野叟曝言》《蟑史》《镜花缘》《绿野仙踪》是其中的四部讲史小说代表作。

《镜花缘》为李汝珍撰，共100回。分上下两部，上部叙武则天令百花冬日开放，众花违禁遭贬，为首百花仙子托为唐敖女唐小山，敖中试被诬，与妻弟林之洋出洋贸易，游历海外诸国。后半部写武则天称帝开女试，百花所托才女俱中，于宗师府中大摆庆宴，结尾写武后退位，中宗重登皇位。本书精华在于通过写游历海外诸国，表达自己的理想，尽管只是一种乌托邦式的幻想，无疑具有进步性。

《绿野仙踪》为李百川撰，100回，记载明朝时冷于冰自幼热衷功名，屡考不中，被荐给奸相严嵩做书启先生，因二人政论不和，遂弃家访道。此书托明朝嘉靖之名，实际写乾隆之实。通过冷于冰求仙得道的故事，寄寓作者自己的政治理想。

到了清代中期，讲史小说又恢复其借历史故事来宣教的特色，《说岳全传》是其中的代表作。此书记载两宋兴亡之事，描写了以岳飞为代表的一批抗金派，外抗金贼，内与以秦桧为代表的投降派斗争的故事。本书在创作过程中，突破史传限制，对人物描写进行大胆处理，形象生动，是对以往民间讲史小说的一个突破。

2. 晚清通俗小说

自晚清以来，社会发生了巨大变化，随着外国侵略者的入侵，清朝国运由盛而衰，人们的心理发生变化，反映到通俗小说上，主要表现在三个方面：侠义精神的流变和丧失、才子佳人模式的嬗变、谴责小说的兴盛。

自清代建国之初，运河地区人民反清活动不断，抗清士人借续《水浒传》作《后水浒传》，宣扬侠义。到了晚清时期，知识分子多走上了同统治者合作的道路，仇视人民反抗运动，写出一些意在消除人民反抗心理的反侠义小说，其中的代表作是俞万春的《荡寇志》。

与此同时，运河区域说书艺术的发展和社会动乱的局面，促使侠义小说流变为侠义公案小说，其代表作是《三侠五义》。该书根据说书艺人天津人石玉昆的说唱本《包公案》编写而成的，叙述了宋朝开封府包拯秉公断案、不畏权贵、为民申冤，众多侠士除暴安良的故事。作者巧妙地将侠义与公案结合在一起，刻画了包拯、颜仁敏等清官，使其在思想性与艺术性都达到了一个新的境界，后俞穗在此基础上加以删改，改名《七侠五义》。

清代才子佳人小说长期流行，人们阅读疲倦，渐渐厌烦。文人有感于《红楼梦》，便出现了侠士和才子佳人相结合的《儿女英雄传》。《儿女英雄传》作者是文康，字铁仙，此书叙述公子安骥在救父途中遇强人，后被十三妹所救，小说以二人成亲结束。书中既赞扬人物的忠孝节义，也突出了才子佳人自由恋爱的话题，因而风行一时。在北京一带的运河地区，出现宣传才子佳人和侠义小说的同时，江浙一带还出现了狭邪小说。其中比较典型的是《品花宝鉴》和《青楼梦》两部小说。

3. 谴责小说

在清代谴责小说中，有的直面现实，暴露官场黑暗，以锐利之笔痛骂官吏，批评社会黑暗现实，这种文化思潮无疑也对运河地区，特别是江浙、京津一带士人产生重大影响。该时期谴责小说代表作有《老残游记》和《孽海花》。

《老残游记》的作者刘鹗是江苏镇江人。该书写一个被人称作老残的江湖医生铁英在游历中的见闻和作为。老残是作品中体现作者思想的正面人物，他“摇个串铃”浪迹江湖，以行医糊口，自甘淡泊，不入宦途，关心国家和民族的命运，同情人民群众所遭受的痛苦，是非分明，而且侠胆义肠。小说以老残在山东一带，主要是运河沿线的游历为主线，对社会矛盾发掘很深，尤其是他在书中敢于直斥清官（清官中的酷吏）误国害民，直指清官的昏庸常比贪官更甚。同时，小说在民族传统文化精华提炼、生活哲学及艺术、人物心理及音乐景物描写等多方面皆达到了较高的境界。

《孽海花》以金雯青和傅彩云的故事为线索，穿插叙述了大量官僚文人的旧闻琐事，从一个侧面反映了从同治初年到甲午战争失败三十年间的政治文化状况，汇集了当时出现的一系列政治思潮，描述了高级知识分子阶层思想分化的过程。可以说这部小说的成功处在于揭示人物思想变化，同时，在艺术上“结构工巧，文才斐然”。

三、翻译小说

清代最早的翻译小说是清同治十二年（1873 年）连载在上海《申报》上的英国小说《昕夕闲谈》。

著名翻译家林纾，原名群玉，字琴南，号畏庐，别号冷红生，福建闽侯人，长期生活于北京，执教于京师大学堂。他在精通外语人士的帮助下，翻译作品 180 多种，涉及十余个国家，代表译作是《黑奴吁天录》（即《汤姆叔叔的小屋》）和《块肉余生述》等。他想象力十分丰富，加之桐城派文法的运用，使其翻译的小说别有情趣。正是他的努力，使国人开始对欧美社会生活以及精神有了系统了解，对运河文化的繁荣起到了很好的作用。

除林纾外，晚清运河区域较著名的翻译家还有两位：一位是常熟人徐念慈，他以翻译侦探小说见长，曾任《小说林》编辑，翻译了《黑行星》《海外天》《美人妆》《新舞台》等小说；另一位是吴县人包天笑，他以翻译教育小说见长，还译介日语的书刊，将国外的新思想、新技术向中国传播。该时期翻译小说刚刚起步，开阔了知识分子的视野，使人们开始接触并了解了西方各种流派的文学。

第六节
近现代运河小说

1. 近现代小说家与流派

现代小说兴起的标志性事件为新文化运动。新文化运动是五四运动的先导，这一时期，社会各种思潮流行，西方文化冲击传统文化，中国小说的发展出现多元化，各类小说题材涌现，其中现代言情小说的发端“鸳鸯蝴蝶派”就诞生在此时。小说的代表性人物有鲁迅、茅盾、巴金、老舍、叶圣陶等。

鲁迅（1881—1936 年），本名周树人，生于浙东运河沿线的绍兴，并在绍兴度过少年时代。1911 年发表第一篇文言短篇小说《怀旧》，1912 年任中央政府教育部部员。新文化运动兴起后，加入《新青年》杂志编辑部，进行新小说创作。1918 年 5 月，发表第一篇白话短篇小说《狂人日记》。这篇小说的内容和形式均具现代化的特征，成为中国现代小说的开山之作。此后，他接连创作发表了以绍兴为背景的《孔乙已》《药》《故乡》《阿 Q 正传》《祝福》《在酒楼上》《伤逝》等中短篇小说共 24 篇。这些小说后分别收录于《呐喊》《彷徨》两本集子中。其中《阿 Q 正传》是他的代表作，这篇小说塑造了一个在辛亥革命前后从物质到精神都深受封建压迫而不觉悟的雇农形象，运用反讽的手法表现了悲剧人物的悲剧故事，无论是在思想上还是艺术上都取得了开创性的杰出成就，被翻译成多种文字出版，成为一部具有世界影响力的文学作品。

茅盾（1896—1981 年），本名沈雁冰，生于江南运河沿线的浙江桐乡。1913 年入北京大学读书，积极参加五四运动。1920 年在北京参与发起成立文学研究会。20 世纪 20 年代后期创作中篇小说《蚀》、长篇小说《虹》及一些短篇小说。20 世纪 30 年代初，在上海参加左翼作家联盟，创作长篇小说《子夜》和中短篇小说《林家铺子》《春蚕》等。《子夜》真实地反映了 20 世纪 30 年代初运河边的社会生活，它是继鲁迅的《阿 Q 正传》之后，中国现代文学史上又一部伟大的现实主义作品。抗日战争爆发后，茅盾创作了长篇小说《腐蚀》《锻炼》等。

老舍（1899—1966 年），出生于北京。1923 年创作短篇小说《小铃儿》。此后，接连创作发表长篇小说《老张的哲学》《骆驼祥子》《四世同堂》，中短篇小说《赶集》《樱海集》《蛤藻集》《月牙儿》《我这一辈子》等。《骆驼祥子》是其代表作。他的大部分小说作品，通过对北京市民生活的描写，对各种小人物形象的刻画，揭露了中国“国民性”的弱点，形成了具有独特艺术风格的“市民小说”。并以对北京风物民情的细致描绘和对北京话的提炼运用，而具有十足的“京味”，成为植根于北京民众之中的人民文学家。

巴金（1904—2005 年），原名李尧棠，四川成都人，祖籍浙江嘉兴。五四运动后，巴金深受新潮思想的影响，1923 年离家赴上海、南京等地求学，从此开始了他长达半个世纪的文学创作生涯。巴金的长篇小说以描写家庭生活为主，并且带有强烈的自传性。他的短篇小说则题材多样，涉及范围相当之广。在巴金的作品中，家即社会，家庭是构成社会机体的细胞，家庭生活是社会生活的缩影。

叶圣陶（1894—1988 年），生于江南运河沿线的苏州。1919 年春参加新文化运动，开始文学创作，发表第一篇小说《这也是一个人 ?》。此后，陆续创作发表了大量长篇、中篇、短篇小说，这些小说结集为《隔膜》《火灾》《城中》《未厌集》《脚步集》《四三集》等出版。1929 年 8 月发表的长篇小说《倪焕之》是他的代表作。这部小说通过塑造知识分子倪焕之不考虑社会环境和实现理想的可能性，一味沉溺于美好幻想中的典型形象，反映了五四运动高潮期知识分子的特点，是中国现代第一部回顾知识分子心灵历程的文学作品，被茅盾赞为新文化运动的“扛鼎之作”。

李涵秋（1873—1923 年），生于里运河沿线的扬州，并在此长期生活和从事教育工作。清末民初开始文学创作，发表的作品计有长篇小说 36 部、短篇小说 20 篇、诗集 5 卷等。晚年所撰长篇章回小说《广陵潮》近百万字，以扬州社会为背景，以恋爱故事为线索，反映自中法战争到五四运动前这一过渡阶段的社会百态，承袭《官场现形记》《二十年目睹之怪现状》的写法，以揭露社会黑暗面为主，表达底层人们的愿望，结构布局巧妙，语言通俗幽默，在社会上引起了轰动，受到当时文艺界的称誉。

五四运动前，北京出现了以汪敬熙、叶圣陶、杨振声、罗家伦、俞平伯等为主要成员的《新潮》创作群。他们把小说作为思想启蒙的工具，创作了一批面对现实、描写人生的作品，主要有汪敬熙的《雪夜》、杨振声的《渔家》《贞女》、俞平伯的《花匠》、罗家伦的《是爱情还是苦痛》等。五四运动后，北京出现了创作探究社会和人生“问题小说”的潮流。冰心的《两个家庭》《斯人独憔悴》《去国》等，开“问题小说”创作之风气。庐隐、王统照、许地山等，在当时都致力于“问题小说”的创作，发表了不少此类作品，如庐隐的《一封信》《两个小学生》《灵魂可以卖吗？》、王统照的《沉思》《春雨之夜》《湖畔儿语》、许地山的《缀网劳蛛》《商人妇》等。

20 世纪 20 年代至 30 年代，北平（今北京）出现了以沈从文、废名、萧乾等为主要成员的“京派”作家群。他们以《文学月刊》《骆驼草》等杂志为阵地，一面揭露社会的不平，一面惧怕革命的破坏，将人生理想寓于自然美、人性美之中，来与现实社会的丑相对抗。主要作品有沈从文的《萧萧》《柏子》《三三》《长河》《顾问官》《绅士的太太》《八骏图》、废名的《莫须有先生传》、萧乾的《皈依》《栗子》《梦之谷》等。

从 1912 年至 20 世纪 20 年代，苏州活跃着以包天笑、徐卓呆、周瘦鹃、范烟桥、程小青、戚饭牛、程瞻庐、叶小凤、郑逸梅、顾明道等为主要成员的“礼拜六”派作家群。他们以 1914 年创办的《礼拜六》周刊为阵地，创作发表以消遣为目的的小说，被称为鸳鸯蝴蝶派。主要作品有周瘦鹃的《紫兰花片》《紫罗兰》、程瞻庐的《新广陵潮》、顾明道的《荒江女侠》、程小青的《霍桑探案》等。他们也曾撰写过一些有社会意义的作品，如 1915 年周瘦鹃写的《亡国奴日记》受到读者的欢迎，销售数十万册。

2. 描写运河生活的小说

运河沿线丰富的社会生活为文学创作提供了广泛而生动的题材。许多作家利用这些题材创作出了大量的文学作品。其中不少作品在这一时期的文学史上占有重要地位。小说作品直接取材于运河及其沿线社会生活的以鲁迅的《故乡》、丁玲的《水》、叶圣陶的《多收了三五斗》等影响较大。

鲁迅的《故乡》是最具代表性的一篇。1919 年 12 月 4 日，鲁迅为了处理家族聚居的老屋，先由北平乘火车到杭州，再由钱塘乘船经浙东运河回到故乡绍兴。12 月 24 日，鲁迅处理完老屋后，先由绍兴乘船经浙东运河到钱塘，再从杭州乘火车返回北京。1921 年 1 月，鲁迅以这次乘船经浙东运河往返绍兴处理老屋的见闻和感受为题材，创作了自传体短篇小说《故乡》。在这篇小说里，鲁迅首先通过乘船经浙东运河回故乡时的景物描绘，揭露了在帝国主义和地主豪绅阶级的掠夺压榨下，在官僚和自然灾荒的摧残袭击下，浙东运河边的衰败景象。小说将回忆中的聪明伶俐、天真活泼、富有劳动智慧和生活乐趣的少年闰土，和这次回故乡眼前出现的、被压榨摧残得如同“木偶人”的中年闰土相对照，通过人物性格、表情、谈吐在三十年间的巨大变化，揭示了浙东农民的悲惨命运。小说通过对少年闰土形象的热爱、赞美，对中年闰土悲惨命运的叹息与思索，表达了作者对贫苦农民的深厚感情。通过少年闰土称“我”为“迅哥儿”，中年闰土恭敬地称“我”为“老爷”的强烈对比，提出了知识分子与农民的关系问题。通过对侄子宏儿与闰土的儿子水生的摘写，表达了对下一代能有“新的生活”的希望。小说在结尾处，用富有哲理的语言告诉人们“希望是本无所谓有，无所谓无的。正如这地上的路；其实地上本没有路，走的人多了，也便成了路”。

1931 年夏天，长江、淮河流域连降大雨，河水泛滥，造成 16 省水灾。其中尤以洪泽湖和里运河堤防溃决，造成里下河地区 10 余县尽成泽国，灾害最为严重。洪泽湖和里运河，自清末漕运停止后，长期未得到应有的治理。这次洪泽湖和里运河堤防的大溃决，与其说是天灾，不如说是人祸。左翼作家丁玲适时抓住了这个素材，于 1931 年 9 月至 11 月创作并陆续发表了中篇小说《水》。通过描写 1931 年大水灾，揭示了官僚军阀和地主豪绅对人民的残酷压迫剥削，是造成天灾的主要原因这一事实，在中国现代文学史上占有比较重要的地位。这场大水对里运河沿线的城市高邮造成了很大的灾难，对此，汪曾祺的作品《我的家乡》中也有所描述，“阴历七月，西风大作。店铺都预备了高挑灯笼——长竹柄，一头用火烤弯如钩状，上悬一个灯笼，轮流值夜巡堤。告警锣声不绝。本来平静的水变得暴怒了。一个浪头翻上来，会把东堤石工的丈把长的青石掀起来。看来堤是保不住了。终于，我记得是七月十三（可能记错），倒了口子。我们那里把决堤叫做倒口子。西堤四处，东堤六处。湖水涌入运河，运河水直灌堤东。顷刻之间，高邮成为泽国”。

20 世纪 30 年代初，资本主义国家为了摆脱经济危机，向中国大量倾销农产品。日本帝国主义武装侵略中国东北，并把战火烧到上海，国民党政府和地主高利贷者加紧对农民搜刮和盘剥。由此造成中国农村经济的破产，连素有“鱼米之乡”美称的江南运河沿岸农村亦未能幸免。叶圣陶以其家乡苏州运河沿岸农村的现实生活为题材，于 1933 年 7 月创作发表了短篇小说《多收了三五斗》。这篇小说，通过“几个戴旧毡帽”的农民，在丰收之后，摇船到河埠头万盛米行去粜米，结果收入不仅没有增加，反而严重折本的故事，反映了在帝国主义、地主资本家和国民党政权的重压下，江南运河沿岸农民的悲惨生活，揭露了地主阶级和帝国主义等是造成农村破产的主要原因。该书深刻揭示了农村破产的原因和农民在走投无路中产生反抗意识的合理性和必然性，具有较高的社会意义和艺术水平，受到中国现代文坛的广泛关注。

第五章

中国大运河戏剧艺术

中国戏剧的发展，离不开大运河的重要作用与贡献。大运河的开通，促进了商品经济繁荣，从而为戏剧的广泛传播、持续发展、走向繁荣创造了便利条件，特别是为京剧的诞生奠定了基础。戏剧界曾经流传两句话："商路即戏路""水路即戏路"。商贸发达、运输繁忙的大运河周边地区非常适合戏剧演出，是戏迷最集中，也是有经济条件，人们有可供空闲时间欣赏戏剧的地方。可以说大运河是中国戏剧艺术的摇篮。明清时期，各地声腔都向大运河沿岸城市镇聚集，同时借助大运河进行南北交流与传播。苗菁在《京杭大运河与明清戏曲的传播》一文中写道，"无论是明清'四大声腔'的发展历史，还是京剧的形成历史，都表明：明清时期，京杭大运河沿岸及其临近地区的众多城市是当时各种剧种声腔的吸纳、聚集之地，京杭大运河水道是当时各种剧种声腔最重要的传播渠道。"

第一节

中国大运河戏剧的起源与发展

戏剧是一种有剧情的，以语言、动作、舞蹈、音乐、木偶等形式叙事，综合音乐、歌唱、舞蹈、武术和杂技等的舞台表演艺术。它的表演形式丰富，包括话剧、歌剧、舞剧、音乐剧、木偶戏、皮影戏等。

一、戏剧的起源及发展概述

戏剧的起源有两种说法：一是原始宗教的巫术仪式，可能是祈求战斗胜利的巫术活动；二是为劳动或庆祝丰收时的即兴歌舞表演，这种说法主要依据古希腊戏剧，它的起源被认为是酒神祭祀。

中国戏剧的起源是由于歌舞比较流行，歌舞说又分为三类。第一类是宫廷乐舞说，周贻白的《中国戏剧史长编》将中国戏剧的最早源头溯至"周秦的乐舞"。第二类是上古歌舞说，张庚、郭汉城的《中国戏曲通史》认为，中国戏曲的起源可以上溯到原始时代的歌舞。第三类是西域歌舞说，陈村、霍旭初在《论西域歌舞戏》中指出，汉唐间，随东西方交通的开拓、经济文化的频繁交流，西域文化艺术的一支——歌舞戏，逐步传入中原，成为中国戏剧的重要源流之一。

木偶戏是早期的戏剧，古代文献中记载的傀儡戏即木偶戏，也是戏剧的起源之一。宋朝时，一位叫耐得翁的人在《都城纪胜》中说“以小儿、后生辈为之”，说的是由人代替傀儡来演戏。由于剧情太过复杂，傀儡戏不足以表达，于是在宋代出现由人来代替木偶上台的表形式，称作“肉傀儡”，肉傀儡使得舞台上的姿态和表演更丰富。早期“肉傀儡”模仿木偶不用开口，他们只管表演，由其他演员在后台帮他们念台词和歌唱。这种表演方式今天我们还可以在某些戏曲剧种（如新昌调腔、川剧高腔等）里看到，就是由后台演员或者由乐队人员帮腔或配唱。

有研究者认为，中国戏剧的起源，应该要区分“大戏”与“小戏”，大戏是成熟的戏曲，而小戏则是戏剧的雏形。大戏是在到了金元杂剧之后才发展完成，而之前的宋杂剧、唐代的代面、踏摇娘、钵头、“樊哙排君难”等，都可列入小戏的行列。中国戏剧发展到宋代才有了完备的戏剧文本创作，现存最早的戏剧剧本是南宋时的《张协状元》。元代以运河沿线的大都、平阳和杭州为中心，杂剧大放异彩。明代的昆曲得到士大夫的追捧和喜爱，他们创造剧本，修改曲谱，修正昆曲的戏剧理论，并使传奇剧本成为一种新的主流文学形式。昆曲随后又得到晚明和清代皇室的喜爱，成为获得官方肯定的戏剧艺术，称为“雅”；而以各地方言为基础的地方戏，广受民间喜爱，则称“花”。在清代形成了“花雅之争”，实际上是戏剧共同繁荣的局面，不仅丰富了戏曲艺术的门类，而且形成了各自的艺术特色。

二、歌舞戏与参军戏

介绍大运河地区的戏剧则要从唐代的歌舞戏和参军戏开始。

1. 歌舞戏

歌舞戏出自散乐。唐代的歌舞戏主要有“大面”“钵（拨）头”和“踏摇娘”等。

大面，也叫代面，源于北齐歌舞戏，唐代宫廷演出仍沿袭，且编入《软舞》中。

钵头，即拨头。其戏来源，据《乐府杂录》记载，有一人之父为虎所伤，其人上山寻父尸，因为遭丧，故被发，素衣，哭啼。而《通典》则说主人公是一位胡人，父亲被虎所伤，他寻父尸并与虎搏斗，终于杀死猛兽而报仇。因上山有八折，故戏有八叠，即伴奏八遍乐曲；又因与虎搏斗，其节奏激烈、明快，有角抵的性质。人物、情节、冲突、结局一应俱全；妆扮、伴奏、身法步态、打斗等表现手段多样化，以歌舞形式表现了一个完整的故事。《通典》认为此戏传自西域，这也是说得通的，因为隋唐时期大批胡乐、胡舞从西域传入中原。

踏摇娘，也叫踏谣娘，唐以前产生，盛演于唐代。踏摇娘是一个妇人的名字。据说丈夫貌丑且贪杯，每次喝醉回家必殴打其妻。妻子长相娇美，能歌善舞，于是编成怨词演唱。当她悲痛地控诉时，常常摇动身体，故称“踏摇娘”。而戏中的“丈夫”则身着绯衣，戴帽，面色赤红，做出喝醉酒的样子。至唐中期，这出戏的表演已发生了明显变化。《教坊记》记载，“时人弄之，丈夫著妇人衣，徐步入场，行歌。每一叠，旁人齐声和之，云：‘踏谣和来，踏谣娘苦和来！’以其且步且歌，故谓之‘踏谣’，以其称冤，故言苦”。又说：“今则妇人为之，遂不呼郎中，但云‘阿叔子’。调弄又加典库，全无旧旨。或呼为‘谈容娘’，又非”。唐人西河尉常非月《咏谈容娘》一诗中写道，“举手整花钿，翻身舞锦筵。马围行处匝，人压看场圆。歌要齐声和，情教细语传。不知心大小，容得许多怜”，形象生动地描绘了女伎的精彩表演和观众的痴迷。

2. 参军戏

参军戏，属于“弄”戏的一种，也叫“弄参军”，出自以前的优戏。其说法有两种：一是后赵皇帝石勒命令优人戏弄“犯官”，而“犯官”的原任职务是“参军”，因称“参军戏”；另一说是唐开元中，李隆基授予优戏名演员李仙鹤韶州同正参军的官职待遇，故谓“参军戏”。起源虽不同，但作为主要角色之一的参军，即扮演被嘲弄者的角色，却是相同的。另一主要角色称为“苍鹘”，在戏中嘲弄参军。任何一出参军戏，都由参军和苍鹘两个角色扮演。有认为这是中国戏剧角色行当划分的开始。

参军戏形式多样，其中不乏滑稽调笑，充满喜剧色彩。唐咸通年间（860—874年），每逢皇帝诞辰日的“延庆节”，总要召集儒、释、道三教的代表人物互相辩难。当时有一位叫李可及的名优，演出了一幕《三教论衡》的参军戏，以谐音解释文义，妙趣横生，逗人捧腹，艺术感染力较强。

三、宋金运河戏剧艺术

宋代是戏剧的成熟期。随着大运河作用的充分发挥，宋代在物质文明和精神文明上所达到的高度是空前的。宋代的戏剧活动在地理上分别分布于以北宋的首都汴梁为中心的中原地区、以金代首都上京会宁府为中心的东北地区和以南宋永嘉为中心的南方地区，分别称为“宋杂剧”“金院本”和“南戏”。

1. 宋杂剧

宋杂剧，是宋代各种歌舞、杂戏的统称，由滑稽表演、歌舞和杂戏组合而成的一种综合性戏剧。“杂剧”之称早在唐代就有了，泛指各类表演技艺。到了北宋，杂剧与歌舞百戏有了区分，独立成为一项艺术类别。“宋杂剧”在唐代参军戏的基础上发展起来，在表演形式上大致分为“滑稽戏”和“歌舞戏”。它们表现内容的方法各异，滑稽戏所占比重较大。

北宋的杂剧分为“艳段”和“正杂剧”两个部分。“艳段”是在正剧上演前表演的一段日常生活中的熟事。“正杂剧”又分为两段，表演一个完整的故事，是杂剧的主体。南宋，杂剧变为三个部分，即“艳段”“正杂剧”“杂扮”。“杂扮”是由民间的滑稽戏演变而来的，作为杂剧之后的散段，又称“杂班”或“拔扣”。两宋时期的杂剧都是有剧本的，均没有流传下来，只有剧目记载，南宋周密《武林旧事》载有“官本杂剧”剧名 280 个。

北宋时期，运河城市宋杂剧的表演已经有了角色分工体制，分为末泥、引戏、副净、副末和装孤等五个基本行当，还有一个名为“竹竿子”或称“参军色”的角色。宋杂剧曾出现诸多优秀演员，南宋孟元老《东京梦华录》（卷七）“驾登宝津楼诸军呈百戏”记载，有萧住儿、丁都赛、薛子大、薛子小、杨总惜、崔上寿等著名杂剧女演员，她们均来自于民间的勾栏瓦舍。

宋杂剧有数量庞大的观众，运河中心城市北宋都城汴梁的观众曾达到过 150 万之多，随之出现了诸多称为“瓦子”“勾栏”的演出场所，为杂剧艺人队伍的发展壮大起到了积极的促进作用。“瓦子”也称“瓦肆”“瓦舍”，是集中演出的场所，都在商业活动的中心区域。“勾栏”又称“勾阑”“构阑”，是在瓦子中用栏杆搭起来的演出场地。

后来，大运河北部的杂剧逐渐发展为元杂剧，运河南部的杂剧逐渐发展为宋元南戏。

2. 金院本

金灭北宋后，与南宋并立，继承了北宋的杂剧，称为“金院本”。金前期对宋杂剧进行了“金院本”式的改造，创造出丰富的新故事，《蔡消闲》就是一个新创的剧目。金迁都燕京（今北京）后，进入金后期。相比之下，金前期的戏剧是对宋杂剧的改造、创新，金后期则是金前期戏剧的定型期，也是元杂剧的定型期。

金院本的剧目在“院本名目”中有记载，题材广泛、内容丰富、风格多样，可分为 11 个类别，包括“题目院本”“和曲院本”“上皇院本”“霸王院本”“打略拴搐”“诸杂大小院本”“冲撞引首”“拴搐艳段”“诸杂砌”等，每个类别又有不同的剧目内容。金院本的角色行当与宋代时基本一样，表演体制有所发展，不再限于小型的歌舞戏和滑稽戏，演出场所也不再是“瓦舍”与“勾栏”，开始有了亭榭式的戏台。

3. 南戏

南宋建都在临安，永嘉（今温州）成了抗金的大后方。建炎四年（1130 年），宋高宗赵构为避金兵逃到永嘉，并带来一批皇族、勋亲，甚至朝廷和太庙神主都曾一度迁至永嘉。永嘉政治、经济地位的提高使得民间艺人云集于此，演出活动兴盛。由开封逃难而来的流动艺人“路歧人”等带来了丰富多彩的民间艺术，并受到宋杂剧的影响，形成了“永嘉杂剧”。永嘉杂剧也就是“宋元南戏”，又称“温州杂剧”或“南曲戏文”，简称“戏文”。永嘉杂剧吸取了宋杂剧行当体制的长处，建立起了以生、旦为主体的“生、旦、净、末、丑、外、贴”等七种角色的行当体制。

南戏演出

莆仙戏就是从南戏传承下来的

关于永嘉杂剧的产生时间有两种说法，明代祝允明的《猥谈》载，“南戏出于宣和之后，南渡之际”，明代徐渭的《南词叙录》载，“南戏始于宋光宗创”。永嘉杂剧两种说法的产生时间相差约 70 年，其实也不矛盾，这段时间就是永嘉杂剧演变发展的过程。最初的永嘉杂剧有《赵贞女》《王魁》等。南戏壮大后，迅速向四面八方传播，甚至连行在临安都盛行起来，文人士子们都为之撰写剧目。元代刘一清的《钱塘遗事》载，当时的太学生黄可道所编写的戏文《王焕》曾盛演于临安。临安、永嘉等地都有专门的民间书会组织编写剧本，曾产生了大量的作品，不过都失传了，有记载的剧目有《赵贞女蔡二郎》《王魁负桂英》《乐昌公主破镜重圆》《张协状元》等。其中，《张协状元》代表了南宋时期永嘉杂剧的最高成就。

4. 诸宫调

诸宫调也称“诸般宫调”，是集合众多宫调的曲子，再加说白夹叙，说唱故事的形式。大致形成于北宋神宗年间（1068—1085年），也有说法认为是北宋熙宁、元丰、元祐年间（1066—1090年）泽州人孔三传所创。其曲调来自唐宋词调、唐宋大曲以及宋代流行的其他俗曲。诸宫调所用的伴奏乐器，宋代主要为鼓、板、笛；金元以后，开始加入弦乐器和其他打击乐器。

诸宫调的曲调既多，遣词造句、变化也多；有时代言，有时带叙，有时写景，有时抒情。曲调包罗万象，篇幅形式自由不受限，可以讲唱较为曲折动人的长篇故事。诸宫调以一人独唱，并以几个宫调的一支支曲来唱叙故事的形式，为元曲所继承；但诸宫调是代言说唱，而元曲则是由人来扮演角色而已。

诸宫调在南宋时极为盛行，元代前期仍然流行。随着战乱以及新式戏曲的出炉，目前传世甚少，以金代董解元《西厢记诸宫调》保存最为完整，此外还有金代《刘知远诸宫调》（仅残存四十二页，五段情节）及元代王伯成作的《天宝遗事》的残篇和《张协状元》戏文中的曲词片段。

四、元代东平杂剧和大都杂剧

金元时期，杂剧创作空前繁荣，在中国文学史上占有举足轻重的地位。东平和大都相继成为杂剧创作的中心。

东平（今属山东）在元代南北大运河开通以后，成为山东地区最大的繁华城市之一。东平地处南北运河交通枢纽，来往的舟船和客商营贩，昼夜不息。马可·波罗描写道，“这是一座雄伟壮丽的大城市，商品货物十分丰盛，运河上千帆竞发，舟楫如织，数目之多，简直令人难以置信”。还在金末元初战争动乱之时，当时统治东平的严实，便大力开办府学、乡学和庙学，大兴办学养士之风，使东平成为人才济济、文化发达之地。许多不愿入仕的生员，多在家乡从事教育事业或进行文学创作。随着运河经济的繁荣和运河文化的发展，不少人成了杂剧家和散曲家，使东平成为杂剧创作中心，并对邻近地区产生影响。

据钟嗣成《录鬼簿》所载，当时著名的东平籍作家有高文秀、张时起、李好古、顾仲清、张寿卿等人，还有周边济南、无棣、曹州、青城等地作家，形成了以东平为中心的杂剧作家群，他们创作的杂剧不下六十余种。杂剧主要是历史剧与英雄剧两大主题，以描写梁山好汉的水浒戏最多。

高文秀与康进之是水浒戏的代表性作家。高文秀一生写了32个剧本，其中8个剧本是写水浒英雄的，多集中在黑旋风李逵身上，如《黑旋风双献功》等。康进之存留著录下来两本绿林英雄戏，也是描绘李逵形象的，分别是《黑旋风老收心》《梁山泊李逵负荆》。除绿林英雄戏以外，还有大量的历史剧与神话剧。如张时起有《昭君出塞》《沉香太子劈华山》《赛花月秋千记》等，岳伯川有《杨贵妃》《铁拐李岳》等，高文秀有《保成公径赴渑池会》《刘玄德独赴襄阳会》等，其中《保成公径赴渑池会》是当时以春秋战国历史故事为题材的剧本中最优秀的作品之一，其成就仅次于大都作家纪君祥的悲剧《赵氏孤儿大报仇》。这都反映了东平作家群在杂剧文学创作中的突出贡献。他们也对元代的杂剧创作产生了深远影响。

元朝统一、定都于大都后，大都便成为元杂剧的中心。如《录鬼簿》记载了元前期56名杂剧作家，其中大都籍的即有17人。被盛称的“元曲四大家”中，大都人就有3位，即关汉卿、马致远和王实甫。另一位白朴，幼年即随父居住金朝南京（今河南开封），金亡后，来到山东，也是运河作家。

在大都的杂剧作家中，关汉卿占有特别突出的地位，被钟嗣成的《录鬼簿》列为元代作家第一人。关汉卿一生创作的杂剧在60种以上，但大多已散佚，今仅存18种。他的作品塑造了多种多样令人难忘的人物形象。其代表作《窦娥冤》，是元杂剧四大悲剧之一，《拜月亭》是当时的四大爱情剧之一，《单刀会》则是历史剧的杰作。其次是王实甫，他的5本二十一折的《崔莺莺待月西厢记》，被誉为元代杂剧中最辉煌的成就，也是以爱情为题材的杂剧的高峰。大都杂剧作家另外一位大家是马致远，他“姓名香贯满梨园”。马致远在大都生活了20多年，后到大运河沿线的江浙等地做官20多年。其杂剧代表作《破幽梦孤雁汉宫秋》是现存最早敷演王昭君故事的历史剧，也是元杂剧中最优秀的作品之一。另外，马致远还写了120多首散曲，因此他也是元代著名的散曲名家。

除“元曲四大家”之外，著名的大都作家还有纪君祥、杨显之、张国宾等人。纪君祥写有《赵氏孤儿》等6个剧本，《赵氏孤儿》是元代悲剧中颇具壮烈之气的著名作品。与关汉卿有“莫逆之交”的杨显之，则以写家庭剧和爱情剧见长，他先后写出《临江驿潇湘秋夜雨》《郑孔目风雪酷寒亭》等8个剧本，尤以《临江驿潇湘秋夜雨》的艺术描写为人所称道。另外他还写有《黑旋风乔断案》等水浒英雄戏。赵国宾做过元廷教坊勾管，写有4个杂剧，其中流传下来的《薛仁贵荣归故里》和《相国寺公孙合汗衫》。

标志着大都杂剧艺术繁荣的是当时涌现出一批优秀的杂剧演员。著名的女演员有珠帘秀、顺时秀、天然秀、赛帘秀、燕山秀等。著名的男演员有魏、武、刘三人，可惜他们的名字没有留下来。也有演员参加编剧和联合进行杂剧创作，如“元贞书会李时中、马致远、花李郎、红字公四高贤，合捻《黄粱梦》”，其中李时中和马致远是作家，花李郎、红字公是演员。

到了元后期，杂剧创作活动的中心沿运河逐渐南移到以杭州为中心的江浙地区，并集中了许多有成就的作家。如后期杂剧作家中的佼佼者郑光祖，即在杭州。与郑光祖同时较有成就的杂剧作家宫天挺也主要活动在江南运河一带。在大都成名的秦简夫，后来也到了杭州。

五、明代运河戏剧

明代运河区域出现了一大批戏剧家，也产生了一大批戏剧作品，在中国文学史上占有重要的地位。明代运河戏剧沿两条线索发展。主线是由元代南戏演变而来的传奇戏，副线是从元代继承而来的杂剧，传奇和杂剧齐头并进，争奇斗艳。

1. 传奇

明代戏曲对后世影响最大的是传奇戏四大声腔的形成，而四大声腔的形成又为传奇戏的进一步发展奠定了基础。

传奇戏由南戏发展演变而来。随着大运河的开通，南戏沿运河北上，逐渐传到全国各地。各地的南戏与当地的方言、民间音乐结合后，便产生了传奇戏的四大声腔，即海盐腔、余姚腔、弋阳腔和昆山腔。

冯丽娜在《京杭运河与我国南北音乐文化的交流传播》中写道，“明清时期影响全国的戏曲四大声腔（昆山腔、弋阳腔、海盐腔、余姚腔）皆产自南方，关于它们如何北传，一些资料表明，京杭运河具有重要的作用”。[1] 1993 年出版的《中国戏曲志》介绍道，“延至明万历，北杂剧已十分衰落，代之而兴起的是由京杭运河而北上的昆山腔和弋阳腔。由此可见，由于京杭运河是贯通我国南北的重要交通动脉，其流域商品经济繁荣，流动人口众多，具有音乐传播的良好的外部条件，因而京杭运河的通行带动了昆山腔和弋阳腔的北传。弋阳腔由此在河北兴起”。据沧州史料记载，清代，兴济曾出现大量长亭弋阳腔班，由安徽、江西的商人组织在运河沿线进行常年演出。

海盐腔源于浙江海盐，当时只流传于浙东沿海一带。顾起元《客座赘语》中称“海盐多官语，西京人用之”，既然演唱的时候用“官语”，那么北方人也就能够听得懂。

1 冯丽娜 . 京杭运河与我国南北音乐文化的交流传播 . [J] . 济宁师范专科学校学报，2005，（2）：9-11.

有研究者认为，海盐腔曾沿着大运河北上，流传到黄河以北地区。明代小说《金瓶梅》中曾多次出现海盐腔演出的描写。

余姚腔产生于浙江余姚，与海盐腔同时流行。其流行的地区，据《南词叙录》中所说的“常、润、池、太、扬、徐用之”来看，该声腔曾经沿大运河北上，至少流传到江苏、安徽一带运河地区。

弋阳腔源自江西弋阳。后来随着大运河北上，流传的地域日益广泛，几乎遍及大江南北。

昆山腔起于江南运河区域的昆山地区，产生于元末，到了明初已有一定的影响。因其声调悠远，比较适合文人士大夫的风格，到了明代中叶，经过魏良辅、梁辰鱼等对昆山腔的改革，大大促进了传奇戏创作的繁荣。明代中叶是文人传奇创作的发展时期，而文人传奇创作发展的一个主要标志就是昆山腔的改革。

昆山腔的改革早在元末明初的顾坚就开始。到明代中叶，魏良辅进一步改良昆山腔，他不仅吸收了北曲的唱法，而且吸收了弋阳、海盐诸腔，同时还与管乐、弦乐、打击乐等共同伴奏。他的改革使昆山腔很快以其婉转优美的声调和丰富曲折的表现力赢得了文人和市民的喜爱。但经其改革的昆山腔仍然只是用于清唱，还无法搬上戏剧舞台。而将昆山腔运用于戏剧演出的改革者则是梁辰鱼，他进一步精研音律，扩大了昆山腔的影响，使之风靡全国。

由于昆山腔的改革和文人的参与，这个时期传奇戏的创作发展较快。因为传奇作家多为昆山人，故称之昆山派。又因该派作家在艺术上讲究语言的骈偶藻丽，故又称为骈俪派。骈俪派从邵璨的《香囊记》开始，顶峰则是代表明中叶传奇创作最高成就的“明代三大传奇”。“明代三大传奇”是指李开先的《宝剑记》、梁辰鱼的《浣纱记》和王世贞的《鸣凤记》，这三部明代中叶的形成传奇戏都具有较强的现实针对性。

到了明朝末期，传奇的四大声腔已出现分化。海盐腔与余姚腔消歇，弋阳腔流落于民间，昆山腔被列为“官腔”。同时，代表明代传奇戏创作最高成就的昆山腔也出现了不同的流派，主要是吴江派、临川派和双美派。

吴江派以沈璟为代表，沈璟是江苏吴江人。吴江派在思想上宣扬封建的伦理道德和宿命论思想，作品缺少现实内容；在艺术上重视音韵格律，讲究语言要本色，故后人也称之为格律派。沈璟精通音律，善于南曲。编撰了《南九宫谱》22卷，还有《南词韵选》若干卷、散曲集多卷。创作的戏曲有《属玉堂传奇》十七种，《红叶记》《义侠记》《博笑记》代表了吴江派创作的最高成就。

临川派因其代表人物汤显祖等大多是江西临川人，故名。临川派在创作上主才情，不拘音律，强调语言要有文采，要表现人物的意趣神色。因此，后人也称之为文采派。其中，汤显祖的“临川四梦”代表明代传奇戏创作的最高成就。尤其是“四梦”中的《牡丹亭》，在明代戏曲舞台上流传之广、影响之大。临川派作家中吴炳、孟称舜都是运河沿线人。吴炳是江苏宜兴人，所作传奇集为《粲花斋五种曲》；孟称舜是浙江会稽（今绍兴）人，所作有《娇红记》《二胥记》《贞文记》传奇三种，此外还有杂剧《桃花人面》《英雄成败》《死里逃生》等。

双美派是指在艺术上兼具吴江派的格律和临川派的文采，取长补短的其他传奇作家。双美派代表人物有周朝俊、高濂等，代表作品有周朝俊的《红梅记》和高濂的《玉簪记》。

2. 明代杂剧

受传奇的冲击，明代的杂剧创作不太景气。运河区域杂剧的创作可简单地分为前后两个时期。前期虽然杂剧作家的人数不少，但其作品内容不外乎是粉饰太平、神仙道化或是爱情婚姻。值得一提的作家有朱有燉、杨景贤。

朱有燉（1379—1439 年），明太祖朱元璋第五子周定王朱橚之长子。其所作杂剧凡 31 种，合其散曲，辑为《诚斋乐府》。其中少数历史题材的剧作较有意义，如《关云长义勇辞金》《黑旋风仗义疏财》《李亚仙花酒曲江池》等。朱有燉的大部分剧作，虽然在体制上大都还遵循元杂剧的规范，但不少作品在唱的方面却已打破了元杂剧主角独唱、一唱到底的模式，吸收了传奇戏的长处，每个角色都可以唱。在曲调方面也不像元杂剧那样只用北曲，而是南北曲兼用。在明杂剧的创新方面具有重要的影响。

杨景贤，钱塘（今浙江杭州）人，所作杂剧 18 种，现存《西游记》《马丹阳度脱刘行首》两种及散曲数种。其中《西游记》杂剧 6 本，每本 4 折，共 24 折，写三藏法师西天取经的故事，对吴承恩的小说《西游记》有较大影响。

明代后期的杂剧创作略有起色。从思想内容上来看，出现了几部具有较强批判精神的剧作；从创作上来看，寓言剧、讽刺喜剧和从侧面反映现实的所谓历史剧占有较大的比重。具有代表性的作品有康海的《中山狼》、王九思的《杜甫游春》、孙仲龄的《东郭记》和徐渭的《四声猿》等。

徐渭（1521—1593 年），字文长，号天池生，晚号青藤道人，山阴（今浙江绍兴）人。他曾经评价自己的作品“吾书第一，诗二，文三，画四”。虽然其中没有提到戏剧创作，但他的戏剧创作和理论却在中国戏剧史上占有重要的地位。早年写有《南词叙录》，是第一部研究南戏的著作；中年写了一组杂剧《四声猿》，代表了明代杂剧创作的最高成就；晚年在牢中写了一部闹剧《歌代啸》，能让人笑破肚皮，虽然剧名“歌代啸”，实际上却是“长歌当哭”。徐渭杂剧最突出的风格特征，是通过喜剧、闹剧的气氛，表现悲愤的内容，以达到“嬉笑之怒，甚于裂眦，长歌之哀，过于恸哭”的境界。徐渭的杂剧和他的书画一样，充分表现了他狂放不羁的性格和愤世嫉俗的叛逆精神，有人称其剧作是“光芒夜半惊鬼神”。

六、清代运河戏剧

清代前期戏剧延续了晚明的繁盛局面，只是艺术精神有所变化，比如重视戏剧结构和舞台演出效果，偏重娱乐性，反映深刻的社会矛盾和强烈的人生追求较少。还有以旧道德挽救所谓颓世的倾向，成为对晚明文学精神的反叛。康熙年间，洪昇的《长生殿》与孔尚任的《桃花扇》继承了晚明戏剧的精神，情绪上却有浓厚的空幻迷茫之感。至中期，虽然戏剧创作开始复苏，但缺乏戏剧的创造力和新鲜感，已呈衰败之势。

清代运河戏剧最繁盛的地方仍是江南运河沿线和大运河北端的京津地区。苏州在明代就是戏剧创作和演出的中心城市，到了清初形成了包括李玉、朱素臣、朱佐朝、叶时章、丘园、张大复等人的创作群体，时称“苏州派”。

李玉（1591—1671 年）字玄玉，明末清初影响最大的戏剧作家。其作品剧情紧凑，冲突激烈，舞台演出效果较好，有《万里圆》《千钟禄》《清忠谱》等。《清忠谱》是中国戏剧史上第一部写实性的历史剧，主要反映明天启六年（1626 年），魏忠贤迫害东林党人的苏州五君子的事件，第一次把市民政治斗争搬上舞台，是运河文化市民化倾向的一个标志。

其他剧作家朱素臣、朱佐朝、叶时章、丘园、张大复都是仕途失意文人，与下层人民和民间艺人接近，熟悉舞台演出，并多以苏州民间传唱故事和现实生活为题材，写出大量作品。朱素臣所作传奇中比较有名的是根据《醒世恒言》中“十五贯戏言成巧祸”改编的《十五贯》。张大复以写《快活三》有名，反映运河商人追求财富冒险的精神和对政治地位的追求。丘园作品有《虎囊弹》写鲁智深仗义解救金翠莲父女的故事。吴伟业、尤侗、嵇永仁等人的剧作则是结合个人身世，借历史素材抒发内心郁闷和故君故国之思，抒情性较强。

京剧是清代大运河区域戏剧的代表，虽然其繁荣鼎盛期是在 20 世纪 20 年代以后，但形成和成熟期则是在清代，与四大徽班进京密切相关。四大徽班沿大运河北上，在北京站稳脚根后，广收博取，汲取其他戏剧精华，与北京语言的字音字调相结合起来，演出剧目逐渐有了自己的特点，表演方面形成了自己的规范，伴奏音乐也由早期的笛子主奏改用硬弓胡琴。经过几十年的发展，徽班逐渐由诸腔冗杂呈局面走向和谐统一，形成了韵味与风格新颖独特的新剧种——京剧。之后京剧沿大运河开始由北京向天津、山东、江苏、浙江一带传播。至1912年，京剧走向成熟，这一时期被称为“老生后三杰”的谭鑫培、孙菊仙、汪桂芬是代表人物，其他行当也日渐分工细致，涌现出了许多杰出人物，他们在唱念做打、声腔剧目的全面改革中，彻底摆脱了京剧形成初所具有的徽、汉、昆、梆等剧种的旧痕迹。

大运河戏剧发展到清初积累了许多经验，有人从理论上加以总结和探讨，但缺乏对戏剧文学的理论总结。李渔在其多年写作和实际演出的经验基础上，参考前人成果，提出了一系列戏剧理论，收于《闲情偶寄》中的《词曲部》中。并在戏剧结构方面提出了“立主脑”“脱窠臼”“密针线”“减头绪”等实用原则，在戏剧语言上要求“贵显浅”“重机趣”“戒浮泛”“忌填塞”。而淮扬运河边的学者焦循的《剧说》取材一百六十多种有关戏曲记载的书籍，为研究古典戏曲汇集了相当丰富的参考资料，其《花部农谭》是与农夫谈花部剧目的摘记，难能可贵的是提出了花部成就高于昆腔的观点。

康熙年间，随着政局的稳定，运河南北的文人们更多地以空幻与伤感的情绪来看待历史兴亡。洪昇的《长生殿》和孔尚任的《桃花扇》迎合了这种心理，以安史之乱和南明政权覆灭为背景，把爱情消逝和政治变乱相结合，反响很好，因此并称“南洪北孔”。

乾隆时期，戏剧创作已经进入尾声，大量作品是宫廷庆典演出用和士大夫创作的歌功颂德之作。杂剧作家中，以杨潮观最为有名。杨潮观（1712—1791年）字宏度，号笠湖，江南运河边无锡人，著有杂剧32种，皆为一折短剧，以《吟风阁》为总名。就艺术特色而言，曲辞爽朗生动，宾白较为流畅，有一定的造诣。另外会通河边的曲阜人桂馥的《后四声猿》、顺天大兴人舒位的杂剧集《瓶笙馆修箫谱》和浙江海宁人周乐清的杂剧集《补天石传奇》多写文人逸事，抒发作者胸怀，缺乏现实意义，表明杂剧创作已经走向尽头。运河戏剧文化的衰微状态在清后期已十分明显。

七、近现代运河戏剧

20世纪20年代前后，由于运河区域社会政治经济生活的纷繁复杂和急剧变动，当地的表演艺术面临严峻挑战和发展机遇。有些表演艺术由于不能适应形势的发展变化而趋于衰亡，有些表演艺术适应时代的前进和形势的发展进行改革和创新，获得了新生和繁荣。

明清时期由于大运河航运的发展,各地不同声腔的戏剧汇集在一起而形成的乱弹。南方乱弹存在于苏南浙东地区，包含昆曲、高腔、皮黄（簧）、梆子、吹腔、滩簧、时调等声腔。北方乱弹存在于鲁北、冀南、苏北地区，包含秦腔、山西梆子、蒲州梆子、上党梆子、莱芜梆子、四川弹戏等。大运河沿线原有的戏剧表演艺术，绝大部分仍予以保留。个别地方小戏迅速发展成了具有广泛影响的大剧。

1. 京剧的繁荣

京剧在大运河沿线呈日趋发展之势，北京仍是京剧艺术发展的中心。

1912 年，京剧在北京由先前以老生为主，发展为老生、武生、旦角三足鼎立。老生以余叔岩最著名，他有较高的文化修养，懂音律，重声韵，把谭派唱腔发展到了更高水平。武生以杨小楼最著名，他武功精纯，表演细腻，格调高雅，武戏文唱，把武生的表演艺术提高到新的境界。

京剧在北京的发展和提高与王瑶卿的贡献是分不开的。王瑶卿（1881—1954 年），淮扬运河北端清江浦人，生于北京，常与京剧名家谭鑫培、杨小楼同台合作。他的京剧表演艺术承前启后，上承梅巧玲、余紫云之衣钵，下开梅兰芳、程砚秋之端绪，善于吸收前辈的优秀传统，博采众家之所长，打破了京剧青衣、花旦、刀马旦和昆剧旦行的界限，兼纳各功之长，创造了花衫行当，对唱、做、念、打都进行了创新，大大丰富了京剧旦角的表演手段和技巧，塑造了许多形神兼备、栩栩如生的舞台艺术形象，形成了“王派”京剧艺术，代表剧目有《十三妹》《万里缘》《娘子军》《荀灌娘》等。他 40 多岁嗓音失润，转以授徒为业，培养了许多优秀京剧演员。20 世纪 20 年代前后出现的京剧各派代表人物，如“四大名旦”梅兰芳、程砚秋、尚小云、荀慧生等，都曾从其学艺。他堪称京剧界的一代宗师，被誉为京剧界的“通天教主”。

20 世纪 20 年代至 30 年代，北京的京剧艺术呈现出繁荣景象。“四大名旦”“四大须生”“四小名旦”以及为数众多的生、旦、净、丑各个行当的表演艺术家先后出现，他们各自形成流派，异彩纷呈。其中以梅兰芳、程砚秋等尤为突出。

梅兰芳（1894—1961 年），淮扬运河畔的扬州泰州人，生于北京，出身梨园世家，7 岁学艺，工青衣，11 岁登台演出，辛亥革命前即在京沪两地剧坛享有盛名。他打破青衣与花旦分行的旧习，演出了不属于青衣戏的《穆柯寨》《虹霓关》等。他还编演了《孽海波澜》《宦海潮》《一缕麻》《邓霞姑》等揭露官场黑暗的时装新戏，排演了刻画追求自由幸福的青年妇女形象的古装新戏《嫦娥奔月》《天女散花》《黛玉葬花》等。梅兰芳经过长期的艺术实践，形成了梅派京剧表演艺术。他唱腔甜润悠扬，扮相典雅清丽，表演质朴俏美大方，对京剧招式精心钻研，不断创新，形成了自己的表演体系，将京剧艺术推进到了一个新阶段。

程砚秋（1904—1958 年），满族，生于北京，6 岁学艺，工青衣，倒嗓后，在先辈京剧艺术教育家的指导和帮助下，根据自己的嗓音条件，创造出低回婉转的唱腔，以及水袖表演技法，形成程派京剧表演艺术。他上演的主要剧目有《荒山泪》《春闺梦》《鸳鸯冢》《青霜剑》《窦娥冤》《锁麟囊》等。这些剧目大部分以表现妇女在封建社会中所受压迫和苦难为主题，成功地塑造了一系列妇女悲剧人物形象，具有深刻的社会教育意义。

京剧表演艺术在北京以外的大运河区域也得到了广泛而深入的传播。不仅在天津、扬州、镇江、无锡、苏州、杭州等大中城市都设立了京剧社团，并有外地京剧社团的巡回演出，而且在许多县城以至一些乡镇也有专业或业余京剧社团的活动。如中运河沿线的宿迁、沭阳两县有正式京剧科班 6 个，宿迁一县就有民众业余京剧社十多个。京剧表演艺术也从其发祥地北京及京杭运河沿线进一步传播到全国各地，并在一些地方得到发展。如浙江慈溪人周信芳（1895—1975 年），7 岁学京剧，并以“七龄童”（麒麟童）艺名开始在杭州演出。后专演老生，受谭鑫培、冯子和影响，与汪笑侬、潘月樵等协作，长期在上海演出。他在艺术上勇于革新创造，在继承和发展传统表演方法的基础上，形成了自己的艺术风格，影响广泛，世称“麒派”。其演出的代表剧目有《四进士》《徐策跑城》《萧何月下追韩信》《清风亭》《义责王魁》等。

在梅兰芳等人的努力下，京剧开始走向世界。1919 年、1924 年，梅兰芳两次率团赴国外演出，每次时间半个月左右，受到观众的热烈欢迎，所演《廉锦枫》和《虹霓关》中的“对枪”一折被拍成电影。1929 年冬，梅兰芳率团赴美国，在各大城市演出，历时半年之久，演出剧目主要有《贵妃醉酒》《霸王别姬》《天女散花》等，美国观众为之倾倒，所演《刺虎》二折被拍成电影新闻片，成为第一部中国戏曲有声电影。在美演出期间，梅兰芳还到哥伦比亚大学、芝加哥大学等处举办座谈会，与美国影剧界著名人士会面，并接受了荣誉文学博士学位。1935 年，梅兰芳率团赴国外演出，并与高尔基、阿•托尔斯泰、肖伯纳、布莱希特、斯坦尼拉夫斯基等世界著名作家、艺术家、戏剧理论家相识，探讨戏剧表演艺术。梅兰芳还与印度著名诗人泰戈尔密切交往。京剧艺术家们在海外的演出，使世界更加了解中国的戏剧表演艺术，对一些国家的戏剧理论也产生了较大影响。

2. 话剧走上历史舞台

开始于清末的中国话剧表演艺术，民国时期在大运河沿线有较快的发展。

北京是全国话剧表演艺术的中心之一。1920 年，燕京大学学生熊佛西，一边从事话剧创作，一边积极参与组织学校的业余话剧演出。1926 年他接任北京艺术专门学校戏剧系主任后，借鉴中国戏剧传统科班培养人才的有效方法，采取戏剧理论教学与戏剧演出实践相结合的方针，他先后组织戏剧系学生举行话剧会演 12 次，积极指导学生参加排演话剧，让学生在实践中掌握话剧的表演技能。为了帮助解决毕业生就业问题，出面创建北平小剧院，由戏剧系教授余上沅负责，指导演出中外话剧。他主持的北京艺专戏剧系培养的话剧人才，有不少在毕业之前就已具有较高的表演艺术水平，毕业后经过在北平小剧院的锻炼，表演艺术水平更进一步提高。章泯是其中的一个突出代表。他于 1924 年考入北京艺专戏剧系第一届。在熊佛西的指导和鼓励下，他组织进步戏剧团体“五五剧社”，到社会上开展话剧运动。章泯毕业后加入了熊佛西组织的北平小剧院，成为核心成员之一，他曾参加排演法国戏剧家法郎士的《哑妻》、莫里哀的《伪君子》，中国现代剧作家丁西林的《压迫》及熊佛西的《一片爱国心》等话剧，在北京、天津两地公演受到了广泛好评。章泯后来从北京南下上海从事话剧运动，成为著名的话剧表演艺术家。

1932 年 2 月，于伶、宋之的等在北京成立左翼戏剧家联盟分盟，领导组织呵莽剧社和苞莉芭剧社，演出《梅雨》《瓦刀》《乱钟》《工场夜景》《血衣》等进步话剧。同年 6 月，两个剧社联合公演话剧，为东北抗日义勇军家属募捐。同年 9 月，为纪念“九•一八”事变一周年，两个剧社又联合公演于伶的话剧《一个炸弹》。

天津、苏州、常州、杭州等运河城市都是话剧表演艺术发展较早、较快的地区。天津邻近北京，两地的话剧社团经常互访演出。五四运动前，南开中学常有话剧演出，剧目有《恩怨缘》《一元钱》《一念差》《仇大娘》等。在苏州，民国初年就有新剧研究社、新剧进行社、醒世振剧社、苏州进化团等出现。五四运动后，苏州话剧运动更趋活跃，中等以上学校均有话剧演出。20 世纪 30 年代，苏州先后出现黄花剧社、太阳剧社、阿波罗艺术社等话剧社团以及一批话剧演员。他们在左翼戏剧家联盟的指导和帮助下，演出了《南归》《活路》《战友》《爱的分野》等剧目。在常州，1915 年 8 月曾出现“义务新剧社”，排演文明戏。先后演出话剧《山河泪》《月亮上升》和街头剧《放下你的鞭子》《瞎了一只眼》等。此后，常州又组织北辰、六六、青年等剧团，演出了田汉的《回春之曲》、曹禺的《雷雨》及一批抗日救亡话剧。在杭州，1914 年樊迪民等组织鹤声社，排演了《好男儿》《茶花女》等新剧。1929 年，刘湘女等发起成立“西湖剧社”，排演了罗曼•罗兰的《爱与死的角逐》、歌德的《史推拉》、侯曜的《山河泪》等话剧。不久，李朴园、邱玺、程丽娜等发起成立“五月花剧社”，上演了《乱钟》《生之意志》《居住二楼的人》等进步话剧。李朴园、邱玺等回到艺术专科学校组织“艺专剧社”，继续演出话剧。1932 年，“二八”事变后，他们自编自演了以宣传抗日救国为主题的话剧《易水别》《新年节》等。1934 年，他们排演了曹禺的《雷雨》。有些运河沿线的中小城市也较早地演出话剧。如济宁等，五四爱国运动中学生联合会组织学生演出了反对日本侵略者的《百炼钢》和旨在唤醒民族意识的《波兰亡国惨》等话剧。

抗日战争和解放战争时期，运河沿岸根据地和解放区话剧演出呈现一片繁荣的景象。如中运河沿线的苏北、淮北区，就先后组建了拂晓剧团、前线话剧团、苏中话剧团、抗敌剧团等为数众多的话剧演出团体，演出了《希特勒垮台》《白毛女》《李闯王》《百团大战》《大后方》等大批剧目。里运河（淮扬运河）沿线的文艺团体，演出过小型话剧《放下你的鞭子》《亡国恨》《沦亡之后》《大后方的一角》等。在运河沿线地区，留在城里的剧社演出了《赛金花》《雷雨》《日出》等剧目。抗战胜利后，中艺剧团演出了《野玫瑰》《清宫怨》等剧目。进步学生成立演剧研究社，演出了《巨人的花园》《正在想》等剧目。

随着话剧艺术的兴起，运河地区涌现了一批剧作家，以夏衍、洪深、曹禺等为主要代表。

夏衍（1900— 1995 年）生于大运河南端的杭州，并在杭州参加了五四爱国运动。先后创作话剧剧本《秋瑾传》《上海屋檐下》等。后创作《一年间》《法西斯细菌》《芳草天涯》等多部话剧剧本。他所创作的话剧剧本对 20 世纪 30 年代至 40 年代中国进步文化产生了巨大影响。

洪深（1894—1955 年）生于江南运河沿线的无锡，在清华大学读书期间创作了话剧剧本《卖梨人》《贫民惨剧》。曾在美国俄亥俄州立大学读戏剧。回国后，先后发表话剧《赵阎王》和“农村三部曲”《五奎桥》《香稻米》《青龙潭》。《五奎桥》直接反映大运河及其沿线社会的生活，这部独幕剧表现了以周乡绅为代表的封建地主对农民的压迫剥削，也表现了以李金生为代表的农民反抗斗争。《五奎桥》真实地反映了 20 世纪 30 年代江南运河沿岸农村社会矛盾的尖锐化，在当时的戏剧界以至整个文学界都产生过较大影响。

曹禺（1910—1996 年）生于南运河与北运河交汇处的天津，创作了《雷雨》《日出》《原野》《蜕变》《北京人》《家》等话剧。他的剧作，大部分以中国半封建半殖民地社会黑暗畸形的生活现象、尤其是封建家庭罪恶为题材，表现了对旧制度、旧文化的憎恶和对被侮辱被侵害者的同情，具有很强的民主主义精神。他能够根据所要表现的内容，巧妙构思戏剧冲突，其剧矛盾集中，结构紧凑，戏剧语言丰富，手法具有诗意。被戏剧界公认为中国话剧初步成熟的标志。

在剧本创作方面，五四运动中，北京出现了以胡适、陈大悲为代表的社会写实剧作家群。胡适于1919年3月在《新青年》杂志上发表了独幕剧《终身大事》，提出了"终身大事"的社会现实问题，宣扬男女婚姻自主的精神。陈大悲发表的五幕剧《幽兰女士》，从一个家庭着眼，来分析社会现实问题，涉及包括反对封建婚姻、"新派"的堕落、官僚家庭的丑恶、劳工的苦难等问题，但指出的解决问题关键却归结到人性、天良的发现，人的道德修养的完善上。当时的社会写实剧创作艺术性不高，但却具有较强的社会意义，起到了文学的思想启蒙作用。

20世纪20年代中期，赵太侔、余上沅、闻一多、熊佛西等在京发起"国剧运动"。他们以《剧刊》杂志和北京艺术专门学校戏剧系为阵地，反对戏剧以"为人生"作原则，以反映社会问题为目的，主张戏剧的功能在于娱乐。由此出发，他们对中国的旧剧予以肯定，宣布要在写实的新剧和写意的旧剧之间架起一座桥梁，努力使戏剧富于趣味性。主要作品有熊佛西的《洋状元》、余上沅的《兵变》等。

运河沿线地区在剧本创作方面有《运河边上》《掼碗》《渔滨河边》《九宫山》《李闯王》《甲申祭》《淮阴之战》等代表作品。

第二节 中国大运河沿线主要剧种

一、京剧

京剧是清代运河区域戏剧的代表，它的产生与繁荣与清代的四大徽班沿大运河进京献演有着密切的关系。

公元1790年，乾隆皇帝80岁，各地照例组织戏班进京贺寿。其中就有来自扬州的高朗亭带领的三庆戏班。戏班从扬州登上平底船，沿着大运河北上。进京后，三庆班很快便以阵容强大、演技出色赢得北京观众的普遍赞誉。高朗亭之后，又有四喜、

京剧演出

启秀、霓翠、和春、春台等戏班相继乘船沿运河进京，这些戏班多以周旋在扬州盐商身边的安徽籍艺人为主，故名徽班。在路上，每到一个集镇，戏班子就登岸演出，走一路演一路。在临清停留了一个月，培养了一大批京剧爱好者，因此，临清自称“京剧之乡”。在北京演出过程中，六个戏班逐渐合并为四个，史称“四大徽班进京”。

在此后的几十年中，徽班不断沿运河流域南下北上，到处巡演，在演出中吸收各地民间戏曲的精华，风格也逐渐清晰定型，形成了以皮黄为主，兼容昆腔、吹腔、拨子、罗罗等地方声腔于一炉的新剧种，其曲调优美，剧本通俗易懂，受到北京观众的欢迎。这种带有北京特点的皮黄戏始称“京戏”，也叫“京剧”，如今已成为中国的国粹。

二、昆剧

明代，运河的开通为苏州地区带来的经济繁荣，开始惠及本地文化。随着新兴市民阶层的不断壮大，人们有了更多的闲暇时间和经济条件来追求文化艺术，陶冶情操，为昆曲的根植孕育了沃土。

明代嘉靖年间，魏良辅对苏州戏曲进行改革，在昆山腔的基础上，汲取南戏声腔的特点和北曲慷慨激昂的唱调，丰富伴奏器乐，创造出悠扬婉转的“水磨腔”，这便是昆曲。后来，梁辰鱼又为昆曲谱写剧本，使昆曲开始登上表演舞台。万历年间，昆曲为适应社会文化需求逐渐突破阶层隔阂，由士大夫的私家园林走进千家万户。市井舞台上、茶馆里、运河的戏船上，随处可见流动的戏班。昆曲在吴中地区的影响渐深，并随职业戏班的流动，开始沿大运河传至南北各地。万历后期，昆曲传入北京。为适应北方观众的欣赏习惯，南来的昆曲不断融合北方的音乐和语言特点，发展成独具特色的北方昆曲。

清代中期，宫廷戏的繁荣标志着昆曲的成熟。昆曲深受皇家的重视和支持，宫廷设有专门负责管理戏剧演出的机构，昆曲得以蓬勃发展。在民间，北京的会馆、庙台也常见苏州职业昆曲戏班的演出。因苏州地区官宦人家喜欢蓄养家班，这种风气沿运河传入北京并日渐风靡。昆剧在北方掀起的热潮，推动着北方戏曲的发展。

昆剧自清朝乾隆年间以后即逐步衰落，至 20 世纪 10 年代更是濒于衰亡。1920 年前后，苏州的昆剧戏班仅存“全福班”和“四六班”。北京的昆剧演出科班仅剩荣庆社一家。昆剧的衰亡，引起戏剧界、文化界的广泛关注，一批社会有识之士、词曲专家和戏剧演员起而努力挽救这门古老的表演艺术。

在苏州，1921 年由企业家穆藕初资助，贝晋眉、紫东、徐镜清等创办历史上第一所昆剧艺术学校——苏州昆曲传习所，招收 12 岁学员 70 余人，他们在苏州组织“新乐府剧团”（后改名“仙霓社”），经常演出昆剧，其中有些人后来成长为著名昆剧表演艺术家。贝晋眉、张紫东、徐镜清、汪鼎臣、孙咏云等还先后组织过谐集曲社、禊集曲社、道和曲社等业余昆剧表演团体。20 世纪 20 年代，苏州还出现了历史上唯一的一个女子昆曲余业团体——幔亭曲社。在北京，20 世纪 20 年代初，荣庆社旦角演员韩世昌曾在北京、天津、镇江、无锡、苏州等地演出昆剧，成为北方著名的昆剧表演艺术家。1923 年，北京大学教授刘半农发起成立昆弋学会，提倡研究昆曲弋腔，指导编演昆弋节目，介绍昆弋团体到国内外旅行公演，维持昆弋团体。同时，北京部分文艺界人士及艺术学校师生也组织起一些类似的倡导和支持昆剧艺术的团体。

在扬州，20 世纪 20 年代中期，一批昆剧业余爱好者成立了广陵昆曲研究社，常举行曲会。社员以徐仲山、谢莼江、耿蕉麓等为中坚。在天津，20 世纪 10 年代，昆剧业余爱好者组织了审音社、合笙社等昆曲团体。票友童曼秋自备戏装、自聘笛师，排演《游园惊梦》《思凡》《痴梦》等昆剧剧目，主演旦角，并能兼演老生、小生、武旦、武净等，被称为昆剧奇才。

镇江、无锡、杭州等城市，也有业余昆剧爱好者组织社团，研究昆剧，提倡曲学，支持职业昆剧团体在本地的演出，并常排练公演昆剧曲目。

昆曲表演

在挽救昆剧的过程中，苏州人吴梅起了重大作用。吴梅先后在北京大学、东南大学等多所大学从事词曲教学和研究工作，是在近代高等院校讲授词曲学的第一人，培养了一大批在国内外有声望的词曲专家、教授。他在搜集、整理、校订、出版中国词曲、戏剧遗产方面做了大量工作，对中国戏剧史和戏剧理论均有深入研究，创作了《风洞山》《血花飞传奇》《轩亭秋杂剧》等剧本，共计 17 部，撰写《霜崖文录》《霜崖诗录》《霜崖词录》《霜崖曲录》《霜崖三剧》《奢摩他室曲丛》《曲学通论》《词学通论》《中国戏曲史》《中国戏曲概论》等论著。在苏州、上海、南京、北京等地参与组织了许多个词曲团体。20 世纪 20 年代初，在苏州参与发起和指导昆曲传习所。在北京亲自指导昆剧演员韩世昌、白云生和京剧演员梅兰芳等以提高表演艺术。昆剧表演艺术得以保留下来，并在中华人民共和国成立后获得新发展。

三、地方戏

1. 苏剧、锡剧、沪剧

清朝后期流行于江南运河沿线苏州、无锡、常州、杭州及上海等地的说唱艺术——滩簧，逐步发展为有影响的戏剧艺术。1912 年，苏州滩簧艺人郑少赓等随文明戏剧团赴宁波，开始仿效文明戏，化妆演出。1914 年，苏滩出现了小型的单独化妆演出。1925 年，苏滩又有穿着古装的生角、旦角或丑角、旦角同台边走边唱的演出。1936 年 3 月，苏滩艺人在上海成立“苏滩歌剧研究会”，在一次赈灾义演中演出了《昭君和番》《描金凤》《三笑》等剧目，使苏滩第一次以戏剧的形式出现在舞台上。在此期间，无锡、常州的滩簧亦受文明戏影响，开始向戏剧发展，先后出现了“无锡文戏”“常州文戏”和两处滩簧演员合作演出的“锡常文戏”等。抗战胜利后，苏州、无锡、上海等地的滩簧得到恢复并继续向戏剧化发展，新中国成立后正式定名为苏剧、锡剧、沪剧。

2. 扬剧

扬剧，是大运河沿线城市江苏扬州的地方传统戏剧。扬剧原名“维扬戏”，俗称“扬州戏”，流行于大运河沿线的扬州、镇江地区和安徽省的部分地区及南京、上海一带，发源于扬州，成长于上海。它以扬州民间歌舞小戏花鼓戏和苏北香火戏为基础，吸收扬州清曲、地方民歌小调特点而最终成型。1912 年出现了职业戏班，并曾到上海、杭州等地演出。扬剧音乐曲牌众多，角色有生、旦、净、丑等，重视丑角、旦角的表演，形成基本的喜剧风格。扬剧唱腔大量采用了扬州清曲的曲调，如《梳妆台》《剪剪花》《川心》《种大麦》《数板》《串十字》等。其传统剧目有 400 多个，经常演出的剧目有上百个，

扬剧演出

如《鸿雁传书》《真假新郎》《挑女婿》《袁樵摆渡》《断土地》《白蛇传》《珍珠塔》《二度梅》《边关送子》等。

3. 淮剧

淮剧又名江淮戏、淮戏等，发源于今大运河畔的淮安市以及盐城市里下河一带，发祥于近现代的上海市，现流行于江苏省、上海市以及安徽省的运河地区。清代中叶，在淮安府（今淮安市和盐城市部分）和扬州府两地区，当地民间流行着一种由农民号子和田歌“儴儴腔”“栽秧调”发展而成的说唱形式“门叹词”，形式为一人单唱或二人对唱，称之为“二可子”，仅以竹板击节。以后与苏北民间酬神的“香火戏”结合演出，之后又受徽戏和京剧的影响，在唱腔、表演和剧目等方面逐渐丰富，从而形成了淮剧。经过谢长玉等老艺人的努力，大力吸收京剧、徽剧的剧目和表演方法，以及扬州民间音乐的曲调，而更加成熟。抗日战争和解放战争时期，成立了地县文工团和685个农村业余剧团，编写和排演了大批新戏，对于推动淮剧的发展起到重要作用。1950年11月，著名淮剧演员马麟童首先在戏单上打出“淮剧”字样。由此，“江北戏”“江淮戏”等各种不同叫法逐步向“淮剧”统一。1952年10月，上海市人民淮剧团参加全国第一届戏曲观摩演出大会，“淮剧”其名正式被载入国家级文件档案。1953年，经由周恩来总理提议，国家将这个剧种正式命名为淮剧。

扬剧演出

4. 绍剧

清乾隆年间开始流行于浙东运河和江南运河南段沿线的绍剧（原称“绍兴乱弹”，俗称“绍兴大班”），在20世纪20年代至40年代呈现兴盛之势。一些戏班走出运河沿线，进入上海剧场常年演出。演出的剧目，除原有的《赐绣旗》《龙凤锁》《紫霞杯》《松鹰图》《轩辕镜》《天缘球》等以外，还移植了京剧剧目《群英会》《龙凤呈祥》《击鼓骂曹》《狸猫换太子》《徐策跑城》等。20世纪40年代，六龄童、七龄童等演出《西游记》，为绍剧增加了悟空戏表演艺术。绍剧著名艺人有林芳锦、筱凤彩、王茂源、筱杨松、筱玲珑等。

5. 越剧

清光绪末年，浙东嵊县农村的一种说唱艺术演变为地方戏，流行于浙东运河沿线。

20 世纪 10 年代，这种地方戏以“绍兴文戏”为名开始进入上海演出。起初，绍兴文戏的演员均为男子。1923 年，该戏开始出现女演员。女演员因扮相俊美，嗓音甜润，唱腔流畅，逐渐取代了男班的位置。当时，绍兴文戏的著名女演员有施银花、赵瑞花、王杏花、屠杏花、姚水娟、筱丹桂等，演出的剧目多为才子佳人戏，如《梁山伯与祝英台》《三看御妹》《龙凤锁》《碧玉容》等。1940 年，绍兴文戏正式定名为越剧。抗日战争时期，越剧演员袁雪芬等对越剧进行改革，用剧本制代替幕表制，建立导演制度，改进服装、化妆、布景、灯花，充实乐队，扩展曲调。演员范瑞娟创制了弦下调。越剧唱腔逐渐形成了各种流派，剧目也突破才子佳人的樊篱，增加新剧目，如《太平天国》《文天祥》《石达开》《国破山河在》《山河恋》《万里长城》等。20 世纪 30 年代苏州等江南运河沿线城市常年有越剧的演出。中华人民共和国成立后，运河沿线的扬州等城市建立了越剧团，越剧团演出足迹遍及大运河沿线及其他地区。

越剧演出

6. 柳琴戏

柳琴戏是流行于苏北、鲁南及皖北和河南东部运河地区的戏种。柳琴戏因用柳叶琴伴奏，也称“柳琴书”，清末产生于山东省临沂、枣庄一带，1953 年正式定名为柳琴戏。柳琴戏的来源是以鲁南民间小调“拉魂腔”为基础，受当地柳子戏的影响发展起来的。

清朝同治年间至 20 世纪 30 年代，在山东滕县和峄县的广大农村，到处飘荡着“拉魂腔”的旋律，由于各地的风俗习惯和方言土语的不同，柳琴戏又逐渐形成了不同的地域特色。清朝末年至民国初年，随着大量的柳琴戏班社的建立和柳琴戏伴奏手段的日益完善，柳琴戏艺术已全面进入成熟期并开始登陆城市。柳琴戏的音乐唱腔是在花鼓、肘鼓子、四句腔、溜山腔、锣鼓冲子等说唱艺术的基础上发展起来，其全部唱腔由基本腔、色彩腔和民歌小调三部分组成。柳琴戏的脚色有小头、二头、二脚梁子、老头、老拐、大生、勾脚、毛腿子、奸白脸等行当。柳琴戏的身段特技有“凤凰展翅”“踩席头”“蹉四步”“门腋窝”“压花场”“顶碗”“提灯影”“鸭子扭”等。代表剧目有《拦马》《打干棒》《老少换》《大花园》《王定保借当》《捆被套》《铜台会》《王华登基》《大上寿》《绣鞋记》《琵琶记》《莲花庵》《东回龙》《西回龙》《薛仁贵和柳迎春》等。

徐州运河沿线流行的柳琴戏

7. 豫剧

豫剧主要流行于河南、河北、山东的运河地区。早在清代乾隆年间，已成为河南很有影响的戏曲剧种。豫剧在生成和发展时期，汲取了昆腔、吹腔、皮簧及其他梆子声腔剧种的艺术因素，同时广泛吸收河南民间流行的音乐、曲艺说唱和俗曲小令，形成了朴直淳厚、丰富细腻、富于乡土气息的剧种特色。

清乾隆年间，梆子戏已在开封、杞县一带盛行，并曾与罗戏、卷戏合班演出，称为“梆罗卷”。20 世纪初期，豫剧由乡村进入省会开封演出，逐渐占领了城市的演出市场。后来女演员崛起，逐渐取得了豫剧行当的主力位置。20 世纪 30 年代，豫剧出现了大批名角，如陈素真、王润枝、马双枝、司凤英、李瑞云、常香玉等。

从清朝末期以来，豫剧逐渐形成四大声腔，即以开封为中心的祥符调、以商丘为中心的豫东调、以洛阳为中心的豫西调以及以沙河流域为中心的沙河调。1947 年秋，洛阳、开封、兰州、西安四地的民间报界方以豫剧专指河南梆子。

豫剧的传统剧目有 1000 多个，其中很大一部分取材于历史小说和演义。如封神戏、三国戏、瓦岗戏、包公戏、杨家将戏和岳家将戏，还有很大一部分描写婚姻、爱情、伦理道德的戏。中华人民共和国成立之后，出现了不少描写现实生活的现代戏和新编历史剧，使豫剧事业又有了新发展，如《朝阳沟》《小二黑结婚》等。

8. 吕剧

吕剧又称化装扬琴、琴戏，流行于山东大部和江苏、安徽、东北三省的部分地区，

起源于山东以北黄河三角洲，由山东琴书演变而来。其音乐属于板腔体，兼唱曲牌，主要伴奏乐器是坠琴（主弦）、扬琴、三弦、琵琶，称“吕剧四大件”。语言淳朴生动，唱腔优美悦耳。1900 年前后，吕剧被搬上舞台。1917 年以后，吕剧班社进入济南、大连等城市演出。1951 年，第一个吕剧专业院团济南市鲁声琴剧团（济南市吕剧院）成立。1953 年，第一个省级院团山东省吕剧团（山东省吕剧院）成立，这一时期出现了《姊妹易嫁》《逼婚记》《李二嫂改嫁》等著名剧目。

9. 哈哈腔

哈哈腔又被称为柳子调、喝喝腔，是产生于河北省民间的地方剧种，由冀东南和鲁西北一带所流行的民间弦索小曲演变而形成。明代，哈哈腔已在鲁西北各县和河北沧州地区各县区流行。清乾隆年间，流传到河北保定地区各县农村。哈哈腔在清末民初达到鼎盛，其发展经历了当地的民间歌舞、民间小戏两个阶段，最后定型为以弦索小曲“柳子”为唱腔曲调的小戏。在不同地方语言和民间艺术的影响下，哈哈腔逐渐形成了具有不同艺术风格和音乐特点的“中路”“东路”“西路”三路流派。

哈哈腔既能表演帝王将相、才子佳人的生活，又能表演俚俗纷争的故事，各行当都有着自己的表演特点。哈哈腔的服装和京剧、河北梆子、评剧相同。传统剧目有一百余种，以喜剧风格见长，代表性剧目有《王小打鸟》《三拜花堂》《双灯记》《李香莲卖画》《金锁记》《女中魁》《卖水》《杨二舍化缘》《唐知县审诰命》等，另外还有《小过年》《拴娃娃》《摔纺车》等反映民间生活的小戏，以及《全忠孝》《乌玉带》等从梆子“移植”的大戏。

豫剧演出

哈哈腔演出

10. 杭剧

杭剧最早称“武林调”，清末民初在杭州滩簧和杭州曲艺宣卷的基础上发展而来。1925 年后，迎来鼎盛时期。杭嘉湖运河沿岸的永记武林班，演员风华绝代。绿牡丹、杨文英尤擅做功，吴菊英唱功最佳，徐美英台风最迷人，被称为“三英一牡丹”。她们演出的剧目有《华丽缘》《大红袍》《赵五娘》《百花台》《白兔记》。

四、木偶戏

木偶戏是由演员在幕后操纵木制玩偶进行表演的戏剧形式，在中国古代又称“傀儡戏”。中国木偶戏历史悠久，普遍的观点是“源于汉，兴于唐”。三国时已有偶人可进行杂技表演，隋代则开始用偶人表演故事。表演时，演员在幕后一边操纵木偶，一边演唱，并配以音乐。根据木偶形体和操纵技术的不同，有布袋木偶、提线木偶、杖头木偶、铁线木偶等。

春秋战国时期称木偶为俑。始作丧家祭祀之用。河南安阳殷墟出土了奴隶陶俑（商代），春秋战国时期（前 770—前 221 年）有了木俑（包括部分“乐俑”）。长沙马王堆西汉墓发掘出的乐俑、歌舞俑，工艺、种类和造型水准较前朝有很大进步。这便是最初的木偶，其经历了由工艺到表演的变化过程，由祭仪发展成了喜庆娱乐活动。有专家认为，中国木偶艺术“源于俑”。

汉代已有“作魁儡”（《后汉书·五行志》）的记载，三国（220—265 年）时马钧的“水转百戏”显然是对汉代人戏的模仿。北齐（550—577 年）时水动的“机关木人”制作，技艺高超，尤其出现了“傀儡子”演“郭秃”故事的木偶艺术，暗示了中国木偶戏的形成年代。只可惜少有文字记载。隋朝（581—618 年）“百戏”中“水饰”较多，“机关木人”多搬演神话、传说、三国故事，人物颇众，对木偶戏的制作与表演有直接影响。唐代（618—896 年）文化繁荣异常，“机关木人”可以饮酒、唱歌、吹笙，表演与制作已达统一。据敦煌莫高窟 31 窟所藏盛唐壁画及诗词歌赋推断，提线、杖头、布袋、“盘铃傀儡”等木偶类型，此时都已有。

在宋元杂剧形成之前，民间就有一种不是由人来表演的演出样式，就是“傀儡戏”。隋朝《颜氏家训》有对傀儡戏的记载。唐朝《封氏闻见记》，记录傀儡戏的种类有悬丝木偶、走线木偶、杖头木偶等。郑板桥《咏傀儡》一诗写道，“笑尔胸中无一物，本来朽木制成身。衣冠也学诗文辈，面貌能惊市井人。得意那知当局丑，旁观莫认戏

木偶戏演出

场真。纵教四肢能灵活，不藉提撕不屈伸”。

大运河沿线著名的木偶戏有扬州的杖头木偶戏、河北馆陶县的木偶剧，还有皮影戏。

扬州木偶戏又称为“傀戏”“窟儡戏”，是一门古老的地方传统艺术，以“刚柔相济”“细腻传神”而著称于世。扬州有“木偶之乡”的称誉，其杖头木偶与泉州的提线木偶、漳州的布袋木偶齐名。清代，扬州的木偶戏伴随着扬州戏曲的繁荣，盛极一时，当时的扬州城乡，同时有提线木偶、布袋木偶和杖头木偶三大种类的木偶演出。

河北馆陶县滩上村的木偶剧系杖头木偶，老艺人称之为肘大偶（方言音 hou）。馆陶县滩上木偶剧由木偶、操纵演员、配音演员和乐队四部分组成，多用戏曲曲调演出，有的用对话或歌舞表演。表演者用三根木杆操作木偶，主杆置于偶人后背中部，掌握身的前后仰俯；侧杆两根，分置于两臂，掌握两臂及手的动态。木偶表演动作丰富，尤其手的动作，可细腻地表演出人物的各种情态。这种用木头人“虚拟”表演的戏早于人演的舞台剧，具有表演性先于、优于文学性的特点。

皮影戏，又称“影子戏”“灯影戏”，也是木偶戏的一种，它是一种以兽皮或纸板做成的人物剪影以表演故事的民间戏剧。表演时，艺人们在白色幕布后面，一边操纵影人，一边用当地流行的曲调讲述故事，同时配以打击乐器和弦乐，有浓厚的乡土气息。其流行范围极为广泛，并因各地所演的声腔不同而形成多种多样的皮影戏。皮影戏是中国民间古老的传统艺术，老北京人都叫它“驴皮影”。据史书记载，皮影戏始于西汉，兴于唐朝，盛于清代。

皮影戏从有文字记载，已经有 2000 多年的历史，汉武帝的爱妃李夫人染疾故去了，汉武帝思念心切，神情恍惚，终日不理朝政。大臣李少翁一日出门，路遇孩童手拿布娃娃玩耍，影子倒映于地，栩栩如生。李少翁心中一动，用棉帛裁成李夫人影像，涂上色彩，并在手脚处装上木杆。入夜围方帷，张灯烛，恭请皇帝端坐帐中观看。汉武帝看罢龙颜大悦，就此爱不释手。这个载入《汉书》的故事，被认为是皮影戏最早的渊源。

皮影戏表演

明正德三年（1508 年）北京曾举办百戏大会，皮影戏参加了演出。清代北京皮影戏已很普及。除深受农民、市民欢迎外，还进入到宫廷。康熙时，设有八位食五品俸禄的官员专管影戏。嘉庆年间，逢年过节等喜庆日子还传皮影戏班进宫表演。当时的北京影戏班白天演木偶，夜晚则于堂会唱皮影戏，有不少京剧演员也参加皮影戏班演出。大运河沿线的皮影戏有京西皮影、冀南皮影、泰山皮影、浙江皮影等。

木偶戏演出

苏州全晋会馆的戏台

第六章

中国大运河曲艺艺术

曲艺是我国各种“说唱艺术”的统称，由民间口头文学和歌唱艺术经过长期发展演变而形成。据不完全统计，活跃在全国各地的曲艺曲种有400个以上。从来源上看，曲艺更多源自商业兴旺带来的城市的繁荣，是大运河商业文化的产物。大运河沿线因为商贸发达，成为曲艺最早流行的区域，宋代瓦舍、勾栏中的表演推动了曲艺的发展，运河城市中的“说话人”即是最早的曲艺艺术家。明清两代，伴随大运河沿线资本主义经济萌芽，城市数量猛增，市民阶层出现，大大促进了说唱艺术的发展。运河区域曲艺十分活跃，大批农民进入城市，产生了庞大的市民阶层，造就了曲艺的基本观众群，曲艺表演也从农村进入城市，运河地区主要曲艺种类都在这个时期形成。

第一节 中国大运河曲艺的起源与发展

一、运河曲艺发展历程概述

曲艺作为说唱艺术，虽然历史悠久，却一直没有独立的艺术地位。在我国艺术发展史上，说唱艺术曾归于“宋代百戏”中，到了近代，则归于“什样杂耍”中，大部分在北京天桥、南京夫子庙、天津“三不管”、开封相国寺等民间娱乐场地进行表演。中华人民共和国成立后，将发展成熟的众多说唱艺术归纳统一而稳定的名称，统称为“曲艺”，并进入剧场进行表演。

曲艺作为一门表演艺术，是用“口语说唱”来叙述故事、塑造人物、表达思想感情并反映社会生活的。曲艺艺术的本质特征是“以口语说唱故事”，这是曲艺有别于其他艺术门类的本质属性。因为主要的艺术手段是“口语说唱”，所以曲艺的艺术形式相对比较简单，由一人或几人说演、演唱，辅以小型乐队伴奏。又因为是以口头语言进行说唱，所以其表演方式是以第三人称的叙述为主，故事中的人物由说唱者以第一人称的模拟代言。在舞台表演上展现出“一人多角”“跳出跳入”“一人一台大戏”的艺术特点，从而与戏剧、影视等表演艺术的“角色扮演式表演”迥然不同，即所谓“说法中现身”与“现身中说法”之别。

早在古代，中国民间的说故事、讲笑话，宫廷中俳优（专为供奉宫廷演出的民间艺术能手）的弹唱歌舞、滑稽表演，都含有曲艺的艺术因素。到了唐代，随着大运河的开通、城市经济的发展、讲说市人小说和向俗众宣讲佛经故事的俗讲的出现、大曲和民间曲调的流行，使说话技艺、歌唱技艺兴盛起来，自此，曲艺作为一种独立的艺术形式开始形成。

到了宋代，大运河带来的商品经济的发展、城市繁荣、市民阶层壮大，说唱表演有了专门的场所，也有了职业艺人。说话技艺、鼓子词、诸宫调、唱赚等演唱形式极其昌盛，孟元老的《东京梦华录》、耐得翁的《都城纪胜》对此都作了详细记载。从汉代宫廷和临时性露天演出，到唐代经常性的寺院、戏场、私人府邸演出，再到宋代固定性的勾栏瓦舍，反映了曲艺的发展历程。

说唱艺术的发展：一方面，城市周边地带富有浓郁地方色彩的民间说唱纷纷流向城市，它们在演出实践中日臻成熟，如道情、莲花落、凤阳花鼓、霸王鞭等；另一方面，一些老曲种在流传过程中，结合各地方言和风俗的特点而发生变化，如散韵相间的元、明词话逐渐演变为南方的弹词和北方的鼓词。这一时期新的曲艺品种、新的曲目不断涌现，不少曲种已是名家辈出流派纷呈。如今的曲艺品种，大多为清代至 20 世纪 20 年代前后曲种的流传。

二、初创阶段的运河曲艺

曲艺尽管定型比较迟，但萌芽比较早。唐代之前就有说的、唱的、即说即唱的、似说似唱的等曲艺形式。若干近代或现代说唱的曲艺内容，在先秦两汉书史文传和诗词歌赋、笔记小说中都能找到孕育曲艺萌芽的影子。东汉说唱俑的考古发现把曲艺的历史追溯到两千多年前。瞽矇说唱是先秦曲艺的滥觞，瞽矇是古代盲乐人的代称，盲者擅长记诵、歌唱、弹奏，成为最早的文艺工作者。瞽矇的艺术活动有奏乐、诵诗、献曲、献书、献箴、献赋，这是我国说唱艺术的最早起源。荀子的《成相篇》确立了曲艺说唱相间的文本形式，成为古文献中保存最完整的说唱体作品。史料文献中所记载的先秦到六朝的俳优讽谏、瞽矇说唱、乐府歌辞、笑话俗赋和笔记小说等艺术现象，与曲艺在表演形式、题材主题及艺术传统上有诸多相通之处，都可以看作唐代以前的曲艺形式。

三、正式形成的唐代运河曲艺

唐代文化兼容并蓄，文学艺术极其繁盛，多元丰富。蕴含在我国古代“百戏散乐”

及其他艺术形式中的说唱因素，经过先秦、两汉、魏晋南北朝及隋代的长期发展，随着大运河开通带来的城市兴起及商业繁荣，宗教、文化等外部因素的作用，曲艺作为一种独立的艺术形式日趋成熟，大约在唐代中期正式形成。唐代大运河沿线开放的社会风气加速了佛教中国化的进程，曲艺由佛教文化而催生，寺庙、戏场、官员府邸和路歧等场所民间艺人都有“转变”和“说话”技艺的商业演出。在长安寺庙的“变场”里，说唱引来大批男女信众，变文、讲经文、缘起、话本、词文、杂赋等以多姿多彩的形式、扣人心弦的内容，受到老百姓的欢迎。从宫廷到民间，通俗音乐盛行，教坊歌姬的歌唱带来了敦煌曲子词的发达。

唐代曲艺形成的标志是说唱艺术。唐代佛教在大运河沿线地区盛行，宗教的传播带动了唐代的俗讲及其俗讲话本的繁荣。俗讲是僧人为了招徕更多的听众和信徒，在讲解佛经的同时，增加讲解、引申和譬喻的内容，以此更通俗易懂地宣传佛教，感化世俗，这种将讲经和唱经结合起来的形式就是唐代的说唱艺术。唐代除在寺庙中升座开俗讲外，寺院内外还设有专门表演技艺的戏场，从“唱导”到“俗讲”“转变”等技艺，演出场所也逐步专门化，至此，真正意义的曲艺形成了。唐代的曲艺文本有俗讲经文、变文、词文、话本、故事赋、因缘等。

四、成熟兴盛的宋代运河曲艺

宋代是大运河作用发挥更明显的朝代，也是商业经济、城市经济繁荣的时代，同样曲艺在宋代得到了成熟发展。与唐代不同，宋代曲艺完全世俗化。首先，因为宋代禁断寺院俗讲，各种民间技艺均在市井间自由表演。其次，因为宋代运河城市市民阶层兴起，演艺活动商业化，促进城市曲艺空前繁荣；在瓦舍、勾栏中发展起来的各种说唱技艺以浓郁的市民文化色彩，打开了传统诗文歌赋甚或百戏歌舞从未涉猎过的新天地，从而受到市民的热烈欢迎。最后，宋代的运河曲艺在说、唱、演等手法的多样化、技艺化和曲种的丰富性等方面都取得了长足进步，进入成熟期，然而曲种之间界限并不是泾渭分明，且文本留存较少。

1. 市民阶层的出现和表演场所的专业化

宋代曲艺的成熟首先是因为市民阶层的出现，一方面，以曲艺作为重要表演形式的市民文化有广大的观众基础；另一方面，随着城市经济的兴起，城市中出现了专门的演出场所瓦子。宋代运河城市兴起，市场繁荣的城市中出现了瓦市，瓦市中的瓦子又称瓦舍，是专供市民娱乐的消遣场所。大运河的开通，促进了市场和商品交易的繁荣，同时为市民文化娱乐的兴盛提供了物质条件。文化娱乐活动与商品交易活动同时进行，相互促进，此时的文化娱乐本身也是一种商业行为。集演艺、市集为一体的大游乐场——以勾栏为中心的瓦舍，正是适应市民娱乐生活的需要而创设。勾栏、瓦舍成为宋代都市大众通俗文化的表征。瓦子的基本特点是由棚和勾栏组成，大瓦子里面又有几个小瓦子，其建筑形式是由竹木席等搭成的棚，棚内有勾栏。《东京梦华录》中对汴京“瓦子”有详细记载。除瓦舍、勾栏外，茶肆酒楼、露天空地、私人府邸等也是曲艺演出场所。

南宋杭州还有西湖游船上的演唱，据吴自牧《梦粱录》卷十三“湖船”条记载，“荒鼓板、烧香婆嫂、扑青器，唱耍令缠曲”。在农村也有演出活动，南宋陆游的诗《小舟游近村舍舟步归》：“斜阳古柳赵家庄，负鼓盲翁正作场。死后是非谁管得，满村听说蔡中郎”。宋代曲艺演出比前代更繁杂，更为市井化，形成了以瓦子为中心，固定场所与流动表演相结合的演出格局。

2. 曲艺行会的形成

宋代运河曲艺还有一个特点就是出现了民间艺人的行会。《武林旧事》中记载，杂剧有绯绿社，蹴球有齐云社，小说有雄辩社，唱赚有遏云社，耍词有同文社，吟叫有律华社，清乐有清音社。行会在协调艺人与日常营业、商业演出之间的关系中起着重要作用。除了表演团体的组织外，还出现了书会。《都城纪胜》记载，“乡校、家塾、会馆、书会，每一里巷须一二所”。书会原为读书场所，文人们在此读书、研究学问和举办文会。这些文人中有些为勾栏瓦舍的曲艺、戏曲编写脚本的“书会才人”。文人介入，参与剧本或话本、唱本的创作，提高了脚本的文学性，促进了宋代曲艺的兴盛。

3. 说话艺术

宋代的说话是唐代说话的发展，最初还是以说经和讲史两家为主。与唐代的说话技艺相比，宋代的说话技艺走出寺庙、私宅、宫廷，走进瓦舍、勾栏，技艺进一步分工，出现专业演员。当时的说话分为小说、说经、讲史和合生。

宋代小说与后代的文学体裁小说不是一回事，这是一种讲述奇谈逸事的口头艺术，专指短篇话本，可以看作是与讲史相对的一门说话艺术。小说的起源可以从汉代的稗官小说、魏晋的俳优小说中找到蛛丝马迹。

寺庙里的僧人延续着变文的传统，僧人不仅能讲经，而且能谈史。宋代皇帝爱听讲史，最初是由国子监的儒生或专职的说书官来说，后来召请瓦舍中的讲史艺人去说。讲史，为讲说前代书史文传、战争兴废之事。北宋仁宗时，瓦市中讲史成为热点，汴京的霍四究以说《三分》名噪一时。说《三分》，即说三国故事，早在唐代已在民间流传。南宋讲史更盛于北宋，据《西湖老人繁盛录》记载，当时临安十三座勾栏中，常是两座勾栏“来说史书”。

说经分为演说佛经、说参请和说诨经三种。说参请就是“谓宾主参禅悟道等事”；说参请的目的是讲此类故事以娱乐听众；说诨经在于诨，类似公案故事的机辩、禅林寺庙中的玩笑。

合生总与商谜相随，属于杂说技艺。合生一词源于唐代歌舞，是歌舞相间的形式，至宋代演化为指物题咏的敏捷填词，与商谜技艺一样，重在观众参与。其形式以合生诗词为主。

此外，宋代运河城市还有说诨话、杂扮、学像生等多种曲艺形式。

4. 唱赚与诸宫调

唱赚是宋代流行的大型说唱艺术，不仅受到市井百姓的欢迎，而且为上层社会所青睐。据《武林旧事》记载，咸淳年间，皇后归谒家庙的典礼上，“歇坐”的第四盏是“唱赚”，可见此技艺是雅俗共赏的。唱赚的起源较早，《事林广记》上说，“夫唱赚一家，古谓之道赚”。宋朝有早期的缠令、缠达两种形式。从音乐曲式上看，所谓缠令就是有引子和尾声的一个小型套曲，缠达则是几个缠令的循环兼用。唱赚结合了这两种曲艺形式，并发展为更大型的歌唱。

诸宫调是宋、金、元时期的一种大型说唱艺术，由北宋汴京艺人孔三传所创。诸宫调与唱赚的区别在于，唱赚是在同一宫调内的歌唱，诸宫调是连接不同宫调歌曲而得名。多调性是诸宫调音乐的特点。诸宫调的曲调来自唐、宋的词调、唐宋大曲、宋初赚词的缠令以及当时流行的其他俗曲。宋代诸宫调表演时，一般由讲唱者自己击鼓，他人用笛、拍板等乐器伴奏，有时也可以单用水盏伴奏。

5. 鼓子词等技艺

鼓子词是宋代说唱艺术的一种，因歌时用鼓伴奏而得名，是用同一词调重复演唱多遍，或中间插入说白，用来叙事写景的说唱形式。鼓子词分为只唱不说和有说有唱两种形式。有说有唱形式中，说的部分放在篇首，类似致语，概括地介绍内容。宋代唱的技艺还有陶真和涯词，陶真是宋代民间流行的一种说唱技艺，又写作“淘真”，元、明以至清代民间还在演唱。涯词也作崖词，在宋代也是很有影响的一种技艺，和小说话本、讲史、杂剧并列。北宋时期流行的技艺还有小唱、嘌唱、唱而令、唱京词、唱拨不断等。

宋代曲艺在中国曲艺发展史上具有划时代的意义，宋代曲艺在大运河带来的城市发展和市场繁荣的基础上应运而生，满足了新兴市民阶层的需要。一是进一步确立了曲艺是以市民社群为主体的表演艺术，二是形成了以瓦舍为核心的曲艺范畴整体意识，三是形成了整体的曲种观念和演出格局，四是职业艺人分工明确，形成了曲艺以说为主和以唱为主的两大表演体系。也为后代的金元诸宫调和元明讲史评话打下了基础。

五、稳定发展的金元时期运河曲艺

金元以来，运河地区大量下层文人参与戏剧曲艺创作，以及说书脚本和唱本的刊刻流传，促进了曲艺的普及和提高。唐宋以来的"百戏散乐"分化成戏曲曲艺的两大支系，并按照各自不同的艺术规律发展，这种文体上的定型化，使金元曲艺比宋代呈现了更加稳定的状态。在整个中国曲艺史的长河中，金元曲艺承上启下，占有相当重要的地位。金元曲艺作为一个整体，仍保持唐宋以来的曲艺艺术特色，并在某些曲种如讲史评活、说唱诸宫调方面取得了更加瞩目的成就。经过唐宋曲艺民间创演经验的积累，金元曲艺日趋成熟，人们对曲艺的认识也大大提高，关于曲艺表演审美评价的理论性文字开始出现。

1. 金元诸宫调

金代政权与南宋对峙并立，诸宫调特别盛行于北方运河沿线，金刊无名氏《刘知远诸宫调》残本是现存三种诸宫调中时代最早的一种。明代传奇《白兔记》即取材于此，这一曲艺表演在艺术上具有浑朴遒劲的风格，语言比较自然，近于口语。金章宗时期（1190—1208 年）董解元的《西厢记诸宫调》是保存至今的唯一一部完整的诸宫调作品，版本众多，流传甚广。《董西厢》丰富的文学、美学和艺术内涵，不仅在曲艺史，而且在音乐史、文学史、通俗文艺史和戏曲史上都占有重要的地位。元代诸宫调在民间仍有演唱和流传，元代乐曲的支配形式是唱的杂剧，而诸宫调的说唱已处于从属地位了。元代诸宫调作品有两部，分别是王伯成的《天宝遗事诸宫调》和商正叔改编的《双渐小卿诸宫调》，可惜这两部作品都已散佚。

2. 金元散曲

散曲是流行于元代以来的民间歌曲的总称，与唐诗宋词并列，在中国文学史上享有崇高的地位。在我国曲艺发展历史上，散曲上承唐曲子辞和诸宫调，下启明清时调。金元时期，北方大量涌现出具有地方色彩的俗谣俚曲，而且结合了进入中原的少数民族的音乐，具有新的特色。到了金代后期，散曲已很盛行，金代文学家元好问在《闻歌怀京师旧游》诗中写他曾在金朝都城和麻革、李献甫一起听散曲。元代散曲可以独立演唱，又叫清曲。清曲表演时无动作说白，唱时仅用弦索笙笛鼓板等，不用锣鼓。

3. 元代讲史

宋代话本中，小说居于主流。到了元代，讲史逐渐取代了小说的地位。许多著名的说话人都擅长讲史。讲史来源于唐变文，与小说话本的艺术体制相同，也是后来章回体长篇历史小说创作的基础。讲史情节曲折、生动。基本故事情节依据正史，采用编年体的叙事方法，按照时代顺序和事件发生的时间顺序串联故事，很少插叙和倒叙。讲史内容除《三国志》和《五代史》外，还有“道君艮岳”，就是《宣和遗事》中的部分内容，而“秦太师事”就是秦桧害岳飞之事。在语言上依然保留仿习史书纪传类叙述的文言气息，杂以白话、俗语，不够顺畅，虽带有宋元语言特点，但口语化色彩不及同时代的小说话本。同时常常穿插诗、词、歌、曲、赞等，兼杂表章、信柬等文体，有利于描绘场景、刻画人物、抒发感情，兼具知识性和趣味性，能够广泛吸引听众。

4. 词话

词话渊源于唐五代的词文。词话在元代就有记载，是元代十分盛行的说唱技艺，可惜没有完整文本流传，只在元杂剧中有所保存，其形式为诗赞体的七言、十言或杂言的唱词，它是明代词话、宝卷“攒十字”的始祖。《元曲选》中有 92 种杂剧引用词话，占 90% 以上。

5. 笑乐院本

曲艺史上，金元院本有重要的意义。金元院本相对于南戏和北曲而言是比较原始的戏剧，它与曲艺的关系更为密切，尤其它的喜剧形式，与相声非常接近。金元院本继承了宋杂剧的艺术特点。据研究，传统相声中所使用的道具——扇子，很可能就是金元院本的“磕瓜”演变过来的，过去相声表演中逗哏演员用扇子敲捧哏演员，这一程式可能就是院本的遗留。

6. 元代关于曲艺表演的理论

元代胡祗遹的《黄氏诗卷序》是我国曲艺史上最早的关于曲艺表演的总结性论述之一，与南宋末年罗烨的说书理论性著作《醉翁谈录》相距年代不远。作者提出“作乐以宣其抑郁”之说，重视戏剧欣赏心理的泄导性。这种对曲艺艺术的见解，没有停留在娱乐的表层，而深入到艺术的本质，在理论上具有相当高度。他提出唱是基本表演手段，又是体现演员艺术造诣的重要表演技巧。他重视舞台演出表演技巧的艺术性，提出了九项原则，也就是著名的“九美说”，涉及演员的自然条件、气质风度、才学修养、唱念功夫、表现技巧等方面的美学要求。

六、承前启后的明代运河曲艺

明代以后，文人对市井曲艺产生浓厚兴趣，他们大量收集选编宋元话本或时调小曲，并对曲艺加以消化吸收。传统曲艺也积极向文学靠拢，想方设法提高说唱底本的艺术质量。民间艺人发挥曲艺作为口头表演艺术的特长，对已成书的文学底本进行二度创作，再一次丰富发展了文学作品的风韵。如柳敬亭的说书艺术达到了出神入化的境界。在继承元代评话传统的基础上，明代说书对宋元说话技艺进行整合，最终形成以散说为主要形式，以讲史和英雄传奇故事为主要内容的评话。

诗赞体说唱继承了唐代变文的衣钵，七言和十言的形式存在于宝卷、词话、陶真和弹词等类别中，除了宝卷因为用于宗教宣传区分度比较鲜明外，其他三种区别并不明显，一般认为陶真是弹词的另一古语说法。明末鼓词的出现，可以看作是同源曲艺按照所演奏乐器不同的南北分流，即词话分成了弹词和鼓词，这两种曲艺形式后来取得了长足的发展。宝卷源于佛教的“俗讲”，民间教派宝卷在明代盛行，但是到清代以后宝卷回归佛教传统，发展为宣卷。明代中期以后曲艺的发展，标志着古代曲艺到近代曲艺的转化，为清代曲艺的全面繁荣奠定了基础。

1. 陶真与弹词

明代关于陶真的记载较多。田汝成《西湖游览志余》记载，当时“杭州男女瞽者，多学琵琶，唱古今小说、平话，以觅衣食，谓之‘陶真’”。陶真是一种以唱为主的技艺，韵文是七字句，属于诗赞系的说唱。弹词由宋代陶真、明词话发展而成，“弹唱词话”的简称。明嘉靖至万历年间（1522—1620 年）弹词已经相当流行，运河南方北方均有。明代晚期，盲女弹词的演唱已深入大户人家的日常生活中，她们“精技艺，善笑谑”，常被大户人家妇女请到家中演唱。明代坊间刊刻的弹词极多，除弹词外还有盲词、门词的别名，盲词主要是指演唱主体是盲女艺人，门词技艺是采取登门演唱的形式。

2. 明代词话与鼓词

明代，词话也是有影响的说唱曲种，运河沿线由于资本主义萌芽，市民阶层壮大，词话的受众较多，不仅出现了明代才子杨慎的《历代史略十段锦词话》，还有《明成化说唱词》等，达16种之多。史籍中有对《水浒传》《三国志》《花关索》等词话名目的记载，说明《水浒传》《三国志》成书前有过词话流传。明成化词话种类很多，按照通常的分法，可分为讲史、公案、神怪三类。明成化词话的特点一是叙事说唱，具有唱多说少的特点；二是题材和主题的大众性；三是描写铺陈排比，辞藻细腻丰美，富有激情，语言质朴生动，民间口语化。

3. 明代宝卷

宝卷是一种和宗教关系非常密切的曲艺形式，是在宗教活动中按照一定的仪轨演唱的说唱文本。宝卷的产生与佛教进入中国后的佛事民俗活动有极大的关系。大户人家每逢做法事，要设斋、打醮，在这些场合里，从东晋唱导兴起到唐变文、宋说经，早已形成了讲经说法、说唱通俗劝善故事的传统，至于民间庆寿闹丧民俗活动中的“佛事”，更是发扬这种传统、推陈出新。宝卷吸取了佛教变文、道教道情、宋代说经及金元以来民间杂曲，有一定的欣赏价值。

4. 明代说书

说书在明代运河城市仍沿袭元代称为“评话”的叫法。明代说书上承两宋金元说话技艺，长篇讲史评话仍很发达。清代淮扬运河边的戏剧理论家焦循在《剧说》卷一中有明太祖朱元璋在宫中听“评话”的记载。史籍关于民间说书的记载，如明无名氏《如梦录·街市纪》中“相国寺每日寺中有说书、算卦、相面、百艺逞能”。明代大说书家柳敬亭（1587—约1670年），在明末清初扬名大江南北。柳敬亭原籍扬州府泰州县，本姓曹，15岁时在家乡犯事，“避仇流落江湖”。亡命到当时泗州盱眙（今江苏淮安盱眙），开始了他的说书生涯。随后更名为柳敬亭，因为“面多麻，人皆以柳麻子呼之”。在苏州期间，柳敬亭拜业余说书家莫后光为师，技艺大长，名声大振，先后在扬州、苏州、杭州、南京卖艺，在艺人云集的繁华之地南京取得了极高的声誉。张岱《陶庵梦忆》中说他“一日说书一回，定价一两，十日前先送书帕下定，常不得空。南京一时有两行情人，王月生、柳麻子是也”。

七、集成繁荣的清代运河曲艺

清代是大运河沿线曲艺发展的重要时期。明清戏曲小说的繁荣对曲艺的创演产生了很大影响，从题材上来看，产生了大量才子佳人小说，还有“三言二拍”，以及《三国演义》《西游记》《水浒传》《红楼梦》等四大名著，大量戏曲故事、包公系列小说等均成为评书、弹词、鼓词、长中短篇书（曲）目的来源。运河区域新的曲艺曲种如雨后春笋般涌现出来，运河北部地区的河北、山东、河南等省及京津两地，主要有鼓书、评书、牌子曲、莲花落、相声、数来宝等曲种。运河南端的江苏、浙江等地，主要有弹词、评话、清曲、道情等曲种。清代运河曲艺是现代多种曲艺的始端，与如今流行的曲种一脉相承，为现代曲艺种类的逐步成熟奠定了基础。清代运河曲艺处于由古代曲艺向现代曲艺发展变化的重要历史阶段，曲艺形式非常丰富，出现了一大批优秀的曲艺艺人。

1. 说书艺术

说书艺术经过柳敬亭等一代名家的丰富发展，出现了两大系统，即南方评话和北方评书。南方评话包括扬州评话和苏州评话，前者因扬州处大运河运输和经济中心，历史悠久，艺人众多，且各有绝活。最著名的是浦琳、叶霜霖和龚午亭。苏州评话素称小书，以区别于号称大书的弹词，活跃于东起上海，西至常州，北起常熟，南到杭州的长江三角洲地区。当时一批著名艺人在理论上曾对弹词加以总结。王周士创作了《书品十四则》《书忌十四则》，陆瑞廷创建了理、味、趣、细、技的书中“五诀”。陆续出现了一批才华出众、贡献卓越的艺术家，如清乾隆年间（1736—1795 年）创立“陈调”唱腔的陈遇乾、清嘉庆年间（1796—1820 年）创立“俞调”唱腔的俞秀山、清咸丰至光绪年间（1861—1908 年）创立“马调”唱腔的马如飞。苏州弹词、评话艺人还组织过多种形式的行会组织，其中首推王周士于 1770 年建立的“光裕社”最有名。北方评书以据说为乾隆时王鸿兴所创北京评书为主，内容不仅有三国、水浒一类的历史战争和英雄事迹，而且还有公案、灵怪、烟粉和市井琐事，后期《施公案》《彭公案》登场，当时评书界著名艺人除王鸿兴外，还有吴辅庭等。

2. 说唱艺术

清乾隆年间（1736—1795 年）北京兴起的说唱艺本较有影响的是八角鼓和子弟书。八角鼓原为一种打击乐器，作为说唱艺术品种出现约在乾隆中叶以后，最早以岔曲命名。《白雪遗音》将岔曲、腰截、杂牌曲并为一类，题为八角鼓，一般以牌子曲联唱的形式出现。

清朝中期，北京八角鼓沿运河传入了山东、江苏等地。《中国曲艺音乐集成》记载，“北京的八角鼓，是清代满族八旗子弟在乾隆年间创始的一种曲艺形式，这种曲艺形式因伴奏使用八角鼓而得名”。据研究，北京八角鼓传入山东的途径有两种，其中之一便是沿大运河经临清传入聊城、济宁等地。聊城八角鼓约在清中叶由北京沿大运河传入，济宁八角鼓的传入时间与聊城大致相同。同样通过大运河，八角鼓从山东传入南方重要的运河城市扬州，清中叶有《湖上竹枝词》“忽听鼓声敲八角，游人争爱本京腔”。可见这时八角鼓已经在扬州出现。

明清时期各地的民间小曲、小调互相融合，在各地形成特色鲜明的地方曲艺，如临清时调、北京时调、天津时调、济宁平调、扬州清曲等。

清光绪年间（1875—1908 年）在北京由八角鼓演变而来的单弦，在 20 世纪 20 年代前后也比较兴盛。这时，单弦演出改为由一人演唱，自己三弦伴奏，改为演唱者打八角鼓，另有人用三弦等乐器伴奏。演出曲调有《太平年》《怯快书》《云苏调》等。

子弟书最早是一些八旗子弟参照明代鼓词、弹词写法，将戍边小曲改编成七言为主体、三弦伴奏的唱词，后来发展成为一人自弹自唱，音乐体制为板式变化体。子弟书有东城调、西城调、北城调、南城调，西城调流入天津，在此基础上形成天津卫子弟书，也叫西城板。因为子弟书缺少创新，到清光绪年间（1875—1908 年）听众日渐稀少，最后走向衰败。后来的京韵大鼓常演的曲目《剑阁闻铃》、东北大鼓《忆真妃》等就脱胎于此。有所成就的艺人主要有创作者罗松窗、韩小窗，还有擅长《龙图公案》“石韵”唱腔的天津人石玉昆。

大鼓书是北方主要曲种之一，源于运河城市山东聊城、德州一带，德州的犁铧大鼓是最早一种，代表艺人是郝老凤。清同治、光绪年间，犁铧大鼓传入济南，音乐方面受到山东扬琴（山东琴书）、牌子曲（山东八角鼓）、民歌和戏曲影响，同时有女艺人参加表演，名称改为梨花大鼓，以示风雅。最早期女艺人是王小玉姐妹，因其红遍山东，故有山东大鼓之称。与此同时，西河大鼓、京韵大鼓、徐州大鼓也相继发展起来，形成大鼓书的繁盛，最有代表性的是京韵大鼓。京韵大鼓又称京音大鼓，前身是木板大鼓，源于冀中，1870 年前后传入京津等地，因演唱带有沧州、保定口音又称怯大鼓。清咸丰、同治年间（1851—1875 年），天津说书艺人宋五、胡十、霍明亮等将之改为卫大鼓，刘宝全将大鼓乡音变成京音，将长篇截为短篇，融抒情于叙事，并充分吸收皮黄唱腔、咬字、表演和身段，京韵大鼓由此形成。刘宝全精通多种曲艺，嗓音条件极佳，唱腔嘹亮华丽，有鼓界大王之称，开创了刘派。与他同享盛名的还有开创说中带唱、唱中带说、如泣如诉的“白派”唱腔的白云鹏。

3. 其他曲艺形式在运河地区的传播

在运河区域南北大地普遍流传的弹词、鼓词都是清代民间流行的兼有说唱的曲艺形式，区别在于弹词流行南方，鼓词流行北方。

弹词用琵琶、三弦伴奏，也有艺人自弹三弦说唱，称“弦子词”。弹词作品主要出现在清代中期，少数产生于清初或清末，形式上包括说白与唱词两部分，前为散体，后以七言韵文为主，穿插三言句，文字大多浅显易懂。由于演出简单，本子适于家庭的日常娱乐，弹词文本也适于作为消遣性读物，特别是一些大户人家中的妇女，自小识字，无聊之时，听读弹词成为其生活的一部分。由此，许多有才华的女性参加创作，著名作品有《再生缘》《天花雨》《笔生花》《榴花梦》。

鼓词形式与弹词相近，说的部分用散体，唱的部分用韵文，不过韵文除了七言句外，还有十言句。作品中一部分是依托历史传说、战争故事而写成，《呼家将》最为著名，有的根据小说改编而成，如《杨家将》《三国志》等。另有才子佳人的恋爱故事如《蝴蝶杯》《二贤传》。鼓词的主乐器是鼓。这种演艺大约就是鼓词的前身。

清代运河沿岸较有影响的曲艺形式还有时调小曲、扬琴与琴书、莲花落与相声。清初战乱，时调小曲曾经一度消失，清康熙、雍正时期（1662—1736 年）运河区域经济恢复、市民文化丰富，小调复兴起来，清末在天津被称为“荡调”，演唱形式一般由二至三人分包赶角，载歌载舞，与现今曲艺“走唱类”相近。扬琴是清康熙（1662—1722 年）年间由海外传入的乐器，用其与弦子、琵琶、洋琴、鼓板，以五人分角色唱七字唱本，调子慢且艳，称为扬州清曲，后沿大运河北上促进了徐州琴书、山东南路琴书的发展，沿江南运河、浙东运河向南发展成为绍兴琴书。莲花落在清朝前就有，并在大运河地区流传，与北京“十不闲”结合后，称为“十不闲莲花落”，曾对浙东运河边的绍兴莲花落产生过重要影响。相声是形成于清咸丰、同治年间（1851—1875 年），以说、学、逗、唱手段逗笑观众为特征的艺术形式，演出方式分单口、对口和群口，清末民初著名相声演员李德钖，有“笑话大王”之称。

八、近现代运河曲艺

1912—1949 年是运河曲艺发展的重要阶段。新文化运动以及民族工商业的兴起，都对曲艺艺术的发展产生了巨大的影响，曲艺得以快速发展。这一时期曲艺的主要特点是：演出场所有较大变化，大批曲种由农村进入城市，市民曲艺成为主流；产生了众多曲艺流派；电台对曲艺传播作用不断加大；女艺人普遍兴起；曲艺形式和曲目雅俗共赏；很多曲种更加成熟；曲艺研究初兴。

1. 曲艺地位的提高

20 世纪 20 年代前后，运河区域城市经济日渐繁荣，曲艺十分活跃。工商业的兴起和发展，城市需要大量的劳动力，无数农民进城做工，不同的社会阶层有不同的需求。作为表演艺术，曲艺在自身表演形式上存在较大差异，能够充分满足各阶层人士的需求。许多长期在农村演出的曲艺艺人，带着众多曲种进入城市，切磋交流、提高演技，创新发展曲种。相关政府部门开始重视对曲艺活动的管理，成立曲艺改良社，编制词曲，改良书曲，组织艺人参加各种社会活动和演出，提高艺人的思想认识。比如成立鼓词研究会、平词研究会、河南坠子研究会、道情研究会、丝音会等团体，制订会章会规等，以提高艺人人权。在江苏省镇江的扬州评话艺人王少堂与双古书场场主完恩正于1928年6月3日成立镇江书社联合会。行会作为艺人自治的组织，起到管理和控制作用，有力地推动了曲艺艺术的发展。

2. 演出场所的变化

清代曲艺演出场所以明地、书茶馆为主。20世纪初期，原有明地仍存在，后又开发出许多新的明地。“明地”指设在庙会、集市、街头空地上的演出场所。演员在平地上演出，另有人租赁桌、凳，供观众坐席。艺人把在明地上的演出叫做“撂地”。固定的撂地，使艺人具有相对的稳定性，北京的天桥、天津的南市“三不管”、开封的相国寺等都是运河地区极负盛名的曲艺撂地场所。许多城市、城镇都有书茶馆。天津、北京等大城市出现大型综合游艺场，为曲艺提供了新型演出场所。上海大世界内有七处场子演过苏州评话、苏州弹词，不少游艺场经常是二三处场子同时演出苏州评话、苏州弹词。天津也有露香园、大罗天、陶园等大型综合游艺场演出曲艺。

大运河沿线城市出现了新型演出场所群，扬州评话、杭州评弹、梨花大鼓、评书、西河大鼓等曲种，都有专用演出场所。以相声为例，20世纪20年代前后，演出大多在明地，极少数优秀艺人在杂耍场参加曲艺综合场演出，后来各地逐渐建立了专门的相声演出场所。如1930年，天津相继建成连兴茶社、声远茶社；1940年，北京建成启明茶社。全新的曲艺演出场所的出现，增加了观众数量，有固定收入、一定文化水平和欣赏能力并喜好比较高雅节目的群体成为曲艺演出的固定观众，也促进了曲艺的规范化发展。这一时期，影院会在放映电影前加演曲艺节目，使曲艺又有了一种特殊的演出场所。

3. 听众和演员的变化

20世纪20年代前后，曲艺的听众和演员出现了以下几种变化。

一是市民性。“市民”为生活在城市的居民，与乡村居民相对应。市民是与运河商品经济和早期资本主义商品经济相联系的社会阶层，被组织在商品经济关系之中，人数众多。市民阶层处于共同的经济背景下，在许多方面有着共同的理想观念和欣赏情趣，总体上对曲艺爱好。随着运河商品经济进一步繁荣，市民阶层的价值观发生了巨大变化。市民热衷发财致富、及时行乐、享受人生。曲艺最大的优势是灵活，收费低廉，受到市民的喜爱。为满足观众的需求，艺人们在曲目创作和表演形式等方面也根据观众的需要来创作和表演。市民性的又一表现为女性观众的大量增加。高层次观众可在新型演出场所预订包厢，携带家眷观看演出。艺人也考虑到女性观众的观感体验，节目更加文明高雅。堂会也使得女性观众得以欣赏曲艺。广播电台的出现让更多的女性聆听曲艺，每个城市的电台都安排一定的时间播出曲艺，如京东大鼓名家在电台说唱长篇大书，女性是听众的主体。多个曲种大量灌制唱片，女性也可在家中聆听曲艺节目。

二是开放性。城市的开放性造就了城市曲种的多样化。主要表现在，诸多曲种进入城市后，为了适应观众的需要，纷纷借鉴学习当地流行的戏曲等艺术表现形式，从中汲取营养。杂耍馆形成后，各种曲艺形式同台演出，相互借鉴。激烈的竞争加快了借鉴、吸收的进程。

三是地方化。曲艺所具有的适应性至关重要，既要适应观众，又要适应地域文化。地方化还表现在语言上。如一些曲种进入天津后，通过与天津地方文化的交流，受到天津方言影响。子弟书和木板大鼓就由吸收天津方言特色，逐步发展为基本采用天津方言表演的“卫子弟书”。曲艺地方化的表现不仅受到当地观众的喜爱，还由此产生了不少新的曲种。

四是现实性。曲艺作为艺术，服务于社会，服务于大众。曲艺以表演人员少、形式灵活为主要特点，使能够迅速与社会上的客观事物和现象紧密结合。

五是流动性。曲艺艺人流动性强，使许多地方曲种在异地扎根，促进了曲艺的传播。这一时期，艺人大批涌入城市，运河沿线的北京、天津吸引了大批曲艺艺人。由于交通方便，在天津演出的曲艺形式发展到 23 种，天津成为曲艺重镇。

六是女艺人的出现。新文化运动对曲艺艺术的发展起到巨大的推动作用。女艺人的普遍兴起就是表现之一。在民主思想的冲击下，众多女性冲破封建礼教束缚，使一些本无女艺人的曲种开始有女艺人加入，之前有女艺人参与的曲种，女艺人的数量迅速增多。产生于清代中叶的梅花大鼓，至清末民初仍是男艺人一统天下。20 世纪初，弦师卢成科开始为女艺人花四宝操弦，且收花四宝为徒。师徒合作探索适应女声悠长的唱腔和唱法，增加了柔和、脆爽的成分，创立了“花派”（又称“卢派”）。不久后，越来越多女艺人的加入，使市场出现了“无梅不花”的局面。

4. 曲艺曲种的发展

随着文化交流的频繁，运河沿线曲艺曲种根据说唱特点分为唱曲类、评书评话类、谐趣类、韵诵类和乐器演奏类等，其中唱曲类曲种包括鼓曲类和非鼓曲类。

唱曲类曲种是以歌唱为主的曲种，传统上称之为“鼓曲类曲种”。鼓曲类曲种是指以鼓和板击节表演的一种“唱故事”形式，后发展到鼎盛阶段。如山东大鼓、胶东大鼓、西河大鼓、河洛大鼓、乐亭大鼓、梅花大鼓、京韵大鼓等，虽大多始于清代，或是明末，但基本定型却在20世纪20年代前后。此外，唱曲类曲种还包括大量唱的曲种，如各地时调小曲、道情、单弦、二人转等，其伴奏不用鼓板，可包括在唱曲类曲种内。

运河地区的评书、评话类曲种包括扬州评话、苏州评话和流行于北京、天津的评书等。谐趣类曲种有相声、江南独角戏；韵诵类曲种有数来宝；乐器演奏类曲种有巧变丝弦、雷琴拉戏等。

运河沿线的曲艺曲目大多比较兴盛。源于唐宋时期的“说话”，明清时代盛行于大运河沿岸城市的评书（或称评话），到了民国时期继续保持着兴旺势头。在北京，著名评书艺人有擅长说《包公案》的王杰魁，擅长说《东汉》的连阔如，擅长说《岳传》的陈荣启等。在杭州，评话也叫大书。20世纪初期，著名评话艺人苏瀛洲成立了“评话温古社”，社员有百余人。该社在继承传统的基础上，形成了以说、评、演为主的艺术特色。常说的书目有《隋唐》《岳传》《英烈传》《大红袍》《武松》《乾隆下江南》《杨家将》等。在扬州，评书也叫评词。著名评词艺人有张捷三、康又华、戴善章、王少堂等，其中康又华擅说《三国》，王少堂擅说武（松）、宋（江）、石（秀）、卢（俊义）4个“十回”，影响很大。在苏州，著名评话艺人有魏含英、薛筱卿、钟关依等，他们打破了坐着说书的老规矩，开始站着说书。

原先流行于江南运河、浙东运河沿线，与评话合称为评弹的弹词（又称小书），继续保持兴盛的势头。苏州是弹词艺术的中心。清代苏州弹词已经形成了马（如飞）调和俞（秀山）调两大流派。后苏州的弹词艺人在继承马调和俞调的基础上进行创新，先后形成新的流派。20世纪20至30年代，朱耀笙、朱介生发展俞调，形成新俞调。魏钰卿发展马调，形成魏调，其代表唱段为《珍珠塔》。周玉泉吸收京剧老艺人唱腔的特点，开本嗓抒情唱腔的先声，形成周调，代表唱段为《文武香球》《玉蜻蜓》。夏荷生吸收马、俞两调的精华，真、假嗓并用，形成夏调，代表唱段为《三笑》《描金凤》。沈俭安在马调的基础上，创造出适合表现老夫人深沉哀怨情感的唱腔，形成沈调。徐志云以俞调为基础，吸收京剧青衣唱腔及民间小调，形成徐调，代表唱段为《狸猫换太子》。20世纪30至40年代，朱耀祥发展自由调，形成祥调，代表唱段为《啼笑姻缘》。李仲康发展自由调，形成李调。

源于鲁西北的南运河沿岸，清末又北传京津，南传至济宁、开封等地的犁铧大鼓（又称梨花大鼓），也得到了发展，出现了以“四大玉”（谢大玉、李大玉、赵大玉、孙大玉）为代表的著名演员。为首的谢大玉（1890—1978年），于1927年到北京新世界三楼演出，与在二楼演唱京韵大鼓、“鼓界大王”刘宝全相持月余，声名大振。她还南下开封、上海演出，享有盛名。在谢大玉等将犁铧大鼓艺术推向全国的同时，犁铧大鼓发源地的鲁西北运河沿岸，仍有艺术家致力于这门艺术的探索。如宁津的王长志，临清的刘振清、陈立江、张振武等，在保持原有板腔结构主曲体的基础上，大胆创新、改掉犁铧大鼓曲调缓慢、格律死板的缺点，加快唱腔节奏，使犁铧大鼓的语言曲调更加生活化和口语化。

明清时期在各地民间小曲、小调互相融合基础上形成的临清时调、北京时调、天津时调、济宁平调、扬州清曲等仍存在。其中以临清时调和扬州清曲的境况较好。临清时调，由方殿魁及其高徒陈玉山、夏庄云等人带到庙会、集市上演唱。陈玉山还在临清大寺西面开了一个“落子馆”，经常演唱时调。演出的曲目有《占花魁》《西厢记》《草船借箭》《放风筝》等，常用的曲牌有“四平调”“靠山调”“伤心调”“撒大泼”等。临清时原称“窑调”，1920由陈玉山等改称“丝调”。扬州清曲则出现了施元铭、魏绍章等词作者，黎之云、钟培贤、裴福康、王乃青、尤庆乐等演唱者。

清朝乾隆、嘉庆年间（1736—1820年）由北京沿运河流传到鲁西的八角鼓，在聊城、济宁两地仍有人演出。20世纪20至30年代，有七八十人自发结班，于黄昏时分在街头演出八角鼓。聊城的著名八角鼓艺人有逯本荣、史广义、胡学清、刘庚寅等，济宁的八角鼓艺人有杨金奎、王庆乾、马庚辰、郭兴太等。

清朝道光年间（1821—1850年），由落第举子数人沿运河乘船返鲁被雨阻临清时创作、傅汉章在曲阜首次表演的“武老二”，在清末民初已传播到苏、杭、沪、宁等地。20世纪20年代，该曲种又在徐州、济南演出。1931年前后，于传宾用小竹板代替钢板形成竹板书。20世纪30至40年代，在高元钧、杨立德等人的努力下，“武老二”发展成具有全国影响力的大曲种，并被正式定名为山东快书。

清朝同治年间（1862—1874年）起源于北京的相声，也有较快发展。这个时期，北京涌现了一批有较高艺术水平的相声艺人，如焦德海、刘德智、于俊波、高德光、高德明、高德亮、郭全宝、郭启儒等。这些人的说、学、逗、唱等基本功都很扎实。论“说”，都能说诗联句，出口成章；论“学”，都能模仿全国各地方言土语；论“逗”，都能彼此对斗口锋，互相问难；论“唱”，都能摹拟各派伶人的声调、韵味和各种曲词。20世纪30年代，北京相声界又涌现出了一批新人，其中以侯宝林的艺术成就最高。侯宝林（1917—1993年）生于天津，自幼在北京天桥师从老艺人“云里飞”学京戏，同时对相声有了浓厚兴趣。21岁正式拜朱阔泉为师，改学相声，先后在北京和东北等地演出。他与著名相声演员郭启儒合作，在天津演出达五年之久，与著名相声老艺人常宝堃齐名，后来回北京演出。他在从事相声演出的实践中，钻研相声艺术的规律性，博采众长，创作、整理和演出了《改行》《戏剧杂谈》《戏剧与方言》《空城计》《关公战秦琼》《卖布头》等优秀曲目，形成了语言简洁、模拟准确、韵味浓厚、潇洒飘逸的艺术风格，深受观众的欢迎，被誉为相声艺术大师。天津涌现出常宝堃、马三立、李寿增等一批著名相声演员。相声作为一种深受群众欢迎的艺术表演形式，由北京、天津逐步向其他地区传播，成为影响广泛的曲艺品种。

清朝光绪年间，在北京由八角鼓演变而来的单弦，也很兴盛。这时，单弦演出，由一人演唱自己三弦伴奏改为演唱者打八角鼓，另有人用三弦等乐器伴奏的形式。演出曲调有《太平年》《怯快书》《云苏调》《南城调》等。北京的著名单弦艺人有德寿山、荣剑凡、谭凤元、曹宗禄，女艺人有石慧儒等。

大运河沿线区域曲艺的发展较为突出。如在南运河南段和会通河北段沿线的冀鲁边、冀鲁豫抗日根据地，举办各行曲艺训练班，让曲艺从业人员充分发挥自己的智慧和才能，创作演唱新的曲目，使这一地区的曲艺事业出现了空前繁荣的局面。

第二节 中国大运河沿线主要曲艺种类

大运河沿线的曲艺种类很多的，主要有八大类，分别为弹词类的苏州评弹（苏州弹词）、扬州评话、杭州评话等，鼓词类的京韵大鼓、京东大鼓、王家大鼓、西河大鼓、梅花大鼓、河洛大鼓等，牌子曲类的京津八角鼓、山东八角鼓、天津时调、扬州清曲等；道情类的淮北道情、板桥道情、河南道情等；琴书类的山东琴书、江苏的徐州琴书、安徽琴书等。此外还有说唱类的相声、快板书、独角戏等；走唱类的十不闲莲花落、宁波走书、车灯等；杂曲类的无锡评曲、绍兴莲花落、龙船歌等。这里主要介绍几种影响较大的曲艺形式。

一、弹词类

1. 苏州评弹

苏州评弹是苏州评话和苏州弹词的总称，是采用吴语徒口讲说表演的传统曲艺说书形式。它产生于苏州，并流行于江、浙、沪一带，用苏州方言演唱。评弹的历史悠久，清乾隆时期已颇为流行。最著名的艺人有王周士，他曾为乾隆皇帝演唱过。之后名家流派纷呈，使苏州评弹艺术历经200余年不衰。

苏州评话源于宋代说话技艺。明末清初的著名评话艺人柳敬亭，曾在苏州及其附近一带说书，与苏州评话有密切的渊源。清代中期，苏州评话进入鼎盛时期，成立了苏州评弹最早的行会组织光裕社。在咸丰、同治年间，出现了说演《水浒》的姚士章等评话名家。

清代初年，随着运河带来的城市经济繁荣，弹词在苏州开始盛行。清嘉庆时期（1796—1820年），苏州弹词迅速发展，此时刻印传世的书目有《三笑》《倭袍》《义妖传》《双金锭》等。嘉庆、道光后，苏州弹词名家纷呈，有著名的四大家：陈遇乾、毛昌佩、俞秀山、陆瑞廷。女弹词作家和艺人在苏州弹词艺术史上发挥过重要作用，清道光、咸丰时期（1821—1861年），苏州出现的女子弹词以常熟人为多。苏州评弹有说有唱，大体可分三种演出方式。一人的单档，内容多为金戈铁马的历史演义和叱咤风云的侠义豪杰；两人的双档，两人说唱，上手持三弦，下手抱琵琶，自弹自唱，内容多为儿女情长的传奇小说和民间故事；三人的三档，演员均自弹自唱，伴奏乐器

苏州评弹表演

为小三弦和琵琶。

2. 扬州评话

扬州评话是以扬州方言徒口讲说表演的曲艺说书形式，兴起于明末清初，流行于苏北地区和镇江、南京、上海、安徽等地。扬州评话又叫“维扬评话”或“评词”，形式为一人坐在桌后，以折扇、手帕等为道具，用扬州方言说演。20 世纪中叶以来，也有不用道具站立说演的情形。同时运用手势、身段、步伐、眼神、表情讲究演示“虚神”，对描写人物强调寓神于情，不追求形似。讲求剧情细节丰富，人物形象个性鲜明，语言表述生动有趣。

扬州评话开山鼻祖为明代扬州人柳敬亭等人。不久就形成了“书词到处说《隋唐》，好汉英雄各一方”的繁荣局面，独步一时的书目有《三国》《水浒》等 10 部。1956 年，曲艺艺人登记时，分布在南京、扬州、镇江、泰州、海安、东台、南通、淮安和上海的扬州评话艺人有 87 人。

扬州评话的说表，有“方口”与“圆口”之分。方口语句整齐，富有节奏感；圆口近似生活语言，较灵活，一般方口、圆口兼用。其表演动作幅度较小，通常身子不偏出书台桌角，两足不露出书台桌围，与说表结合，在满足听众听觉需要的同时，又给予视觉的满足，使观众如见其人、如闻其声、如临其境。

二、鼓词类

1. 京韵大鼓

京韵大鼓是由河北省沧州、河间一带流行的木板大鼓发展而来，形成于京津两地。河北木板大鼓传入天津、北京后，刘宝全改以北京的语音声调来吐字发音，吸收石韵书、马头调和京剧的一些唱法，创制新腔，专唱短篇曲目，称京韵大鼓。京韵大鼓主要流行于包括北京、天津在内的华北以及东北地区。

京韵大鼓具有半说半唱的特色，唱中有说，说中有唱。唱词基本为七字句和十字句，多为上下句的反复，并且比较讲究语气韵味，与唱腔衔接自然。主要伴奏乐器为大三弦与四胡，有时也有琵琶，演员自击鼓板掌握节奏。京韵大鼓的主要代表人物是被誉为“鼓界大王”的刘宝全，与刘宝全齐名的还有白云鹏和张小轩（张筱轩），并形成刘派、白派、张派三大流派。之后有女艺人小彩舞（骆玉笙）崛起于鼓坛，成为曲坛女鼓王。

2. 京东大鼓

京东大鼓是一种采用京东方音说唱表演的曲艺鼓书及鼓曲形式，主要流行于河北廊坊、承德、保定、唐山、北京怀柔和天津宝坻一带，形成于清代中叶，又称京东怯大鼓、乐亭调、平谷调大鼓、平谷调等。表演时一人站唱，左手敲板，右手击鼓为节，旁有乐师伴奏。经典剧目主要有《王婆骂鸡》《耗子告猫》《大八义》《小八义》等。

京东大鼓的表演形式，最初为木板击节，后改为铁片、铜板。演唱者右手击书鼓，左手击板站立演唱；弦师弹大三弦伴奏，后又加入扬琴伴奏。三弦伴奏及三弦加扬琴伴奏两种形式并存，演员在舞台表演时左手持板、右手击鼓，说唱结合，边唱边演，刚柔相济，动静结合。演唱音域宽亮、洒脱，擅长创编与观众互动，现场效果极佳。

3. 河洛大鼓

河洛大鼓，俗称“说书”，是河南传统地方曲种之一。河洛大鼓是一种以说、唱为艺术表演手段，叙述故事、塑造人物、表达思想感情、歌唱社会生活。其演唱艺术形式有十一种词牌，最具代表性的传统曲目有《刘公案》《双打擂》《大红袍》等。河洛大鼓发源于河南偃师，兴于巩义，流行于洛阳、孟津、登封等运河地区。

清末民初，琴书艺人吸取了鼓儿词艺人大腔大口演唱和动作表演的优点，加之使用打击乐、书鼓和钢板，烘托气氛，深受群众欢迎，逐渐形成了一个新的富有豫西地方风味，颇受群众欢迎的新曲种——大鼓书。河洛大鼓的唱腔属于板腔体，内容上，有劝家书、逗笑书、言情书、公案袍带书、朝阁书和武侠书等；形式上，有短篇书帽、中篇书段和长篇大书。

三、牌子曲类

1. 八角鼓

八角鼓是满族民间艺术的一种，它以演唱者所用的击节乐器八角鼓而得名，是民间群众喜闻乐见的一种传统曲艺形式。八角鼓，鼓身八角形，木制框架，直径 17 厘米左右，单面蒙蟒皮，鼓身周围嵌铜钹，并缀有丝穗子，鼓形小巧玲珑。演奏时，用指弹击鼓面发出清脆的声音，摇震鼓身或手搓鼓面会发出悦耳的钹声。

在明代都城之中，八角鼓已相当流行。明代沈榜《宛署杂记》中记载，“刘雄八角鼓绝：刘初善击鼓，轻重疾徐，随人意作声，或以杂丝竹管弦之间，节奏曲合，更能助其清响云”。当时的八角鼓演奏技艺水平很高，刘雄被誉为都城八绝之一。到了清朝，

八角鼓艺人

八角鼓除作为打击乐器存在外，还有以八角鼓作为伴奏的说唱艺术形式。清乾隆年间（1736—1795年），八角鼓作为鼓书、单弦等曲艺的伴奏乐器，并有专业艺人演唱，曾盛行于宫廷和北京、天津等地。

清代中叶，北京的八角鼓曲种沿运河南下传入山东，在聊城、临清、济宁等地，又演变成为“山东八角鼓”。随后又沿运河流传到扬州等地，发展成为盛行于清代的曲艺曲种。相传凡漕运、盐运所经的城镇，都有八角鼓传唱。八角鼓曲种融合了多地区艺术成分，形成了独特的风格与艺术特色。它具有多元性，受到运河沿线民俗文化的影响，以深厚的文化穿透力，成为民间喜闻乐见的一种艺术形式。

拆唱八角鼓有正、丑两种角色。根据故事内容人物的多少，由二至五人分包赶角，一般以三人演唱的节目为多，弹弦的也唱一两个角色。演唱时，仅由丑角一人化妆。既以丑角为主，也就在唱词以外穿插了很多插科打诨的说白成分。这些插科打诨，大半与故事内容无关，只是抓哏凑趣的噱头，游离于剧情之外，供听众取笑而已。

2. 扬州清曲

扬州清曲是在明清时期流行于扬州一带的俗曲和小调基础上发展形成的曲艺唱曲形式，在清代称小唱，又名“广陵清曲”“维扬清曲”，俗称“唱小曲”，主要流行于江苏省的扬州、镇江和上海等地，用扬州方言表演。扬州清曲传统上是不化妆、无说白和无形体的表演，风格轻便简洁、朴实无华。其中最有价值的是音乐，曲调源自当地小调，还包括来自四方的各地小调，富有民间性和地域特征。

扬州清曲起源于元代的“小唱”，是在元代散曲的基础上，吸收江淮一带风行的各种俗曲民歌，加以改造和利用，于明代中叶形成的。清代康熙、乾隆年间，漕运、盐运使地处长江、淮河、黄河、大运河三横一纵航运枢纽的扬州，商贾云集，经济繁荣，市民阶层庞大，唱清曲成了扬州人的时尚，扬州清曲发展达到了全盛阶段。无论是在音乐曲牌、乐器伴奏方面，还是在曲目唱本方面，都空前地丰富多彩，成为当时扬州戏曲、曲艺界最活跃的曲种之一，并以其腔调的细腻、缠绵和抒情著称。抗日战争期间，一批名家如周锡侯、魏绍章、王万青等首次在扬州教场老龙泉茶社对外公演，正式挂牌“扬州清曲”。

扬州清曲为坐唱表演形式，表演者少则一二人，多则八九人，且自操乐器互为伴奏。其演出形式俗称“开席坐”：中设一桌，三、四人至六、七人三面围坐，面向听众。各持一种乐器，或独唱，或对唱，不化妆，也无其他道具。扬州清曲的音乐结构属于牌子曲类的曲牌联缀体和单曲体两种，曲牌众多，旋律优美。据统计，扬州清曲的曲牌有一百多种，有宫调、商调、徵调、羽调等调式。扬州清曲艺人过去多为男性，唱法上有“窄口”“阔口”之分。窄口，就是用假嗓模仿女声，演唱女性人物的曲子；阔口，是用本嗓唱男性人物的曲子。演唱比较活泼诙谐的曲子时，也称为“泼口”。现代扬州清曲艺人以女性为主。

扬州清曲表演

四、道情类

道情，源于唐代道教在道观内所唱的经韵，为诗赞体。起源可追溯到唐代《九真》《承天》等道曲。宋代后吸收词牌、曲牌，演变为在民间布道时演唱的新经韵，又称道歌。用渔鼓、简板伴奏，与鼓子词相类似。宋元明以来伴随着道教的传播，在清代流布运河沿线，由宗教的道情变为民间传唱的民歌道情。又因多采用渔鼓、简板为伴奏乐器，也叫渔鼓、竹琴或道情渔鼓。流传地域甚广，运河沿线各地流传的此类曲种达几十种。其中较有代表性的如淮北道情、河南道情和板桥道情等。道情类曲种的唱腔及伴奏音乐相当丰富，大多以一支上下句或四乐句的基本曲调反复演唱，有的还有简单的板式变化，也有单曲或曲牌联缀的。初为徒歌声节演唱，后来逐渐引入了二胡、琵琶、钹等乐器，演唱人数也有所增加。在运河沿线流传过程中，道情不断吸收当地民歌、戏曲，与当地方言结合而派生出曲趣各异的唱腔，但大多体现出很强的吟诵性风格和十分注重唱“情”的特点。

河南道情又称坠子嗡，由曲艺渔鼓、道情和坠子相结合，并吸收了秧歌和花鼓的曲调后形成为戏曲。河南道情以唱为主，剧本多唱词而少插白，一板下来就是上百句唱词。其唱腔中板腔和曲牌兼而有之，主要板式有慢板、流水、裁板、大过、单过、双过、哭死、哭活、垛子、滚白等。曲牌有《锁落枝》《老桃红》等。演唱时男女唱腔都用真嗓，咬字清晰。唱二八或流水时有重叠句，而且有“哪呼嗨”“哪嗨依”的衬词，其曲调朴实，唱词通俗易懂，深受群众喜爱。

五、琴书类

琴书类以扬（洋）琴为主要伴奏乐器而得名。大运河沿线有山东琴书、江苏的徐州琴书、安徽琴书等。琴书类唱腔以优美婉转见长，各自形成了具有浓郁地方风格的特点。琴书类曲种音乐的结构既有曲牌联缀，又有曲牌与板腔的混合体。演唱形式有的为一人站唱、有的为双人或多人坐唱，还有的为分角拆唱（清唱）。

1. 山东琴书

山东琴书又名“唱扬琴”“山东扬琴”等，发源于鲁西南菏泽地区，迄今已有250多年的历史。作为南路山东琴书的发祥地，大运河沿线一直都是优秀民间艺术发展流布的重要区域。山东琴书分南、北、东三个流派。山东琴书曲目众多，长篇作品有《白蛇传》《杨家将》等，中篇作品有《王定保借当》《梁祝姻缘记》等。

山东琴书为民间小曲联唱体，共有小曲二百余支，最盛时演唱曲牌和演奏曲牌多达300个，以《上河调》《凤阳歌》《梅花落》最为常用。随琴伴奏的乐器也越来越多，以扬琴为主奏乐器，另有筝、坠琴、京胡、板胡、软弓胡、四股弦、碟子、大板梆子等。传统曲目分牌子曲、中篇、长篇三类，共有曲目一百多个，书帽、诗、引六百余首。已搜集到的有《凤阳歌》《垛子板》《梅花落》《混江龙》《哭寒江》《倒推船》《长龙尾》《满地红》《叠断桥》等百余支曲牌。其唱腔采用牌子曲联缀形式构成，在演唱方法和乐器演奏技艺上显示出较高的艺术水平，对琴剧的发展产生了重要影响。

2. 徐州琴书

徐州琴书，又名“苏北琴书”，旧称“丝弦”“唱扬琴”等，主要流行于以徐州市为中心的苏、鲁、豫、皖四省运河地区。徐州琴书以徐州方言演唱，乡土气息浓郁。演出时由演员以带有表演动作的说唱来交待故事情节，有单档、双档、表演唱等多种形式，具有一人多角的特点，灵活简便，词曲通俗。徐州琴书代表性曲目主要有《王天宝下苏州》《张廷秀赶考》《水漫金山》等。

六、说唱类

1. 山东快书

山东快书，又名“竹板快书”，是起源于山东的地方传统曲艺形式，以说唱为主，语言节奏性强，不受场地限制，可随时演出，迅速地反映现实生活，具有独特的艺术效果。最具代表性的传统曲目有《景阳岗》《东岳庙》等。

山东快书表演

山东快书发源于大运河沿线的山东临清、济宁、兖州一带，已有百年以上的历史。山东快书都是站唱形式，表演上讲究“手、眼、身、步”及“包袱”“扣子”的运用。动作连贯、幅度大，演员情绪强烈、夸张适度、人物塑造丰满。

山东快书以说唱为主，韵诵巧妙、大多接近口语，韵诵上面多似数板，也有人称快书是“快数”。山东快书的传统书目有《东岳庙》《景阳岗》《狮子楼》《十字坡》《石家庄》《闹当铺》《闹公堂》《闹南监》《摔杯计》《快活林》《调虎计》《飞云浦》《鸳鸯楼》《张家店》《蜈蚣岭》《白虎庄》《二龙山》《李逵夺鱼》《大闹马家店》等，有关武松故事的唱段占了很大的比重。

2. 河南坠子

河南坠子由流行在河南和皖北的曲艺道情、莺歌柳、三弦书等结合形成，约有一百多年历史，流行于大运河沿线的河南、山东、安徽、天津、北京等地。因主要伴奏乐器为“坠子弦”（今称坠胡），且用河南方言演唱，故称之为河南坠子。演唱者一人，左手打檀木或枣木简板，边打边唱；也有两人对唱的，一人打简板，一人打单钹或书鼓；还有少数是自拉自唱的。唱词基本为七字句。伴奏者拉坠琴，有的并踩打脚梆子。以唱为主，唱中夹说，所用唱腔主要包括“平腔”“快扎板”“武板”“五字坎”和“垛板”等。初期大多演唱短篇，也有部分演员演唱长篇。

3. 快板（数来宝）

快板是一种传统说唱艺术，属于韵诵类曲种。早年称作“数来宝”，也称“顺口溜”“流口辙”“练子嘴”，是从宋代演唱的“莲花落”演变发展而成。

快板最初是乞丐乞讨时使用的方式和手段，历史久远。“数来宝”的发展经历了三个阶段：一是沿街乞讨演唱，二是“撂地”卖艺，三是舞台演出。历史上，沿街乞讨的乞丐把明太祖朱元璋奉为“数来宝”的祖师爷。运河沿线的快板有“数来宝”、快板书、小快板、天津快板等多种形式。

过去艺人沿街卖艺时，经常触景生情，口头即兴编词。他们看见什么就说什么，擅长随编随唱，宣传自己的见解，抒发感情。从编、演，到传唱，比什么形式都迅速。快板表演方式简单，有单口、对口、群口三种表演方式。唱词合辙押韵自由，一段唱词可以自由转韵，称为“花辙”。表演时演员用竹板或者击打节拍，一般只表演说理或抒情性较强的短篇节目，快板书艺术形成后，也开始注重创作并表演长篇书目。北京天桥有“数来宝”场子，但不固定。天桥“数来宝”艺人中较出名的有小海子（海凤）和曹麻子。

4. 相声

相声是一种民间说唱曲艺，以说、学、逗、唱为形式。相声艺术源于大运河沿线的京津冀等地，普及于全国，始于明清，盛于近现代。主要采用口头方式表演，主要道具有折扇、手绢、醒木。表演形式有单口相声、对口相声、群口相声等，是扎根于民间、源于生活、深受群众欢迎的曲艺表演艺术形式。

相声的起源可以追溯到春秋战国时期，当时在周朝和诸侯国的宫廷内，有一种被称为“俳优”的艺人，他们专为统治者逗笑取乐。俳优与歌舞艺人不同，他们虽然也会表演歌舞，但主要是以滑稽的语言和动作博取观众的笑声，俳优为相声的发源人。汉武帝时宫廷中的东方朔，被后人称相声的“祖师爷”。还有人认为，相声是由参军戏发展、演变出来的。

据研究，“像生”一词古代早已出现，但并不是指表演技艺，而是指像真的、像活的。宋代百戏中，出现了“学像生”“乔像生”，指模拟的技艺。到了明朝时期，“像生”一词逐渐演变成了“像声”（也有的写作“象声”），“像生”中摹拟自然和人的声音这一特长，慢慢转化成了一种独立的艺术形式，即口技。清朝道光年间（1821—1850 年），一位名叫张三禄的艺人是目前最早见于文字记载的相声艺人。张三禄本是八角鼓丑角艺人，后改说相声。后来出现了一位艺名叫“穷不怕”的艺人，本名朱绍文，他十分喜爱张三禄的表演，向张三禄学习口技和笑话，并在模仿人声及鸡鸣犬吠的口技的基础上掺入故事，发展成单口相声、对口相声、三人相声，使之成为一个独立的曲种。

相声表演最早出现在北京天桥一带，表演形式主要分“说”“学”“逗”“唱”四点，这四门口技，就是模仿曲艺“八角鼓”里的特点，旧时代的相声艺人身着肥袖长衫，利于传统相声特别是学唱戏曲的“柳活”的表演。侯宝林、孙玉奎、刘宝瑞、郭启儒等将相声艺术推向了高峰，通过电台的传播，相声在全国迅速普及，成为曲艺艺术中普及最广、影响力最大的曲种之一。

相声表演

七、走唱类

淮安十番是淮扬运河北端淮安市的一种民间音乐。其融管弦、诗词、打击乐于一体，风格独特。早在清道光年间（1821—1850 年），孙毓卿就将淮安流行多年的古昆曲加以改创，加进了锣鼓打击乐。改创后的古昆曲便称为“锣鼓昆曲”，简称“武昆”，即“淮安十番”。

过去，每年农历五月初一，淮安都要举行规模盛大的东岳庙会。在参加庙会的广大群体中，有各行各业组织起来的群会班社，俗称“堂子”。群会最盛时多至三、四十班。这些堂子的名称皆用一个“安”字作标记，另冠以一个与本行业有联系的字。各个堂子在参加庙会队列间均穿插各种民间文艺和游戏活动。演奏和演唱淮安十番就是其中一项重要的文艺活动。当时能演奏演唱“十番”的堂子约有六、七个，其中比较有名的是“良安堂子”“敬安堂子”和“普安堂子”。到了东岳大帝出巡时，每个堂子的队伍由两面直径一米的大锣开道，紧跟大锣的是执事队伍，演奏“十番”第一排三人，中间一人吹管，两旁的人吹笛。管底镶着大亮珠，笛下坠着红穗子，笛上嵌着金龙，两笛龙头相对，名曰“二龙戏珠”。第二排四人吹笙。笙后面是琵琶、三弦、二胡、箫，各自成双，两人一排。再后面是喇嘛号，铃铛、木鱼和领队合作的拍板。接着便是用红木制作的做工精美的锣鼓棚子。棚子有五尺多长，四尺多宽，像古式的架子床，上有花梨木雕花顶棚。棚子由四人抬着。棚内四人分成两排，边走边敲锣鼓。前排左边的人敲班鼓和荸荠鼓，右边敲小锣；后排左边的人敲小镲，右边敲大锣。其他人则跟在棚子后面行进。

淮安十番的旋律优美动听，音调起伏，有时高亢激越，有时如泣如诉，极富抒情性。淮安十番原先曲牌甚多，但大部已经失传。目前仅剩清光绪二十一年（1895 年）流传下来的手抄二尺谱两本，已全部翻译成简谱，并录制成音像资料。

淮安十番锣鼓表演

八、杂曲类

绍兴莲花落，又称“莲花乐”“莲花闹”，是浙东运河绍兴一带的曲艺种类之一，形成之初以沿门说唱为主，此后艺人又开始以绍兴方言说唱长篇书目，其说表语言通俗生动，唱词通顺流畅，幽默风趣。代表性曲目有《闹稽山》《马家抢亲》《天送子》等。

“绍兴莲花落”问世于清光绪二十六年（1900年）前。所说唱的唱词多系即兴编造，唱腔也没有固定基调。演唱内容大多为恭喜发财、吉祥如意之类的“套词”。这一阶段的演唱方式为“跑街”，称为“跑街卖唱”阶段。

民国初年，唐茂盛受越剧前期落地唱书“吟嗄调”及“宣卷调”的影响，开始采用“独歌帮腔”的方法，艺人们自称为“哩工尺”唱法，由此而逐渐形成一套基本唱腔。其演出形式也由“跑街卖唱”改为“草台演唱”。其内容由“套词”而“新闻”，由“新闻”而发展到说唱具有故事情节的“节诗”。“节诗”内容多为反映农村家庭生活，如《娘家节诗》《箍桶节诗》《长婆节诗》。到中华人民共和国成立时，这一类“节诗”曲目共达到十八篇半，俗称十八只半“节诗”。绍兴莲花落进入“草台演唱”阶段以后，艺人队伍扩大了，曲目也由说唱“节诗”发展为说唱长篇回书。

绍兴莲花落初期的表演形式为一人主唱，一人打板，另一人和打板者一起帮腔，俗称“三股档”表演形式。后来采用了四胡伴奏，于是改为一人主唱，一人拉四胡，一人打板；主唱者手持三翘板，在音乐“前奏”及“间奏”中打板击节；演唱过程中，有时与伴奏者对白问答，有时由伴奏者帮腔接调，形式活泼，班子小而场面热闹。

群口快板

第七章 中国大运河音乐艺术

中国音乐特指中国器乐与中国声乐，历史可以追溯到黄帝时代。大运河沿线地区是中国音乐的发源地之一，特别是大运河强大的交流传播功能，对周边地区的音乐产生了深远的影响。从孔子传六艺再到近现代与西方音乐的交流，大运河音乐在吸收外来音乐要素的过程中不断充实发展。中国素为“礼乐之邦”，大运河音乐在人格养成、文化生活和国家礼仪方面有着很重要的作用和地位。同时，大运河地区的音乐对戏剧、曲艺的形成与发展都发挥了重要作用。

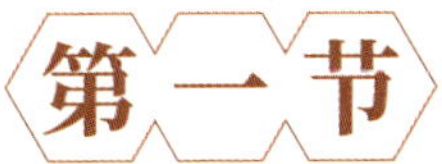

第一节 远古音乐

中国音乐有着悠久的历史。古代文献中关于远古音乐的传说，大致可分为两类：一类是以某某氏为名的古乐，如朱襄氏之乐、阴康氏之乐、葛天氏之乐、伊耆氏之乐等；另一类是传说中古代帝王，如黄帝、颛顼、帝喾、帝尧、帝舜和夏禹等时代的古乐。

相传为尧、舜时代的“以麋草置（冒）缶而鼓之……以致舞百兽”（《吕氏春秋·仲夏记》）和“予击石拊石，百兽率舞”（《尚书》），实际就是人们在土鼓、石磬之类原始乐器的伴奏下模仿兽类形态的舞蹈，它是原始人类狩猎生活的反映，人们也从中得到鼓舞的力量。葛天氏之乐是“三人操牛尾，投足以歌八阕”(《吕氏春秋·古乐》)，即舞者拿着牛尾巴，边舞边唱。所唱的 8 首歌中，有《遂草木》《奋五谷》《敬天常》《总禽兽之极》等，就表现了人们盼望农牧业获得丰收的心愿。阴康氏之乐是在洪水为患，水道壅塞，“民气郁阏而滞著，筋骨瑟缩不达”的情况下用来作为“宣导”的一种乐舞。朱襄氏之乐则是在干旱成灾的时候用来祈求雨水的一种音乐。这些都是和原始人类的生产和生活息息相关的。

中国古代宗教在音乐中也有所反映。如葛天氏之乐所唱的 8 首歌中，开始两首一为《载民》（意为始民），一为《玄鸟》（即燕，或说为凤凰）；前者含有祖先崇拜的意思，后者可能与图腾崇拜有关。又如关于黄帝族有“昔者黄帝氏以云纪，故为云师而云名”（《左传·昭公十七年》）之说，可见黄帝族是以云为图腾的部落。黄帝时的乐舞名为《云门》，颛顼（传说为黄帝之孙）时的乐舞名为《承云》，显然都和图腾崇拜有关。据说一些原始时代的古乐如黄帝的《云门》、帝尧的《咸池》、帝舜时的《韶》，在周代还作为宫廷雅乐的“六代之乐”在演出。这些古乐中最重要的应属《韶》，此外，用伊耆氏之乐的蜡祭，据说孔子和他的学生子贡曾见过（《礼记•杂记》）。

在关于远古音乐的传说中，曾提到一些古乐器，其中有鼓、磬、钟、箫、管、篪、笙、琴、瑟等。距今 8000 ~ 9000 年前就有“骨笛”，在河南省舞阳县贾湖村新石器遗址发掘出了随葬的 21 支骨头制的笛子，它们全部是用鹤类尺骨制成，大多钻有 7 个孔。这是迄今发现的最早的乐器，同时也证明了古老的运河地区音乐在几千年前就已经发展到了相当高的水平。经测定，江苏吴江梅堰和浙江余姚河姆渡出土的骨哨，为距今 7000 年左右新石器时代的遗物。

在一些古文化遗址中遗存较多的古乐器是陶埙，南京安怀村、浙江河姆渡等地均有发现。出土的原始乐器中还有如陶钟、陶铃之类，都预示青铜时代铜钟一类乐器的出现并非偶然。

第二节

夏、商、西周至春秋时期的音乐

由夏、商、西周到春秋末约 1700 年间，由于生产力的提高、社会分工的发展，运河音乐文化得以快速向前发展。

这一时期，最受尊崇的就是用于祭祀等重大典礼的乐舞，其内容多为歌颂统治者列祖列宗的功德。夏代的代表性乐舞是《大夏》，内容为歌颂夏禹治水的业绩，由 9 个段落组成，演出时用作伴奏，故又称《夏》。这个乐舞在周代还在演出，由八列（八佾）头戴皮帽、下著白裙、裸露上身的演员表演。此外，夏代的乐舞还有启的《九招》和《九歌》。

商代代表性乐舞的内容是歌颂商汤灭夏开创商朝的功绩。商代的另一个重要乐舞《桑林》用于既是祭祀祖先，也是男女聚会结交的活动。巫以歌舞娱神，故商代巫舞特别发达。

周代的代表性乐舞有《武》和《象》，它们都是以歌颂周王朝统治者的功德为内容的。武又称《大武》，歌颂周武王伐纣战争的胜利和在周、召二公的辅佐下国家得到有效治理；《象》又称《三象》，歌颂周成王讨伐殷人叛乱的胜利。这些乐舞也都是为巩固周王朝的统治服务。在周代的礼乐制度中，对于各种礼仪中音乐的应用都按不同的等级而有严格的规定。

平王东迁之后，周室衰微。一方面，东周的礼乐制度和宫廷雅乐越来越受到冷遇，“非礼”的现象到处蔓延。另一方面，运河地区新兴的民间俗乐“郑卫之音”等逐渐进入各诸侯国的宫廷，取代了旧时雅乐所占据的重要地位。

这一时期，音乐文化取得了长足的进步。宫廷的乐舞，从参加演出的舞队行列、编悬乐器的编制、乐队和歌队的人数等来看，其规模是相当宏大的。所演出的乐舞作品，也多属宏伟而复杂的巨构。以周代著名的乐舞《武》为例，其表演情节丰富已达到相当高的程度，而且节奏层次多变。从《诗经》中保存下来的300多首周代歌词中可以证实。

据不完全统计，周代乐器有记载的近70种，其中见于《诗经》的就有29种之多。随着乐器品种的增加，开始出现了按乐器的制作材料而分为金、石、土、革、丝、木、匏、竹8类的“八音”分类法。“八音”之中，金石乐器（青铜铸造的钟、铙、镛、铎等以及石制的磬）占有重要地位，是青铜时代统治阶级权力的象征，钟、磬的大小和编列的多少成了统治阶级不同等级的标志。

河南辉县出土的埙可发的音，不仅包含七声音阶的全部音级，而且包括许多半音。传说中的龠，在甲骨文中已有了它的象形字“和”，可以看出是编管乐器，其进一步发展便是周代的箫（排箫）。此外，甲骨文中的“言”，据郭沫若解释为单管乐器，与周代的管、篪等都滥觞于原始的骨哨，却又有较大的发展和变化。

商周时期出现的乐器中，对后世影响较广的有笙、竽和琴、瑟，笙的开始出现是在商代。从它们在《诗经》中的频繁出现，即可看出自西周以来已经被广泛使用了。笙、竽和琴、瑟的出现，对音乐的艺术表现力的提高起了积极作用。

乐器所取得的上述进展，有力地证明了历史文献中关于春秋时期已经存在七声音阶（七律）和十二律实际应用的记载是真实可靠的，且其出现的时间实际要比这些记载早得多。与此同时，相关的乐律理论体系也会在实践中逐渐形成。

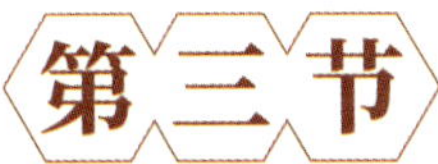

第三节 战国、秦、汉时期的运河音乐

春秋末期有了运河，前475年开始了中国历史上的战国时代。剧烈的社会变革，给运河音乐文化的发展带来了巨大变化。到了战国时期，魏文侯所爱听的“新乐”已

不再是“郑声”或“郑卫之音”，而是包含了郑、卫、齐、宋 4 国的民间俗乐。还有齐宣王所好的“世俗之乐”，秦国宫廷中的“郑卫桑间”之乐，可以明显地看出民间俗乐陆续进入各国宫廷的新趋势。在南方则有楚国的音乐——楚声的兴起，这种音乐曾经给大诗人屈原的创作提供了丰富的养料。他的《九歌》就是由民间祭祀歌舞加工创作而成的。在秦朝末年的战争中，“楚声”随着起义大军在全国扩大影响，并在汉代的宫廷音乐中占有重要的地位。

1. 音乐理论

春秋时期，孔子是运河地区第一个以“诗书礼乐”教弟子的教育家。到战国时期，私学有了更大的发展，再加上各国盛行养士之风，于是在社会上便形成了“士人”阶层。他们受过良好教育，具有不同程度的音乐知识储备和技能。包括儒、墨、道、名、法、阴阳等，各家各派的学者都不同程度地发表过对于音乐的看法和意见，并且产生争辩，形成了百家争鸣的生动景象，留下众多的音乐言论和专门论著（如墨子的《非乐》、荀子的《乐论》和《礼记·乐记》等）都显示了古代音乐思想的光辉成就，对后世产生了深远影响。从这些人中间还产生出一批与旧时宫廷乐师不同的音乐家，如著名的“高山流水”故事中的俞伯牙、钟子期，孟尝君的门客雍门周等。

《管子》和《吕氏春秋·音律》中关于三分损益律的记载，是中国乐律学最早的文献，《周礼》的《考工记》则保存了钟磬之类古代乐器制作的重要技术资料。

2. 汉乐府

始建于秦朝而在汉武帝时得到极大发展的乐府，对当时音乐文化的发展产生了重大影响。乐府里集中了 1000 多个来自全国各地的优秀音乐家，广泛采集全国各地区的民间音乐，并在这基础上进行程度不同的加工提高或改编创作。这些新作，既有《郊祀歌》之类用于郊丘祭祀等典礼的音乐，又有郊庙祭典之外的音乐。汉代的宫廷音乐呈现出与旧时宫廷雅乐迥然不同的面貌。所谓“皆以郑声施于朝廷”“常御及郊庙皆非雅声”（《汉书·礼乐志》），都说明当时的宫廷音乐深受民间音乐的影响。

前 7 年，汉哀帝下令“罢乐府官”，在乐府的 829 人中，裁减了“不应经法”或郑卫之声的 441 人（《汉书·礼乐志》），意在排除民间音乐的影响和提高宫廷雅乐的地位。但是，在东汉宫廷中，既有用于郊庙的“大予乐”和用于辟雍飨射的“雅颂乐”，也有用于飨宴的“黄门鼓吹”乐和用于军中的“短箫铙歌”乐，实际已包括了乐府音乐的所有范围。

战国以来各地兴起的民间俗乐，经过乐府及其他相应机构的集中、提高，使汉代宫廷音乐呈现出丰富多彩的局面。当时的演出包括鼓吹乐、相和歌、歌舞百戏以及乐器演奏等多种样式和体裁，最主要的则是鼓吹乐和相和歌。鼓吹乐引入汉代宫廷之后，主要用于朝会、道路等，而相和歌则主要用于娱乐和欣赏，因而应用较普遍，影响也较广。在相和歌中，最重要而且最能反映当时艺术水平的则是相和大曲。这是一种有器乐、歌唱与舞蹈相配合的大型演出形式。当时的大曲，从不同方面反映社会的现实生活，音乐也较为生动活泼，表现手段丰富多样。

3. 民间俗乐

民间俗乐的兴起以及鼓吹乐与相和歌的形成和发展，一方面是部分前期已有的乐器如铙、鼓、箫（排箫）、篪、笙、竽、琴、瑟等得到广泛应用，同时也出现了许多新乐器，其中比较重要的有笳、角、笛（竖吹）、筝、筑、琵琶、箜篌等。这些新出现的乐器大都有较强的音乐表现力。属于鼓吹乐系统的笳和角都有较高的音量和富于特点的音色；属于相和歌系统的主要是丝竹管弦乐器，大都有适于配合歌唱与舞蹈节奏的优点。特别是琵琶类弹弦乐器的出现，成为乐器演进中一个重大的进展。

第四节

三国、两晋、南北朝时期的运河音乐

这一时期，由于经济中心往东南地区转移，运河音乐得到了较快发展。

三国、两晋时期运河区域的音乐有了新的特点，清商曲基本形成，歌与舞有了更紧密的结合，少数民族音乐逐步进入运河区域而与当地的音乐融合。汉代的音乐是贵族音乐，到曹魏时发生了变化，主要表现在“清商乐”的形成与发展上。曹操铜雀台的建造为歌舞表演提供了最为豪华典雅的舞台，同时成为培养表演艺术家的摇篮。

1. 清商乐

清商乐是运河文化大交流时期兴起，并在当时音乐生活中占主导地位的一种音乐形式。“清商乐，一曰清乐。清乐者，九代之遗声。其始即相和三调是也，并汉魏已来旧曲。其辞皆古调及魏三祖所作”（《乐府诗集》卷四十四《清商曲辞一》）。它是晋室南迁之后，旧有的相和歌和由南方民歌发展起来的“吴声”“西曲”相结合的产物，是相和歌的直接继续和发展。其中“吴声”与“西曲”，既从相和歌中汲取了有益的经验，又发挥了其原有的音乐特色，形成了多样的富于特色的音乐结构。它与相和歌的不同之处是作品绝大多数以爱情为题材，风格一般都较纤柔绮丽，具有清新自然之美。

2. 相和三调

相和三调即“平、清、瑟”三调。兴起于“魏氏三祖”即魏武帝曹操、魏文帝曹丕、魏明帝曹叡。从曹操开始，大量创作相和三调曲辞。在《乐府诗集》中记下了曹操、曹丕、曹植、曹叡、王粲、陈琳等所写的辞，这些辞大多配以曲调，故称为“曲辞”；而所配的曲，即相和平调曲、清调曲与瑟调曲。配曲也是为了唱与舞。东晋南朝时期是清商乐的发展时期。《乐府诗集》所载清商曲辞，大都是自制新声，产生于江南运河沿线。梁朝时代是清商乐的黄金时代。北朝运河区域，拓跋氏带来的鲜卑歌和西域乐十分流行，通过南北征战，又得到了南方清商之乐。在运河文化交流的背景下，南北音乐结合为一，杂用于“宾嘉大礼”。北齐时西域音乐颇受运河区域人们的欢迎，即使是正声，也“杂西凉之曲”。至北齐后主高纬的时候，西域音乐大盛。据《隋书·音乐志》说，后主爱好西域音乐，甚至到了想做“龟兹国子”的程度。

3. 琴曲

琴曲在这一时期获得较大发展。琴的艺术，自春秋战国时期由宫廷乐师开始向士人转变以来，两汉时期有较快发展，许多著名的文人如司马相如、桓谭、蔡邕等都是著名的琴家。魏晋以来，琴曲艺术进入了一个高潮时期。许多名士如魏晋时期的阮籍、嵇康，南北朝时期的戴逵父子等，都以琴闻名于世。

4. 运河地区音乐的传播与交流

西汉末年由印度传入中国的佛教，得以广泛流传。一方面，是由于统治阶级的宣扬；另一方面，饱经忧患的人民在其中也似乎得到了某种寄托。在众多的寺院里，僧徒们或作乐以供养佛，或歌赞以宣扬佛法，竟成了宫廷、府邸与封建庄园之外又一重要的音乐活动场所。在这中间，促成了佛曲的俗化和俗乐的佛化，连最少宗教色彩的俗乐——清商乐也开始显现出与佛教音乐相结合的迹象，并逐渐形成了一种“其音清而近雅”的音乐——法曲，成为隋唐燕乐的一个重要组成部分。

自西晋时，北部边境各民族的内徙和东晋的“衣冠南渡”，造成了运河南北之间、各民族之间经济与文化的交流，促进了运河地区相互之间音乐文化的交流与融合。5

世纪末，北魏孝文帝和宣武帝南征时所收伎乐，包括“江左所传中原旧曲……及江南吴歌、荆楚西声”，南方的清商乐由此流入北朝；而在6世纪初，南方梁朝宫廷里演奏的鼓角横吹曲则有不少是被称为“北歌”的北方鲜卑族音乐。高昌、疏勒的音乐也相继传进内地运河地区。外国音乐也与中华音乐得以交流，早在4世纪中叶时，便有印度音乐传入。其后，中亚安国的音乐和东邻高丽的音乐等，也于5世纪中叶陆续传入运河地区。频繁的音乐文化交流，对运河地区音乐的发展起了积极作用，给隋唐燕乐的高度繁荣打下了基础。

第五节

隋唐时期中国大运河音乐

隋唐时期开通了大运河，使南方乐舞得以北上；安史之乱后，北方乐舞工又流寓江南，运河地区南北乐舞的交流加强，乐舞艺术的辉煌胜于前代。

隋唐音乐主要有燕乐、雅乐、民歌、曲子、说唱和变文等形式，其中以燕乐和雅乐为主。燕乐即宴乐，指在宴会中使用的一切音乐。开始是隋文帝的《七部乐》、隋炀帝的《九部乐》、唐高祖的《九部乐》，至唐太宗时定为《十部乐》。《十部乐》又分为坐部伎和立部伎。坐部指演奏时坐在堂上，有六种乐；立部指演奏者站在台下，有八种乐。相对来说，坐部贵，立部贱。乐的来源除皇帝自制外，不乏西域诸国乐。宫廷音乐正统，但法曲因源于汉族民间歌曲，往往有清新之意。唐玄宗李隆基既是音乐迷，又是音乐专家。他从全国各地选来的坐部伎子弟三百人集于梨园，由他亲自教以丝竹之戏。有一声错误，立即能指出并纠正。雅乐本来就沿袭陈、梁旧乐，系用吴、楚之音，后根据祖孝孙的建议，斟酌南北，考以古音，成大唐雅乐。曲子是在民歌的基础上加工而成的，题材涉及社会生活各个方面。

唐玄宗时期，有许多大臣都通音律、擅乐器。如唐睿宗和杨贵妃的琵琶、唐玄宗的玉笛、汝阳王李进的羯鼓、郑中丞的胡琴等，都很有功底。乐工绝大部分来自西域，著名音乐家多为胡人，如米嘉荣、何满、黎可及、穆氏、谢阿蛮等。安史之乱后，部分宫廷乐工流落江南，白居易在江南就曾遇见过一位乐叟。笛子从北方传至江南。江南运河边的吴（今苏州）人阳子儒弹琴，悲痛欲绝，闻名一时。据《唐国史补》载，歌唱家李衮技艺高超，当时江南艺术家的水平，已不亚于京都名家。

1. 燕乐

隋唐燕乐，是汇集在宫廷里的俗乐的总称，它包括汉族的和少数民族的、中国的和外国的音乐。从隋初的七部乐到唐贞观时的十部乐，包括燕乐、清商乐、西凉乐（隋初沿用北周“国伎”名称）、高昌乐、龟兹乐、疏勒乐、康国乐、安国乐、天竺乐和高丽乐。十部乐之外尚有扶南、百济、突厥、新罗、倭国、南诏、骠国和属于鼓吹乐系统的鲜卑、吐谷浑等多种伎乐，异常丰富多彩。十部乐中大部分自 4 世纪中期以来已陆续传入内地。然而，只是在大运河开通之后，运河南北各民族的经济文化交流和国际交往都极大加强的情况下，它们才得到了进一步的充实和提高。

燕乐包括各种声乐、器乐、舞蹈乃至散乐百戏之类的体裁和样式，而其主体则是歌舞音乐。歌舞音乐中，大曲（包括法曲）又居于重要的地位。燕乐大曲直接继承了相和大曲和清乐大曲的传统，又有了重大的发展。大曲中含有散序、中序（排遍、歌头）、正、破（舞遍）、入破、虚催、衮遍、实催（促拍）、歇拍、煞衮等不同的结构成分和段落。著名的法曲有《霓裳羽衣》。燕乐大曲的高度艺术成就，标志着歌舞音乐发展的一个高峰。

在音乐文化广泛交流的基础上兴起的隋唐燕乐，在乐器的运用上也有了很大的发展。魏晋以来陆续从边疆和国外传入运河区域的许多新乐器如曲颈琵琶、五弦琵琶、筚篥、方响、锣、钹、腰鼓、羯鼓等，大都成了燕乐中的常用乐器。尤其是琵琶类弹弦乐器和各种鼓类击乐器，适应着歌舞音乐的需要，有了显著的发展。鼓类乐器中，被唐玄宗称之为“八音之领袖”的羯鼓，以“其声焦杀，特异众乐”而受到特别的注意，出现了许多羯鼓名手和成套的羯鼓独奏曲。

2. 曲子

隋唐时期的音乐，还有一些在当时及后世都有相当影响的体裁，首先是包括歌词和曲子在内的各种歌曲，和燕乐大曲也有一定的联系，有时是它们被大曲所吸收，有时它们又从大曲吸取一些曲调。曲子的广泛流传，使为曲子填写的词成了宋代重要的文学体裁；其次是属于“散乐”范畴的一些歌舞戏，如“代面”“拨头”“踏摇娘”“窟垒子”和一些带有歌唱的“参军戏”等，这些带有一定故事情节的歌舞，为宋代杂剧与南戏的产生提供了条件；最后是唐代颇为流行的说唱变文。其原是寺院中僧侣们用民间说唱形式演佛经故事来宣传宗教的一种说唱，在群众中有广泛影响。这种歌赞与讲说相结合的说唱音乐，正是后世词话与宝卷一类说唱形式的源头所在。

唐朝政府设立了庞大的音乐机构——大乐署、鼓吹署、教坊和梨园，统领各色音乐，总人数达数万人。唐初的大乐署，其职能与前代大乐署不同，兼管雅乐与燕乐，同时负责各类音乐人员的训练与考绩。到开元年间，才部分地将燕乐从大乐署中分出来，各类燕乐（包括散乐、百戏）统归左、右教坊和原来的内教坊，又专为表演法曲而在宫中设了梨园（包括一个30余人的少年班“小部音声”），并在西京长安和东都洛阳分别设了“太常梨园别教院”和“梨园新院”。梨园的人员是从燕乐的“坐部伎”中挑选，是各类音乐人员中专业水平最高的一部分；其次是燕乐中的“坐部伎”，再次是燕乐中的“立部伎”，最后便是雅乐。

3. 音乐理论

自魏晋以来，多种具有不同文化背景的音乐的汇合及燕乐的兴盛，促进了运河地区音乐理论的发展。隋初郑译的八十四调理论的提出和后来燕乐二十八调的产生，都与不同音乐的交流有着直接的联系。在乐律理论上，无论是南朝宋时何承天的新律，或五代时的王朴律，都为避免三分损益律不能还生黄钟的缺陷，探索着通向十二平均律的途径，以适应十二律旋相为宫的实践需要。

同时期还出现了像嵇康的《声无哀乐论》等思想新颖的音乐美学论著。旨在打破以《乐记》为代表的儒家音乐思想的控制，为那些被称为“郑卫之音”和“亡国之音”的俗乐争取一个地位。李世民认为被视作亡国之音的《玉树后庭花》之类的音乐，不可能让处在盛世的唐朝人感到悲哀，也不会对政治有任何影响。因此，李世民等初唐的统治者对音乐采取了一种比较开放的甚至是“重俗（乐）轻雅（乐）”的政策，从而促进了以燕乐为主体的唐代音乐的高度发展，在运河音乐史上达到了空前的繁荣。

宋元时期中国大运河音乐

北宋时期，大运河的作用越来越明显，运河沿线的农业和手工业迅速发展，商品流通空前活跃，随之出现了城市的繁荣、市民阶层的壮大、城市游乐场所的产生和专业艺人的汇集。以说唱、戏曲为主的多种民间音乐形式得到迅速发展，以往宫廷在音乐的集中与提高方面所起的重要作用开始减弱，歌舞大曲在音乐中的核心地位逐渐被新兴戏曲所代替。大运河地区成为全国的音乐中心。

隋唐以来的曲子，到宋代及以后相当长的一段时期，成了一种广泛流行的歌曲形式。它的发展，直接导致了宋词创作的繁荣。不少著名词人的作品被运用于实际的演唱之中，既丰富了曲子的内容，也促进了曲子的发展，出现了“减字”“偷声”“摊破”“犯调”等变化运用和发展曲调的手法，产生了徐缓抒情而细腻深刻的“慢曲”，成为当时流行的一种曲式。在大运河沿线，有的词人颇为精通音乐，南宋的姜夔还曾为自己作的词创作曲调（称“自度曲”）。他的《白石道人歌曲》是现存最早的宋词歌谱，用“旁谱”的形式记录“自度曲”和旧曲共 17 首，它们是研究宋词音乐的珍贵资料。

曲子在民间则沿着另一个方面发展，它除作为歌曲演唱外，还成了说唱和戏曲创作的音乐材料，同时也出现了由单只曲调的运用向多只曲调依不同方式联合的趋势，于是形成了多样的声乐体裁与形式。一种叫“缠令”，由几个不同的曲调连接而成，前面有引子，后面有尾声；一种叫“缠达”（也叫“转踏”或“传达”，可能源出于“转踏”歌舞），由两个曲调轮流反复，前面有引子，后面没有尾声。后来，在南宋绍兴年间（1131 年），杭州的勾栏艺人张五牛还创造了一种以其特殊节奏而引人入胜的歌曲形式，名叫“赚”，并将其运用到缠令中去，于是形成了兼有缠令、缠达和赚的曲种——“唱赚”。唱赚属于歌曲的范畴，但它却直接成为说唱与戏曲的基础之一。

1. 鼓子词

宋元时期的说唱音乐和曲子有较多联系的主要是鼓子词和诸宫调。鼓子词的音乐比较简单，用一首曲子反复咏唱，中间插入散文讲说，用来说唱故事。诸宫调也叫“诸般宫调”，由北宋熙宁、元丰年间汴京勾栏艺人孔三传所首创。其音乐结构是：用同一宫调的若干首曲子连成一个套数，把不同宫调的若干套数或单曲连接起来，用以说唱长篇故事。金章宗时的董解元作词的《西厢记诸宫调》，是现存最完整的一部诸宫调作品，它的全部歌曲（包括重复的）共有长短套数 188 套，曲调 444 个，其音乐之丰富可以想见。诸宫调的形成和发展，为戏曲音乐准备了重要的条件。此外，宋元时期运河地区的说唱音乐还有陶真、涯词、词话等曲种，它们的结构基本上与说唱变文属于同一类型，而与曲子关系不大。

2. 北曲

宋元两代，北方杂剧继承唐代歌舞戏和参军戏的传统，到元代达到了鼎盛时期。宋杂剧（金代称“院本”）的演出，由“艳段”“正杂剧”“散段”三部分组成。艳段演的是“寻常熟事”，散段是滑稽戏一类的东西，只有正杂剧才是搬演故事的戏曲，音乐多是利用曲子和歌舞大曲的曲调。到元杂剧，由于已有了唱赚和诸宫调的丰富经验，音乐形成了一定的格式。元杂剧通常是一剧分为四折，有的在前头或中间加进一个“楔子”。四折分别用四个不同的套数，由主角 1 人演唱全套曲调，其他角色只说不唱。杂剧音乐通称“北曲”，它的主要特点是用七声音阶，字多调促，风格遒劲。

3. 南戏

南戏是北宋时在浙江永嘉（今温州）地区形成起来的，也称“永嘉杂剧”，宋王朝南渡后得到迅速发展。南戏剧本不受折数限制，音乐不受宫调的束缚，各种角色都能唱，还有对唱、齐唱等灵活多样的演唱形式。南戏的这些特点，使其有了充分发展的空间。到了元末，南戏已发展成具有高度艺术水平，在南方有着广泛影响的戏曲形式，称为“传奇”。南戏音乐通称“南曲”，它的主要特点是用五声音阶，字少调缓，风格柔婉。

杂剧和南戏的音乐虽然各有不同的特点，但由于大运河的沟通功能，也使不同音乐之间交流融合。在较晚的元杂剧和南戏中，都不乏运用“南北合套”的实例。同时，南北曲也逐渐取代以往的歌舞大曲成为多种器乐形式的曲调主要来源。

4. 乐器

乐器和器乐，在宋元时期也有重要的发展。尤其是擦弦乐器的发展具有重要意义。稽琴的演奏水平进一步提高，并经常用于独奏与合奏。还有一种“马尾胡琴”，北宋时已在西北边境地区出现，到元代，胡琴已是一种相当流行的乐器。由于这类乐器适于演奏歌唱性旋律的优点，较快地以多样的形式发展起来，并被广泛地用于戏曲、说唱伴奏和各种合奏之中。

宋代运河城市的游乐场所中流行着多种器乐合奏形式。有名为“细乐”的丝竹乐器合奏，名为“清乐”的管乐合奏，以及“小乐器”“鼓板”等，这种以鼓、笛、拍板为主要乐器的合奏形式，在相当长的一段时期内曾经被用于戏曲、说唱的伴奏。

独奏乐器琴、琵琶的演奏与创作，宋元时期也有较显著的发展。南宋时运河沿线出现了汴梁、两浙等不同的琴派。涌现出郭沔、毛敏仲等一批优秀的演奏家和他们的一些优秀作品。浙派琴家郭沔在琴曲的整理、创作和传授方面都有较大的贡献。所作《潇湘水云》是一首著名的琴曲。在琵琶曲方面，流传至今的一首琵琶曲《海青拿天鹅》，就是元代出现的一首重要作品。

5. 宫廷音乐

宋元时期，宫廷音乐日益走向衰落。宋代宫廷中演出的歌舞包括大曲、曲破、缠达等。其中的大曲虽也保留着“大曲”的名称，其实只是摘取了大曲某些部分的“摘遍”；所谓“曲破”也只是将大曲中“破”的部分独立演出的一种形式；其规模都远不能和唐代的歌舞大曲相比。宫廷中的歌舞音乐显出衰落的趋势。与此同时，民间兴起了杂剧。

6. 音乐理论

宋元时期，意识形态上是理学统治，音乐思想上弥漫着复古主义的氛围，宫廷雅乐也随之愈加僵化、腐朽。以“存天理，去人欲”为中心的理学便应运而生，成为统治的思想。在音乐思想上，理学的开山祖周敦颐首先提出“淡和”的音乐观，主张音乐当如古乐的既淡且和，认为“淡则欲心平，和则躁心释”。在这种思想的影响下，宋代的宫廷雅乐，从音律的确定到乐曲的创作，都开始拟古、复古。所谓的“大晟乐”便是这种风气的集中体现。

宋元时期的音乐理论有蔡元定提出的“十八律”，在使三分损益律趋于完善方面成为一种有益的探索。同时期出现的《乐书》《梦溪笔谈》《碧鸡漫志》等，可作为研究音乐历史的参考资料，具有重要的价值。其中的《乐书》还是最早出现的一部音乐百科全书。随着戏曲、说唱的发展，元代出现了总结歌唱经验的《唱论》（燕南芝庵作）和总结音韵规律、探讨创作理论的《中原音韵》（周德清著）。《中原音韵》的第 1 部分《韵谱》，是中国第一部供写作北曲用的曲韵，对后世戏曲、说唱的创作和演唱产生了重大的影响。

宋元时期的音乐，继承隋唐燕乐的传统，在广泛兴起的民间曲子的基础上，通过分别向南北两个中心区域的汇集与提高，形成了以杂剧、南戏为中心的南北曲音乐系统，影响到歌舞、说唱，以至器乐等多种音乐体裁。这是运河音乐史上以南北曲为中心的音乐开始形成并得到发展的一个重要的时期。

7. 宋代国外音乐对运河流域的影响

宋代，随着海上丝绸之路与大运河的贯通，运河地区音乐受到国外音乐的影响也越来越大。在音乐方面。北宋至道年间（995—997 年），高丽音乐传入北宋。北宋熙宁九年（1076 年），高丽向北宋“献伶官十余辈”，在开封表演，对宋朝音乐的发展产生了较大影响。宋真宗时，三佛齐国朝贡使者带给宋朝廷两名昆仑奴，“乐有小琴、小鼓，昆仑奴踏曲为乐”，丰富了运河区域的音乐。随着中外文化交流的增多，许多国家的音乐都传至运河区域，称之为“番曲”。北宋末年，东京开封“街巷鄙人，多歌蕃曲”，“番刀”“番笛”等称呼充分说明运河地区中外音乐文化交流的频繁。

第七节
明清时期中国大运河音乐

明清时期运河区域的音乐，继续着宋元时期开始的发展趋势，在资本主义萌芽、商品经济进一步发展、众多的城市以至农村集镇不断兴起的形势下，各种民间音乐形式普遍得到发展，形成了数以百计的戏曲剧种、说唱曲种和器乐乐种，积累了无比丰富的音乐财富，为近代音乐提供了良好的发展基础。

一、明代运河地区音乐

明代，杂剧和南戏在明代出现了新的发展趋势。这就是杂剧的渐趋衰微和南戏的转趋兴盛。由于南戏（传奇）主要流行在中国南方，在运河沿线流传当中，不断与各地民间音乐相结合，并根据各地语言音调的不同，而不断派生出多种南方的戏曲声腔，如海盐腔（浙江）、余姚腔（浙江）、弋阳腔（江西）、昆山腔（江苏）等。其中出现较早的是海盐腔，而在明初流传最广的则是弋阳腔。弋阳腔是高腔一类戏曲声腔中最早出现的一种，运用帮腔和滚调是其特色。明代的乐平腔、青阳腔，以及清代盛行的京腔等高腔剧种，都不同程度地受到它的影响。

1. 昆山腔

昆山腔是明代戏曲声腔中成就极高、影响极广的一种，在元末明初时即已形成。明中期，魏良辅等人总结传统经验，吸收其他声腔的优点，对昆山腔作了创造性发挥，创造了称为“水磨调”的新唱法，更加突出了舒缓优美和细腻的风格。用新的“昆山腔”演唱的第一个剧本《浣纱记》上演之后，昆山腔曾风靡一时。

作为一种声腔或剧种的昆山腔（也称“昆曲”），并非其所有音乐皆为昆山一地的产物。相反，其音乐绝大部分都是经过运河带来的长期交流的南北曲调，只是在昆曲中经过不同程度的特殊处理，使之具有昆山腔的风格色彩而已。在昆山腔中，不仅有在杂剧与南戏中便已出现的南北合奏的形式，而且有将整套南曲和北曲间杂使用的“南北联套”形式，同时，还有许多整套的北曲剧目被作为昆山腔的保留节目而上演不辍。这说明，南北曲在明代出现了走向融合的趋势。而昆山腔就是南北曲的集大成者。但是，作为南北曲发展顶峰的昆山腔，为了满足上层观众的需要，创作和表演上过分追求文雅和雕琢，到明末清初便逐渐趋于衰落，取而代之的是多种地方戏曲声腔兴起的新局面。

2. 梆子腔

明末清初兴起的多种戏曲声腔中，影响最大的当推梆子腔和皮黄腔。梆子腔起源于陕西一带，故又称秦腔。早在明代就已产生，逐渐流行于大运河沿线的黄河以北诸省，又形成了多种不同的梆子戏。南方的许多剧种中，梆子腔也是一种比较常用的声腔。

皮黄腔是西皮、二黄两腔的合称。18 世纪末徽班艺人沿运河进京，首先把二黄带进北京。19 世纪初汉班艺人相继入京，他们大多数以唱西皮著称。在北京的徽、汉艺人合班演出，进一步促进了两腔的结合。其后著名演员辈出，艺术上广为吸收昆曲等多方面的经验，有了较大发展，逐渐形成了以皮黄腔为主要声腔的新剧种——京剧。

梆子腔和皮黄腔的音乐都属于板腔体。这种板腔体的戏曲，音调虽较简单，但却颇为灵活。能作多层次的节奏与色彩等的变化，富于戏剧性，也便于欣赏和学习，因而深受群众欢迎。它的出现，是戏曲音乐发展史上一个意义重大的转变。

3. 民间小戏

大量民间小戏的兴起，是明代戏曲发展的一大特点。这些民间小戏和梆子、皮黄等声腔系统大多数演成本的历史故事大戏不同，大都只有两三个角色（生、旦、丑），所演多为日常生活情节和民间故事，有浓厚的生活气息。南方的各种花灯戏、花鼓戏、滩簧和北方的秧歌、二人台、二人转等都属这一类。它们多数是从民间歌舞发展而成，也有在民歌、说唱的基础上演变而成的。演出形式载歌载舞，生动活泼，有一些在后来也发展成了大戏。

4. 器乐

到了明代，器乐有了进一步的发展和丰富。具有悠久历史的鼓吹乐，在各地普遍流行。江南一带的“十番锣鼓”，产生了广泛的影响，还有多种形式的锣鼓在运河南段各地得到发展。与元代的“达达乐”有一定渊源关系的“弦索”合奏形式，明代也相当流行。这时期的器乐，大都不同程度地受到戏曲和说唱音乐的影响。许多声乐曲牌被引入器乐之后，适应器乐的演奏需要都有不同程度的发展与变化，并获得了新的气质。

随着琵琶、三弦等乐器在戏曲、说唱等多种音乐形式中的广泛运用，演奏这些乐器的名手越来越多，明代北京的“都城八绝”中就包括了“琵琶绝”李近楼和“三弦绝”蒋鸣岐，演奏水平越来越高。汤琵琶能弹《胡笳十八拍》等古曲百十余曲，“而尤得益于《楚汉》一曲”（王猷定《汤琵琶传》），这首《楚汉》就是至今仍在流传的琵琶曲《十面埋伏》的原曲。古琴曲琴谱的整理和刊印上也有显著成绩，自1425年汇集较多古琴曲的第一部古琴谱集《神奇秘谱》出版之后，陆续刊印的琴谱为数不少。其保存下的大量琴曲，是研究古琴的艺术和音乐历史的珍贵资料。

5. 音乐理论

明代音乐科学的重大成就是十二平均律的发明。明代杰出的音乐理论家朱载堉，经过数十年刻苦钻研，大量的科学试验和精密计算，创造了“新法密率”，即十二平均律，彻底解决了千百年来旧的三分损益律和旋宫转调的创作要求之间的矛盾，为音乐艺术和音乐科学的发展作出了重要贡献。

6. 西洋音乐对运河地区音乐的影响

西洋音乐传入中国，西洋音乐传入内地是与传教士同步的，传教士沿运河北上，使西洋音乐在运河地区广泛传播。艾儒略《大西利先生行迹》中称，利玛窦首次沿大运河进京朝觐所献物品中，就有一把铁弦琴。由于西洋乐器讲求合声共鸣，音响效果好，所以明神宗很喜欢，并让太监们学习西洋乐曲演奏。利玛窦还翻译《西琴曲意（八章）附：西字奇迹》献上，以便明神宗能明白曲意。此后，西洋音乐和乐器在中国，特别是运河沿线流行起来。汤若望见崇祯皇帝喜欢西洋音乐，就撰书介绍西洋音乐和西洋乐器，还为他制作一种用水力推动演奏的乐器。

二、清代运河音乐

清代从运河文化世俗化的一面考虑，无论是民间音乐、民间舞蹈、民间曲艺、民间戏曲在这一地区都比以前取得了更丰硕的成果。清代以后，运河地区雅乐名存实亡，俗乐与文人音乐兴盛。在商业经济的推动下，运河乡村民歌与城市小调空前发展，内容和形式均得到丰富提高，说唱、戏曲、舞蹈音乐与民族器乐在原有的基础上衍生出更多地域特色的品种与曲目，音乐著述也广为流传，中外交流活动不断，为运河音乐文化的保存与发展发挥了积极作用。

1. 乐器与器乐

清代乐器与器乐在继承元明的基础上又有了进一步的发展和变异，特别是从清初起，多种少数民族乐器开始在运河一带流传。

传统乐器在与地方说唱音乐和戏曲音乐发展相适应过程中不断翻新变化多种类型，逐渐形成若干乐器家族。拉弦乐器除了原有的二弦胡琴或二胡外，又出现了四弦的四胡，专门用于伴奏京剧的京胡和专用于伴奏梆子戏的板胡等。阮弦类弹拨乐器有阮、月琴、三弦等，皮鼓类、锣类、钹类等打击乐器，总数已达百余种以上。元时兴起的吹奏乐器入清后成为民俗活动中最常见的乐器。

乐器种类的发展与运河城乡日常生活对音乐演奏的需求，促进了器乐演奏形式的进一步发展。这一时期最有代表性的合奏音乐形式是吹打乐、鼓吹乐、丝竹乐和弦索乐，独奏音乐中琵琶音乐和古琴音乐发展较快且具影响力。吹打乐形式以创于淮扬运河地区的十番鼓与十番锣鼓较为流行。弦索乐主要流行于运河北端的北京一带，用胡琴、琵琶、三弦等四种乐器合奏，它除作器乐合奏外，还用作北京的小曲等艺术歌曲的伴奏。鼓吹乐流行于运河北部一带，以智化寺的音乐较为出名。丝竹乐合奏至清末已出现多种影响深远的地方乐种，流行于苏南运河地区的江南丝竹以丝弦和竹管乐器相结合进行演奏，曲调爽朗，节奏明快，给人以清新、优美的感受，是江南运河文化有特色的一面。琵琶音乐南北都很繁荣，演奏名家迭出，清初有北派琵琶名家通州人白在湄、樊花坡和杨廷果，乾隆年间北派琵琶名家有王君锡，浙派琵琶名家陈牧夫。琵琶曲目积累甚丰，并大多经文人音乐家整理而刊行于世，著名曲谱汇编有无锡人华文彬的《南北二派秘本琵琶谱真传》，李芳园的《南北派十三套大曲琵琶新谱》。古琴音乐诸派琴风各异，技艺各有所宗，常熟有以徐上瀛为代表的虞山派，有《大还阁琴谱》；在扬州有以徐常遇为代表的广陵派，有《澄鉴堂琴谱》；在杭州有以苏璟为代表的新浙派，有与戴源、曹尚絅合编的《春草堂琴谱》。

2. 歌舞音乐

说唱音乐与戏曲音乐的勃兴使运河区域歌舞音乐略有逊色，但各类民俗活动，使其仍然保留了很大的一部分，具有市井音乐特征的轻快型歌舞音乐品种中，较有影响且流传较广的当推秧歌、茶歌和花鼓调。秧歌原为伴随乡村农家插秧以鼓舞士气、消除疲劳的田间歌曲，后来进入城镇成为春节期间贺岁、休闲、祈盼、丰收经常表演的小型歌舞。茶歌则是盛行于江浙产茶区中在采茶歌舞表演中歌唱的舞曲，曲调清新朴实，优美婉转，很受民众的喜欢。花鼓又称打花鼓，是花鼓歌舞表演时所唱的歌曲，常见表演形式为男女艺人分持锣鼓敲击边舞边唱。

3. 说唱音乐

入清以来，说唱音乐继续分化、衍进，新品种、新曲目大量涌现。在清末，已形成弹词、鼓词、牌子曲、道情、琴书等五大类格局。具体见“中国大运河曲艺”一章。

4. 戏曲音乐

运河地区戏曲音乐随歌舞音乐和说唱音乐发展而进入全面成熟和繁荣时代，这主要表现在六大声腔系统的形成，多声腔剧种出现，声腔乐器伴奏个性化，用嗓及技巧多样化，剧种声腔音乐形态结构已经形成曲牌体和板腔体，为近代中国戏曲音乐向更高水平发展积累了极为丰富的经验。清代统治阶级重视宫廷音乐，专门为此写了不少歌词和乐谱，规定了许多音乐形式，其中，祭祀乐多用中和韵乐与卤簿大乐，规模最大，人数最多；巡幸乐用歌乐，曲调优美，有较高艺术价值；朝会除用“中和韶乐”外，还使用卤簿乐、丹陛乐。

5. 音乐著述

清代官方编制的具有类书性质的专书乐曲谱汇编、类集， 其中保存了不少前人传承下来的音乐资料与演奏曲谱，部分音乐学术论著对传统音乐宫调理论和说唱理论进行考证、总结，其中最著名的有百科类《律吕正义》，音乐史论的《燕乐考原》《乐府传声》《今乐考证》，俗曲谱汇编类《借云馆曲谱》《小慧集》，古琴谱汇编类《大还阁琴谱》《五知斋琴谱》，琵琶谱汇编类《南北二派秘本琵琶谱真传》《南北派十三套大曲琵琶新谱》，戏曲唱腔汇编类《九宫大成南北词宫谱》《纳书楹曲谱》，管弦乐合奏总谱《弦索备考》等 。

6. 中外音乐交流

清代运河音乐在发展的同时，也不断加强与亚欧各国的交流。与日本的音乐文化交流始于河北巨鹿人魏之琰，他带去了 240 首明代流行歌谱及管弦乐器，和清代后期由中国传入日本的《九连环》小曲，合称“明清乐”。与此同时，明末清初至日本的浙江金华古琴家蒋兴畴，为日本琴学发展作出了重要贡献。运河音乐与欧洲的音乐交流始于西方传教士的传教活动，其中葡萄牙人徐日升和意大利人德礼格，于康熙年间在宫廷教授古钢琴与欧洲乐理知识，并介绍欧洲通行的五线谱，对音乐发展十分有益。鸦片战争后，基督教的传入，特别是教会学校的兴起，客观上为传播西洋音乐准备了条件。20世纪初，欧洲乐器和器乐作品大量传入，首先是欧洲铜管乐队被洋务派和君主立宪派所采用，此后在一般学校也开始注重中西音乐的学习，产生了学堂乐歌。它的曲调主要来自日本及西欧各国。同时欧洲、日本的各种歌曲体裁被介绍到运河地区，并用群众歌咏的形式进入普通人的生活。在这一过程中出现了一批创作、填词和教唱乐歌的音乐教育家，最著名的是沈心工和李叔同。前者编《重编学校唱歌集》，后者写了《祖国歌》，是以民间曲调《老六板》填词而成。

第八节

近现代中国大运河音乐

近现代中国大运河沿线的民族音乐，大体保持着先前的状态，并在某些方面有所发展。

1. 民间俗乐

民间俗乐中以前流行的各种民歌小调继续存在。如在中运河沿线继续流行《四季游春》《杨柳青》《孟姜女》《上河调》《下河调》《小白菜》《梳妆台》《大五更》《小五更》等；在里运河沿线继续流传《春调》《八段锦》《虞美人》《高邮西北乡》《杨柳青》《拔根芦柴花》《茉莉花》《一根丝线牵过河》等；在南运河沿线继续流行《撑篙号》《拉帆号》《摇橹号》《上水号》《下航号》《行号》等运河号子。十番锣鼓的演奏，在里运河、江南运河、浙东运河沿线普遍存在，只是具体组成和使用的乐器不完全一样。因漕运兴盛而在会通河、南运河沿线流行的羯鼓，在临清一带仍继续存在。20世纪40年代。江南丝竹继续盛行江南运河、浙东运河沿线，常使用的乐器有二胡、三弦、琵琶、扬琴、笛、箫、笙、鼓、板、木鱼等，演奏的乐曲主要有《老三六》《慢三六》《中花六板》《慢六板》《欢乐歌》《云庆》《行街》等。

2. 古琴古筝

这一时期，古琴、古筝演奏比较活跃。在里运河畔的扬州，1912年，孙绍陶、胡滋甫、王方谷、夏友柏等创办广陵琴社，推孙绍陶为社长，组织社员进行古琴演奏。1935年，该社社员有50多人，演奏的曲目有《樵歌》《渔歌》《梅花三弄》《平沙落雁》等。1936年琴社举行广陵琴会，各地琴派名家云集，著名琴师查阜西、彭社卿等到会指导。

在苏州，古琴爱好者成立了今虞琴社，推举查阜西为社长，出刊《今虞》杂志。

临清人金灼南（1882—1976年），集众家之长，形成自己的古筝演奏风格，世称“金派”。金派筝艺，强调演奏“肉甲并用”“重而不躁，轻而不浮，急而不促，徐而不弛，疏而有味，断而似连，刚柔相济，清浊协调”，在点、按、吟、揉诸方面均有独到之处。金灼南还致力于古筝曲目的整理与编辑工作，留存有《齐开板手》《流水漱石》《禹王治水》《三箭定江山》等，改编的曲目有《渔舟唱晚》《乘风破浪》等。

3. 宗教音乐

由于道教日趋衰落，道士为了生存而更多地走向民间，道教音乐进一步流传，并吸收了民间俗乐的优点。20世纪20年代，苏州道教乐师曹冠鼎、戴啸霞、赵子琴、许吟梅等，分四处教授道徒和弟子学习器乐。20世纪30至40年代，苏州出现了道教国乐研究会、守玄禊集庐、霄霓国乐会等，传授道教音乐。抗战胜利后，苏州曾一度出现过历史上规模最大的道教音乐组织——安玄研庐。

无锡人阿炳（1892—1950年），道名华彦钧，自幼跟父亲雷尊殿当家道士华德和学习二胡、琵琶，勤练不辍，13岁参加道教音乐的正式演奏，被公认为无锡道教音乐技艺超众之才。20岁因父亲去世，继任雷尊殿道士。1927年因患眼疾，双目失明，被迫离开雷尊殿，靠走街串巷卖艺为生。他写出了《寒春风曲》《听松》等二胡独奏曲。1929年，二胡独奏曲《二泉映月》问世，是20世纪20年代前后最优秀的民族音乐作品之一。据不完全统计，阿炳一生传承、改编、创作的道教和民间乐曲有二三百首之多。

小学生在表演二胡

4. 西洋音乐传入运河地区

西洋音乐在运河沿线有较大发展。生长于运河沿线的一批青年，或在国内或到海外学习西洋音乐，对西洋音乐在中国的传播作出了重要贡献。

祖籍浙江平湖、出生于天津的李叔同（1880—1942年），所作《祖国歌》曾在国内各地传唱，产生了很大影响。他培养了一大批西乐人才，中国现代著名音乐家刘质平，即是他的入室弟子。李叔同创作了《送别》《早秋》《春游》《悲秋》《月夜》《落花》等歌曲，编写出版了《西洋乐器种类概况》一书，对杭州以至运河地区现代音乐的发展起了重要作用。

生于江苏吴县（苏州）的戴逸青（1887—1968 年）执教于苏州东吴大学、苏州美术专科学校音乐系，1924 年秋创作怀念师恩的《天涯怀客进行曲》，1928 年撰写西乐理论著作《和声和制曲》。此后，他从事音乐教育，曾创作《崇戎乐》《姑苏船歌》《送葬曲》等乐曲，撰写《指挥概述》《乐队训练操演法》《配器学》等音乐著作。

祖籍江苏武进（常州）、生于天津的赵元任（1892—1982 年），创作了《尽力中华》《卖布谣》《劳动歌》《呜呼三月十八》《教我如何不想他》《茶花女中的饮酒歌》《织布》《海韵》《儿童节歌曲集》《扬子江上撑船歌》等大量反映劳动人民生活状况和思想要求、向往恋爱自由和个性解放的歌曲，其中有的被广泛传唱，产生了很大影响。

江南运河边的无锡人杨荫浏（1899—1984 年），用前人所作《金陵怀古》曲，填以岳飞作《满江红》词，激发国人反帝爱国情怀。由他编写的圣诗集《普天颂歌》正式出版。其中一部分圣诗的曲调，系根据中国传统词牌曲调改编的，如《阳关三叠》《满江红》等；一部分由他创作，具有中国民族音乐特点，如《丰禾吟》《佳偶》《中华》《风满楼》等。南运河边的聊城人李杰民（1905—1964 年），与冼星海系同学，积极献身于音乐教育事业。

1912 年，风琴已在北京中小学校中广泛使用，社会中上层家庭也有用风琴做娱乐的，北京出现了几家风琴制造厂。钢琴也开始在北京流行。北京各级学校普遍将音乐列为必修课。1920 年 9 月，北京女子高等师范学校设立音乐体育专修科，这是中国第一个三年制正规高等音乐专业系科。随后，北京大学设立了音乐研究所，北京艺术专门学校设立了音乐系。这些系科所，参照欧美音乐教育体制，以传播西洋音乐知识和技能为主。在此期间，北京大学音乐团、北京爱美乐社等音乐社团成立。这些社团的活动，主要是学习西洋音乐理论，传播西洋乐器演奏技能，向社会传播西洋音乐知识，进行西洋音乐演出，翻译出版西洋音乐书刊。杭州、苏州等地也以大学和艺术专科学校为阵地，发挥着音乐活动中心的作用。

运河地区良好的音乐传播与学习环境和条件，也将当时中国为数不多的音乐家吸引到了运河沿线城市从事他们的音乐事业。其中萧友梅、刘天华分别代表了当时中国西洋音乐和民族音乐的最高水平。

刘天华（1895—1932 年），江苏江阴人，先后谱写出了《空山鸟语》《除夜小唱》

（又名《良宵》）《光明行》等著名二胡独奏曲。他总结长期演奏二胡、琵琶的经验，参考西洋乐器的构造原理，设计制作了新型二胡。他对传统琵琶的结构也进行了大胆的改革，使之既可以按传统音律演奏，又能够按十二平均律演奏。他对二胡、琵琶的改造，为这两种乐器的现代定型奠定了基础。他听写了梅兰芳演唱的 10 出京剧和 8 出昆剧的曲谱，印行了《梅兰芳曲谱》，开了用五线谱记录中国戏剧音乐的先河，为后来梅兰芳赴美国等地演出，将京剧艺术推向世界作了重要的准备。

西洋音乐与中国民族音乐逐步结合，产生了许多为人们所喜爱的全新音乐作品。这些作品，在运河沿线广泛流传。如 20 世纪 20 年代的《五四纪念歌》《五卅纪念歌》，20 世纪 30 年代的《渔光曲》《毕业歌》《大路歌》《义勇军进行曲》《松花江上》《五月的鲜花》，20 世纪 40 年代的《黄河大合唱》《游击队员之歌》等。

第九节 中国大运河民歌

民歌就是传唱在民间的流行歌曲，既有来自于农村民间的，也有反映城市市民生活的。它用歌唱的方式表达生活，是中国民间音乐中极具特色的艺术形态，也是老百姓最喜爱的音乐形式。中国大运河流经地是民歌重要的发源和发祥地，也是民族传统艺术的重要组成部分。大运河地区人类的频繁迁徙、文化的大范围传播推动着民歌也如“击鼓传花”，不断变化，形成了同源异流的特征。大运河贯穿中国南北，为各时期南北方的政治经济文化交流带来了极大便利。大运河途经 8 省市，大运河南北两地的民歌也跟随表演团队或者船夫、民工等广泛传播，并与当地民间艺术结合，具有鲜明的地方特色。随着运河的开通，商业的繁荣，大运河沿线呈现出多元、丰富、交融的文化格局，这些也都鲜活地体现在运河沿岸流传至今的民歌中。

一、运河民歌的起源与发展

原始社会，我们的祖先在狩猎、搬运、祭祀、仪式、求偶等活动中开始了他们的歌唱。从出土文物考察，有关古代乐器的较多，而歌唱活动的较少。《淮南子》中曾提到古人抬木头时唱着劳动号子，由此可见早期民歌与劳动紧密相连。

1. 隋代以前的运河民歌

有关古代的民歌，已不可能原声再现，只有它的歌词从古代文学著作中可找寻到一些。因为民歌一直是口头传唱，早期是没有民歌曲谱的。直到 19 世纪末才有民俗学家用工尺谱记录几首民歌。从历史上看民歌历来有许多不同的称谓，如小曲、俚曲、小令、俗曲、时调等。

《诗经》是我国最早的一部诗歌总集，它汇集了从西周初年到春秋中期（前 11 世纪—前 6 世纪）五百年间流行于北方黄河流域的十五个诸侯国的民歌，它的鲜明特点是运用现实主义的艺术手法，真实地反映当时的社会生活，以及劳动人民生活的方方面面。在形式与语言上整齐划一，不难看出这是经过了选择和加工整理的。

到了公元前 4 世纪出现了中国文学史上第一部浪漫主义诗歌总集《楚辞》，以屈原作品为主，其突出特点是充满了古代的神话、传说，富于想象，运用浪漫主义的表现手法，并且把《诗经》的四言体诗歌发展成一种句式自由，韵脚多变的“骚体”诗歌，具有浓郁的地方色彩。

到了汉魏六朝时期（前 206—420 年）的诗歌，大部分保存在乐府里，汉乐府民歌实际是淮河流域、长江下游、黄河中下游各地民歌的汇合。这些地区实际上就是运河区域。这时已经有了故事歌，如《孔雀东南飞》《木兰从军》等，其内容大多反映了战争给人民带来的疾苦，以及封建礼教下的家庭悲剧。这样的故事从公元初流传至今，几乎家喻户晓。不但有民歌形式演唱，而且成为戏曲的著名剧目。乐府民歌不仅文字部分经过整理，而且在音乐方面得到汉代著名音乐家李延年的加工，配上丝竹乐器伴奏，称之为相和歌。

上述可以说是中国民歌的早期发展。真正划分为专业音乐与民间音乐两个范畴还是到了封建社会，有了专为帝王、贵族的祭祀、仪礼、宴会、娱乐等演奏、演唱的人员，尤其是有了记谱法与专业作曲人员，才逐渐形成了明显的文野界限。在我国从汉代逐渐有了专业与民间音乐之分，汉代以后，也就很少再有由官方组织编纂的民歌集了。早期民歌的音调是否今天仍然存在很难确认，但是如今流传在运河地区的古老船歌（包括《摇橹号》《拉纤号》等）的音调都有上千年的历史。

2. 隋唐宋元时期运河民歌

从魏晋到隋、唐，由于战争带来的国家分裂，民歌明显分为南朝民歌（南方民歌）与北朝民歌（北方民歌）两大部分。这一时期民歌的显著特点是多民族音乐文化的交流、融合。这种南北民歌的不同风格，在现存的南北民歌中仍具有深远的影响。

唐代和宋代是运河民歌的初步兴起时期，民间音乐中的说唱与戏曲逐渐形成。有关唐代的民歌，从敦煌所藏曲子中可以找到一些，如《五更转》（又名“五更调”）之类。另从宋代诗人杨万里创作的《竹枝歌》也可有所了解。尤其是前朝盛唐时期，边疆民族的歌舞艺术大量传入中原，对于中原的音乐产生了重大影响，使得唐代的专业音乐有了很高的成就。宋代的民歌延续至唐代，主要以小令和山歌形式存在。宋朝时民间音乐中的说唱与戏曲逐渐形成。当时，“曲词”很盛行，这是一种来自民间的新型演唱形式。

元代民歌以“小令”闻名，“小令”是民歌的一种，现今西北地区的民歌仍有以“令”命名的山歌。元代的小令流传后世的很少。

3. 明代运河民歌的兴盛

明代，大运河地区新兴的资本主义经济开始萌芽，有明以降，运河流域经济、文化也渐趋繁盛。在这种历史背景下人民思想异常活跃，民歌特别兴盛，其数量之多是前所未有的。“四时乡思在渔歌”。明代运河地区的民歌是通俗文学的代表文体，陈弘绪在《寒夜录》中就曾引用卓人月《古今词统序》写道：“我明诗让唐，词让宋，曲又让元，庶几‘吴歌’《挂枝儿》《罗江怨》《打枣竿》《银绞丝》之类，为我明一绝耳”，并在其后补充道，“此言大有识见。明人独创之艺，为前人所无者，只此小曲耳”。可见明代文人对民歌小曲的偏爱。

明代的民歌小曲大多是小令式的，即多为独立的支曲，当时流行的曲调主要有《锁南枝》《傍妆台》《山坡羊》《银铰丝》《罗江怨》《闹五更》《劈破玉》《挂枝儿》《打枣竿》等。另外还有少数民歌是用同一宫调的不同曲子联缀而成。明代民歌是元代散曲在民间的进一步发展，也是中国民歌发展史上的重要一环。

就民歌的产生来说，民歌一般来自于农村民间。但从明代流传下来的运河民歌看，却大多是反映城市市民生活的民歌。换句话来说，大多数明代流传下来的民歌都是从农村传至运河沿岸的商业城市，并且已被都市化，有些民歌本身就产生于运河沿岸的商业城市。李开先在《闲居集·市井艳词序》中写道，“正德初尚《山坡羊》，嘉靖初尚《锁南枝》。一则商调，一则越调。商，伤也；越，悦也。时可考见矣。二词并哗于市井，虽见女子初学言者，亦知歌之”。可见明代民歌小曲主要流行于市井，其他的繁盛与大运河商业经济的发展有着密切的关系。

流行歌曲的流传过程，一般是先流传，后结集，结集后又可扩大流传的范围。因此，民歌流行的时间与曲集刊行的时间大多相距很近，而作为明代流行歌曲的民歌，其传播过程也是如此。明代民歌的流传主要是凭借着发达的运河交通实现的。沈德符《顾曲杂言·时尚小令》中写道，“自宣（德）、正（统）至（成）化、（弘）治后，中原又行《锁南枝》《傍妆台》《山坡羊》之属”，“嘉（靖）、隆（庆）间乃兴《闹五更》《寄生草》《罗江怨》《哭皇天》《乾荷叶》《粉红莲》《桐城歌》《银绞丝》之属，自两淮以至江南，渐与词曲相远”，说明当时流行的腔调约略相似的《打枣竿》《挂枝儿》其实是同一曲调，只不过北方称《打枣竿》，流传南方后改称《挂枝儿》而已。可见明代民歌小曲的流行周期是很快的，其流行和传播可以说几乎是同时完成的。大约成书于嘉靖末、万历初年的《金瓶梅》第74回中，新来的申二姐“我唱个十二月儿《挂真儿》……”。一般认为，《挂真儿》是《挂枝儿》的别写。另外，《金瓶梅》中还出现过大量的《锁南枝》《山坡羊》《罗江怨》等“时曲”，这不仅能够看出运河北部的重要城市临清商业的繁荣，也可以反映明代民歌在运河两岸的传播情况。

就明代民歌的整理、创作来说，较早的民歌集是明代成化年间由金台鲁氏刊行的《新编四季五更驻云飞》《新编题西厢记咏十二月赛驻云飞》《新编太平时赛赛驻云飞》《新编寡妇烈女诗曲》四种。而影响最大的民歌歌集则是冯梦龙编辑的《童痴一弄·挂枝儿》和《童痴二弄·山歌》。《挂枝儿》和《山歌》中虽间有文人拟作，但主要是民间无名氏的创作。

从艺术上来看，明代民歌多用朴素自然的口语写成，语言通俗易懂、生动活泼，情感率真，构思精巧，体现出一种纯朴自然之美。表现手法上多利用谐音双关语来含蓄地表达主人公的思想感情；或运用拟人化的手法将自然物人格化，以此来表达主人公丰富的内心世界；或用新颖的比喻联想，更加生动形象地传达主人公的感情寄托，因而常有出人意外的感人力量，对明代的文学创作起到了积极的影响。

4. 清代运河民歌

清代运河区域民间歌曲继承和发展了元明时期的曲调、小曲和山歌传统，种类更为多样，内容更加庞杂。随着运河城市化进程加快，乡村民歌进入城市，城市艺人加以改造，出现了一些歌词集和曲谱，如山东历城华广生编的《白雪遗音》、无锡华文彬编的《借云馆曲谱》、王廷绍据天津人颜自德抄本点订的《霓裳续谱》。小曲与明代曲调不同，渐渐走向华丽之路，至清康熙、乾隆年间逐渐向说唱音乐过渡。以北京为中心的北方小曲突破单支曲形式，在岔曲基础上，发展成一种套曲形式，至清乾隆年间称为“单弦”。以扬州为中心的两淮江南地区小曲在清乾隆年间又专称“小唱”，一般只唱不说，伴奏乐器有琵琶、三弦、月琴、檀板等，这也是运河经济变迁、语言变化、曲调不断发展的一个明证。

明代流行于苏州一带的弦索调又有了新的发展，它是以三弦或琵琶伴奏的歌唱曲调，其歌词中包括有杂剧歌词、散曲歌词、民间小戏歌词和小曲歌词等，只是曲调与同名曲牌在杂剧、散曲等中间所配的词曲差异极大，现存曲谱有两种：一种是汤斯质、顾峻德传谱的《太古传宗》，另一种是清初沈远作曲的《北西厢弦索谱》。

清代民间歌曲繁盛同运河区域城市规模扩大、休闲消费增长有关。保存下来的作品有颜自德选辑王廷绍编订的《霓裳续谱》收曲词六百余首，华广生编辑的《白雪遗音》收曲词七百余首。内容上有的根据戏曲剧本改编，有的写民俗，有的写诙谐戏，而比较集中又最有文学意趣的是情歌一类，世俗化和语言浅显是其基本特征。

大运河在中国文化传播上所起的作用在南北民歌融合方面表现得尤为突出。无论是北曲南鉴，还是南曲北鉴，不同地域文化的交流都在运河的流淌中悄然发生，并不断催生着新的艺术形式。清朝时期，民歌小曲获得了空前发展，多种民歌小曲在各地广泛流传。这些新鲜的民间创作引起了部分文人的注意，不少人从事于民歌小曲的收集和刊印，也有人从中汲取营养，创作了一些优秀的散曲。丰富的明清民歌小曲，不仅广泛地为戏曲、说唱、歌舞和器乐等多种形式所吸收，并且发展为多种牌子曲类的说唱形式。明清时还出现了不少文学家搜集编辑的民歌歌词集，如黄遵宪的《客家山歌》、冯梦龙的《吴歌》、李调元的《粤讴》以及华广生的《白雪遗音》等。由于个人的偏爱，这些民歌集在品种上大都偏重于民间抒情民歌。其中不少民歌至今仍在民间传唱。更值得关注的是清代著名民间文学家蒲松龄的《聊斋俚曲》，选用了明末清初民间流行的五十余种民歌曲牌。其中有一些一直为民间艺人传唱，使后人能够听到三四百年之前的民歌曲调，甚为珍贵。

5. 近现代运河民歌

20 世纪以来，经历了 1911 年的辛亥革命、1919 年的“五四”运动，民歌进入了一个新阶段。争取婚姻自由、男女平等等民歌逐渐涌现。“五四”运动前后，李家瑞编《北平俗曲略》问世，其中已经有了民歌的曲谱记录。

生于苏州的顾颉刚（1893—1980 年），搜集苏州民歌 300 余首。编辑出版《吴歌甲集》。20 世纪 20 年代至 30 年代，他又先后写成《吴声恋歌》《苏州唱本叙录》（与吴立模合作）《苏州近代乐歌》《吴歌小史》等，学术价值极高。苏州人王翼之、王君刚、李白英、李素英、顾廷龙等，也开始从事民歌的收集、整理和研究工作，并发表了一批论著。

二、中国大运河民歌的分布与代表曲目

民歌的内容丰富、种类繁多，按民歌内容可以分为以下六类：劳动歌、时政歌、仪式歌、情歌、儿歌、生活歌。这些种类的民歌在运河沿线各省广为传唱。民歌具有集体创作性和流传变异性。南来北往的船带来不同的地方文化，文化的交流互融，使运河民歌又有了新的特征。贯穿南北的大运河开通，为各时期南北方的政治经济文化交流带来了极大便利，包括民歌在内的南方艺术品种，跟随经商团队逐渐传到了北方，并与当地民间艺术结合，具有了鲜明的地方特色。

1. 浙江运河民歌

大运河的最南端起于浙江省杭州市，浙江民歌按其音乐体裁分为号子、山歌、小调、灯调、莲花、仪式歌以及生活音调。浙江民歌结构多为单乐段，旋律进行的最大特点是以级进居多，在山歌和小调里尤为多见。浙江民歌节拍比较多样，即使是同一种节拍，其强弱律动也不完全相同。在浙江语言中既有现今普通话中拼音的四声音调，更有七声、八声以及语音音素组合上的不同，这就对民歌的浙江地域性音乐风格的形成起到了至关重要的作用。

《七朵花》是一首浙江平湖的民间小调，所用的曲牌名为“码头调”，这一曲牌在明清时期广泛使用。在20世纪的民歌采录中收集到了大量与此相关的曲目，特别是在江浙地区流传极广。20世纪30年代，作曲家贺绿汀在电影《马路天使》中也以该曲为基调创作出了歌曲《天涯歌女》。

2. 江苏运河民歌

大运河途经的江苏地区是其中通航条件最好、船舶通过量最大的区段，江苏民歌的传播力也正因此大大增强。江苏民歌有着“融会南北、兼济刚柔”的特征。按照体裁来划分，江苏民歌分为号子、山歌、小调、风俗歌、儿歌以及生活音调。受方言、地理位置、人口迁徙、审美习惯等因素的影响，江苏民歌大体分为北方方言区、南方吴语区和江淮方言区。北方方言区的民歌旋律在级进基础上多出现大跳；南方吴语区旋律以曲折级进为主；江淮地区则兼具南北特征。江苏民歌中多用变化音以丰富旋律色彩，乐句中起音和落音为同一个音的“曲调反始性”时常出现，结构以短小精悍的一段体居多。

《杨柳青》本是江苏扬州的民间小调，在安徽、浙江运河沿线也普遍流传，因唱词中反复使用了“杨柳青”的衬词而得名，全曲欢快、流畅。歌曲描写了水乡的农民

扬州运河民歌表演

在庄田间愉快劳动的场景。扬州民歌善于运用润腔与衬词衬腔，演唱时“夹说夹唱”，使歌曲生动活泼、富于弹性，表现出欢快、流丽、活泼的风格。其中扬州北部的宝应民歌《咯冬代》是在插秧劳动中产生的劳动号子。唱词生动鲜活，曲调清新优美，极具地域特色，充满了生活情趣，体现出了丰富的情感。运河边的高邮民歌是里下河人民在生产生活中广为流传的传统民间歌曲，主要有号子、小调、及各种生活、风俗歌谣，儿歌、对歌等，经典代表作有《数鸭蛋》《高邮西北乡》《送夫参军》等。其中卸甲民谣是里下河地区的民间俗曲，不少采用“间白”“对唱”以及“一领众和”的演唱方式，表演风格活泼生动、风趣俏皮，加之变化音、装饰音和衬腔衬字的巧妙安排，听起来旋律优美，韵味十足。

3. 山东运河民歌

大运河流经山东境内绵延六百余公里，山东民歌节奏节拍简单，多以单拍子为主。旋律高亢，装饰音的运用较多。山东人民性格直爽、豪迈，这也决定了山东民歌的歌词中“冲”“直”的特点，歌词中衬词也运用较多，例如“哎”“啊”“嗨”“哈”等。

《采莲船》是一首流传在微山湖地区的爱情民歌。微山湖是运河南北河水的补给，歌曲中唱出了默默劳作中的青年男女内心深处的爱情。歌中描绘了这样的画面：湖水清、莲花鲜，丛中鸳鸯叫，二人要靠船。两人在采莲船上互相传达了深刻的爱意，淳朴美好。曲调柔和优美，颇有意境。

4. 河北运河民歌

河北是大运河入京的必经之地。河北人口密集、村镇林立、河道纵横、水陆交通便利、商旅繁荣，尤其是运河的流经，使外地艺术极易传入和流播，这也为民歌在河北的交流发展提供了重要条件。河北民歌从体裁上分类，有劳动号子、山歌、小调等种类。外省各具特色的民歌不断流入河北省内，与当地各种民间音乐形式互相影响、渗透、共同发展，使河北多地民歌带有南方地域特色。比如，河北张北、昌黎等县没有种茶历史，在当地却流传着《采茶歌》《正采茶》《倒采茶》等民歌，尽管曲调风格与歌词内容已经发生了很大变化，但原南方《采茶歌》的音调仍隐约可见。这类民歌旋律宛转秀丽、格调清新，颇具江南民歌特色，在风格上兼具南北两地特点，有着明显的交融性和过渡性特征。

沧州运河民歌最为出名，南运河泊头的撑船号、拉纤号，尤其是独特的落子歌舞曲《茉莉花》《放风筝》，更是风靡全国，具有广泛的艺术影响力。

5. 天津运河民歌

大运河在天津境内分为南运河、北运河两段，作为南北通航的重要海口和漕运基地，天津民歌的音调也具有明显的南北交融的特点，既有南方音调的柔美，又有北方旋律的粗犷。天津民间器乐中的“津门小吹”韵味细腻、舒徐婉转，从它的旋律风格、乐器配置等各方面看，也都明显受到了江南昆腔水磨调的较大影响。清康熙、雍正、乾隆盛世时，天津向着商业城市迅速发展，《采莲船》《荡湖船》《渔家乐》等小调，就是这一时期由江南传入天津的。

6. 北京运河民歌

北京自古以来就是我国东北、西北和中原地区联系的中枢，西部、北部群山以及长城的阻挡，使内蒙古与山西传入的民歌不多，而大运河的沟通南北，自然形成了与东南部津、冀、鲁民歌的密切联系。北京在历史上长期处于全国政治文化中心，与全国各地民间艺术多有交流，因此也形成了北京民歌外来因素较多、交融性较强的特点。大运河不仅是保障首都漕粮供应的经济生命线，同时也是江南民歌传入北京的必经渠道。江南民歌传入北京后，随着环境的变化，为适应北京人的方言习惯与审美情趣，无论是歌词还是曲调，都发生了不同程度的变化。江南民歌的传入，不仅使北京民歌在数量上有所增加，其风格色彩也更为多样，而且经过相互影响、彼此吸收，使北京民歌在艺术形式和表现手法等方面都得到了丰富和补充。

7. 安徽运河民歌

安徽地处江淮地区，位于隋唐大运河沿线，是我国南北文化融和交汇之地，是人文荟萃的文化大省。特殊的地理位置，使这里的民间音乐非常繁荣，丰富多彩，民歌包括山歌、号子、小调、花鼓、花灯歌等。这里的民歌兼容南北特质，结构整齐、对称。

8. 河南运河民歌

河南民歌遍及全省境内的各个角落。由于中原地区自宋、元、明、清以来，在民歌基础上，曲艺演唱以及戏曲音乐发展较早较快，民间群众的文艺活动多为戏曲曲艺音乐所代替，河南民歌风格鲜明，品种（或歌种）数量也是比较多的，有些民歌和民间的舞蹈紧密地联系在一起，一部分发展成为曲艺或戏曲，或者被曲艺，戏曲吸收应用。现在流行的民歌除了和劳动结合紧密的号子、夯歌、硪歌和少量的民歌之外，其余多半是流行在城市集镇里的小调。

三、大运河民歌的特点。

中国历史文化悠久、博大精深，具有“多元一体”的格局。多元，指的是文化的多样性和丰富性，如不同民族的文化样式、不同地域的文化形态等；一体，指的是虽然我国各地文化丰富多彩，各有不同，各美其美，但都有一个共同的精神内核和审美标准。大运河的沟通交流功能，使运河民歌具有一些共同的特征。

1. 交流的特征

中国大运河像一条编织众多纬线的经线，在中华文明的腹地流淌，打破了大自然的文化阻隔，直接促成了南北文化的交融；它又像一根擎天的立柱，撑起了数根文化的“横梁”，构建了中华文化巍峨博大的格局。

中国大运河带动了南北民歌的相互交流。早在明朝时期，南方各省的民歌就已经沿着运河传往北京，据《中国曲艺志》记载：“明朝时北京各种小曲的来源，除北京民间曲调外，最重要的是沿着运河北上的南方各省的民间小调”，与此同时，北方民歌也沿着大运河传往南方各省，“在这期间，产生于北方的《寄生草》《哭皇天》《打枣竿》和流行于湖广的《罗江怨》等曲调通过大运河和长江的船歌，相继流入江苏”。

正是由于大运河的沟通交流功能，中国南北的经济、文化交流有了从未有过的便利与顺畅。随着货物和人员的流通，不同地域的地区文化开始广泛进入“他乡”。在北宋众多大城市的勾栏瓦舍里，来自南方的戏剧、民歌及其优秀艺人充分展示着他们炫目的光华。南北民歌沿运河的传播必然会促进南北两个区域民歌的相互交流。明清时期，运河沿线各地的民间小曲、小调互相融合，在各地形成特色鲜明的地方曲艺，如临清时调、北京时调、天津时调、济宁平调、扬州清曲等都有相互交流、影响的关系。沧州在历史上是大运河河北段重要商埠，也是南方艺人停留之地。艺人把南方的民歌带到当地传唱，是很自然的事。民歌《茉莉花》就是这种南北融合的代表性民歌之一，在流传过程中，演唱者为适应沧州百姓的欣赏特点，逐渐融入地方新元素，本来是一首优美婉转典雅秀丽的江南民歌，演变成了特色浓厚的沧州《茉莉花》。

2. 商业化城镇化的特征

运河带来的人员的流动、经济的繁荣，使运河文化具有较强的商业文化的特征。运河民歌的传播也具有商业化传播的特征。大运河贯穿中国南北，为各时期南北方的政治经济文化交流带来了极大便利。商品经济的发达，使运河沿线出现了一批商业城镇，民歌也跟随表演团队或者船夫、民工等逐渐传到了各个城镇，并与当地民间艺术结合，具有了明显的城镇特色。当年徽班进京为乾隆皇帝祝寿，就曾行走在大运河上，在各城镇停留举办演出，吸引也造就了一批听众甚至学徒。明清以来，以沿运河两岸城市为代表的城市民间音乐逐步成为这一时期中国最具有代表性的民间音乐文化之一。民歌中的小调、俚曲、清曲，器乐中的丝竹乐器，各地的民间乐社，各类地方戏曲剧种、曲艺说唱等在都市、乡镇中得到较好的发展。比如起源在昆山地区的昆曲，通过运河进京，成为了全国性的剧种。

明代主要流行于市井的民歌小曲，与运河商业经济的发展有着密切的关系。从这些民歌的内容也可以看出商业化的倾向，就明代民歌的思想内容来看，大多表现为男女爱情的作品。在这些歌唱爱情的民歌中，或表达对爱情的忠贞，或表达对封建礼教的抗争，其中大多数都赞美了爱情的美好，体现了对理想爱情的追求。从时代背景来看，大多数都反映了商业化的城镇生活场景。

明代民歌中也有少量作品批判了当时商业社会生活的吝啬商人形象，如李开先《一笑散》中的《醉太平·夺泥燕口》，“夺泥燕口，削铁针头，刮金佛面细搜求，无中觅有。鹌鹑嗉里寻豌豆，鹭鸶腿上劈精肉，蚊子腹内脂油。亏老先生下手。”此类民歌无情地嘲笑了商人吝啬鬼的形象，体现了运河民歌的商业性特征。

3. 同宗异流性特征

由于大运河的开通，促成了南北文化的交融。同样主题，甚至是同样内容的民歌，在不同的地域都有其鲜明的特色，这种现象叫同宗民歌。在大运河流域形成了形式多样的《茉莉花》，还被融合在许多艺术作品和音乐体裁中。《茉莉花》是一首人们喜听爱唱的民间小调，人们听得较多的是江浙地区的版本，它最早名叫《双叠翠》，又名《鲜花调》，曲调宛转优美，典型的五声调式。江南《茉莉花》的分节歌词，表达了少女被芬芳美丽的茉莉花所吸引，欲摘不忍、欲弃不舍的爱慕和眷恋之情。

《茉莉花》流传到沧州，演唱者为适应沧州百姓的欣赏特点，逐渐融入地方元素，形成了特色浓厚的沧州落子歌舞曲《茉莉花》。沧州落子作为河北三大民族民间舞蹈品种之一，与江南《茉莉花》因运河开通而带来的文化而融合。沧州《茉莉花》虽然与柔美的江南版本不同，但属同宗同族，歌词与曲调旋法有很多类似。与江南版相比，沧州落子歌舞曲《茉莉花》有一些下滑音、倚音、偏音和五声音阶的偏音“变宫”等，音域更为宽广，且有一些羽调式色彩。特别是四五度甚至七度的跳进以及最后的拖腔，更具有典型的北方人豪爽风格，也更适于民间舞蹈的动作发挥。

现今人们所能见到最早的与《茉莉花》相似的歌词，是明朝万历年间冯梦龙收编在《挂枝儿》中的一首有词无曲的《茉莉花》。清乾隆年间的戏曲剧本集《缀白裘》是最早刊载《茉莉花》歌词的出版物。到了清道光年间，有一位“贮香主人”编写了一本小百科知识全书《小慧集》，其中收录了“箫卿主人”的《鲜花调》工尺谱，这是国内关于《茉莉花》最早的歌谱。

《茉莉花》在中国流传有多个版本，在海外传播得也很早。1924 年，意大利作曲家普契尼在创作自己生前最后一部歌剧《图兰朵》时，便使用了《茉莉花》这首曲谱。他在创作至第三幕第二场时，不幸病逝。后来，《图兰朵》剩余的部分由普契尼的学生、意大利作曲家阿尔法诺续写完成。1926 年，歌剧《图兰朵》在意大利著名斯卡拉歌剧院首演。

正是因为普契尼将其写进《图兰朵》中，从 20 世纪 30 年代起，《茉莉花》逐渐被西方国家所熟知，成为世界知名的中国民歌。而如今传唱较多的《茉莉花》，是何仿于 20 世纪 40 年代从扬州地区六合县（今南京市六合区）采集的《鲜花调》改编而成的。

流淌的大运河赋予音乐自然的灵性，跃动的音符则给予人们心灵的熨帖。民俗风情、时代行进和词、曲融合，产生了民歌。民歌具有集体创作性和流传变异性，人类的迁徙，文化的流动，推动着民歌也如“击鼓传花”，不断变化。同源异流的特征成就了大运河民歌不断完善、丰富多彩的魅力。

第十节

中国大运河船歌

运河船歌又称船工号子或运河纤夫号子，是一种在运河上特有的民歌。它是运河纤夫们为了在拉纤中步调一致、提高劳动效率而创作的。船工号子有起锚号、摇橹号、拉纤号等十余种。除起锚号子是大家齐声唱外，其他的号子都是一人领唱众人应和。船工号子节奏急促，领唱、应和呼应紧凑，为呼喊性音调，声调高亢、激昂，多为上下句结构和比较简单的“咳”“哎”“嗨”“哟”“嗖”等呼和词。

船工号子是一种历史悠久的传统民歌，属于号子的一种。在行船中为配合航运、船务等劳动过程而传唱。由于船上劳动强度不一，内河航行环境不同，船工号子变化的幅度相当大。有的劳动强度大、协作紧密、操作紧张，这类号子实用性较强，如《冲滩号子》；有的在风平浪静、平滩行船时唱，这类号子实用性较弱，抒情性较强，如《下滩号子》。歌词方面，前者多为劳动呼号用语；后者见景生情，即兴编词较多。体现了勤劳的劳动人民对生活的热爱、向往和追求。

1. 纤夫之歌

南宋杨万里所作《诚斋集》中收录有一首《纤夫之歌》，“张哥哥，李哥哥，大家着力一齐拖；一休休，二休休，月子弯弯照九州”。“月子弯弯照九州，几家欢乐几家愁，几家夫妇同罗帐，几家飘散在他州”？这两首《月子弯弯照九州》，作为古代“舟师”“纤夫”的劳作之歌，其音乐个性既具“吴歌”的柔婉之风，又饱含劳动歌曲的内在精神，具有难以替代的历史价值和感人至深的艺术价值。

2. 泊头船号

在河北，船工河子又称河号，河号是民歌号子中的一个种类。沧州泊头运河号子相对于其他地方的节奏骨架式运河号子，曲调更为完整，更具有旋律性。它分为打篷号（起帆）、撞阳（逆流拉纤）号、加油号（顺风平缓）、摇撸号（顺流，轻松欢乐）等。领号根据不同场景的需要，多为反映平民生活的即兴唱词和曲调发挥。领唱根据劳动情况即兴编唱，指挥劳动动作“行话”，悠长的拉纤号多用民间歌谣或民间小调，目的是统一劳动步调，增加劳动兴趣，提高劳动效率。

3. 北京通州的运河号子

通州运河船工号子，专指北京通州到天津段，即北运河的船工号子。这段运河由人工挖掘，水流宽阔平稳，不如长江黄河那般风疾浪大，因此北运河的船工号子“水稳号不急”，其采用通州的方言、南方的调儿，嚎起来别有风味。船从天津逆流而上，船工一路拉纤，得用至少四天时间。鼓劲提神、劳逸结合的运河船工号子由此产生。通州运河号子林林总总不下十余种，开船的时候有起锚号、船行到水深处要有摇橹号，卸货或者装货的时候有出舱号和装舱号，船只搁浅时要有闯滩号，纤夫拉纤时要有拉纤号。起锚号：是开船前撤去跳板，开始起锚喊的号子，号子紧凑有力，是无旋律的齐唱。揽头冲船号：是用篙把船头揽正，顺篙撑船，把船冲到深水处喊的号子，号子稳健有力。摇橹号：是船行到深处，顺水摇橹时喊的号子，简洁明快，富有弹性。出舱号和装舱号：是卸货或者装货的时候喊，号子比较自由，旋律感强。立桅号：是逆水行船前，立起桅杆时喊的号子。跑篷号：是升起篷布时喊的号子。闯滩号：指船搁浅时，船工下水推船时的号子。拉纤号：是纤夫拉纤时喊的号子，可即兴编词或用民间小曲里的词。另外还有绞关号，节奏感比较强。

通州运河号子独有的风格特点可概括为“水稳号儿不急，词儿带通州味儿，北曲儿含南腔儿，闲号儿独一份儿”。大运河是一条人工开凿的河，水流相对平缓。通州运河号子也有运河一样的“性格”，虽然有些号子也高亢浑厚、雄壮有力，但不会像黄河号子那样激烈紧张，平缓、优美、抒情、如歌可以说是运河号子的主旋律。“词儿带通州味儿”主要体现在唱词多用儿化音（如三儿、日儿吧、人儿、鞋儿等）和具有通州地方特点的衬字、衬词（如四儿搭四儿的、一了个的、来溜等），散发着北京民歌中的京味儿和乡土气息，再加上通州人特有的通俗易懂、幽默风趣表达方式（如称媳妇为“做饭的人儿”，称男人为“一百多斤儿”；用“苇子开花”代表的季节表示劳动结束等），使其更具通州风采。

“北调儿含南腔儿”是指运河号子含有南方民歌音调，尤其在悠长、速度较慢的曲调中表现更为明显。这一特点与漕运有关。漕运及南北的经济交流不仅“漂来了北京城”，为通州的经济带来繁荣，而且南北文化互相融合撞击，形成灿烂的运河文化，运河号子就是其中的一个重要组成部分。据说，通州运河号子是和南方漕运的河民学来的，客舫上的“弦歌”可能也对北方的运河号子产生了影响，通过对运河号子音调的分析，它和南方民歌确实有着千丝万缕的联系，如运河“拉纤号”和“出舱号”与江苏民歌《无锡景》《紫竹调》《茉莉花》等有多处音调相似。

4. 淮安运河纤夫号子

运河船工号子本来就有许多即兴的成分，是船工即兴创作的，但不同的地区有约定俗成的专门的船工号子，胡健《运河纤夫号子》记叙了他收集整理的淮安运河纤夫号子。淮安运河纤夫号子分为三段，第一段是早上出发时船工们唱的："嗨哟——嗨嗬，千斤呀，万斤呀；嗨哟——嗨嗬，千斤呀，万斤呀；嗨哟——嗨嗬，起锚哟，嗨哟；动身哟，嗨哟，开船哟，嗨哟；嗨哟——嗨嗬，嗨哟——嗨嗬。"第二段是船工们行进在路途中唱的："哟嗬嗬……哟嗬……一声号子我一身汗，一声号子我一身胆；抬起头呀朝前看，运河上面都是船；抬起头呀朝前看，运河上面都是船，哟嗬嗬……哟嗬。"第三段是傍晚快收工时船工们唱的："哟嗬嗬……哟嗬……哟嗬嗬……哟嗬……加把力呀莫偷懒，太阳就要落西山；加把力哟，莫偷懒，管船娘子备好饭。哟嗬嗬……哟嗬……哟嗬嗬……哟嗬……"

5. 武城船工号子

大运河畔的河北武城也有运河船工号子，明清两代武城段运河上来往船只络绎不绝，船工号子此起彼伏，打蓬、拉纤、摇橹、撑篙各种号子声响彻云霄，武城运河船工号子就是在这运河上被船工们世代传唱下来的。据专家介绍，武城运河船工号子大体分为 11 种。一是打篷号，船只逆水航行时首先要将篷升起，开篷时就唱打篷号。二是打锚号，船只两头都有锚，起船时要先打起锚，这时号工领唱，船工应唱，这就是打锚号。三是拉冲号，船在直行航道中，为使船靠惯性前行，纤夫们要卯足劲前冲一段，这时要唱拉冲号。四是拉纤号，逆水航行时，纤夫要拉纤，一般小船有六、七把纤，百吨位要用十三、十四把纤，这时号工要唱拉纤号，起号和行号。五是撑篙号，为使船顺利又快速地转入正航，这时号工唱起撑篙号，船工撑起长篙随着号子将船开动，向前撑行。六是摘篙号，因下航时速度较快，为保障行船安全，必须左右摘篙来应付河道中随时出现的险情，此时唱的号子叫摘篙号。七是摇橹号，在河道直宽阔，水面平稳，此时只需摇橹，唱着摇橹号推动船体前行。八是绞关号，枯水季节，河水浅，此时就用绞关的办法把船拖过浅滩。绞关号就是绞关过程中唱的号子。九是警戒号，主要用于夜晚或大雾天，为防止船与船之间发生危险而唱的号子。十是联络号，与警戒号基本相同，但用途不同，联络号是用于船上、船下和船与船之间进行联络用的号子。十一是出舱号，船到目的地，船工在舱中卸货所唱的号子就叫出舱号，也叫劳动号子。武城运河船工号子高亢豪迈，乐谱简单，歌词朴实，旋律上口，充分表现出了运河船工们不畏艰险、战胜困难的信心和乐观主义精神。

运河号子等船歌是鲜活的历史记忆，经过几百年的传承，至今仍有传承，是大运河文化标志性的重要文化符号之一。

通州船民表演通州运河纤夫号子

运河古镇邵伯的锣鼓小牌子表演

第八章 中国大运河舞蹈艺术

中国舞蹈艺术源远流长，五千年来，记录舞蹈发展轨迹的文物、图像和文字连绵不断，这在世界艺术历史上是非常少见的。人类为了维持生命，需要通过劳动寻找或者创造物质财富；为了延续生命，必须生儿育女。劳动与繁衍是人类最基本、最重要的生活。深深根植于人类生活中的舞蹈，从原始舞蹈开始反映劳动与繁衍的内容。与大多数地区一样，大运河地区的舞蹈经历了原始舞蹈到现代舞蹈的发展过程，经历了由祭祀舞蹈到表演性舞蹈的演变过程。

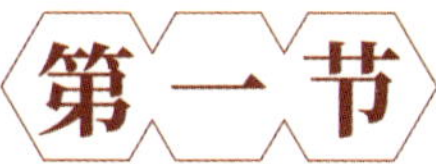

中国大运河舞蹈的起源与发展

一、先秦时期的舞蹈

1. 原始舞蹈

舞蹈作为一种表演艺术，与人类审美意识的产生紧密相关。原始人类在萌发“美”的意识的同时，原始舞蹈随之产生。《山海经·海内经》“帝俊有子八人，是始为歌舞”，也说明歌舞的创造者是群体。在舞蹈中，人们聚集在一起，团结一致，谋求生存。距今五、六千年前的新石器时代舞蹈纹陶盆的出土，向世人展示了原始舞蹈整齐的队势及其群体性的特点。

2. 夏商时代舞蹈

进入夏商奴隶制社会后，舞蹈呈现出两个不同的发展方向。舞蹈步入表演艺术领域，是奴隶制时代舞蹈发展的重要进程。阶级分化后，奴隶主阶级观赏乐舞取乐，乐舞奴隶专门表演供奴隶主娱乐。《史记》记载：“北里之舞，靡靡之乐”，清晰地表现了当时的社会景象，乐舞奴隶成为最早的专业舞蹈表演者，从而将舞蹈发展成一种表演性艺术。

其时“巫舞”十分盛行。“巫”在商代地位非常高，是最早的“宗教舞者”。“巫舞”有很多高难度的舞蹈动作，不经训练是无法做到的。“禹步”是“巫舞”中一种特有的舞步。如今，中国古典舞中常见的舞步“小碎步”的雏形就和“禹步”有关。

3. 周代舞蹈

周代是中国舞蹈发展史上，第一个集大成的时代。舞蹈的主要功能已经演变成为周王朝的政治统治工具，强调教化的作用。

周朝建立初期，在周公的主持下，以不同规格的乐舞，作为划分不同等级的标志之一，建立了一整套礼乐制度，并设置乐舞机构，掌管礼乐的各种事宜。一直影响后世被奉为神圣的“先王之乐”，指的就是这套周代制定的礼乐制度。以历史上著名的《六舞》为例，它不仅是周代主要的成套祭祀乐舞，而且还是作为教育“国子”的主要课程之一。周代制定的礼乐制度，被历代王朝继承，形成了一套完整的“雅乐”体系，用来歌颂历代封建帝王的文成武德。如今，这种传统的宗庙祭祀乐仍存在，山东曲阜祭祀孔子的雅乐仍在流行。

春秋战国时期，礼崩乐坏，封建领主制向封建地主制发展，是我国历史上的一个动荡时期。伴随着社会的大变革以及孔子开创私学重视乐舞教育，民间舞蹈迅速兴起。这一时期繁盛的民间乐舞被大量记载于典籍中。《诗经》中描绘各地风情的诗歌，生动地反映了民间舞的活动情景，如《陈风·东门之枌》中“不绩其麻，市也婆娑”，描写了姑娘们忘情地舞蹈；《陈风·宛丘》中“坎其击鼓，宛丘之下，无冬无夏，值其鹭羽”，描写人们不分寒冬酷暑，都醉心于歌舞。表演性舞蹈在此时期取得较大的发展。

东周，特别是战国时期的墓葬中，出土了许多优美生动的与舞蹈相关的文物。著名舞人旋娟与提嫫，舞姿轻盈如《集羽》，飘拂之姿如《萦尘》，柔软腰肢似可卷曲入怀的《旋怀》。以扭腰出胯为特征的舞姿，已清晰地呈现出来，以轻盈飘逸柔曼为美的审美意识，也已明确地显示出来。这样的审美特征，对后世产生了深远影响，一直传承至今。另外一种风格的舞蹈，如《大武》，其风格激烈昂扬、气势磅礴，表现民族舞蹈的雄健和阳刚之美。刚与柔、文与武，两种对比强烈的舞风，一直贯穿中国传统舞蹈发展的进程。

屈原所作的《九歌·东皇太一》，是一部由女巫来表现并歌颂天神——东皇太一的唱段。其中唱道，“举起鼓槌将大鼓敲响，舒缓的节奏啊，安和的歌咏，竽列瑟行齐奏啊，放声歌唱。女巫曼舞啊服饰艳亮，芬芳弥漫啊，充满厅堂，五音绵绵啊，杂错交响，东皇太一啊欣喜安康”。这首诗歌将神人交会的舞蹈场面，描绘得淋漓尽致。

二、秦汉魏晋南北朝时期的运河舞蹈

秦王朝完成统一大业，使七国乐舞文化汇集在一起。辉煌一时的秦王朝灭亡后，汉王朝取而代之。在秦统一的基础上，运河舞蹈进入汉代文化艺术大发展、大繁荣的黄金期。这一时期，运河地区舞蹈艺术取得重大发展，主要表现在以下四个方面。

一是“百戏”乐舞表演艺术不断丰富。“百戏”是杂技、武术、幻术、滑稽表演、音乐演奏、舞蹈等多种民间技艺综合的串演，因其包含了名目繁多；种类多样的艺术形式，所以称为“百戏”。汉武帝时期，国力强盛，对外交往频繁，促进了文化艺术的交流，丰富了“百戏”的表演内容。著名的节目有《东海黄公》《总会仙倡》等。从汉墓出土的大量汉画像石、画像砖及陶俑等,可以一窥两千多年前丰富多彩的汉代“百戏”和舞蹈。

二是涌现许多杰出的舞人。穿插在“百戏”表演之外的是在后宫贵族之家专门表演歌舞娱乐的“女乐”，也称“歌舞者”。她们的舞蹈活动继承了夏商奴隶制时代乐舞奴隶的舞蹈传统，由于需要与同伴在激烈的竞争中脱颖而出，她们不得不努力提高自身的技艺水平。因此，汉代出现了许多杰出的舞人，创造了很多高水平的表演性舞蹈。丰富多彩的汉代舞蹈，是各种乐舞艺人的辛勤成果。为后人所熟知的有汉代著名舞人戚夫人和赵飞燕。

三是礼节性舞蹈与即兴起舞。在汉代，酒宴场合，除了观赏歌舞艺人表演外，还有宾客相邀共同起舞的习俗。这种古代的“交谊舞”叫“以舞相属”。这种舞蹈既是习俗，也是礼节，有一定的规矩，若不按规矩起舞就是失礼。

四是雅乐舞蹈的继承与创新。兴起于西周时期的“雅乐舞蹈”，在汉代运河地区得到继承与创新。刘邦高唱自创的著名歌诗《大风歌》作为汉代雅乐舞蹈的代表，其在继承前代传统的基础上，增加了民间舞蹈的特点。汉代舞蹈博采众长，技艺向高难度发展，结合舞蹈与杂技的“盘鼓舞”就是一个典型例子。以长袖为特征的“袖舞”，双手执长巾而舞的“巾舞”，也是汉代著名的舞蹈。

西汉初年，运河区域的楚歌、楚舞在全国风行。汉武帝以后，琵琶、箜篌等乐器从西域等地陆续传入京城，在运河流域迅速普及，丰富了人们的音乐生活。乐府在采风的同时，创作了不少新声乐曲，除了价值不大的郊庙歌辞以外，主要有鼓吹曲辞、相和歌辞和杂曲歌辞三大类。在运河文化区域里，中国古典乐舞比过去更为丰富多彩。

魏晋南北朝时期，文化交流频繁，出现了乐舞的大交流时代。由于其欢快的调子、鲜明的节奏，非常适于舞蹈伴奏，深受人们的喜爱，因而北周和隋唐时代的多舞曲都加以采用。此外，其他如天竺（今印度）等地的乐舞，也在这个时候传入中国。南朝的统治者一向喜欢歌舞作乐，他们崇尚清谈，提倡及时行乐，歌舞艺术成为他们享乐的工具。大量的民间歌舞，被宫廷贵族采用，南朝盛行的“清商乐”，就是汉朝和魏晋南北朝时期流传在汉族地区的传统音乐和舞蹈。随着时代发展，“清商乐”的内容逐渐扩大，囊括了北方的许多民间歌曲、乐曲和配合舞蹈表演的舞曲、舞歌，如运河北部地区的“公莫舞”、三国时吴国江南地区的“拂舞”“白纻舞”、晋朝的“明君舞”等。

三、隋唐时期大运河舞蹈

魏晋南北朝时期各族乐舞的融合，大运河的开通带来的南北交流，为隋唐舞蹈艺术的繁荣奠定了基础。隋文帝为了显示自己统一国家的功绩和国力的强盛，于开皇初年（581—585 年）集中整理了南北朝及部分外国乐舞，制订“七部乐”，后来发展成“九部乐”，使宫廷燕乐得到空前发展。

隋代曾调集四方的散乐百戏集中到大运河的中心城市东都洛阳汇演。隋大业二年（606 年），“突厥染干来朝，帝欲夸之，揔追四方散乐，大集东都。初于芳华林苑积翠池侧，帝帷宫女观之”。这部舞蹈作品叫《黄龙变》。“又以绳系两柱，相去十丈，遣二倡女，对舞绳上，相逢切肩而过，歌舞不辍。又为夏育扛鼎，取车轮石器大瓮器等，各于掌上而跳弄之。并二人戴竿，其上有舞，忽然腾透而换易之。又有神鳌负山，幻人吐火，千变万化，旷古莫铸。染千大骇之。自是皆于太常教习”。还有记载说，隋炀帝时，每年正月，万国来朝，留至十五日，于端门外，建国门内，绵亘八里，列为戏场。“百官起棚夹路，从昏达旦，以纵观之。至晦而罢。伎人皆衣锦绣缯彩，其歌舞者，多为妇人服，鸣环佩，饰以花者，殆三万人”。“六年，诸夷大献方物。突厥启民以下，皆国主亲来朝贺。乃于天津街盛陈百戏，自海内凡有奇伎，无不总萃……金石匏革之声，闻数十里外。弹弦擫管以上，一万八千人。大列炬火，光烛天地，百戏之盛，振古无比。自是每年以为常焉。”

唐王朝国力强大，是舞蹈艺术兴盛发展的良好时机。作为一个独立的艺术表演形式，唐代舞蹈是我国古代舞蹈艺术发展的高峰。运河地区因为经济发达，文化繁荣，舞蹈活动更是渗透到社会生活的各个方面。一是节日歌舞游乐。音乐舞蹈十分发达的唐代，歌舞自然成为了群众欢庆节日，自我娱乐的重要方式。朝廷也会组织群众参加欢庆传统节日活动。历史上著名的《踏歌》，是当时人们最喜爱的自娱舞蹈，在乡村、城镇都十分流行。李白《赠汪伦》中就有记载，“李白乘舟将欲行，忽闻岸上踏歌声”。这句诗正是描写当时人们欢跳《踏歌》舞蹈的真实情景。二是自舞成风。在唐代，人们比较开放，舞蹈是各阶层都很喜爱的表演艺术。舞蹈艺术成为人们用以自娱，表示礼节或是显示自己才华的一种方式。人们重视舞蹈活动，能诗能文，能歌善舞，都是令人钦佩和羡慕的。三是宗教祭祀舞蹈的艺术化和世俗化。民间舞蹈艺术代表“面具舞”，又称“傩舞”。在唐代，受当时艺术发展趋势的影响，舞蹈更加追求形式的艺术化，祭祀功能大大削弱。此外，由于舞蹈的世俗化，各阶层都可以到寺院观看歌舞戏表演。

（一）唐代宫廷舞蹈

唐代宫廷舞蹈的主要形式有健舞、软舞、民间舞蹈和歌舞戏等。

1. 健舞

健舞是宫廷舞蹈的一种，多为一二人的小型表演。健舞节奏明快，伴有音乐，动作雄健刚劲，奔放激烈。著名的健舞曲有《剑器》，著名表演家为公孙大娘，杜甫有诗赞曰：“昔有佳人公孙氏，一舞剑器动四方。观者如山色沮丧，天地为之久低昂。㸌如羿射九日落，矫如君帝骖龙翔。来如雷霆收震怒，罢如江海凝清光。”运河地区流行的健舞形式是胡旋舞，这是来自西域的舞蹈，唐玄宗时达到最盛。当时西域的康、米、史国频频贡献胡旋女，胡旋舞开始在中原广为流行。其表演方法是“舞者立毯上，旋转如风”，特点是快速、轻盈、连续旋转，可长时间不停歇，十分精彩。白居易在《胡旋女》一诗中描绘其表演，“胡旋女，出康居……左旋右转不知疲，千匝万周无已时。人间物类无可比，奔车轻缓旋风迟”。杨玉环、安禄山都是胡旋舞的高手。朝野上下，掀起“胡旋热”。“臣妾人人学圆转”“五十年来制不禁”。还有一种胡旋舞，演员立于一小圆毯上，“舞有骨尘舞，胡旋舞，俱于一小圆球上舞，纵横腾踏，两足终不着于毯子上，其妙如此也”。

胡腾舞，也属健舞，来自石国（今中亚塔什干），表演者多为男性，独舞形式。特点是腾踏跳跃，急剧奔放，充分展现男性的阳刚之美。唐诗中描写道，“石国胡儿人见少，蹲舞尊前急如鸟。”“胡腾身是凉州儿，肌肤如玉鼻如锥……环行急蹴皆应节，反手叉腰如却月。”

柘枝舞也出自石国，健、软中均有。柘枝，即郅支，唐之忒逻斯（今中亚江布尔）。柘枝舞，一般由二位少女演员表演，身穿胡服在急促的鼓点声中奔腾跳跃。舞女出场别具一格，“用二女童，鲜衣旋金铃，抃转有声，其来也于二莲花中藏身，花折而后见，对舞之雅妙者也。”唐代诗人对“柘枝舞”的描写很多，如“姑苏太守青蛾女，流落长沙舞柘枝”“湘江舞罢忽成悲，便脱蛮靴出绛帷”“画鼓催来锦臂襄，小娥双起整霓裳”“平铺一合锦筵开，连击三声画鼓催。红蜡灯移桃叶起，紫罗衫动柘枝来”“带重钿胯花腰重，帽转金铃雪面回。看即曲终留不住，雪飘雨送上阳台”“莫惜新衣舞柘枝”“胡服何葳蕤……垂带覆纤腰。安钿当妩眉，翘袖中繁鼓……欲见倾城处，君看赴节时”“青蛾十五柘枝人，玉凤双翅翠帽新。罗带却翻柔紫袖，锦靴前踏没红茵。深情记处常低眼，急拍来时旋折身”“鼓催残拍腰身软，汗透罗衣雨点花”“急破摧摇曳，罗衫半脱肩”等，描述柘枝舞具有极强的感染力。

2. 软舞

软舞的最大特点是姿势柔软，妩媚优雅。除沿用前代的《回波乐》《乌夜啼》和《兰陵王》等，主要有《凉州》《绿腰》和《春莺啭》等。《凉州》，是以地名为舞名，具有浓郁的地方特色。杜牧《河湟》诗云“惟有凉州歌舞曲，流传天下乐闲人”；张祜《悖拏儿舞》有“春风南内百花时，道唱梁州急遍吹，揭手便拈金碗舞，上皇惊笑悖拏儿”之语。《绿腰》又名《录要》《六幺》和《乐世》等。关于其来源，白居易在《乐世》诗序中讲，唐德宗曾令乐工将各地所献之曲中精彩的段落摘录下来，单独编成曲表演，称为“录要”。其主旋律十分动听，流传甚广。

五代画家顾闳中所作《韩熙载夜宴图》中保留了当时舞《六幺》的场面：舞伎王屋山身着天蓝色狭长袖舞衣，背对观众，从右肩上侧过半个脸来，微微抬起的右脚似正要踏下去，背后的双手，好像要从下向两边分开。演员的表情含蓄妩媚，动作舒缓沉稳，似为舞蹈初始段落中的一个舞姿。《六幺》对后世影响很大。宋人王灼在其《碧鸡漫志》一书中谓“此曲（指《六幺》）一叠名花十八”“曲节抑扬可喜，舞亦随之”。《春莺啭》是软舞类的著名舞蹈。关于此舞的起源，据《教坊记》载，唐高宗李治晨听莺声婉转悦耳，即命宫廷乐官白明达创作了《春莺啭》这首曲子。诗人元稹在《法曲》中描写道，“女为胡妇学胡妆，伎进胡音务胡乐。火凤声沉多咽绝，春莺啭罢长萧索”。张祜更有《春莺啭》诗，“兴庆池南柳未开，太真先把一枝梅。内人已唱春莺啭，花下傞傞转舞来”。此舞后传至其他国家，略有变化。据《进馔仪轨》载，“（《春莺啭》）没舞裀，舞伎一人，立于裀上，进退旋转不离于裀”。从诗中可以看出：该舞是一位年轻貌美的女子在一张绣花的地毯上跳舞，该女子头戴簪花，身穿长袖短衣、长裙，帛带飘扬，双臂轻展，头歪向一侧，似欲做旋转状，轻盈妩媚。而摹自日本的《春莺啭》舞图显示，表演者为一男性，头戴高大的鸟形冠，身穿大袖袍，腰后拖着一条长长的红色团纹的布帛，坠在地上。身体微微前倾，双臂向前平伸，眼下视，一副“骑马蹲裆”的姿势。

3. 唐代新创的舞蹈

唐代人善于创新。在吸收少数民族和外来乐舞的基础上，唐代人新创了一批舞蹈——七德舞、九功舞、上元舞、字舞和霓裳羽衣舞等。

其中，七德舞（破阵乐）、九功舞（庆善乐）和上元舞（上元乐）合称“唐代三大舞”。

唐贞观七年（633 年），唐太宗李世民亲绘《破阵乐》舞图，命吕才编乐，李百药、魏征等填词。吕才选乐工 128 人，披银甲，持长戟，依图而舞。舞队前后有三次大的变化，每段分四个阵势，其基本队形来自于战场上的军阵。舞者做战斗动作和姿态，并唱《秦王破阵乐》。据《旧唐书·音乐志》，其舞“左圆右方，先偏后伍，鱼丽鹅鹳，其张翼舒，交错屈伸，首尾回互，以象战阵之形”。因每舞三段，每段四变，故名《七德舞》。后传到日本等国家，影响很大。

九功舞是宣扬文德的舞蹈，也是唐太宗创意的。唐贞观六年（632 年），唐太宗回到其诞生地——庆喜宫。欢宴群臣、邻里后，尽兴赋诗十章，其中有“指麾八方定，怀柔万国夷。梯山咸入款，驾海亦来思……共乐还乡宴，欢比大风诗”一段。吕才据此制成乐曲，名《功成庆善乐》。选儿童 64 人，头戴进德冠，足蹬皮靴而舞，象征天下安乐，易名《九功舞》。唐高宗时明文规定：文舞用九功，武舞用七德。到了武则天时已形同虚设。

上元舞，也叫《上元乐》，是唐高宗改年号为“上元”（674 年）时所作。《通典·乐》称，此舞“以象元气，故曰‘上元’”。舞者 180 人，一律穿五色画衣。共分《上元》《元仪》《三才》《四时》《五行》《六律》《七政》《八风》《九宫》《十洲》《得一》和《庆云》等曲。唐玄宗时又加改进，表演性、娱乐性更强。

字舞是运用舞蹈队形的有序变化，组成一些吉祥字眼歌颂皇帝的一种舞，主要有《圣寿乐》《鸟歌万岁乐》《南诏奉圣乐》等。

《圣寿乐》是为歌颂武则天而制，属立部伎。演员身穿五色画衣，舞姿优美，靠不断变化的队形相继展示出“圣超千古，道泰百王，皇帝万岁，宝祚弥昌”16 个大字。开元年间（713 ～ 741 年），该舞又增加“回身换衣”新花样，即舞者先着纯色曼纱短衫，旋即从领上抽掉纯色罩衫露出绣花彩衣，观者无不惊叹叫好。

《鸟歌万岁乐》，也是武则天时期所制的字舞。据说当时宫中一只鸟（可能是鹦鹉）能发出“万岁”的叫声，武则天大悦，命乐工制成此舞。舞者共 3 人，服绯色大袖衣，并画鸲鹆冠，作鸟状。

《南诏奉圣乐》，即《南诏奉圣乐舞》。唐贞元年间（785—805 年），南诏（今云南）王异牟寻通过剑南西川节度使韦皋，遣使向唐朝进贡，其中包括南诏民族歌舞队。途经成都时，韦皋改编字舞，随队形的变化，呈现出“南诏奉圣”四个大字，其在长安演出获成功。《南诏奉圣乐》是一部大型乐舞，分段联组，歌、乐、舞结合，以南诏乐舞为主调，融入了中原和西域胡乐的多种元素而成，气势磅礴，丰富多彩，风格浓郁，艺术价值颇高。

《霓裳羽衣》是唐代最有名的舞蹈，也是中国历史上最有名的舞蹈。《霓裳羽衣》原名《婆罗门》，为印度舞曲。据说唐玄宗李隆基中秋月夜梦游仙界，在月宫中听得仙乐袅袅，十分动人。但梦醒后只记得一半。正在苦恼时，西凉节度使杨敬述进献《婆罗门》曲，竟与梦中仙界的声调相符。于是以仙界所闻为散序，以杨敬述所进曲为腔，名《霓裳羽衣法曲》。尽管这只是传说，但身为音乐家的唐玄宗改过《婆罗门》曲，却是可信的。据《唐会要》记载，唐天宝十三年（754 年），太乐署在改诸乐名时，《婆罗门》就易名为《霓裳羽衣》。令人遗憾的是，天宝后期，《霓裳羽衣》的曲调和舞法均已散佚。根据当时的一些记载，仍能使人想象到《霓裳羽衣》的绰约风姿。

《霓裳羽衣》还是唐代历史由盛而衰的见证。盛世天子唐玄宗和他的宠妃杨贵妃陶醉于《霓裳羽衣》中时，发生了震惊历史的重大事变——“安史之乱”。“渔阳鼙鼓动地来，惊破霓裳羽衣曲”“霓裳一曲千峰上，舞破中原始下来”。应该说，舞蹈本身是无罪的，不能把《霓裳羽衣》说成是叛乱的导火索。然而，痴迷于歌舞升平之中的唐玄宗与天宝末年贪图享乐的社会政治却是“安史之乱”暴发的原因之一。

（二）唐代大运河地区民间舞蹈

唐代运河地区民间舞蹈也盛极一时。

唐代民间盛行踏歌。这是一种手牵手脚踏地边歌边舞的大型集体舞蹈。唐代诗人多有描写此舞的诗作，如储光羲的《蔷薇》“连袂踏歌从此去，风吹香气逐人归”。皇宫内组织的官方踏歌规模更大“三百内人连袖舞，一时天上著词声”。刘禹锡描写踏歌的诗更为动人，“春江月出大堤平，堤上女郎连袂行。唱尽新词看不见，红霞映树鹧鸪鸣”“桃蹊柳陌好经过，灯下妆成月下歌。为是襄王故宫地，至今犹自细腰多。”“新词宛转递相传，振袖倾鬟风露前。月落乌啼云雨散，游童陌上拾花钿。”显然是在民间江边进行的踏歌。

五方狮子舞是一种官方民间都流行的娱乐活动。官方也称《太平乐》，用演员披上假狮皮，装扮成青、赤、白、黑、黄五种颜色的“狮子”，象征东、西、南、北、中五个方位，故称“五方狮子”。每头“狮子”皆高丈余，“刻木为头丝作尾，金镀眼睛银贴齿”。12 位戴红抹额，穿画衣，执红拂子的“狮子郎”，逗弄狮子。“狮子”忽而跃身腾起，张牙舞爪地扑向拂子；忽而摇头晃脑，双眼盯住拂子捕捉时机。另有 140 人随 5 只“狮子”歌舞跳跃，“狮子摇光毛彩竖，胡腾醉舞筋骨柔”，场面宏大而热烈，与后来的舞狮有些相似。

泼寒胡戏，又称“泼胡乞寒”，是一种具有浓郁西域风情的舞蹈，与现在的泼水节活动类似，一般在寒冬时节表演。泼寒胡戏表演时，场地竖旗帜，演员着胡服，骑骏马，有的戴假面具，还有的赤足，在紧密的鼓点声中相互泼水嬉戏，边歌边舞。观者呐喊助威，舞时要跳《浑脱》，唱《苏摩遮》曲。开始主要是胡人表演，后来扩大到汉人等。张说在《苏摩遮》一诗中描绘道，“摩遮本出海西胡，琉璃宝服紫髯胡。闻道皇恩遍宇宙，来时歌舞助欢娱。绣装帕额宝花冠，夷歌伎舞借人看。自能激水成阴气，不虑今年寒不寒。腊月凝阴积帝台，豪歌击鼓送寒来”。

四、宋元明时期大运河舞蹈

宋代是中国古代舞蹈由盛转衰的转折点，但是舞蹈并未一蹶不振，而是曲折地发展变革。一是民间歌舞空前盛大。两宋时期，手工业、商业、对外贸易进一步发达，城镇数量增加，大量人口涌向城市。许多歌舞艺人选择涌向城市自谋生路，形成一支扎根于民间的专业舞蹈表演队伍。民间歌舞一片繁荣。城市固定表演场所“瓦子”“勾栏”，就是在这种背景下建立起来，成为艺人们表演的专门场所。“勾栏”，是专门表演各种技艺的固定场所，当中的民间舞蹈及舞蹈性较强的歌舞节目，深受市民欢迎，在中国舞蹈史上占有一席之地。此外，宋代民间舞队也十分兴盛，每逢农历新年、元宵节或清明节，各地都会举行庆祝活动。各村、各社（城市内各行各业的行会组织）都有自己的民间舞队，有时也称“社火”，即综合性的街头游行表演队伍。时至今日，《旱船》《竹马》《杵歌》等仍然活跃在运河地区。二是舞蹈中的戏剧性因素增加。在宋代，孕育后世的戏曲艺术进一步发展，有情节、人物融入的戏曲元素加入舞蹈表演，纯舞蹈表演艺术逐渐衰弱。“我国部分的古代传统舞蹈，融入戏曲中后，许多高超的舞蹈技艺，是依靠各代的戏曲演员不断继承、发展的”。

随着运河带来的南北文化交流的频繁，元代和明代时期的舞蹈艺术取得较大发展。一是各代宫廷宴乐都在极力突出具有本民族色彩的乐舞。蒙古族能歌善舞，入主中原后，蒙古族统治阶级对本民族文化十分重视，所以宫廷乐舞民族色彩浓厚。明代继承宋代宫廷舞风，带有明显的汉文化特征。二是民间舞依旧保持活力。民间舞由于与人民群众的风俗习惯、宗教信仰紧密结合。虽然时盛时衰，但无论政权如何更替，人民群众都在顽强地用自己的力量继承、发展自己民族的舞蹈。三是戏曲舞蹈高度发展。宋元以后，戏曲艺术继承和融合前代多种艺术形式，开始蓬勃发展。这一时期，舞蹈成为戏曲表演艺术的重要组成部分，具有较高的艺术审美价值。

五、清代大运河舞蹈

综观运河区域舞蹈发展历程，清代是一个相对衰落的时期。一方面是封建王朝恪守礼教轻视舞蹈的结果，整个社会对舞蹈持否认态度，缺乏专门从事这一职业的人才，更无团体加以研究；另一方面，是运河区域人民生活习俗、文化心理与审美情趣发生了变化，戏曲艺术比舞蹈更早地适应了这一现状，吸收并保留了舞蹈的营养和传统，而且从文化内涵上更能反映观众心理。在舞蹈艺术整体上衰落的同时，宫廷舞蹈、民间舞蹈、戏曲舞蹈水平也有一定程度的提高。

舞蹈作为戏曲的源头和有机组成部分，与戏曲本身的融合促进了自身发展。清初流行的昆曲将舞蹈动作融入歌唱与戏剧表演中，大大增加了艺术表现性。清乾隆嘉庆年间四大徽班进京，吸收了诸腔各调，融合了昆曲、吹腔等形成了京剧，而秦腔、梆子腔、二黄等地方戏曲的兴起也吸取了地方舞蹈的精华，具有鲜明的地域特色。清末京剧迅速发展，戏曲舞蹈进一步提高，一些戏曲演员在富有舞蹈性的表演中各怀绝技，如苏州人郑连贵扮演武旦舞姿绝伦，时人以《洛神赋》中“翩若惊鸿，宛若游龙”誉之。花部地方戏中有些剧目便是直接从民间舞蹈中移植过来，有的核心动作根据民间舞蹈形式进行编排，有的剧目则是在演出中穿插民间舞蹈。如流传江浙一带的由“花鼓”发展而成的“花鼓戏”，传入苏北后与“香火戏”结合，又吸收“扬州清曲”民歌小调形成了“淮扬戏”。在这一转化中，戏曲艺人在长期艺术实践中经过艰苦钻研，广泛吸收民间舞蹈的艺术语汇和表现手法，已经能够运用身体、服饰、化妆、道具等创造出丰富多彩富有生命力的舞姿和各种表演形式，为运河舞蹈艺术发展留下了一笔宝贵财富。

清代独立的舞蹈艺术呈现衰落之势，封建统治者既不提倡和研究，社会上又极少有专门舞蹈演出团体，但民间自娱性群众性舞蹈活动仍非常活跃，且集于灯节和迎神赛会，将多种民间技艺组织在一起形成综合性表演队伍，谓之“走会”或“花会”。这些舞蹈形式种类繁多，有秧歌、太平鼓、霸王鞭、高跷与阁台、花鼓灯、龙舞狮舞等。

清代以前，历代宫廷均有庞大的专职乐舞机构和从业人员，举凡庆典、宴饮都要举行大规模的乐舞，而清朝在宫廷舞蹈上几乎是一片空白，仅有佾舞、队舞等形式。佾舞主要用于祭祀神灵，分为文舞和武舞两种；队舞又称庆隆舞，主要用于宴飨，由《扬烈舞》和《喜起舞》两部分组成。晚清时宫廷舞蹈出现一点创新倾向，代表人物是裕容龄。她曾经出国学习过日本古典“龟鹤舞”、西洋“芭蕾舞”，回国后任慈禧的御前女官，曾创新扇子舞、观音舞、菩萨舞、如意舞等，是中国学习西方芭蕾舞和现代舞的第一人。

六、近现代大运河舞蹈

历史上因运河而产生、流传的民间舞蹈，20 世纪 20 年代前后大多仍保留。如明朝中叶由南通沿运河流传到鲁西、冀南一带的《五鬼闹判》，在临清等地仍然兴盛。每逢重要节日或接驾会、庙会、香会等喜庆或祭神节日，民间都要演出《五鬼闹判》和其他文艺节目。代表舞有《穆莲僧救母》等。清代由江淮地区沿运河流传到鲁西的《洼子秧歌》，在堂邑、冠县、临清等地的节日及庙会期间仍有演出。清朝中期兴盛于台儿庄运河两岸民间的《渔灯秧歌》，除发生战事和水灾的年份，在节日期间一般都有演出。中运河沿线继续流行《洪泽渔鼓》，这种舞以祈福禳灾为内容，舞者左手端鼓，鼓上缀以小铁环，右手执棒，边舞边敲边唱，鼓声激越，环声和谐。当时演出的节目有《禳神咒》《念佛记》《唐王游地府》《魏征斩龙》《刘文龙赶考》等。里运河沿线继续流行《河蚌舞》《荡湖船》。《河蚌舞》原由二人演出，一人扮蚌精，另一人扮渔翁，后增渔童一人，以蚌精为主角。蚌精形象优美，活泼可爱；渔翁、渔童风趣幽默；以打击乐伴奏。《荡湖船》由一男一女表演，女持船，男撑篙，二人为夫妻关系，也有男的扮丑，与船娘逗趣的。乐队在船后随舞行进伴奏。

清末传入的西洋舞蹈，后通过电影媒介，在归国留学生群体和国内大中学校中风靡，其在运河沿线逐步传播。交际舞在北京、天津、杭州等大城市风行。20 世纪 20 至 30 年代，京沪两地的《蜻蜓舞》《蜜蜂舞》《梦中舞》《花舞》等，通过东吴大学和美术专科学校传到苏州。作为剧场艺术的芭蕾舞、现代舞也在大城市登入大雅之堂，儿童歌舞也随之兴起。但是，广大小城镇和农村仍然流行着传统的、具有地方特色的各类秧歌舞、灯舞、假形舞、祭礼舞等民间舞蹈。

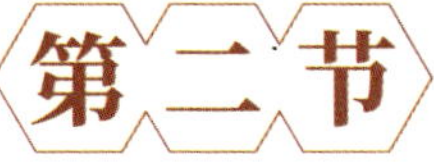

第二节 中国大运河沿线主要舞蹈种类

从地理分布来说，大运河纵贯我国华北平原、山东丘陵、长江中下游平原，这些都是我国重要的农耕区，主要有北方旱作区和南方水稻区。农耕文化孕育了中华文明的母体与基础，人们的生产生活围绕着“日出而作，日落而息”的农耕文化展开。人们聚族而居，精耕细作，农忙时，面朝黄土背朝天；农闲时，走街串巷歌舞表演，孕育出了自给自足的农耕文明。文化艺术在农耕文明的基础上产生。

从大运河的民族区域分布来说，大运河流域是我国汉族主要聚居区，以汉族舞蹈为主，如秧歌、狮舞、龙舞、花鼓灯、鼓舞等。大运河文化带上的非遗舞蹈以农耕文化下的汉族舞蹈为主。

据不完全统计，我国发掘并整理的舞蹈表现形式有 17000 项，其中国家级非遗舞蹈项目共 131 项，第一批（2006 年）41 项，第二批（2008 年）55 项，第三批（2011 年）15 项，第四批（2014 年）20 项。各省级、市县级非遗舞蹈也在分批次进行了公示。我国舞蹈类非物质文化遗产保护已经从申报阶段逐步转向传承与保护阶段，进入多部门协同保护、多手段共建的非遗传承与保护时代。

大运河文化带沿线城市第一批国家级非遗传统舞蹈项目中，浙江省有浦江板凳龙、长兴百叶龙、奉化布龙、黄沙狮子、余杭滚灯，安徽省有蚌埠花鼓灯、凤台花鼓灯、颍上花鼓灯，山东省鼓子秧歌、胶州秧歌、海阳大秧歌，河北省有昌黎地秧歌、徐水舞狮、井陉拉花，北京有京西太平鼓。

大运河文化带沿线城市第二批国家级非遗传统舞蹈项目中，浙江省有兰溪断头龙、滚灯、大奏鼓、清甜鱼灯舞、十八蝴蝶，安徽省有祁门傩舞、东至花灯舞、火老虎，江苏省有骆山大龙、东坝大马灯、邳州跑竹马，河南省有小相狮舞、槐店文狮子、河南沁阳高跷、兰考县麒麟舞、苏家作龙凤灯舞、跑帷子、官会响锣，山东省有济阳鼓子秧歌、独杆跷、陈官短穗花鼓、柳林花鼓、花鞭鼓舞、八卦鼓舞、商羊舞，河北省有易县摆字龙灯、曲周龙灯、沧县狮舞、隆尧招子鼓、黄骅市麒麟舞、沧州落子，北京有石景山太平鼓、怪村太平鼓、白纸坊太狮、花钹大鼓。

大运河文化带沿线城市第三批国家级非遗传统舞蹈项目中，浙江省有碇步龙、开化香火草龙、坎门花龙、盾牌舞，安徽省是无为鱼灯，江苏省有直溪巨龙、蒋塘马灯舞、跑马伕，河南省有火龙舞、麒麟舞（睢县），山东省有阳信鼓子秧歌、龙灯抬阁，河北省是乐亭地秧歌，北京是小红门地秧歌。

大运河文化带沿线城市第四批国家级非遗传统舞蹈项目中，浙江省有鳌江划大龙、淳安竹马、上舍化龙灯、青田百鸟灯舞，安徽省有手龙舞、跳五猖，江苏省是洪泽湖渔鼓，河南省是耍老虎，北京有延庆旱船、太子务武吵子。

大运河沿线八个省、直辖市国家级非物质文化遗产四批传统舞蹈共 74 项。其舞蹈内容之丰富，说明了大运河文化带上孕育了多种舞蹈。从农耕文明的汉族舞蹈视角来看，大运河沿线八个省、直辖市的舞蹈大致可分为龙舞、狮舞、灯舞、竹马、鼓舞、秧歌、旱船、麒麟舞和高跷等以汉族民间舞蹈为主的种类。

一、传说乐舞

传说中的远古音乐，充满神秘色彩，因其特点是以歌、舞、乐三者融为一体的表现形式，故后人统称其为“原始乐舞”。

原始乐舞基本上分为两类：一类是以反映部落的生产和生活方式为代表特征的音乐，如“朱襄氏之乐”说的是因干旱求雨的事；“阴康氏之乐”是健身祛湿的乐舞；“伊耆氏之乐”反映出先民以“腊祭”祈求丰收的愿望；“葛天氏之乐”勾画出先民进入农业生产阶段的生活图景等。另一类则是与传说中的古代帝王密切相关的音乐，如歌颂黄帝、颛顼、帝喾、帝尧、帝舜和夏禹功绩的乐舞等。

这一时期的乐舞内容，集中地体现出人类的生存行为，及求索于自然的心态。例如在“葛天氏之乐”的乐舞“三人操牛尾，投足以歌八阕”。其中提到的八首歌曲中，《载民》是歌颂承天载民的土地；《玄鸟》是崇拜氏族的图腾——一种寓意吉祥的黑色小鸟；《遂草木》祝愿草木茂盛；《奋五谷》祈求五谷的丰收；《敬天常》歌颂上天的恩赐；《建帝功》歌颂上天的恩德；《依地德》歌颂大地的抚育；《总禽兽之极》祈祷上天多赐予鸟兽，使人民安居乐业。

二、龙舞

舞龙又称耍龙灯、龙灯舞。龙是古老的图腾，传说龙能行云布雨、消灾降福，象征祥瑞，故以舞龙的方式来祈求平安和丰收。从春节到元宵灯节，运河沿线许多地方都有舞龙的习俗。

龙是我们祖先创造的一种动物，是神圣权力和祥瑞的象征。它的形象，是许多民族图腾形状的集合体。在远古时代，中华大地的不同氏族，在不断联合、兼并、融合的过程中，创造了龙的形象。在距今 5000 多年前的辽西红山文化遗址墓葬中，发现蚌塑龙形。由于造型庞大，形象逼真，被视为“华夏第一龙”。早在 3000 多年前殷商时代的甲骨文中，就记载有“十人又五见龙在田，又雨”。从汉唐到明清，有关龙的记载，史不绝书，至今民间还有舞龙求雨的风俗。

每逢节庆，中华大地以及全世界的华人聚居区，都有翻腾飞舞着的风采各异的龙舞。如华丽的彩绘巨龙，用朵朵莲花组成的“百叶龙”，满身香火、口中喷火的“火龙”，以人体组成的“肉龙”“人龙”，板板相连、连绵不断的“板龙”，以及小型的“纸龙”“段龙”“板凳龙”“手龙”等。龙舞已成为中华民族精神的象征。

人们在喜庆日子里用舞龙来祈祷龙的保佑，以求得风调雨顺、五谷丰登。舞龙的主要道具是“龙”。龙用草、竹、布等扎制而成，龙的节数以单数为吉利，多见九节龙、十一节龙、十三节龙，多者可达二十九节。十五节以上的龙就比较笨重，不宜舞动，主要是用来观赏。还有一种“火龙”，用竹篾编成圆筒，形成笼子，糊上透明、漂亮的龙衣，内点蜡烛或油灯，夜间表演十分壮观。

时至今日，舞龙经过不断发展和改进，成为一种具有观赏性的竞赛运动。舞龙的动作千变万化，九节以内的侧重于花样技巧，较常见的动作有“蛟龙漫游”“龙头钻档子”“头尾齐钻”“龙摆尾”和“蛇蜕皮”等。十一节、十三节的龙，侧重于动作表演，金龙追逐宝珠，飞腾跳跃，时而飞入云端，时而入海破浪。再配合龙珠及鼓乐衬托，成为一种集武术、鼓乐、戏曲与舞蹈于一身的艺术样式。

三、狮舞

运河地区人们在喜庆日子里用舞狮来祈祷狮子的保佑。狮子外形威武，动作刚劲，神态多变。人们相信狮子是祥瑞之兽，舞狮能够带来好运，所以每逢春节或其他一些庆典活动，都会在阵阵锣鼓鞭炮声中，舞狮助庆祈求吉利。

据说这一习俗是起源于三国时期，在南北朝时开始流行，至今已有一千多年的历史。最早是从西域传入，狮子是文殊菩萨的坐骑，随着佛教传入中国，舞狮子的活动也输入中国。狮子是汉武帝派张骞出使西域后，和孔雀等一同带回的贡品。而狮舞的技艺却是引自西凉的“假面戏”，也有人认为狮舞是五世纪时产生于运河南部地区刘宋的军队，后来传入民间的。两种说法都各有依据，今天已很难判断。

不过，唐代时狮舞已成为盛行于宫廷、民间的一项活动。唐段安节《乐府杂寻》中写道，“戏有五方狮子，高丈余，各衣五色，每一狮子，有十二人，戴红抹额，衣画衣，执红拂子，谓之狮子郎，舞太平乐曲”。诗人白居易《西凉伎》诗中对此也有生动描绘，“西凉伎，西凉伎，假面胡人假狮子。刻木为头丝作尾，金镀眼睛银帖齿。奋迅毛衣摆双耳，如从流沙来万里”。诗中描述的是当时舞狮的情景。在一千多年的发展过程中，狮舞成了运河地区人们常见的表演形式。

四、巫舞

巫舞是古代由巫（女）、觋（男）求神降神的祭祀舞蹈，起源于原始时代，今人称为“巫舞”。初民对自然界的许多现象不理解，认为冥冥中有神在主宰一切。当人们遇到灾难或疑难时，就去求神保佑或询问神的指示。

“巫舞”将舞蹈与杂技幻术相结合，具有较高的欣赏价值，融祭祀与审美于一体，这是历代“巫舞”的共同特点。千百年来，中国各民族、各地区，流行着形式不同、风格各异的“巫舞”，如运河地区的“花香鼓舞”等。时至今日，各式“巫舞”已成为民间舞或表演性舞蹈艺术。

五、傩舞

傩舞是古代驱鬼逐疫“大傩”祭礼中的面具舞，风格猛厉，今人称之为“傩舞”，自公元前 11 世纪的西周时代确立傩祭后，直至今日，历时三千多年，“大傩”广泛流传在宫廷和民间。

宫廷傩祭相当隆重，《周礼·夏官》记载，“方相氏：掌蒙熊皮，黄金四目，玄衣朱裳，执戈扬盾，帅百隶而时难（傩），以索室驱疫。大丧，先柩，及墓，入圹，以戈击四隅，驱良久”。《论语·乡党》记载了孔子见到民间“乡人傩”时，穿上朝服，恭立敬候的情景。

及至汉代，傩祭更加隆重，除传统的方相氏，还有 120 个 10 岁至 12 岁的少年，另又有扮十二兽神的，驱鬼逐疫的声势更加浩大。经两晋、南北朝、隋、唐，“大傩”仪式中的面具舞仍承旧制，唐代规模更为盛大。与此同时，由于社会的进步，“傩舞”逐渐演化为一种民间舞蹈艺术。

传至宋代，由于受到戏曲艺术发展的影响，傩仪发生了较大变化，方相氏、侲子、十二兽等“角色”，已由将军、门神、判官、钟馗、小妹、土地神、灶神所代替，人数多至千余，娱人成分更浓。宋以后，从明清至今日，“大傩”已发展成戴面具表演的戏曲，成为一种广泛流传在中国各民族、各地区的戏曲艺术品种——傩戏，题材也大大丰富了。同时“傩舞”仍在部分地区流传。有的偏僻山区，“傩舞”与气功、武术等相结合，出现在民间祭祀活动中，仍具有一定的神秘感。

六、盘鼓舞

汉代“盘鼓舞”，又称“盘舞”“七盘舞”。舞时将盘、鼓覆置于地上。盘、鼓数目不等，按表演者技艺高低而定。舞者有男有女，在盘、鼓上高纵轻蹑，浮腾累跪，踏舞出有节奏的音响。

汉画像砖石有十分丰富的“盘鼓舞”形象，或飞舞长袖，或踩鼓下腰，或按鼓倒立，或身俯鼓面，手、膝、足皆触及鼓面拍击，或单腿立鼓上，或正从鼓上纵身跳下。舞姿各异，优美矫健。

山东沂南汉画像石中的《百戏图》，场面浩荡，气势雄伟，较完整地记录了“百戏”演出的盛况，包括杂技、马术、鸟兽舞，当中更有汉代著名的“七盘舞”。画面中有一男舞者，前面有七盘分两行排列地上，还有一鼓放在盘前，舞者似正从盘上纵身飞跃而下，右腿“登弓”，左腿伸直贴地，足近鼓边，挺身回头，他的长袖舞衣和帽带随势飘起，显出一个健美的形象。

“盘鼓舞”将舞蹈与杂技巧妙地结合，体现了中国传统舞蹈的特殊风格。此舞传至后世，表演形式有所变化。

七、长袖善舞

“长袖善舞”历史久远。西周时期，用以教育“国子”的“六小舞”之一的“人舞”，“以舞袖为容”。在运河地区出土的玉器、青铜器、漆器等文物中，出现了许多优美生动的舞袖形象。如河南洛阳金村出土的一对玉雕舞女，二人肩并肩、身靠身作对舞状。外侧手作“托掌姿”扬袖，内侧手作“按掌姿”拂袖而舞，舞姿温婉妩媚。

汉代继承楚舞“嫋嫋长袖、细腰欲折”的传统。汉高祖刘邦的宠姬戚夫人，多才多艺，“善为翘袖折腰之舞”。山东出土的一块汉画像石上，翘袖与折腰同在一个画面中，舞姿各异，情感相互呼应，既协调，又有对比。汉代文物中，有极丰富的舞袖形象，袖式繁多，舞姿各异。既有矫捷昂扬之姿，也有柔曼温婉之态。甘肃武威磨子嘴汉墓出土一着窄长袖舞衣的木俑，一臂下垂，一臂直举冲天，舞姿雄健，气度不凡。

汉画像砖石中的袖舞图像，更是丰富多彩。或飞扬长袖，或长袖垂拂，或卷绕长袖，或长袖翘起。千变万化，美不胜收。

唐代多姿多彩的舞蹈壁画和舞俑，都身着掩手长袖舞衣。

唐以后，描述舞袖的文字史不绝书，各代出土文物中的舞袖形象，更是层出不穷。时至今日，戏曲舞与民间舞中，还保存了十分丰富的舞袖技法。

八、白纻舞

“白纻舞”是古代著名舞蹈，原为运河地区的江南民间舞。舞服用质地轻薄的白纻缝制，因而得名。从晋至唐的五六百年间，一直盛行不衰，是酒宴表演中的保留节目。舞者佩戴珠翠饰品，身穿白色长袖舞衣，动作以舞袖为主。舞者时而高举双袖如天鹅飞翔，时而低回婉转，轻移舞步，如推若引，似留且行，乐声节奏渐快，双袖急挥如雪飘，敏捷步态似流波，如流风行云般轻盈飘逸的舞姿，从观众面前掠过。

古人写过许多赞美“白纻舞”的诗篇，证明此舞在长期的流传中，经过各代舞伎的精心加工雕琢，已成为一个具有高度艺术水平的舞蹈作品。唐代将“白纻舞”列入“九部乐”“十部乐”的“清商”乐部中，既在宫廷演出，又常在贵族士大夫家宴及民间表演。

九、抛球乐

宋代宫廷流行的队舞，是唐代舞蹈的继承和发展，很多都是沿用唐代舞蹈的名称，但表演形式已发生变化，主要在宫廷举行典礼时演出。

宋代宫廷队舞中有一支“抛球乐队”，与体育关系密切，是直接从体育项目的抛球活动中演化发展出来的一种舞蹈形式。舞者穿“四色罗绣宽衫，系银带”，服饰颇为华丽。舞蹈动作特点是“奉绣球”。

19 世纪的朝鲜李朝（李太王李熙）仪轨厅所刻印的《进馔仪轨》一书，十分精细地描绘了从中国宋代传入高丽的多部乐舞。其中包括“抛球乐”的表演场景：女舞队由 16 人组成，领头 2 人执“竹杆子”，次 2 人中 1 人执花、1 人执笔，12 人分 2 行而立，中设“球门”，装饰极为华丽，描龙绘凤，并饰彩色纹缎；中上有一圆孔叫做“风流眼”，如今日篮球架上的球环。女舞者边舞边进，并向“球门”“风流眼”中抛球，同时朗诵、歌唱。

此书还绘有由男童表演的“抛球乐”，除舞者为男性、服饰不同外，表演形式与女队差不多。

珍贵的《进馔仪轨》虽然成书较晚，完成于清光绪十八年（1892 年），其中所记录的宋代同名队舞具有十分重要的参考价值。

《高丽史·乐志》载，“睿宗九年，由宋徽宗赵佶颁赐新乐。当时所赐者，于乐器之外，并及所用之冠服等”。这是宋代宫廷乐舞传入高丽的确切记载。这些由宋代传入高丽的宫廷乐舞，一直在高丽的宫廷传承，并作为古典舞流传至今日的韩国。

十、踏歌

这一古老的舞蹈形式，源自民间，汉代就已兴起，唐代更是风靡全国。所谓“丰年人乐业，垅上踏歌行”，它的母题是民间的“达欢”意识。古典舞“踏歌”虽完整地承袭了“民间”的风情，但仍为“古典”之气韵，“口动樱桃破，鬟低翡翠垂”的女子又如何于“垅上乐业”呢。“踏歌”旨在勾描古代俪人携手游春的祥和景象，展示风和日丽的美好。

十一、破阵乐

歌颂唐太宗李世民的“破阵乐”，又名“七德舞”。李世民为秦王时，军中流行歌颂其武功的歌曲“秦王破阵乐”。李世民即帝位后，在宫廷大典中演奏。唐贞观七年（633年）用此曲编成“破阵乐”舞蹈。舞者120人，披甲执戟而舞。舞蹈队形为左圆右方，前有战车，后有队伍。时而成横队排列的“鱼丽阵”，时而又变纵队排列的“鹅鹳阵”。中间成“箕”形张开，如两翼舒展。舞队屈伸交错，首尾相应。全舞分三大段，每段四次变化阵势。伴奏用大鼓，曲调有龟兹声，急、缓的击刺动作，合着雄壮的歌声。“发扬蹈厉，声韵慷慨”，具有浓郁的战阵生活气息。

唐太宗李世民去世后，又将“破阵乐”改名为“神功破阵乐”，成为祭祀用的武舞。唐玄宗时曾用数百宫女舞“破阵乐”，变成供欣赏的表演性舞蹈。晚唐藩镇割据，国势日衰，各藩镇仍有舞“破阵乐”的，但规模很小，仅10人而已。

“破阵乐”随唐太宗李世民英名远播，影响深远，名传中外。唐僧玄奘在《大唐西域记》中提到：印度戒日王和拘摩罗王都曾用钦慕的口吻谈到“破阵乐”。日本雅乐舞蹈中至今存有“秦王破阵乐”，据传是由唐朝传入日本的。

十二、霓裳羽衣舞

“霓裳羽衣舞”是唐代著名的歌舞大曲，是唐玄宗李隆基部分地吸收了西凉节度使杨敬述所献印度“婆罗门曲”编创的，力图描绘虚幻中的仙境。“大曲”是音乐、舞蹈、诗歌三者相结合的多段歌舞曲。开始是一段节奏自由的乐器演奏，叫“散序”；接着是行板的歌唱（有时插入舞蹈），叫“中序”；最后是节奏急促，起伏变化的舞曲，叫“入破”。此外，也有唐玄宗李隆基游月宫作“霓裳羽衣”的传说。

“霓裳”音乐“散序”部分，优美动听。“中序”入拍起舞。舞者扮成仙女模样，服饰典雅华丽，头戴步摇冠，上身穿羽衣、霞帔，下身着淡彩色裙或月白色裙。舞姿轻盈柔曼，飘逸敏捷。“入破”以后是快节奏的舞段，舞蹈动作繁复激烈，全舞在长引一声中结束。

此舞以杨玉环表演最著名，她曾自夸说：“霓裳羽衣一曲，足淹前古”。

“霓裳羽衣舞”的表演形式灵活多样，可独舞，可双人舞，也可数百人大型群舞，其阵容是“皆执幡节，被羽服，飘然有翔飞云鹤之势”。白居易描写道，“我昔元和侍宪皇，曾陪内宴宴昭阳。千歌万舞不可数，就中最爱霓裳舞”。突出了“霓裳羽衣”第一的地位。“案前舞者颜如玉，不著人家俗衣服。虹裳霞帔步摇冠，钿璎累累佩珊珊”，服饰之华丽，雍容华贵之行头，令人咋舌。开始的“散序”部分只听到乐器演奏声优美动听，“磬箫筝笛递相搀，击擫弹吹声逦迤。散序六奏未动衣，阳台宿云慵不飞”。中序后，节拍明快，舞蹈开始，“飘然转旋回雪轻，嫣然纵送游龙惊。小垂手后柳无力，斜曳裾时云欲生”。舞姿婆娑优美，“烟蛾敛略不胜态，风袖低昂如有情。上元点鬟招萼绿，王母挥袂别飞琼。繁音急节十二遍，跳珠撼玉何铿铮。翔鸾舞了却收翅，泪鹤曲终长引声”。

文宗大和年间，由几百宫女组成大型队舞，表演“霓裳曲”。舞者执幡节为舞具，着羽服，饰珠翠，飘然而舞，好似仙鹤在空中飞翔。

“霓裳羽衣”是一部具有较高艺术水平的宫廷乐舞，是唐代舞蹈的著名节目，也是中国古代舞蹈中有相当影响的一部作品。后世曾有人依据历史资料和想象，新编成“霓裳羽衣舞”。

十三、剑器舞

唐代著名“健舞”“剑器舞”，继承了前代的剑术，舞姿健美，气势磅礴。杜甫《观公孙大娘弟子舞剑器行》诗，描写公孙大娘在民间表演“剑器舞”的场面，使人惊心动魄：有如后羿射落了九个太阳，又如群仙乘龙飞翔。激烈处，如雷电袭来；静止时，如江海凝波。

公孙大娘被召入宫表演，其精湛的技艺，在高手云集的宜春院及梨园都无人能比。《津阳门诗》描写节日宫中献演盛况，有“公孙剑技方神奇”句。该诗作者郑隅自注，“有公孙大娘舞剑，当时号为雄妙”。

公孙大娘舞“剑器”，节奏鲜明，舞姿雄健，富于变化。其浏漓顿挫之势，给草书家张旭、怀素以启示，因而草书大进。姚合《剑器词》有“今日当场舞，应知是战人。今朝重起舞，记得战酣时”句，可知“剑器舞”是一个富于战阵气息的舞蹈。

今日武术、戏曲、舞蹈中舞剑的许多技法，也是从剑舞发展而来。

十四、胡旋舞

胡旋舞是唐代著名健舞，原为中亚一带的民间舞。唐有“胡旋女，出康居（今中亚撒马尔罕一带）”之说。隋、唐“九部乐”“十部乐”中均有“康国乐”部，“急转如风，俗谓之胡旋”。舞蹈伴奏以鼓为主。舞蹈特点是快速连续的多圈旋转。唐诗描写该舞旋转美姿如回雪飘飖，似蓬草飞转，像羊角旋风，若奔车轮盘。纵横腾踏应弦鼓，千匝万转不停歇。旋转舞动速度之迅疾，使观众难分演员背与面。

敦煌 220 窟唐代壁画伎乐天急转如风的舞姿图，以及宁夏盐池唐墓出土的石刻舞人，都在一定程度上反映了唐代“胡旋舞”的风姿。

白居易《胡旋女》诗：“天宝季年时欲变，臣妾人人学圜转”，由此可见，“胡旋舞”在唐代风靡一时。至今，中亚、新疆一带的民间舞，在舞至高潮时，舞者常会快节奏地连续旋转来抒发内心欢乐的心情。

十五、春莺啭

“春莺啭”是唐代著名“软舞”。据《教坊记》载，“春莺啭”是唐高宗李治早晨听到莺叫声，命乐工白明达写曲，并将这个曲子称为“春莺啭”。白明达是著名龟兹（今新疆维吾尔自治区阿克苏地区库车市）音乐家，所作乐曲可能带有一定的龟兹风格。

唐人张祜《春莺啭》诗云“内人已唱春莺啭，花下傞傞软舞来”。描写宫中技艺最高的“内人”表演“春莺啭”时柔曼婉畅的歌声舞态。“春莺啭”的音乐与舞蹈，都可能有表现鸟声、鸟形。古代类比飞鸟的舞蹈有很多，它们是狩猎生活的反映，也是图腾崇拜的遗迹。

“春莺啭”曾传入朝鲜，《进馔仪轨》载：“春莺啭……设单席，舞伎一人，立于席上，进退旋转，不离席上而舞”。并绘有舞蹈场面图。一女舞者立方毯上而舞。日本雅乐舞蹈也有“春莺啭”，原由唐代传入日本，男子戴鸟冠而舞。其表演形式及风格，与唐代女子软舞不同，是日本民族化的雅乐舞蹈。

十六、观音舞

明代“观音舞”，又名“菩萨舞”。据明人姚旅《露书》记载，明代北京、南京贵族之家集宴，常演“菩萨舞”，舞者扮成观音像，额上顶一碗，手持两碗，击节而舞。

观音是佛教诸神中的一位菩萨，常侍立在释迦牟尼身边。印度的观音菩萨，本为长了胡子的男性形象，传入中国后，变成了大慈大悲救苦救难的女性观音。明代舞人扮演观音在宴会中、在游行表演队伍中起舞，一定程度上表现了时人对神权的轻视。

民间节日，此舞也会在街头游行表演。明人袁宏道《迎春歌》描写春节“行春之仪”的盛大歌舞游乐活动中，有“白衣合掌观音舞”。《曲中志》载，明代舞人徐惊鸿以善演“观音舞”闻名。

清末宫廷舞蹈家裕容龄自编自演“观音舞”。头戴象征佛光的珠环，身穿有帔肩的短袖衣，戴臂环，坐于莲花台上，一手曲托胸前，一手立掌如作揖状，表情肃穆。

十七、庆隆舞

庆隆舞是清代宫廷燕乐系统中最重要的礼乐艺术。这种宫廷乐舞具有丰富的文化内涵，有诸多文化元素蕴含其中，如满族的民间习俗、信仰游戏舞蹈和音乐等，至今在东北地区仍然有比较丰富的文化遗存。庆隆舞是从满族民间的蟒式舞发展而来的，又称玛克式舞。作为满族民间的传统舞蹈，蟒式舞进入宫廷当在后金时期，大体上，清乾隆八年（1743年）以前是蟒式舞在宫廷发展的第一个阶段，后蟒式舞更名为庆隆舞。庆隆舞由扬烈舞和喜起舞两部分组成。表演时扬烈舞在前，喜起舞居后。扬烈舞主要反映了古代女真人的征战与射猎生活，而喜起舞则反映了大臣们穿戴朝服仪刀参加朝廷宴乐的场景。

十八、花香鼓舞

花香鼓舞是流行于扬州市的邗江区、江都区一带的民间舞蹈，大约是从唐代祭祀活动“香火会”发展而来。舞蹈时香烟缭绕、钟鼓齐鸣，充满神秘色彩。此舞主要是女子独舞，表演者头戴唐代样式的凤冠，上身着窄袖霞披，下穿百折裙。舞蹈时左手执鼓，右手拿鼓鞭，边打边舞，主要用打击乐器伴奏。舞起来摆头晃脚，腰胯扭摆。舞蹈动作有“金鸡独立”“凤凰点头”“仙鹤伸腿”和“风摆荷叶”等。

第三节

中国大运河地区杰出舞人

1. 旋娟与提嫫

战国时代有两位著名舞人——旋娟与提嫫。她们掌握了舞蹈与气功中的“轻功”相结合的绝技，能够在香灰上跳舞。

据《拾遗记》载，燕昭王即位的第二年（前310年），广延国献来两个善舞女子，即旋娟与提嫫。她们容颜美丽，舞姿轻盈飘逸。她们表演了三个舞蹈：一是“萦尘”，舞姿如空际萦绕的轻尘；二是“集羽”，如羽毛在风中飘摇回荡；三是“旋怀”，舞态身姿极柔软，似可卷屈“入怀袖也”。文中说她们在铺有四、五寸厚的香屑上舞蹈，竟“弥日无迹”。在香灰上跳了一整天，竟没有留下一点脚印，如果没有“轻功”功底，是绝对不可能的。

旋娟与提嫫是有文学记录以来最早的古代舞蹈家，她们的技艺令人惊叹，舞姿轻盈，具备中华民族长期以来崇尚的审美特征。

2. 戚夫人

戚夫人是汉高祖刘邦的宠姬，她是大运河地区的山东定陶人，是西汉初年擅长歌舞的名姬。

戚夫人多才多艺，会鼓琴、歌唱，精于舞蹈。既会跳当时流行、刘邦极喜爱的“楚舞”，又擅长“翘袖折腰之舞”。所谓“翘袖折腰之舞”，不是某个舞蹈的专名，而是一种以舞袖、折腰为主的舞蹈动作，是注重腰功与袖式变化的舞蹈形式。由汉画像砖石所见，多为舞袖、折腰，这是当时常用的舞蹈动作。刘邦常与戚夫人在宫中歌舞作乐。每年农历正月十日，戚夫人等共入灵女庙，祭神歌舞，吹笛击筑，歌“上灵之曲”，接着“相与连臂踏地为节，歌‘赤凤凰来’”。到了农历七月初七，“临百子池，作于阗乐。乐毕，以五色缕相羁，谓之相连爱。”这很像民间迎神赛会时群众性的娱乐歌舞活动，“相与连臂踏地为节”是人们手臂相连，一面唱歌，一面用脚踏着拍子舞蹈，有如唐代的“踏歌”。戚夫人曾红极一时，极得汉高祖宠爱。

3. 赵飞燕

汉代有一位身轻若燕、“能作掌上舞”的著名舞人——赵飞燕（原名宜主）。相传由于家藏有“彭祖分脉”之书，因此她“善行气术”。宜主长大成人，容貌绝丽，体态轻盈。后来辗转到阳阿公主家当婢女，暗下功夫，刻苦钻研歌舞技艺，因她舞姿特别轻盈，故改名为赵飞燕。

汉成帝有一次到阳阿公主家，见赵飞燕舞艺超群，极为赞赏。于是召她入宫，封为婕妤（宫中女官），后又封为皇后。一次，赵飞燕在太液池瀛洲高榭表演歌舞“归风”“送远”之曲，舞兴正酣，忽然大风骤起，赵飞燕扬袖纵身飘舞，好似将乘风飞去。成帝急呼左右拉住赵飞燕。风停舞罢，飞燕的裙子被人抓出了皱褶，从此宫中流行一种有皱褶的裙式，名“留仙裙”。成帝为赵飞燕特制了一个水晶盘，命宫人托盘，让飞燕在盘上起舞，尽显飘逸轻盈之美。

赵飞燕还擅走一种特别的舞步——踽步，走起来“若人手执花枝，颤颤然”，由于这是一种很难掌握的舞步，故流传不广。

赵飞燕的舞蹈技艺自古以来一直被人传颂，后世有许多以赵飞燕为题材的小说、戏曲等，并非因为她曾当过皇后，而是因为她是杰出的古代舞蹈家。

4. 窅娘

窅娘是五代南唐后主李煜的嫔妃，“纤丽善舞”。她是中国历史上第一个缠足舞人。李后主为她制六尺高的金莲花台，装饰许多宝物、钿带、缨络，莲中作各色瑞莲。

窅娘以帛缠足，纤纤小脚弯成月牙状，再穿上白色的素袜，在莲花中舞蹈，回旋飘飖之姿，有凌云飞舞之态，“莲中花更好，云里月长新”。当时妇女争相仿效，足以纤弓为美，史家认为窅娘是第一个缠足的妇女。窅娘的缠足之舞，与后世戏曲中旦角的“跷功”，据说有传承关系。与芭蕾的足尖舞，也有异曲同工之妙。

5. 杨玉环

杨玉环（719—756年），号太真，是唐玄宗李隆基的宠妃，宫廷音乐家、舞蹈家，身材丰满，肤如凝脂，白居易形容她为“回眸一笑百媚生，六宫粉黛无颜色”，被后世誉为中国古代四大美女之一。

杨玉环天生丽质，性格温顺，精通音律，歌舞，并擅弹琵琶。在白居易的《长恨歌》中描述其为“天生丽质难自弃，一朝选在君王侧”。唐玄宗李隆基亲谱“霓裳羽衣曲”，召见杨玉环时，令乐工奏此新乐，赐杨氏以金钗钿合，并亲自插在杨氏鬓发上。对后宫人说：“朕得杨贵妃，如得至宝也”。

杨玉环在舞蹈方面极具天分，史书上记载她是一位舞蹈高手，精通胡旋舞，身段飘摇，翻跃如风，令人眼花缭乱。唐天宝四年（745 年），在册立贵妃的仪式上，唐玄宗李隆基让乐队演奏了“霓裳羽衣曲”。杨贵妃听到音乐，用心揣摩，依韵而舞，编成了大型舞蹈，并在木兰殿表演了“霓裳羽衣舞”。描述杨玉环跳舞的诗句很多，如“渔阳鼙鼓动地来，惊破霓裳羽衣曲”（《长恨歌》），“钿晕罗衫色似烟，几回欲著即潸然。自从不舞‘霓裳曲’，叠在空箱十一年”（《燕子楼诗三首并序》）。

6. 谢阿蛮

谢阿蛮（717—757 年），唐朝舞伎，陕西省西安市临潼区东北新丰人。谢阿蛮从小就入外教坊习舞，又得名师传授。后因唐玄宗梦作《凌波曲》，谢阿蛮为之配舞，一舞而出名，从此名振宫中，成为宫中最受宠爱的舞伎。

据说，谢阿蛮虽名在乐籍中，却于内侍省列册，享受正五品俸酬，是极为特殊的人物。史料记载唐玄宗李隆基在洛阳梦见凌波池中龙女请求赐曲，李隆基以胡琴奏《凌波曲》，醒而记之，令乐工排练。著名乐工马仙期奏告，谢阿蛮新学成一套舞，可配《凌波曲》。于是，让谢阿蛮表演《凌波曲》。谢阿蛮在美妙的仙乐声中，飘然登场表演独舞，柔软的舞姿，轻盈的舞态，似空中浮云，又似蜻蜓点水，表现龙宫中的仙女在波涛上飘来舞去，真可谓“凌波微步袜生尘，谁见当时窈窕身”。李隆基看了为之大悦，善舞的杨贵妃也称赞不已，将手臂上的金粟装臂环赠给谢阿蛮作为纪念。

7. 公孙大娘

公孙大娘是唐代最杰出的舞蹈家之一，擅剑器舞，舞艺超群。是唐代见于记载中，既活跃于民间，又闻名于宫廷的少数著名舞蹈家之一。

公孙大娘表演的剑器舞，技艺高超，独具特色，在当时首屈一指。她在民间献艺，观者如山，应邀到宫廷表演，无人能比。她在继承传统剑舞的基础上，创造了多种剑器舞，如《西河剑器》《剑器浑脱》等。虽然公孙大娘有着盛唐第一的技艺，最终却流落江湖，寂寞而终。然而，正是因为她，后世之人才有幸看到了草圣张旭的一卷绝妙丹青，才有幸读到了诗圣杜甫的一首慷慨悲凉的《观公孙大娘弟子舞剑器行》，就连画圣吴道子也曾通过观赏公孙大娘舞剑，体会用笔之道。

8. 江采萍

江采萍（723—756 年），唐玄宗李隆基宠妃之一，唐代著名的宫廷舞蹈家。江采萍因擅使石斛珍珠汉方养肤，别号斛珠夫人和“祖姑皇妃”。

江采萍自幼聪颖，她的父亲江仲逊是一位饱读诗书又极赋情趣的秀才，且她从小受到良好的教育，父亲教她读书识字、吟诵诗文。九岁时，就能背诵《诗经》中记载周文王后妃事迹的《周南》和《召南》两部分诗。十四岁，善吟诗作赋，自比晋朝才女谢道韫，又能歌善舞，琴棋书画无所不通。开元末，江采萍被选入宫。唐玄宗李隆基爱如至宝，大加宠幸赐东宫正一品皇妃，号梅妃。由于其舞技出众，尤善跳《惊鸿舞》，如飞鸟展翅，轻飘如仙，深得唐玄宗李隆基宠爱。

梅妃喜梅，气节若梅。后被杨贵妃打入东都洛阳上阳宫。唐天宝十五年（756 年），安禄山发动安史之乱，唐玄宗落逃没带上阳宫中的梅妃，梅妃白绫裹身，投井自尽。

9. 菊夫人

南宋时期宋高宗赵构的仙韶院里，有一位通晓音律、擅长歌舞的菊夫人，因其舞技超众，所以称她为“菊部头”。但她却得不到皇帝的重视和宠爱，于是推说染病回到自己家里。一个慕名而来的官吏陈源用厚重的聘礼娶了她，让她居住在临安（今杭州）西湖边上一所幽雅的园林（适安园）中度日。

宋高宗赵构晚年做了太上皇，舞伎在德寿宫跳舞时，歌舞伎人的表演都不能令他满意。经提醒，宣菊夫人进宫。菊夫人跳的是《梁州》舞，在唐代属“软舞”类。她随着《梁州》乐曲的节拍，能随手拿起身边的碗、盏即兴舞蹈，博得皇帝的赞赏。自菊夫人重进深宫后，便杳无消息，她的丈夫陈源感伤怅惘以致成疾。有人得知此事，作了《菊花新》加以咏叹。

10. 裕容龄

清代舞蹈家，满族正白旗汉军旗人。1895 年其父裕庚出任驻日本公使，裕容龄母女随行。在日本时她曾向红叶馆舞师学习日本舞。11 岁时随父亲到法国巴黎，向邓肯学习现代舞，在邓肯创编的古代希腊神话舞剧中扮演角色。后来还跟随法国国立歌剧院的著名教授萨那夫尼学习芭蕾舞。1902 年，13 岁的裕容龄在巴黎公开登台表演了《希腊舞》《玫瑰与蝴蝶》《奥菲利亚》《水仙女》《西班牙舞》等舞剧，博得了观众的好评。

回国后，裕容龄入宫成为慈禧的御前女官，慈禧亲赐封号为山寿郡主。从此，开始了宫廷舞蹈家的生涯。裕容龄从入宫到 1907 年出宫，三年时间内，创作表演了五六部具有中国风格的舞蹈作品，有《剑舞》《扇子舞》《菩萨舞》《荷花仙子舞》《如意舞》。她对我国戏曲艺术颇有研究，她的中国风格舞蹈作品，来源于中国的民间舞与京剧舞蹈。在她创作表演的《扇子舞》中，主要吸收了民间扇舞；她还创作表演了《菩萨舞》，服饰妆造等都参照了佛教艺术中的观音塑像。中华人民共和国成立后，裕容龄被聘为国务院文史馆馆员，著有《清宫琐记》等书。

舞蹈表演

现代舞蹈

第九章
中国大运河雕塑建筑与工艺

一般来说，美术分为四大类：绘画、雕塑、设计（工艺）、建筑。本书的第二章已经介绍了中国大运河绘画艺术，本章主要介绍除绘画外的雕塑、设计（工艺）、建筑三个门类。运河沿线，这三个艺术门类都很发达，如雕塑类的石雕、面塑、泥塑；建筑类的苏州金砖、临清贡砖、扬州砖雕、运河园林等；工艺类的日用工艺包括蓝印花布、宋锦、瓷器、家具等，装饰工艺包括漆器、玉器、苏绣、乱针绣、剪纸、盆景等。这些工艺和作品都成为传承中国大运河艺术的重要内容。

第一节 中国大运河雕塑艺术

雕塑是一种造型艺术，以物质材料和手段制作的三维空间形象的视觉艺术。雕塑最早主要是使用雕（通过减除材料来造型）及塑（通过叠加材料来造型）的方式，在石、金属、木、陶瓷等材料上创作的作品。按形式分类一般分为：圆雕、浮雕及透雕。圆雕在立体物上雕出不附在任何背景上，可从各种角度观赏的立体形象；浮雕即在平面上雕出凸起形象，依表面凸出厚度的不同，分为高浮雕和浅浮雕等；透雕即在浮雕基础上镂空其背景部分的形象，是介于圆雕和浮雕之间的一种雕塑表现手法，有的是单面雕，有的是双面雕。

在古代，中国大运河地区雕塑艺术的主要内容为陵墓雕塑（包括地上的大型纪念性石刻与墓室随葬俑）、宗教雕塑、民俗性及其他内容的雕塑。

大型陵墓石刻始于汉代墓前的石人、石兽。大运河地区存世的古代陵墓石刻主要为江南运河沿线南朝的宋、齐、梁、陈，以及运河北方段沿线的隋、唐、北宋、明、清各代帝陵和勋臣贵戚墓的遗存。南朝和唐代的作品代表了陵墓石刻的最高成就。自唐代乾陵起，一直到北宋，石刻的内容、配置方式，逐步形成定制，并为明、清两代所承袭。

宗教雕塑主要保存于寺庙和石窟寺之内，由于寺庙毁损严重，石窟寺雕塑便成为宗教雕塑遗存的主要代表。运河地区洛阳的龙门石窟是由众多的窟、龛、摩崖造像等构成的庞大石窟群。江南运河段有杭州的飞来峰石刻。20 世纪以后，受欧洲雕塑影响，出现了一些西方雕塑样式的纪念碑雕塑和大量架上雕塑。

一、秦汉时期运河区域的雕塑艺术

秦代雕塑艺术的代表作是秦始皇兵马俑和彩绘铜车马。出土的汉代小型陶俑数量也很多，其中有运河城市徐州狮子山出土的西汉陶制兵马俑、侍从俑、乐舞俑和动物俑，济南无影山出土的西汉乐舞杂技俑等。东汉陶俑出土也很多，其中以运河城市洛阳的杂技俑最为生动，是汉代的雕塑艺术珍品。

二、魏晋南北朝时期运河区域的雕塑艺术

这一时期，北方的统治者为了维护其统治，到处开凿石窟，雕塑佛像。这些石雕造像，既承袭了两汉石刻艺术的传统，又受到印度佛教艺术的影响，从而形成了独特的艺术风格。大运河沿线的雕塑以洛阳的龙门石窟最为著名，它最早开凿于北魏孝文帝迁都洛阳前后。龙门有洞窟和壁龛数千座之多，造像有十分之三是北朝的作品，其中古阳洞、宾阳洞和莲花洞最具特色，是北魏后期的代表作品。古阳洞龛额的装饰图案尤为丰富多彩，是北魏雕刻、绘画、书法、建筑等艺术的荟萃。著名的“龙门二十品”，该洞就占其中的十九品，集北魏书法艺术之精华，为历代书法家所称道。

洛阳的龙门石窟

三、唐代运河区域的雕塑艺术

唐代的玄奘、义净、王玄策及密教僧人先后带回的佛像新图样，通过工匠精巧的双手，流传到运河地区。这一时期的雕塑以石雕和泥塑最为著名，其中龙门石窟地处运河中心洛阳南的伊河边。唐代以洛阳为东都，以武则天为代表的唐代统治者开窟造像之风大盛，石窟中佛像三分之二以上为唐代所雕。龙门石窟中的卢舍那佛最为宏大。佛像通高 17.14 米，头高 4 米，耳长 1.9 米。身披通肩式袈裟，结珈趺坐于须弥座上，身躯伟岸，表情庄严神圣、和蔼可亲，面部丰满端庄，嘴角挂一丝微笑，手作说法状，

一副佛法无边、普度众生的长者形象。

除石雕佛像而外，唐代陵墓雕刻也蔚为壮观。李世民的昭陵前有高浮雕石刻昭陵六骏。以李世民生前所乘过的六匹战马为素材，简练、生动、逼真地刻画了六匹骏马不同的性格、神态。雕刻艺人高超的艺术水平，令人叹为观止。乾陵是唐高宗李治和武则天的合葬墓。墓前长长的神道两旁，设置了华表、翼马、鸵鸟各 1 对，石马 5 对，石人 10 对，石狮 4 对和 61 尊宾王石人像。石刻无不壮观、精美，具有很高的美术和史学价值。

唐俑，包括人物俑、镇墓俑和十二时俑等。其中人物俑成就最大。人物俑是用来殉葬的，尤为厚葬者所沿用。工匠们塑造了数不清的男俑、女俑，贵族、平民，文官、武官，甚至宦官、骑士、武士和侍卫、乐舞艺人等，具有浓郁的生活气息。胡人俑的大量出土，是唐代运河中外文化交流的铁证。

泥塑在唐朝获得较快发展，唐朝最著名的雕塑家为吴道子和杨惠之，后者在泥塑方面成就尤大，被尊称为“塑圣”。据宋人记载，杨惠之曾为长安名优留孟亭塑像，塑像与本人无差，行人一看到这个塑像的背影，就能认出是留孟亭，其雕塑技艺可见一斑。

四、宋代运河区域的雕塑艺术

宋代运河雕塑虽不如唐朝规模宏壮，但却更注重写实，展现出宋人的审美情态变化与市井烟火之气。宋代塑像以正定隆兴寺为代表，隆兴寺大佛殿为宋开宝年间所建，殿内东壁阳刻有塑壁像，还可见宋时手法。运河南部地区雕刻，以五代吴越王钱弘俶时最为兴盛，杭州灵隐寺、烟霞洞的遗存较多。

延伸阅读

昭陵六骏。唐昭陵六骏石刻是唐贞观十年（636 年）立于陕西省咸阳市礼泉县唐太宗昭陵北司马门内的 6 块大型浮雕石刻，分别名为“拳毛騧”“什伐赤”“白蹄乌”“特勒骠”“青骓”“飒露紫”。其中，“飒露紫”和“拳毛騧”两石刻在 1914 年时被盗，辗转于文物商之手，最后流失海外，后入藏美国宾夕法尼亚大学博物馆。其余 4 块也曾被打碎装箱，盗运时被截获，现陈列在西安碑林博物馆。

五、明清运河区域的雕塑艺术

中国明清运河雕塑艺术的制作活动，在空前繁荣的社会物质财富基础和不断改进的工艺技术条件下，为满足封建统治阶级精神以及生活等方面的需要，普遍地活跃起来。运河地区的陵墓、寺庙、道观建设的雕塑很多，现有大量遗存，但作品大多式样单一，多模仿前人或用固定模式，缺乏创造性和内在生命力。

清代体现运河文化特色的绘画、书法、篆刻、工艺美术和建筑在最大限度地继承前人遗产的同时，结合运河地区的实际需要，又有了很大发展，对其他地区的文化发展起到了重要的促进作用。雕塑中最突出的是反映运河市民社会需要的工艺雕塑的发展和繁荣。这一时期运河地区宗教雕塑趋于形式化、概念化，而建筑雕塑与工艺雕塑则十分流行，以精巧繁丽风格表现工匠创作力。

1. 宗教雕塑

清代运河地区宗教雕塑中没有石窟雕塑，比较发达的寺庙雕塑集中在北京一地，汉藏两式各有发展。在制作方式上，《造像量度经》的束缚使雕塑普遍趋于概念化，缺少内在精神，神像多数比例失调，手足筋骨不实。清乾隆十三年（1748 年）建于北京香山碧云寺的木雕五百罗汉较为成功。此外，喇嘛教的兴起使藏密造像大为发展，虽有形式化、定型化的趋势，但也有写实力量的存在。如北京五塔寺石台周围的浮雕佛像，顺治年间建于北京西黄寺的铜铸二尊佛与金刚宝座塔四周浮雕诸佛、菩萨，始建于清初康熙年间的雍和宫雕塑。可以说宗教雕塑的发展是大运河文化由宗教化向世俗化转变的一个例证，也是江浙一带市民文化兴盛的象征。

2. 建筑雕塑

自宋代起，建筑上的装饰逐渐出现了较多的彩绘，元代的建筑构件装饰以木雕或砖雕居多，并在明清两代达到高峰。与此同时，石窟艺术却走向衰退和凋谢。由于明代中期以后城市工商业的发展和市民文化的活跃，世俗性的案头小件雕塑和附着于民居建筑、家具器物上的装饰雕刻往往不受陈规限制，面貌各异，有着突出的成就，是明清时期雕塑艺术的一个亮点。

以北京故宫为代表的明清宫廷建筑雕刻，多以龙凤为主题。天安门前明代的华表，以多种雕刻手法雕造，华表柱身缠以浮雕龙纹，柱头横贯透雕云朵，顶端为莲瓣石盘上的圆雕“坐吼”，下面围以龙纹栏板和饰有狮子的望柱，整个石华表浑厚挺拔。御花园钦安殿的龙凤纹御路石、踏垛石以及栏板也都是明代工匠的作品。太和殿、中和殿、

故宫的建筑雕塑

保和殿的三台玉阶雕刻装饰华丽，特别是保和殿后巨大的九龙戏珠御路石是清代宫廷建筑雕刻中的代表作品。琉璃雕塑作为明清建筑装饰被广为采用。清乾隆二十一年（1756年）建于北海的双面九龙壁以及清乾隆三十七年（1772年）建于故宫皇极门前的九龙壁，都以龙的变化多姿、色彩的绚丽而著称于世。

清代运河建筑雕塑中的仪卫性雕塑主要由陵墓雕塑和仪卫性圆雕组成，这些雕塑由于功能限制，主要集中于皇宫和寺庙、公共建筑等处。就陵墓雕塑而言，已不能与唐宋媲美。陵墓俑器并不多见，唯一可提的陵墓石雕尚有生气，如山东曲阜孔墓、北京清陵的石雕。而仪卫性圆雕则散见于宫苑、寺庙和其他公共建筑门前、殿前，与汉唐石刻相比虽已失去天马行空之势，布局装饰上仍有生活趣味，这在北京天安门前的石狮、宫殿前的鎏金铜狮、颐和园中的镀金铜狮、镀金铜瑞兽中可见一斑。

与仪卫性雕塑的衰落相比，清代的运河建筑装饰雕塑有所发展，遍及运河南北区域，木雕、石雕较为精巧。一般建筑物的木、砖石装饰雕刻主要保存于工商业比较发达的运河沿岸城市中的商业会馆和寺庙建筑，特别是戏楼建筑。除了雕刻技术有所发展外，题材世俗化倾向十分明显，神话传说与小说戏曲故事为主。最有名的是山东聊城运河边建于清乾隆八年（1743年）的山陕会馆，会馆殿堂楼阁一百六十余间，是一

聊城山陕会馆

个神庙与会馆相结合的古代建筑群，全部雕梁画栋金碧辉煌，绝大多数建筑饰以砖雕、木雕，如大门用砖建成牌楼式，绿琉璃瓦覆顶，如意斗拱承托，门额砖雕花门罩，门外左右布列砖雕纹饰的八字影壁，玲珑美观，所有建筑的廊柱、檐斗以及照壁、折壁等均施以线刻、浮雕或透雕的人物、鸟兽、花卉图案，生动可人。而代表皇室建筑装饰的故宫及清皇陵陵园殿宇建筑也十分有名，尤其是工艺技术更为精湛的清东陵和清西陵的建筑装饰雕刻，不仅有精美的石雕，更有特殊工艺的砖雕与木雕。

而影壁、栏杆的雕饰也是装饰雕刻艺术发展的体现。影壁则多见于宫殿庙宇前，是与石牌坊同类的装饰性建筑物，多用砖建，饰以砖雕或琉璃砖，称琉璃影壁。清代多以龙为饰，九龙盘绕满壁，衬以海水云波，最著名的是现存于北京北海公园的九龙壁，用黄、蓝、绿三色琉璃釉彩砖分块烧制后砌成。

3. 工艺雕塑

工艺雕塑在运河商业经济的推动下，至康熙、乾隆时越加兴盛，品种颇多。主要有玉雕、石雕、牙骨雕、竹木雕刻和陶瓷漆线雕，内容也十分广泛，佛道人物、历史故事、生活风俗、戏曲文学、山水花卉，无一不有。而佛道人物则主要是罗汉、八仙等形象，形成了不同的流派与地方特色。

玉雕、牙雕因材质昂贵，多为皇家贵族享用，所以生产地集中在北京和经济发达的江南名城。玉雕以苏州、扬州、北京三地为盛。在风格上则各有千秋，苏州玉雕精巧玲珑，以精琢细磨玲珑剔透著称；扬州则以大型立体玉器雕琢和制作宏大见长，乾隆时期，扬州成为中国玉材的制作中心和集散中心。扬州并不产玉，但各地手艺精湛的工匠们却云集于此，玉雕、刺绣、漆雕、彩灯、香粉、装裱等手工业成为了扬州重要的经济产业。正是由于运河的便利交通，数吨重的玉石也能从遥远的产玉之地运来扬州制作，之后再运往京城。清乾隆四十三年至五十三年（1778—1788 年）所作《大禹治水青玉山子》即是由扬州工匠制成，以新疆密勒塔山的青玉为材料，总重约 5000

多千克，制成后从扬州天宁寺码头运往京城。明清时期，苏州琢玉发展很快，成为中国玉器的制造中心。清代苏州的琢玉业，已形成独立的手工业，集中在城西阊门里专诸巷及天库前吊桥一带。那里作坊林立，高手云集，琢玉的水沙声昼夜不停。专诸巷玉行，人才辈出。清乾隆年间，苏州琢玉作坊已达 830 多户，到处可闻一片“沙沙”的琢玉声。而阊门吊桥两侧的玉市更是担摊鳞次，铺肆栉比。乾隆帝曾赞曰，“相质制器施琢剖，专诸巷益出妙手”。牙雕用料昂贵，生产中心在清宫造办处，擅长雕刻仕女人物，花卉草虫。

扬州玉雕

石刻、竹刻、木刻、瓷刻、漆刻以及泥彩塑等小品雕塑与玉雕牙雕相比，可以就地取材，意匠经营，且不受皇室限制而更为自由，形成多个流派。石雕以盛产美石的浙江青田最为有名。木雕多为果核与树根雕塑，杭州太平一带有不少名家，最为有名的是“嘉定派”的竹刻艺术。瓷雕艺术至清代继续发展，大部分作品的雕花雕于瓷坯上而后上釉，使花纹成为暗花。而漆雕“剔红”工艺日见成熟，工序越加复杂，精美之作迭出，纹饰多繁复纤细。泥彩塑作为小品雕塑的重要组成部分，有无锡惠山泥塑和天津泥人张彩塑，前者自清代中期开始成熟，制作技术也不断提高，题材以丰富多彩的

天津泥人张门店

戏文风俗故事为主，同时还有“大阿福”“小阿福”等小组娃娃。天津泥人张创始人浙江绍兴人张长林，所做泥塑作品取材于历史故事、古典小说，塑像色彩艳丽适宜，活泼生动，栩栩如生，且人体比例合理真实，其后人不断将其发展下去，形成了其善于抓住对象本质特征，以丰富想象力和艺术创造力为对象传神的艺术特色。

清代雕塑艺术的发展一方面说明了运河区域经济发展，特别是资本主义萌芽的产生对社会意识发展与宗教信仰淡化的作用；另一方面则证实运河文化正沿着世俗力量的兴起与社会理想实用化的方向发展。

六、近现代运河雕塑艺术

20 世纪 20 年代起，中国传统的雕塑艺术日趋衰落，在学习西洋雕塑技法基础上形成的现代雕塑艺术逐渐兴起。在当时极少数赴欧洲学习西洋雕塑的人中，就有几位来自运河沿线区域的有志青年。

1. 运河区域雕塑家

吴县（苏州）人江小鹣（1894—1939 年）在巴黎攻读绘画和雕塑，1924 年回国定居上海，绘制西洋画，自设美术工艺厂（美丰铸金厂），铸造铜像及青铜器物。经徐悲鸿介绍，聘雕塑家滑田友任工厂技师，参加刘海粟等发起的研究西画团体“天马会”。1929 年，叶恭绰、蒋梦麟、马叙伦等发起成立保存苏州甪直唐塑委员会，他被聘为总技师，经过半年多时间，将甪直保圣寺内 9 尊罗汉像整修完毕，恢复原貌。

淮阴人滑田友（1901—1986 年），刻成一尊儿童木雕头像拍成照片寄给徐悲鸿，徐悲鸿慧眼识英才，介绍他到雕塑家江小鹣的美术工艺厂任技师，协助修复了苏州甪直保圣寺唐塑罗汉像。1933 年，赴法国学习雕塑，毕业后在法国从事雕塑创作。他的雕塑代表作品有《沉思》《母爱》《轰炸》《浴女》等。《沉思》在法国获奖，《母爱》被巴黎市政厅收藏，《轰炸》载入法国出版的《世界美术百科全书》。后回国任国立北平艺专教授。

中国现代雕塑艺术的两位重要奠基人李金发、刘开渠，与大运河都结下了不解之缘。李金发（1898—1976 年）在法国巴黎高等美术学校雕塑系学习，回国后应征设计了孙中山纪念像。1928 年，他应校长林风眠之聘，赴运河城市杭州任西湖艺术院雕塑系主任，率先用西洋雕塑技法进行教学，培养了中国第一批现代雕塑人才。先后完成《外交家伍廷芳铜像》《邓仲元将军立像》《李平书铜像》等作品。他的雕塑作品具有严谨、柔和、凝重的艺术风格。他是中国现代雕塑艺术的拓荒者，被誉为“中国雕塑界之泰斗”。

刘开渠（1904—1993 年），隋唐运河边的安徽萧县人。1928 年，任杭州艺术院图书馆主任兼助教，同年 8 月赴法国留学。入巴黎高等美术学校，跟著名现实主义雕塑家朴舍学雕塑，后担任朴舍的助手。1933 年，应校长林风眠的聘请，任国立杭州美术专科学校（前身为西湖艺术院）雕塑系教授。翌年，应聘在西湖之滨创作巨型雕塑《一·二八淞沪抗战阵亡将士纪念碑》，在碑顶雕塑官兵二人铜质立像。

2. 运河泥塑、面塑

清朝中叶由于漕运兴盛、商业繁荣而出现的天津“泥人张”泥塑，20 世纪初期得到进一步发展。第二代“泥人张”张玉亭（1863—1954 年），继承其父张明山的技法，以古代仕女及现代下层市民为题材，创作出《惜春作画》《宝玉观棋》《花木兰》《王昭君》《浣纱女》《三百六十行》《吹糖人》《卖糕人》等作品，形象逼真，生动传神。被徐悲鸿称赞“其观察之精到，与其做法之敏妙，足以颉颃今日世界最大雕塑师俄国脱鲁悖斯亲王”。所传泥塑《钟馗嫁妹》，为“泥人张”的代表作。

同样因漕运兴盛、商业繁荣而发展起来的无锡惠山泥塑，在民国时期也得到发展，出现了一些反映现实社会生活的作品。1912 年，天津人潘树华面塑技艺高超，能做出全身活动且会走动的面人，堪称一绝。1921 年前后，他率弟子董义良夫妇到无锡惠山开设“天津美术馆”。惠山泥塑和天津面塑由此进行碰撞交流。潘树华在惠山创作了《吹风炉》《丑官》等优秀面塑作品，传授天津面塑技艺，被誉为“面人潘”。无锡惠山泥塑吸收天津面塑的技艺，作品从内容到形式都更贴近于现实社会生活，所创作的《唱新闻》《抱兔囡》《摇头老夫妻》《抓猴吃》等作品深受群众喜爱。高标给惠山泥塑带来了石膏模具印坯的先进生产方法，改变了原来用的单层陶模和双片陶模印坯的旧工艺。据 1935 年不完全统计，惠山泥人店铺有 46 家，从业人员达 200 多人，农民兼做泥人者相当多。无锡本地的著名泥塑艺人有胡荣标、陈毓秀等 40 多人。

3. 运河牙雕、瓜刻

因大运河交通发达，经济繁荣而发展起来的扬州牙雕、瓜刻等，在民国时期继续存在。牙雕还保持了很高的艺术水平。著名牙雕艺人吴南愚（1894—1942 年）擅长在象牙上雕书画，曾在象牙扇骨上一面雕刻《韩信登台拜大将》和《运筹帷幄》两赋千余字，另一面雕刻《春夜宴桃园》图并文，甚为精细。著名牙雕艺人黄汉侯（1902—1977 年），擅长在象牙上雕刻细书，曾在一件方寸小屏上刻宋王禹偁的《黄冈竹楼记》全文，书体仿苏东坡，极为神似。

同时候扬州在夏秋季节举办瓜刻展览。瓜刻所用材料有西瓜、南瓜、菜瓜、香瓜，有时适当夹以萝卜、茄子、菜根、水果。这些材料经过名厨和民间艺人的雕刻，成为宴会桌上的观赏品，为淮扬菜增色不少。

4. 运河砖雕、木雕

民国时期，运河北段的天津成为清朝遗老遗少、北洋军阀政客进行政治活动和隐居的地方，豪华住宅和公馆的建筑成风，砖雕、木雕更随之发展。刘凤鸣（1889—1978年）继承和发展其外祖父、著名砖雕艺人马顺清创造的贴砖法，将贴砖由一层增至多层，所雕刻的画面起伏多，变化大，更富立体感和层次感。他因砖雕艺术高超，获得了“刻砖刘”的美誉。刘杏林（1879—1972年）将清末吸收苏州木雕技法而形成的天津木雕风格继承下来，成为20世纪20年代天津著名的木雕工艺师，被誉为“木雕刘”。

5. 雕画葫芦

同样因大运河交通和商业繁荣而在鲁西北和冀南民间兴起的雕画葫芦，到了民国时期也继续存在。聊城是其主要生产地。20世纪20年代，聊城民间几乎家家种植两到三分地的葫芦。葫芦成熟后，在表皮雕刻图画，制成药罐、酒壶、蝈蝈笼等有实用价值的工艺品，销往各地。聊城雕画葫芦分一细、二细、花葫芦三个档次。雕画葫芦美观而有实用价值，价格又比较低廉，很受人们的喜爱。

运河砖雕

第二节

中国大运河建筑艺术

一、中国大运河建筑与建材艺术

大运河本身就是一种建筑的典范，其闸坝、河道都是建筑。其他附属设施，如码头、粮仓、管理用房等在运河沿线积聚了一批建筑群，因此《世界运河名录》将中国大运河称作建筑艺术的典范。

宋元时期，运河城市的建设，包括城址的选择，城市规模的不断扩大，城内道路的兴修、水道系统的建设，园林囿苑的建造、居住设施的兴建等，使大运河城市建筑园林艺术全面发展，北宋的东京汴梁、南宋的临安杭州城和元代的大都城、明清北京城成为代表。

1. 北宋东京汴梁

东京开封府城自宋定都后，城市规模不断扩大，整个城市分为宫城、里城和外城三部分。宫城又称大内，在北宋建隆三年（962 年）开始扩建，达到周围 5 里的规模。北宋大中祥符五年（1012 年）又将板筑的宫城土墙改为砖墙，是历史上宫城砖筑之始。整座宫城略呈方形，坐落在全城中央略偏西北。其基本布局以东西华门之间的道路为轴线，分为南北两大部分。其南部为皇帝大朝会、中央主要办事机构所在地，包括大庆殿、文德殿群、政事堂与枢密院建筑群等。后半部分的西区包括紫宸与垂拱等殿、崇政与延和等殿、福宁与坤宁等殿、龙图诸阁群、旧延福宫与广圣宫群。宫城北半部之东区是“内诸司”集中地，也是与皇帝后妃居住区的安全、生活关系密切之所。另有后苑区为皇宫帝妃们宴游之处，有金水河注入，并有太清楼、玉宸殿等建筑，又有诸假山池沼、奇花异木，呈现出山林野趣与宫殿群体之间的和谐，表现了极高的艺术创造力与建筑技巧。

里城即旧城，宋初也称阙城，周围长 20 余里。汴河、金水河流贯其中。外有护城河，即城濠，以运河水为源。北城濠，即景龙江，东西城濠为金水河水，南城濠引蔡河水。

外城，又名新城或罗城。宋神宗时宋用臣主持修建，增加了城墙的长度、高度与墙基宽度，完善更新了城墙上的战守设施。到宋哲宗时又续修了楼橹、战棚、马面等。

北宋东京开封城的修建比较好地解决了城市的排水、饮水问题。新旧城内共开挖大小水沟253条，分注各河，并定期浚修以保持水道畅通。为解决城市供水，宋初即引金水河入城并贯穿皇城，沿河各处作井，供居民、寺庙、衙署等取水饮用，较好地解决了供水问题。

开封城既以运河诸水为胜，横越运河诸水的桥梁建筑也颇具特点。城内贯穿汴河、金水河、广济河、惠民河等诸河。据载，惠民河上有桥13座，汴河上又有13座，广济河上有5座，金水河上有3座。诸桥中尤以虹桥最为有名，是汴河上最大的一座桥梁，也是江南汴河漕船进入京城的门户。在《清明上河图》里，画家张择端即特意将其收入画中。此桥为木结构，桥形如拱，由两组拱骨交错而成。这种长跨径木桥建筑是桥梁建筑史上的杰作，在世界桥梁史上也十分罕见。在汴河穿越里城的御路上还有一座被称为“州桥”的石头平桥，“州桥明月”即是著名的“汴京八景”之一。

2. 南宋临安杭州城

南宋定临安为首都后，杭州成为“以湖山胜”的代表性运河城市。南宋时期的杭州城分为内城和外城两大部分。内城也称皇城，周围长9里，东临钱塘江。城内殿宇亭阁，星罗棋布。计有30殿、33堂、4斋、7楼、20阁、19亭等。基本布局分为南内、北内。南内为皇帝、后妃等居住生活区以及中央官府主要机构所在地。北内主要为德寿宫，是宋高宗退位后所居宫殿。南内建筑主要利用凤凰山东麓的自然山水和地形布局，故山水形胜，错落有致。

南宋杭州外城也叫罗城，共有旱城门13座，水门5座。许多城门建在运河上。如丰豫门是从杭州城到西湖游览的必经之门，门外现已成了游客上下船的码头。又如余杭门，更是大运河自杭州的南端点，由此上船沿运河至浙西、苏、湖、常、秀以及两淮诸水道，更是商旅往来，繁盛无比。城内水道纵横，并借西湖水作井，供市民饮用。大运河与西湖成为整个杭州城市环境中牵动全局的至关重要组成部分。运河与西湖的治理极大地促进了杭州城市建设，使之“生齿日富，湖山表里，点饰浸繁，离宫别墅，梵宇仙居，舞榭歌楼，彤碧辉列，丰媚极矣”[1]。

3. 元代大都城

元代大都城的建设也颇具特色。其城址是以金代离宫附近的一片湖泊（今北京北海、中海一带）为设计中心，充分利用已有自然条件和地理特点而新建起来的。大都城的

1　田汝成．西湖游览志［M］．卷1. 上海：上海古籍出版社，1998.

主要设计者是邢州（今河北邢台）人刘秉忠，整个大都城的建设，基本上都是在他“经画指授”下进行的。具体工程的负责者则是运河北端的涿州定兴人张柔、张弘略父子以及段祯等人。

大都城为南北略长的长方形，基本呈东西对称而南北不对称，城四角建有巨大的角楼，城外绕以宽深的护城河。城墙用土夯筑而成。全城的中轴线南起丽正门，穿过皇城灵星门、宫城崇天门和厚载门，经万宁桥、中心阁，直抵健德门和安贞门之间。街道布局是在南北向的主干大道的东西两侧，等距离平列着许多东西向的胡同。

为解决大都城供水、排水问题，实施了几项水利工程：一是元至元三年（1377 年）为配合大都城的修建，重开金代已经堵塞的金口工程，解决大都城的生活用水。二是开凿金水河工程，经过开凿的运河渠道，引玉泉山诸泉之水流入城内，解决运河北端的水源问题。三是开凿通惠河工程，以保证由运河和海道漕运的物资直接运送到大都城内。这些都是大都建设过程中的重要配套工程，不仅解决了大都城的水源问题，而且使漕船能够直接驶入大都城内，也使大都成为运河北端最具代表性的城市。

其他大运河城市的建筑，也都富有特色。如平江府苏州城即为运河上典型的水乡城郭。从现存的宋代石刻《平江图》上可以看出，当时的苏州城内主要河道纵有 6 条，横有 14 条，皆通过水门与城外河道相通。城内道路大致与河道相并行，东西对称，南北平行，排列整齐，形成水陆双棋盘格局。城内民居多前门临街，后门凭河，粉墙映照，绿窗映水，呈现出一派“朱门白壁枕湾流，家家门外泊舟航”的景象。城内有桥 398 座（或称“画桥四百”），是典型的运河水上之城。

宋元运河建筑艺术对日本产生较大影响，以禅宗寺院建筑最典型，日本的禅宗寺院被称作“禅宗式”，仿照宋朝的禅宗寺院结构和布局。日本人荣西曾参与天台山万年寺建设，回日本后，在博多建圣福寺，又建寿福寺，在京都建了建仁寺，都具有宋朝建筑风格。高丽塔的建筑形式也颇受元朝的喇嘛寺院式样影响，高丽扶苏山敬天寺的大理石多层塔，便是喇嘛寺特有的技法。

4. 明清北京城

北京故宫被称为“漂来”的紫禁城，就是因为大运河为北京城运来了建筑所需要的砖瓦、木材等建筑材料。明清时期，为了方便运输，生产建筑材料的工厂一般都建在运河边。这一时期运河区域建筑材料工业发展，一般砖瓦大量生产，琉璃砖瓦相应增加，对建筑物的坚固性和艺术性起了重要作用。建筑结构的规范化给施工带来了便利，特别是清乾隆元年（1736 年）《工程做法则例》颁布，为宫殿建筑的大量增加贡献不小，达到中国古代建筑营造的最后一个高潮。鸦片战争以后，建筑风格与明代相比，定型化、世俗化色彩更浓，南方市民气息与北方皇家威严之风的对比十分强烈。就具体成就而言，京城与皇家建筑规模宏大，宗教建筑以佛教寺塔为突出，其中喇嘛教寺庙成就空前，园林建筑则多姿多彩。

清皇朝入关定都北京后，全部沿用明代的宫殿、坛庙，仅有个别改建增损和易名。宫城和坛庙的建筑及规划格局基本上保持了明代原貌，皇城的情况则随着清宫廷规制的改变而有较大变动。能够显示其成就的主要是圜丘、祈年殿和东西陵。

在宗教建筑上，除汉族固有形式外，少数民族的特有样式特别是喇嘛教所建金刚宝座塔与沿袭元朝喇嘛塔极为流行。前者较有代表性的建筑是北京西直门外的大正觉寺（俗称“五塔寺”）的“五塔”与安定门外的西黄寺，后者则是北海的白塔。

二、中国大运河建材艺术

建筑离不开砖瓦材料。烧作砖瓦是古建筑中源远流长的行当，起源于商周，发展于唐宋，鼎盛于明清，特别是运河地区，运输方便，砖瓦制作的技术更为发达。砖瓦窑作业成为运河地区的一项重要手工业。明代为了修长城和营造北京皇宫、城陵，需要大量的砖瓦。从方便运输角度出发，朝廷在大运河沿线建立了一批窑厂，其中山东临清和江南苏州均以烧制城砖出名。

1. 临清贡砖建起了北京城

临清是明代运河沿线重要商业重镇。烧制贡砖是一种古老的手工技艺，始于明永乐初期，其烧制技艺是临清运河沿线人民在生产实践中积累的独特经验。分布在临清运河两岸的砖窑遗址不下 200 座。临清砖又名贡砖，其质地好，色泽适宜，形状各异，不碱不蚀，敲击有声，烧制时间由明永乐初期到清代末期，跨越了 500 余年的发展历史。

北京故宫、十三陵都离不开临清贡砖。天坛、地坛、日坛、月坛，各城门楼、钟鼓楼、文庙、国子监、清东陵、清西陵，也无不闪现着临清贡砖的身影，临清贡砖撑起了北京皇城。此外，南京中华门城墙、玄武桥、曲阜孔庙等处也相继发现过临清贡砖。

临清所烧造的贡砖、副砖、券砖、斧刃砖、线砖、平身砖、望板砖、方砖、脊吻砖、刻花砖等，一般在五十斤上下，重的有七、八十斤。临清贡砖烧制工艺十分复杂精细。成砖后，要经过严格的检验，用黄裱纸封裹，沿大运河解运至天津张家湾码头，经过再次检验合格后，陆路转运京师。

临清贡砖

2. 苏州金砖为皇宫建筑专用产品

御窑金砖是中国传统窑砖烧制业中的珍品，明清以来受到历代帝王的青睐，成为皇宫建筑的专用产品。明代永乐年间，明成祖朱棣迁都北京，大兴土木建造紫禁城。经苏州“香山帮”工匠的推荐，陆墓砖窑被工部看中，永乐皇帝为窑场赐名“御窑”。

“金砖”实际上是规格为二尺二、二尺、一尺七见方的大型方砖的雅称。古籍《金砖墁地》记载，其是“专为皇宫烧制的细料方砖，颗粒细腻，质地密实，敲之作金石之声，称‘金砖’；又因砖运北京‘京仓’，供皇宫专用，称之‘京砖’，后逐步演化称‘金砖’”。

苏州金砖

明代苏州工商业极其繁荣，其中砖瓦制造业也十分发达。其时，烧制砖瓦业大部分集中在城北陆墓一带。到明代嘉靖时，金砖烧制进入全盛期。御窑烧制金砖自 1413 年始，已有 600 余年。北京故宫的太和殿、中和殿、保和殿、天安门城楼以及十三陵之一的定陵内所铺设的就是御窑金砖，这些大方砖上尚有明永乐、正德，清乾隆等年号和“苏州府督造”等印章字样。

20 世纪 80 年代，在失传 70 多年后，苏州陆墓御窑开始抢救金砖烧制工艺，经过多年努力，这一主要靠窑户世代祖辈口述流传下来的传统工艺终于被“复活”，1990年，北京故宫修缮时首次用上新烧制的金砖。

3.“糯米”大坝

南运河上的“糯米”大坝是大运河上特有的建筑。位于沧州连镇境内的谢家坝，历史上曾因洪水的冲击而多次决口。清代末年，连镇乡绅谢氏出资从南方购买了大量糯米，并联合乡民们将这些通过运河送达的糯米熬制成米浆，和石灰、泥土以一定比例混合，形成防水的“三合土”，在石头和木桩上层层夯筑，修建出了坚固的“糯米”大坝。全长218米的大坝建成后再也没有被洪水攻破过，成为南运河河北段仅存的两处夯土坝之一，当地民众亲切地称它为“谢家坝”。

连镇“谢家坝”

三、中国大运河园林艺术

1. 中国大运河园林概述

园林是城市建设的重要组成部分，其既是社会上层人物的生活场所，也是市民文化生活的重要舞台。中国大运河促进了沿线经济文化的发展，也使沿线园林艺术日趋成熟。大运河沿线城市一般都位于水网密布的水乡，水系发达，无论是扬州、无锡、常州，还是苏州，古城水系都是大运河的支流水系，既承载着运输功能，又是城市居民的生活水源。大运河沿线的古城地形，一般都是西北高、东南低，运河水由西北角注入古城，通过城市水网流经全城，再由东南角流出，为整个古城提供生活、生产用水。无论是唐宋时代运河穿城而过，还是明清时代运河绕城而过，大运河都是扬州古城的主要水源和运输通道。而中国的园林总是离不开水，历史上扬州曾有“园林多是宅，车马少于船”之说。这一方面说明了扬州这座运河古城水系的发达，另一方面，也充分说明扬州古代园林的兴盛。苏州是一座由大运河形成的水陆双棋盘格局的城市，运河与古城水系融为一体，大运河通过山塘河、上塘河、胥江汇入苏州护城河，并与苏州城内的水网河道相连。大运河水系造就了古城水陆并行、河街相邻的城市布局，并直接促成了享誉世界的苏州园林。

大运河沿线城市园林的历史十分悠久。春秋时，吴国就开始建姑苏台、馆娃宫，这是苏州园林建筑的开始；东晋顾辟疆所筑辟疆园是江南最早的私家园林。南园及现在的沧浪亭始建于五代，当时，钱元轩在苏州以“好治园林”而出名。扬州园林久负盛名，最早为西汉时的藩国吴国、江都国、广陵国都建成宫室林苑。著名诗人鲍照在《芜城赋》中就描述过吴王刘濞时宫室林苑的场景。扬州历史上有计划的造园活动可以追溯到南朝宋文帝元嘉二十四年（447 年），《宋书·徐湛之传》记载，南兖州刺史徐湛之于广陵蜀冈之“宫城东北角池侧”“更起风亭、月观、吹台、琴室，果竹繁盛，花药成行”。如今，瘦西湖小金山的“月观”“吹台”等景点即是仿此遗意构筑而成。

宋元时期的各运河城市中都有大小不等、情趣各异的园林建筑。其中既有皇家园林、官府园苑，又有贵族官僚富人们的私人花园，还有众多的园林式寺院庙宇庭院。

北宋开封城内的皇家园林，大内御苑有延福宫、艮岳等，皇城外则有琼林苑、玉津园、宜春园、含芳园、金明池等行宫御苑。延福宫建于北宋政和三年（1113 年）拱宸门外，以金水河为水源，内建延福殿、桑珠、碧浪亭等殿阁亭榭。艮岳位于开封城西北角，由宋徽宗赵佶亲自设计。为建艮岳，朝廷专在苏杭设造作局，在江南各地搜罗奇花异石，用船经运河运至开封，动用船只达 2400 艘，另外还征用运粮纲船。艮岳布局以山、水为园林骨干，亭、台、轩、榭疏密错落，周围十余里，集中国名山大川之雄伟、险峻、秀奇、幽美、畅旷诸特色于一体，成为北宋时期运河之上最大的皇家园林，也是当时南北园林建筑艺术之集大成者。玉津园又名南御苑，引惠民河水入园。园以南山冈相连，北宋时历朝皇帝常在此举行籍田礼，因而形成园苑与耕桑结合的特点。宜春园又名东御园，位于汴河南岸，池沼美丽，花卉繁多齐全，宋初曾为宴请新进士之所。含芳园也称瑞圣园，景致幽雅。琼林苑又称西青城，位于顺天门外道南。道南则为金明池，两园遥遥相对。实际上金明池为琼林苑的一个组成部分。皇帝游琼林苑主要是在金明池看龙船争标，龙船争标的盛况曾被画家张择端收入《金明池争标图》中。

开封还有许多私家花园，如当时著名的静渊庄、撷芳园、景华苑、若林园等。私人宅第园囿，如北宋后期宰相蔡京即拥有数处私人园林。其中在金明池西南角水磨下即有一座别墅式园林。其常住赐第也是豪华园林式宅邸，内中有假山、溪流、花鸟虫鱼等。

到南宋定都杭州，南宋君臣偏安江南，更是耽于山水，竞造园林，在西湖绿水黛山之间，各类御园、王府、园囿数以百计。如西湖之南有聚景、真珠、南屏诸园，北有集芳、延祥、玉壶诸园。天竺山下有下竺御园，城南有玉津园，城东有聚景园、王柳园等。其中以聚景园、玉津园、玉壶园最有名。聚景园内有含芳殿，瀛春、览远诸堂，芳华、花光、瑶津等亭，还有柳浪、学士两桥。叠石为山，重峦窈窕。湖光潋滟，繁花似锦。玉津园靠山沿江，为南宋皇帝宴射之御园。玉壶园以“林亭幽雅，长夏森寒”著称。又濒于西湖，湖光涵映，尽得湖山之胜。杭州还有许多私人园苑，如张功甫的南湖园，占地上百亩，位于艮山门内白洋池畔，南为白洋池，北门北园。园内涧渠环绕，可通舟船，有“一棹径穿花十里，满城无比好风光”的美名。

在运河北端，以元大都园林为代表，则体现出北方园林建筑的艺术特色。元大都园林以太液池为代表。太液池位于宫城之西，以金水河为源，池中建有两个小岛，南北峙立。南面称瀛洲，上建仪天殿。北面称琼华岛，上建富丽堂皇的广寒殿，殿中有12根柱子，刻有云龙，深以黄金，全殿左、右、后三面全用香木凿成彩云状，以金绘饰。在广寒殿上四望空阔，既可远眺西山云气，又可俯瞰大都的街衢市井。太液池中还满栽芙蓉，池内有专造的龙船，供皇帝在池中往来游览。琼华岛后改称万寿山，山水相映，更增添光彩。在万寿山与瀛洲之间，还建有长200余尺的玉石桥。瀛洲东、西两侧亦建有长桥，与陆地相通。在大明殿附近还有一处灵囿，即皇家动物院，凡“奇兽珍禽在焉”。

清代运河园林建筑处于中国古典园林成熟的最后时期。清初至清雍正前期，造园技术和艺术基本已经达到最高水平，而园林体系的内容与形式已经完全定型。大运河带来的江南商业特别是扬州一带盐商经济实力膨胀对士流风格的园林有一定的冲击，以生活休闲为主要用途的市民园林逐渐增多，有与重陶冶性情的士人园林分庭抗礼的局面。

北京的皇家园林由大内御苑、行宫御苑、离宫御苑组成。大内御苑中典雅之处是“静谷”园林，假山叠石均出于张然之手，为北方园林叠山上品。离宫御苑和行宫御苑有代表性的是畅春园和圆明园，它们融揉江南民间园林的意趣、皇家宫廷的气派、大自然生态环境的美姿于一体，代表着清初宫廷造园活动的成就。私家园林一脉相承于明代，分布于作为经济中心的江南地区和作为政治中心的北京地区。江南一带造园技艺精湛高超，代表着中国风景式园林艺术的最高水平，当时绝大多数城镇都有私家园林建置，而扬州和苏州则是精华荟萃之地。扬州一地由于清初“纲盐法”的施行而成为大盐商的居住地，他们生活奢侈，且好附庸风雅、所以私家园林盛极一时，特别在叠山技法上为全国之冠。在众多园林中，以王洗马园、卞园、贺园、郑御史园等号称康熙时扬州八大名园。而苏州文风特盛，修园者多是文人官僚，基本保持着正统的士流园林格调。

北京作为清朝建都之地，民间造园活动以官僚、贵戚、文人为主流，用材上多用北方的花木，有的保持士流园林的传统特色，有的则着以显宦贵族的奢华色彩，形成了北京园林不同于江南的地方风格。特色名园有位于东城弓弦胡同的半亩园等。

皇家园林的兴建高潮以乾隆时期为最，规模之广大，内容之丰富，在中国历史上是罕见的，它使北京西北部形成了一个庞大的皇家园林集群，其中规模最大的有五座：圆明园、畅春园、香山静宜园、玉泉山静明园、万寿山清漪园，号称“三山五园”，它们荟萃了中国风景式园林的全部形式，代表了后期中国宫廷造园艺术的精华。嘉庆时期尚能维持这一鼎盛局面，但不再进行大规模的建设。道光、咸丰以后日益衰落。

在运河区域南部的江南园林继承上代势头，普遍兴旺发达。清代康熙、乾隆皇帝的数次南巡均以扬州为主要驻跸之地。两淮盐商为接待帝王南巡，大建宫室、园池、台榭，城内园林名胜，甲于天下。

2. 扬州园林

扬州园林与中国大运河的关系密不可分，最早的扬州园林都是沿着大运河城区水系，依河而建。到了清代，得大运河之利，扬州盐商异军突起，成为了造园的主力军，在大运河的支流瘦西湖畔形成了蔚为壮观的湖上园林集群。

许少飞在《扬州园林》一书中，将扬州的园林建造史分为以下几个时期。

一是隋唐初兴，佳貌别具。隋炀帝屡次来到扬州，在扬州大造离宫别馆，既有崇殿峻阁，复道重楼，又有风轩水榭，曲径芳林，将皇家建筑与山水园林巧妙地结合起来。可以说，扬州的园林发迹于宫廷苑囿。

唐代的扬州作为长江与大运河交汇处，水陆交通发达，商业繁盛，人文荟萃，富庶繁华，为东南第一大都会，时有“扬一益二”之称。最兴盛时，唐扬州城南北 15 里 110 步，东西 7 里 3 步。经济的繁荣，带来了园林的兴盛。唐代扬州私家营造园林的风气，已经达到盛极一时的境地。从唐人的一些诗词中，可以看出唐代扬州园林的繁盛，如姚合的“园林多是宅，车马少于船”，权德舆的“层台出重霄，金碧摩颢清”，罗隐的“九里楼台牵翡翠”。说明唐代扬州的园林，在数量上是相当可观的。而且，宅与园的结合，标志着扬州园林从宫廷苑囿的形式向私家园林的转变。

二是宋元复建，旧苑新颜。宋朝的扬州园林，如官衙里的“郡圃”，欧阳修的“平山堂”，属于私家园林的，有进士满泾所筑的申申亭，南门外的静慧园等。此时的扬州园林，已经褪去了过去宫廷和衙署园林的“外衣”，跨入山水园林的阶段。一些珍奇的湖山峰石开始在扬州园林中出现，现时瘦西湖小金山内还存有自然形成的船形太湖石一方，据传是 12 世纪宋徽宗赵佶劳民伤财征调花石纲的遗物。

元代，扬州园林处于营造的低潮时期。据清嘉庆《江都县志》说，扬州路学宫中有采匠亭。城西北有元镇南王宫。私家园林有大东门街上的瞻云楼，旧城内的明月楼。元代著名书画家赵孟頫曾为明月楼援笔书写“春风阆苑三千客，明月扬州第一楼”。

三是明清鼎盛，宏丽灿艳。明代，扬州园林复兴，见于著录者甚多。如瓜洲有江淮胜概楼、大观楼、于园等。最为有名的有著名造园家计成在扬州所造影园。

到了清代，当盐商成为城市的主角之后，他们便在城内广建园林，以至于出现了八九里路上移步换景，十余家园林串联成片，山水景致让人目不暇接的盛况，整个城市俨然一个大型的人造园林。扬州造园之盛，更有赖于乾隆六下江南。为了迎接圣驾，两淮盐商斥巨资在城市沿途构造各式园艺建筑，形成了大规模的长卷式园林通景，客观上让扬州的园林更加系统，并趋于完善。乾隆年间，专以品评园林著称的钱泳来到扬州时，竟恍惚得“宛入千里仙山楼阁之中”，佩服地称赞道“造屋之工，当以扬州为第一”。

乾隆年间，经过顺治、康熙、雍正三朝的发展，随着盐业、漕运的兴盛，加上康乾六次沿运河南巡，扬州的官僚商贾，为了邀恩宠赏，在清帝南巡的路线上，竞相构筑园林，扬州园林出现了鼎盛的局面，城市山林，遍布街巷；湖上园林，罗列两岸。城内有康山草堂、万石园、小方壶、小玲珑山馆等，另由大虹桥向南，延伸到城南古渡桥附近的“九峰园”，有“黄、江、程、洪、张、汪、周、王、闵、吴、徐、鲍、田、巴、余等诸姓”园林六十余座。特别是从北门城外的“城闉清梵”起，到蜀冈平山堂坞，“两岸花柳全依水，一路楼台直到山”。历史上著名的二十四景，其实是一座座园林。清人李斗所著《扬州画舫录》称“杭州以湖山胜，苏州以市肆胜，扬州以园亭胜，三者鼎峙，不分轩轾”。据统计，扬州城内私家园林最盛时达 200 多处。道光年间以后，经过盐制改革、鸦片战争、太平天国战争，大量的扬州园林或荒废，或焚毁，或拆卖，扬州园林开始由盛而衰。至 20 世纪 20 年代前后，扬州园林仅剩下残破的 60 余处。

有人认为，扬州园林是北方皇家园林与南方私家园林之间的一种“介体”，其原因：一是清帝南巡，贾商杂处，交通畅通；二是南北园林匠师技术交流的结果。陈从周在其随笔《园林分南北，景物各千秋》一文中写道，“在造园中，又有南北园林的介体——扬州园林。它既不同于江南园林，又有别于北方园林，而园的风格则两者兼有之。从造园的特点上，可以证明其所处的地理条件与文化交流诸方面的复杂性”。[1] 许少飞在

1 陈从周 . 陈从周园林随笔［M］. 北京：人民文学出版社，2008.

《扬州园林》一书中指出："扬州园林与江南北国诸园，大体相似，基本相同，但也有着自己的独特风格，有着别具一格的美。"

扬州园林

扬州园林在中国古典园林中不仅历史悠久，而且以其独特的风格在中国园林中占有重要地位。扬州园林两千多年的历史走向，大体上与扬州城市经济文化发展脉络相一致：扬州初盛于汉，复盛于唐，再盛于清；扬州园林的初始、发展和兴盛也大抵如此。著名作家朱千华曾说过，"扬州园林地处江淮，北有大气磅礴的皇家园林可借，南有苏州、杭州的江南私家园林可鉴，再加上大运河、长江在此交汇，阴柔阳刚结合，从而使得扬州园林具有南秀北雄相互融合的特点：既有皇家园林金碧辉煌、高大瑰丽的特色，又有大量江南园林小品的情调，自成一种风格"。

在众多园林中，扬州城内的个园当属最得意之作。园内竹影婆娑，四季假山相映成趣。叠石造景的湖石、宣石、黄石等石料都是从各地精选而来的，若没有盐商的雄厚财力和运河的便捷交通，想要建造"冠绝江南"的扬州园林怕是不可能的。

3. 苏州园林

苏州享有"园林之城"的美誉。苏州园林，以其精雕细琢的设计，折射出中国传统文化中取法自然、天人合一的智慧和意境。"苏州园林甲江南"也成为了这座城市的名片。

苏州园林的形成与大运河更是密不可分。园林得水而活，正是运河干流水系和城内支流水系的孕育滋养，使河街相邻的水巷间形成了享誉世界的苏州古典园林。在这里，水与园林相得益彰。

苏州园林始建于春秋时期，明清时期发展兴盛。清代时，仅苏州城内就有大小园林 100 多座，且多集中于城内河道水系的交汇处，充沛的水源使园林有了更多施展美的空间。到了清末，苏州有记载可查的大小园林有 270 多处，至今保存尚好的仍有 69 处。著名的有宋代的沧浪亭、元代的狮子林、明代的拙政园、清代的留园，称为苏州四大名园。此外还有环秀山庄、艺圃、耦园、退思园等。

苏州园林是浓缩的自然景观，使人“不出城廓而获山林之怡，身居闹市而有林泉之致”；苏州园林更是珍贵的人文景观，建筑家、哲学家、诗人、画家、平民百姓各自从中体味到了他们所寻觅的线条、哲理、诗情和韵律。把苏州园林以平面展开是一幅最逼真的山水画；身居园中品茗、抚琴、吟诗、插花最富灵感；在对中国了解甚少的旅游者眼里，苏州园林是最好的博物馆。苏州园林虽小，但古代造园家通过各种艺术手法，独具匠心地创造出丰富多样的景致，在园中行游，或见“庭院深深深几许”，或见“柳暗花明又一村”，或见小桥流水、粉墙黛瓦，或见曲径通幽、峰回路转，或是步移景易、变幻无穷。形式各异、图案精致的花窗，如锦缎般的在脚下延伸不尽的铺路，似不经意散落在各个墙角的小品更使人观之不尽，回味无穷。在苏州，园林的水源主要来自天然河道或地下水。一些园林紧邻河道，逐水而建。例如清代的耦园，位于大运河与城内河道的交汇处。建园之初，便充分利用外部自然水系，引水入园。此外，还有一些园林的修建得益于古城充足的地下水资源。苏州地下水位很高，一般地表 1 米以下即能见水。通过平地开挖人工水渠，引水造园。

除了水源，造园还不能缺少奇石、花木等元素。产自木渎尧峰山的黄石保留着自然剥裂的纹理，太湖石历久经年被水浪打磨得面面玲珑，它们常被用作假山丘壑的主要材料。中国古人遵循传统文化中“天人合一”的理念，模拟自然景色，借由园艺手法将水、奇石、花木等元素巧妙组合，实现大小、虚实、动静之间的完美结合，使苏州园林在咫尺之间充盈着诗情画意。

4. 运河建筑理论

宋元时期，运河地区诸多气势恢宏、建造精巧的殿阁、楼台、庙宇、桥梁、寺塔等建筑，都出自当时能工巧匠之手，也浸润着建筑设计师的心血。其中最突出的代表性人物有喻皓、李诫和计成。

喻皓是宋代江南运河边的杭州人，人称喻都料。他是一位杰出的木结构建筑专家，擅长建塔。

塔是一种宗教象征性建筑，建造历史悠久，其形制有方形、五角形、六角形、八角形、十二角形等，既有木结构，也有石结构。喻皓在塔的设计建造领域，尤其是木结构高塔方面有许多创造性的设计。据载，吴越建造杭州梵天寺木塔，患其摇动，有工匠向他请教，他教以逐层铺板钉实之法，塔身遂稳。宋太宗端拱年间，喻皓受命主持营建开封开宝寺木塔，他先做了一个模型，又对模型的尺寸、结构等进行了反复地研究和修改，然后才施工。塔建成后，为 8 角 13 层，高 360 尺（约合今 110.6 米），为汴京之最。他考虑“京师地平无山，而多西北风，吹之不百年，当正也”。因此，他设计最精到的是充分考虑到环境、气候对塔的影响，将木塔向西北微微倾斜。

在开宝寺木塔毁于雷火之后，宋皇祐元年（1049 年）他又在开宝寺上方院内另建一座琉璃砖塔，又称为开宝寺塔。因塔的外表呈铁褐色，故俗称铁塔。该塔也是八角十三层，砖塔身细而高，据测整座塔高在 60 米左右。塔的外部用经过精密设计、专门烧制的各种形状结构的琉璃砖砌成，所用砖有数十种样式，规格各异，刻有子母槽，互相扣合，使塔身十分坚固。砖面上又刻铸有释迦牟尼佛像及其他飞仙、乐伎和各种动植物花纹，造型生动，具有极高的艺术价值。登铁塔可由底层北面洞门盘旋而上，至第五层可目睹城内景色，至第七层可看到城外平原和大堤，至第九层即可将广济河、汴河、金水河等如玉带般的诸运河尽收眼底，至十二层，目力所及，青霭缭绕，即为汴城八景之一的“铁塔行云”。

当时开封城内还有著名的相国寺，寺内建有排云阁、广愿塔、普满塔、资圣阁等。其门楼造得尤其精巧。据说喻皓每次经过相国寺，都要仔细研究其门楼结构及建筑技术。他编著的《木经》三卷，成为我国历史上第一部论述木结构建筑学的专著。《木经》对房屋建筑物各部分的规格及各构件之间的比例关系作了详细具体的规定。他把屋舍的建造分为上分、中分、下分三个部分，厅堂顶部构架的尺寸依照梁的长度而定。屋身部分包括屋檐、斗拱的规格尺寸则依据柱子的高度而定。台基的规格尺寸也与柱高有一定的比例关系。喻皓设计台阶可根据实际需要分为陡、平、慢三种。他把实践上升为理论，尽量找出各构件之间的相互比例关系，这对于简化计算、指导设计、加快施工进度都是有很大帮助的。《木经》的问世不仅促进了当时建筑技术的交流与提高，对后世建筑学的发展也影响很大。约百年以后，由李诫编著的《营造法式》一书，其中许多内容直接参考了《木经》。

李诫，字明仲，通济渠边的郑州管城（今河南郑州）人，出身于官宦之家。李诫自幼即有机会较多接触各类庙宇殿阁，受到古建筑的熏陶。他博学而多才多艺，书画兼长。他供职将作监，前后达 13 年，历任主簿、监丞、少监、将作监，主持营建了许多大型土木建筑工程，如京都皇城的朱雀门、景龙门、九成殿、开封府、太庙以及钦慈太后佛寺等，还领导建造过如龙德宫等皇家园林。北宋绍圣四年（1097 年），奉敕重修《营造法式》，他利用自己长期积累的建筑设计与施工实践中的经验，又潜心研究古人经验，收集当代、前代能工巧匠的成功实践，最后集思广益，总揽古今，于北宋元符三年（1100 年）成书，成为运河建筑史出名的专著。

《营造法式》全书 34 卷，357 篇，3555 条目，内容分释名、名作制度、功限、料例、图样几大部分。其中“总释”部分引经据典地诠释各种建筑物和构建的名称，对营建工程常用数据作统一规定。在“名作制度”部分中详细记载了包括壕寨、石作、大木作、小木作、雕作、旋作、锯作、竹作、瓦作、泥作、彩画作、砖作、窑作等 13 种 176 项工程的尺度标准及其基本操作要领。其中“壕寨制度”中就记述了有关房屋地基处理及筑城、筑墙、测量、放线等方面的规制，还记述了“取正”“定平”的工具及其使用方法，包括“正四方”时使用的景表版、望筒和水池量表，“定水平”时使用的水平、真尺等。有些工具的制作原理和构造水平已接近现代仪器。另外还介绍了筑基、筑墙、筑城、筑临水基的物料配方比、斜收尺度以及施工方法等。“石作制度”详尽记述了有关建构件的使用及加工方法、石雕的题材及技法，包括一般造石的工序、雕镌制度、11 种花纹及 27 种石工建筑的标准尺度、打造方法、砌置技术等。“大木作制度”对各建筑物的梁柱、斗拱、檩椽的选材规格、加工、安装、挑檐、举折的尺度和方法进行了详细的叙述。“小木作制度”则记述了门窗、栏杆、照壁等装修技术，包括各种庙宇寺观诸神龛和经卷书架的装修技术等。此外，“雕作”“旋作”“锯作”都重点介绍木料的加工。“竹作”介绍竹材的选择、分类和编织方法。“瓦作”介绍各种瓦的尺寸、等级及用法。“泥作”介绍垒墙、用泥、画壁时抹、刷、垒砌的技术与规定。“彩画作”记述彩画的绘图、颜料的配制法则、使用方法以及不同图案的画法和各种题材的构图等。“砖作”介绍各种砖的规格及砌法。“窑作”介绍琉璃瓦的规格、制作及垒砌方法。“诸作料例”则规定了各工种、各构件的等级、大小所需材料的限量，“诸作图样”包括了测量工具、地盘平面图、柱架断面图、木构件详图以及各种彩画图案达 193 幅。

《营造法式》中所总结规定的梁的矩形断面都具有 3∶2 的高度比等，也完全符合现代力学原理。因此，《营造法式》成为我国古代建筑学上的杰作，是运河建筑学的一项宝贵遗产。

明代的计成是运河沿线的另一位园林理论家。他出生于苏州，年轻时对诗词绘画有相当高的素养，还养成“搜奇”爱好，并游历大运河南北。后来长期从事造园工作。明天启三年至四年（1623—1624 年），应常州吴玄聘请，营造了一处面积约 5 亩的园林，名东第园。代表作还有明崇祯五年（1632 年）在仪征为汪士衡修建的寤园，在南京为阮大铖修建的石巢园，在扬州为郑元勋改建的影园等。他根据丰富的实践经验整理了修建吴氏园和汪氏园的部分图纸，于明崇祯七年（1634 年）写成中国最早和最系统的造园著作——《园冶》，被誉为世界造园学最早的专著。提出了著名的“虽由人作，宛自天开”的造园理念。

第三节

中国大运河工艺

工艺是绘画、雕塑和书法等艺术的基础。工艺的范围广泛，品种繁多，通常将它分为日用工艺和陈设工艺两大类：前者指经过装饰加工的生活日用品，如花布、茶具、餐具、灯具、绣花织品、编织物、家具等；后者则专指供观赏用的陈列品，如绢花、麦秆贴、金银首饰、装饰壁画等。运河地区城市商业发达，南北贸易往来频繁，促进了工艺美术技巧的提高与繁荣发展，品种日益繁多，瓷器、织染、漆器、金属、家具等方面都成就非凡。

一、战国秦汉时期的运河工艺

运河区域的工艺美术在战国秦汉时期得到了长足进步，生产技术有很大提高。从经营模式上分为官营手工业和民营手工业。官营手工业是政府经营的，秦汉时期分别归大司农和少府管理。大司农主管矿冶业、铜铁制造业、煮盐业、酿酒业等部门，少府主要管理供宫廷需要的手工业品生产。漆器业是运河流域古老的手工业之一，起源于战国，兴于汉唐，鼎盛于明清。其工艺齐全、技艺精湛、风格独特、驰名中外。早在秦汉时期，扬州彩绘和镶嵌漆器制作工艺就有较高的水平，扬州北郊天山汉墓中有漆器的早期作品。

二、隋唐时期的运河工艺

隋唐时期，随着大运河的开通，商业的繁荣，市镇的发展，运河区域的手工业发展很快。官僚阶层为了满足其奢侈的生活，需要生产大量的工艺品。隋唐两代是我国制瓷、制陶业发展较快的时期，隋朝以前，制瓷上的发展主要集中在长江以南地区，大运河开通后，制瓷业在运河沿线迅速发展起来，越窑青瓷代表了当时青瓷的最高水平。邢窑白瓷成为风靡一时“天下无贵贱通用之”的名瓷。唐瓷的造型浑圆饱满，精巧而有气魄，使用范围也更加广阔，新的器物应时而兴。唐代的瓷窑主要在运河沿线，越窑集中在浙东运河旁的上虞、余姚、宁波等地。唐代的白瓷以邢窑为著名，茶圣陆羽在《茶经》中评各地瓷器时，曾说“或以邢窑处越州上”。通济渠旁也有白瓷窑，如巩县窑，以烧白瓷为主，兼烧三彩及黄、绿、青等单色釉陶器。唐代还有一种特殊的陶器，那就是唐三彩陶器，釉色呈深绿、浅绿、翠绿、蓝、黄、白、赭、褐等色彩。据考古推测，其产地主要在通济渠旁的巩县，楚扬运河畔的扬州也有三彩窑场。唐代，我国的陶瓷已输送到国外，主要有两条通道：一条是通过大运河转运到洛阳、西安一带，再通过陆上丝绸之路运往中亚、西亚；另一条是通过大运河转运到宁波、泉州等港口，然后通过海上丝绸之路销售到南亚、欧洲等地。唐代扬州漆艺还被鉴真大师传至日本。

唐三彩

扬州出土的唐代打马球铜镜

延伸阅读

铜镜制作哪里最好？

古代没有玻璃，人们梳妆、穿衣服时只能用磨得光滑铿亮的铜镜来看。因此，唐太宗才有“以铜为镜可以正衣冠”的说法。从唐代开始，扬州就是铜镜的重要产区。扬州铸镜中最精致的，是特意加工的专门献给皇帝的铜镜，有方丈镜、江心镜和百炼镜等。据古籍记载扬州上贡铜镜的时期，为唐中宗到德宗时期，以开元、天宝时最盛，这时扬州铸镜业最繁荣。一镜之上，有平面、凹面、凸面之分，照物成像，有大小、反正、远近之别。足以证明唐代扬州铸镜技艺已达到相当高的水平。

三、宋元时期的运河工艺

宋元时期是运河地区工艺行业发展较快的时期，北宋科学家沈括的《梦溪笔谈》堪称宋代的百科全书，书中多处介绍了北宋时的手工业生产技术，其中就有制墨等技术。宋元时期，日用漆器得到迅速发展，成为民间手工业中的一项特色行业。漆器制造技法，以运河地区最为先进。淮安出土的宋墓小件漆盘及漆托木胎，做得极为精细。杭州老和山、无锡宋墓、扬州杨庙镇都曾出土宋代漆器。苏州宋塔内曾发现嵌螺钿经箱及嵌彩色玻璃、珠宝雕漆须弥座。

剪纸在中国已有1500多年的历史，是一种镂空艺术，其在视觉上给人以透空的感觉和艺术享受。宋代剪纸发展较快。南宋时期，出现了以剪纸为职业的行业艺人。据宋人周密《武林旧事》中记载，此时的杭州就专门有“剪镞花样”者，有的擅剪“诸家书字”，有的专剪“诸色花样”[1]。

活字印刷术的发明是在社会对印刷的需要进一步扩大的条件下产生的。到北宋时期，由于大运河带来经济的发展、商业的繁荣和文化的兴盛，需要迅速、大量地传播信息。活字印刷术正是为解决这个问题而产生的。宋仁宗时，毕昇发明了泥活字印刷术，代替了过去的雕版印刷。毕昇用胶泥做成一个个规格一致的毛坯，在一端刻上反体单字，字划突起的高度像铜钱边缘的厚度一样，用火烧硬，成为单个的胶泥活字。为了适应排版的需要，一般常用字都备有几个甚至几十个，以备同一版内有重复的字的时候使用。遇到不常用的生僻字，如果事前没有准备，可以随制随用。为便于拣字，把胶泥活字按韵分类放在木格子里，贴上纸条标明。排字的时候，用一块带框的铁板作底托，上面敷一层用松脂、蜡和纸灰混合制成的药剂，然后把需要的胶泥活字拣出来一个个排进框内。排满一框就成为一版，再用火烘烤，等药剂稍微融化，用一块平板把字面压平，药剂冷却凝固后，就成为版型。印刷的时候，只要在版型上刷上墨，覆上纸，加一定的压力就行了。为了可以连续印刷，就用两块铁板，一版加刷，另一版排字，两版交替使用。印完以后，用火把药剂烤化，用手轻轻一抖，活字就可以从铁板上脱落下来，再按韵放回原来的木格里，以备下次再用。活字印刷术的特点是方便灵活、省时、省力，是古代印刷术的重大突破。

四、明代的运河工艺

明代运河区域的工艺品生产主要体现在棉、丝纺织业，特别是在江南运河地区，

1　刘魁立，张旭．剪纸［M］．北京：中国社会出版社，2008.

棉、丝纺织业的规模相当大，生产水平全国领先，部分手工业出现了资本主义的萌芽。随着城镇商业的发展，工艺品制作也取得了很高的发展水平。明代苏绣以针脚细密，色彩典雅为特点，其工艺讲究平齐细密，匀顺和光，图案多采用分面推晕的方法，具有较强的装饰性。京绣以皇室绣作为中心，以皇家为服务对象，绣品精巧富丽。另外，像北京洒线绣及山东、河北的衣线绣等也颇具地方风采。

明代，随着棉花在运河地区的广泛种植，棉纺织品为运河地区人们的主要服装原料，不仅促进了棉纺织品的商品化，同时也促进了棉纺织技术的进一步提高。江南运河沿线的嘉定、常熟、昆山、太仓等地都是产棉布的地方，以出药斑布、棋花布著称。沿运河向南的嘉兴、湖州府，农家的棉纺织生产相当普遍，通常从市场上买回棉花加工成布匹出售。这种来料加工的家庭棉纺织生产，商品化程度更高。经营方式不再是传统的家庭手工业，而是与市场紧密相连的小商品生产。发达的棉纺织小商品生产，使运河地区形成了一批以棉业经济为特色的市镇，如嘉定的罗店、安亭、外冈，都是“商贾辏聚，贸易花布”的重镇。说明江南棉纺织业的商品生产达到了一个较高的水平。明代后期，运河北端的直隶、山东等地棉纺织业也兴起发展，出现了“今北方自出花布，而南方织作几弃于地矣”的局面，从而改变了棉纺织业在运河地区的布局。

丝织工艺在明代运河地区得到了进一步发展，北京、苏州、杭州、绍兴、嘉兴、湖州设有官办的织染局，生产的产品主要供皇室使用。江南苏杭地区分布有大量的民间丝织业，主要用于普通百姓的衣饰，这代表了商品经济的发展。当时的丝织业从缫丝开始，要经过络丝、牵丝、打纬、开织等多道工序。其生产工具和操作技术在明代都有不少改进提高。苏州织锦，图案多仿宋代锦纹，格调秀丽古雅，也称宋锦。

在明代后期，更出现了专织某一丝织品的织机，织机的品种更加丰富。据崇祯《苏州府志》记载，在明末的苏州，市场上有作为商品售卖的绫机、绢机、罗机、纱机、绸机、布机等六种织机。每种织机的构造和功能各不相同，织机制造更趋向专业化。生产工具的改善和操作技术的提高，大大促进了织造工艺的发展提高，如绸、绢、帛等丝织品，都属于平纹组织，多是素织，自明代发明用纺丝，织成纺绸，耐磨、耐洗，得到广泛推广。罗、纱在明代则用一段平织、一段绞织相间，并加提花，既有纱孔，又更加坚固、美观，媲美现代的罗纱织品。

五、清代的运河工艺

清代，运河区域在纺织业、棉布加工业、采煤业、制烟业中都出现了资本主义的萌芽，因而与此相关的工艺美术行业都形成了较大的经营规模。

运河地区的陶瓷工艺以江苏宜兴、浙江龙泉、河北磁县等地规模较大。其中宜兴紫砂具有朴素大方、意匠精巧的特点，在陶器制作上占据一席之地。嘉庆年间由陈曼生设计、杨彭年制作的紫砂壶被称为“曼生壶”，道光年间邵大亨烧制的“大亨壶”，均是清代紫砂珍品。彩陶烧制上，宫廷造办处直接生产的珐琅彩也很有名，其制作工艺始于康熙，成于雍正，乾隆时期，材质装饰极其精工，多以彩料铺底后绘制各种图案，图饰布满器身，较厚的彩料突出于底色之上，鲜艳明亮，花纹绚丽，是名贵的宫廷御用器物。

织染工艺由于运河水运通畅，原材料供给十分便利，商业发达，需求量增加，分工精细，加上清政府在北京设织染局，在苏州、杭州设织染官，促进了官营丝织业的发展，在丝织、棉织、毛织、麻织、缂丝、刺绣、印染等方面都取得了较高的成就。丝织工艺百花齐放，地毯的勃兴与民间织染的生机勃发最为突出。

金属工艺的成就主要体现在景泰蓝和画珐琅上。景泰蓝在吸收明代传统技艺上有所发展，花纹更繁，釉色更多，工艺更细，风格趋于繁艳，并有专门机构进行管理。画珐琅又称铜胎画珐琅，它是以掐丝珐琅演化而来，产生于康熙，兴盛于乾隆，造型有杯、碗、盒等，装饰花纹基本上是绘画式，色彩极多，且艳丽明洁，题材上以人物为主，近似于粉彩瓷器，主要在造办处珐琅作制作。

运河区域是清代漆器的主要产地，主要品种是北京的雕漆与扬州的镶嵌漆器。北

漆器屏风

京雕漆主要产于造办处漆作，器作漆色鲜红，刀痕明显，不打磨，花纹繁冗纤细，有瓷胎、木胎、紫砂胎，并且多剔彩器，清初时尚有明代风格，中期则渐失浑厚流于烦琐，乾隆以后，虽技艺在某些方面还有独到之处，但艺术风格渐趋衰落。扬州漆器有螺钿、百宝嵌等，以螺钿为特色。螺钿工艺中，以点螺最为精巧。漆工名手有卢映之和其孙卢葵生。到明清时代，扬州成为全国的漆器制作中心，盛极一时。

家具工艺发展到清代，民间仍继承明式家具朴实简洁的风格，官式家具则追求材质名贵，装饰富丽，以至造型笨重，装饰繁冗。前者以苏作为代表，用榫结构，不求装饰，重凿和磨工，制作者多为扬州人；后者则结构用鳔，镂空用弓，重蜡工，制作者多为冀州艺人。

六、近现代运河工艺美术

运河区域的工艺美术，随着社会政治和经济生活的发展变化而出现了新的发展变化。传统美术由于能满足大多数人的审美要求，继续存在并有所提高。西洋美术的优点被越来越多的人所认识，从而得到广泛传播。进步的美术工作者，致力于传统美术与西洋美术的结合，用美术反映人民大众现实生活的探索，奠定了中国现代美术的基础。

1. 丝绣丝织

江南运河沿线发达的丝绣、丝织工艺，在民国时期继续存在并有一定的发展。丹阳正则女子职业学校女教师杨守玉（1895—1981 年），在继承清末苏绣大师沈寿刺绣技法的基础上，创造了“乱针绣”（也称“正则绣”），使刺绣画面更富立体感，更适于仿真油画刺绣。用“乱针绣”绣出来的作品，形象逼真，具有独特的风格。她将“乱针绣”传授给学生，使这一刺绣新技法很快于江南各地普及。

杭州人都锦生（1897—1943 年），运用所学丝织原理，研究丝织风景画，经过半年多的钻研和改进，终于织出了第一幅丝织风景画——《九溪十八涧》，获得社会的赞赏。1922 年，他在家乡创办都锦生丝织厂，专门生产丝织风景画，产品行销全国各大城市。参加美国费城国际博览会，获得金质奖牌。

清朝末年，临清取代苏州成为全国主要的哈达产地。1912 年，临清哈达生产达到相当大的规模，年销售额达数百万元，产品主要销往内蒙古等地。

2. 风筝、剪纸、绒花

清末已达到很高水平的天津风筝制作技术在民国时期又有发展。魏元泰（1872—

1961 年）是天津最著名的风筝制作艺人。他继承清朝同光年间形成的拆折式风筝扎制技艺，并加以改进。他先是用做折扇骨和榫的方法代替用纸捻或丝线衔接骨架，使扎出来的风筝既轻巧，成本又低。用铜雏代替翎毛管连接风筝的身、首、翅、尾各部分，解决了用翎毛管容易折损和被虫蛀的问题。他扎制的风筝放飞平稳，形象逼真。据说他扎的老鹰风筝、乌鸦风筝在放飞时，竟引来正在飞翔的老鹰、乌鸦与之追逐嬉戏，观者也一时难辨真假。1915 年，他扎制的风筝在巴拿马博览会上获得金奖享誉海内外，他也被誉为“风筝魏”。

扬州人张金盛出身剪纸世家，能剪各种花样的图案，且技术十分娴熟。他认为，剪纸具有画意才算优秀作品。因此，他不断探索图案创作和剪纸技法。其子张永寿（1907—1989 年），10 岁跟他学艺，11 岁即靠剪纸谋生，很快成为著名剪纸艺人。他擅于剪各种花卉，尤其擅长剪菊花，代表作品有《百菊图》《百蝶图》等。他的剪纸艺术蜚声中外。驻扬州的多位外国传教士购买带回国，馈赠亲友。郭沫若曾以“玲珑剔透得未有”“一剪之巧夺神工”的诗句，赞赏以张氏父子为代表的扬州剪纸艺术。

清末兴盛起来的扬州绒花艺术，在民国时期又有发展。钱宏才是这一时期有代表性的扬州绒花工艺师。他制作的通草菊，花瓣叶脉细腻，着色鲜艳且经久不褪，个别菊叶上的斑点和虫咬痕迹，均清晰可辨。据说，有一年扬州举行菊花展，有人将钱宏才制作的绒花菊置于真菊花中间，竟无人将其辨认出来。

3. 梳篦、折扇、家具

著名的常州梳篦生产，在民国时期仍保持原有的工艺和较大的生产规模。常州有梳篦作坊 50 余家，规模较大的有真老人恒顺、真老王大昌永记、王大昌、汪义大等，年产梳 20 万件，篦 30 万件，行销沪、汉、平、津等地，并有少量出口海外。常州梳篦选料精良，质地坚韧，色泽鲜明，做工精细，图案美观，1926 年参加美国费城国际博览会，获得金牌奖。

苏州折扇也有新发展。张多记制扇作坊创制了折扇新品种——檀香扇。这种折扇，以檀香木为原料，经精工制作，再采用画花、拉花、烫花、雕花等工艺，装潢以钟鼎文、甲骨文、花鸟、博物图案，纤巧玲珑，芳香馥郁，造型美观，摺撒自如，既能使人清心醒脑，又能起美化生活的作用，冬季藏入箱中，还有防虫蛀的功效。一经面市，极为中外消费者所喜爱。

苏州红木家具兴盛，1931 年，苏州有木器作坊 800 家，从业工匠 5000 多人，销售家具的店铺近 500 户，是苏州市最大的手工行业之一。无锡的硬木中式雕花家具业亦较兴盛。抗战前，无锡有木器作坊 72 户，从业工匠 120 余人。

4. 漆器、陶器、锡箔

久享盛名的扬州漆器生产，在民国前期仍保持相当规模和较高工艺水平，最盛时全市有漆器作坊 20 多家，从业工匠 200 余人，年产漆器 1 万件左右，产品行销全国各地，并出口到欧美国家。参加巴拿马万国博览会，获得银牌奖。宜兴紫砂陶器工艺水平在民国时期继续保持发展。1915 年，宜兴紫陶产品首次在巴拿马博览会参展并获奖。后来多件宜兴陶器在美国芝加哥博览会参展，均获优秀奖。宜兴均窑陶器花色品种增多，所产四方、六方、阳纹、阴纹、抽角花盆，贴有各种堆花图案，栩栩如生，被赞为“东方工艺一枝花”。民国时期，绍兴还是全国主要的锡箔生产地，1930 年前后，绍兴市有人口 13 万，依此项手工为生者，高达 15%。制绍箔的家庭作坊，称为箔铺，全绍兴约有 1100 余家，制箔完成运销外埠者，称为箔庄，全绍兴约有 30 余家，依此两项营业者，占绍兴人口的 5%。

七、中国大运河工艺美术撷英

1. 蓝印花布工艺

蓝印花布是一种曾广泛流行于江南运河地区间的古老手工印花织物。传统的扎染、蜡染、夹染和灰染大多以蓝靛为染料，虽然防染的方法不同，但成品都是蓝白相间的花布，统称为蓝印花布。共同特点是以布（或手织布）为材料，以植物蓝靛为染料。狭义的蓝印花布是指以植物蓝草为染料，用黄豆粉和石灰粉为染浆，刻纸为版，滤浆漏印的灰染蓝白花布。

作为大运河沿线的一种工艺品，蓝印花布兴盛于运河开通后的唐宋时期。蓝印花布用石灰、豆粉合成灰浆烤蓝，采用全棉、全手工纺织、刻版、刮浆等多道印染工艺制成。史载宋元之际江南运河沿线蓝印花布极为繁荣，形成了织机遍地，染坊连街、河上布船如织的壮观景象。在资本主义萌芽的明清之际，药斑布已普遍流行于民间，成为运河沿线人们衣服、床单的通用面料。

2. 宋锦工艺

宋锦，形成和发展于宋代，主要产于苏州，也被称作“苏州宋锦”。宋人南渡后，北方织工将织锦技术带到苏州。与苏绣一样，宋锦在明清时期不断发展，品类繁多，花色丰富。

宋锦是中国传统的丝制工艺品之一。宋锦色泽华丽，图案精致，质地坚柔，被赋予中国“锦绣之冠”，它与南京云锦、四川蜀锦、广西壮锦一起，被誉为我国的四大名锦。宋锦始见于宋代末年（约 11 世纪），随着大运河的开凿及江南地区的开发，宋锦产生并发展。南宋朝廷迁都杭州后，在苏州设立了宋锦织造署，将成都的蜀锦织工、机器迁到苏州。宋锦最初是专供装裱书画之用的，织锦到了宋代，得到了极大发展，特别是宋高宗南渡以后，为了满足当时宫廷服饰和书画装帧的需要，形成了独特的风格。苏州出现了一种非常细薄的织锦新品种，是理想的书画装裱材料。从宋代留下来的锦裱书画轴来看，宋锦在当时已有“青楼台锦”“纳锦”“紫百花龙锦”等 40 多个品种。到了明代宋锦发展到百余种。

清代，古宋锦在苏州又恢复生产，并被运用到片箱包、服装中，使原本只能用作书画装裱的宋锦真正走入了寻常百姓家。同治年间，苏州机台最多的是李万隆，产品质量最好的是陆万昌，生产的宋锦曾获得清政府 1910 年在南京举办的“南洋劝业会”金银质奖章。

3. 苏绣工艺

苏绣是中国优秀的民族传统工艺之一，是江苏地区刺绣产品的总称，其发源地在江南运河畔的苏州吴县一带，现已遍布大运河沿线的无锡、常州、扬州、宿迁等地。

宋朝时随着运河的进一步扩展，江南成为全国经济中心，苏绣开始发扬光大，建于五代北宋时期的苏州瑞光塔和虎丘塔都曾出土过苏绣经袱。在针法上已能运用平抢铺针和施针，这是目前发现最早的苏绣实物。

苏绣兴盛于明清时期。明朝时，形成了“家家养蚕，户户刺绣”的盛况。在绘画艺术方面出现了以唐寅（唐伯虎）、沈周为代表的吴门画派，推动了刺绣的发展。手艺人结合绘画作品进行再制作，所绣佳作栩栩如生，笔墨韵味淋漓尽致，有“以针作画”“巧夺天工”之称。清代苏州织造局的设立，使大量的苏绣商品开始走向市场。后来还出现了精美的“双面绣”，仅苏州一地专门经营刺绣的商家就有 65 家之多。苏绣具有图案秀丽、构思巧妙、绣工细致、针法活泼、色彩清雅的独特风格，地方特色浓郁。

苏绣又有狭义和广义之分，广义的苏绣遍及江苏运河沿线。无锡是苏绣的主要发源地之一，无锡刺绣又称“精微绣”，明代中期，俞氏创制的“堆纱绣”因巧夺天工而被选为贡品。扬州刺绣是流传于扬泰及苏北地区的传统工艺，与苏州刺绣属同一门类，但由于受扬州历代文化的影响和扬州八怪画派的熏陶，追随中国画的文化内涵和笔墨情趣，“仿古山水绣”和“水墨写意绣”逐步形成扬州刺绣的两大特色。

4. 扬州漆器工艺

漆器业是运河流域古老的手工业之一，起源于战国，兴旺于汉唐，鼎盛于明清。其工艺齐全、技艺精湛、风格独特、驰名中外。

早在秦汉时期，扬州彩绘和镶嵌漆器制作工艺就有很高的水平，扬州北郊天山汉墓中有漆器的早期作品；唐代扬州漆艺还被鉴真大师传至日本。宋元时期，日用漆器得到较大发展，淮安出土的宋墓小件漆盘及漆托木胎，做得极为精细。杭州老和山、无锡宋墓、扬州杨庙镇都曾出土宋代漆器。苏州宋塔内曾发现嵌螺钿经箱及嵌彩色玻璃、珠宝雕漆须弥座。

到明清时期，扬州成为全国的漆器制作中心，盛极一时。扬州漆器曾于 1910 年和 1915 年参加国际博览会，均获得金奖。扬州漆器制作技艺主要有十大工艺门类：点螺工艺、雕漆工艺、雕漆嵌玉工艺、刻漆工艺、平磨螺钿工艺、彩绘（雕填）工艺、骨石镶嵌工艺、百宝嵌、楠木雕漆砂砚工艺、磨漆画制作工艺。其中，最有名的主要有多宝嵌漆器和螺钿漆器。

5. 扬派盆景

扬派盆景是中国优秀传统艺术之一，其一寸（一寸约为 3.3cm）三弯的制作技艺可谓独步天下。扬派盆景层次分明、严整平稳的独特造型，关键就在于精巧的剪扎技艺。扬派盆景唐、宋时已有制作，至清代，大运河带来的经济繁荣，使扬州广筑园林，大兴盆景，有“家家有花园，户户养盆景”之说，并形成流派，与岭南派、川派、苏派、海派盆景被列为全国树桩盆景五大流派。扬派盆景技艺精湛，尤以观叶类的松、柏、榆、杨（瓜子黄杨）别树一帜，具有层次分明、严整平稳、富有工笔细描装饰美的地方特色和中华文化韵味，饮誉海内外。

扬州盆景相传唐代就在社会上流传。元、明两代就有了扎片的造型技艺。清代扬州盆景进一步地发展，形成了形式多样的盆景。“扬州八怪”之一郑板桥曾绘过梅花的盆景。现在陈设在扬州盆景园的一盆古桧柏盆景，是明朝末年的盆景，几经周折，保存在扬州天宁寺，后转至园林。树干高二尺许，枝干屈曲，形如虬龙，树皮仅存三分之一，枝片为云片，形若伞盖，枝繁叶茂，苍翠欲滴，是扬州盆景的代表作品。

6. 苏式家具

明代时，大运河带给苏州富庶的经济和秀美的风光，吸引众多文人聚集，私家园林不断涌现。建设园林少不了家具陈设，这推动了苏式家具的蓬勃发展。很多文人甚至参与到家具的设计和制作中，他们的审美意趣势必会影响家具的形制和装饰，形成独一无二的家具风格。明中期以来，江南地区能工巧匠们以本地特有的榉木或从国外进口的紫檀木、花梨木等材料制作的硬木家具，称为苏式家具，是明式家具的典型代表。

清初，苏式家具脱颖而出，受到宫廷的喜爱。为满足皇家宫殿、园林的建设需要，江南地区的硬木材料沿大运河源源不断地运至北京。宫廷中的“内务府造办处”也专门设有木作，负责高级家具的制作。其中，宫廷中的很多木匠就来自苏州，他们将苏式家具的风格和技艺融入到宫廷家具的制作中，使苏式家具名满天下。

第十章 中国大运河民间艺术

人们常说，“十里不同风，百里不同俗”，但大运河的沟通交流功能将不同地区的人联系在一起，在长时间相处的过程中，各地的风俗经过相互交流影响，形成了一批具有共同特征的运河民间艺术。其中有民间楹联、民间传说、民间风俗，还有生育、婚嫁、寿诞、丧葬有关的运河人生习俗；还有包括居住风俗、商贸风俗、节日风俗在内的运河风土人情。运河船民作为一个特殊群体，养成了独特的生活习俗和生产习惯，形成了自己的语言习惯和禁忌等，包括行船时的特殊禁忌等。本章主要介绍中国大运河民间艺术，对运河船民习俗也作简略介绍。

第一节

中国大运河楹联、民间传说故事

一、运河楹联

在中国大运河两岸的亭台楼阁、寺庙庵堂、民居建筑以及长街短弄，楹联文化符号随处可见。在杭州的运河沿岸有两副出名的楹联。一副是“拱以迎宸，湖山信美；富而好礼，气象日新”。这副楹联中，“宸”指帝王居住的地方，“拱”为拱手礼，由此可见，每当帝王沿大运河南巡，看到拱宸桥就知道到杭州了。大运河畔更是呈现出风景优美、百姓富足的景象。“诗境现霞湾，最相宜湖墅春红，河塍晚翠。禅厨号香积，殊不让苏公妙脍，宋嫂和羹”。香积古埠的这对楹联中提到，景色呈现于霞湾，最具诗意的便是湖墅春红，河塍晚翠。

大运河遗产点扬州个园的汉学堂有副对联：“咬定几句有用书，可忘饮食；养成数竿新生竹，直似儿孙”。在个园的清颂堂有副对联：“几百年人家无非积善，第一等好事只是读书”。可以看出主人对儿孙后代教育的重视。扬州瘦西湖小金山有副对联：“弹指皆空，玉局可曾留带去；如拳不大，金山也肯过江来”。只用了一个“小”字，就把镇江的“金山”引渡过来了。宿迁龙王庙行宫有两副对联：“能吸风云兴瀚海，偏敷霖雨惠苍生”“密云常护三千界，甘雨均沾亿万春”，体现了古人对运河水神的崇拜。

康熙帝、乾隆帝分别六下江南，留下很多故事，其中就有楹联故事。据说，乾隆帝下江南时，途经沙湾，靠岸停留，路过一户人家，家门十分气派，大门上贴了一副对联更是了不得，上联是“数一数二大户”，下联是“惊天动地人家”，横批是“先斩后奏”。皇上看后不悦，命人把这家主人找来问个明白。这家主人十分惊慌，匆忙向皇上解释道，“我家老大是卖烧饼的，数一数二的卖给人家；老二是擀鞭炮的，一点火就是惊天动地的一响；我是杀猪的，先杀猪后交税，所以是‘先斩后奏’”。乾隆帝龙颜大悦，说“写得好，赦你无罪”。随后又来到一户人家，对联上联是“家有万金不算富”，下联是“五个孩子是绝户”，横批是“寡人在此”。乾隆帝看了很生气，心想：家有万金还不算富，有多少钱才算富呢？五个儿子还是绝户，简直是胡说八道。再说，只有我才能称寡人，谁人还敢？我要进去问个明白。乾隆刚进院，一个老太太走出来。乾隆问：“你家的门对子写着：‘家有万金不算富’，你还想怎样再富呢？”老太太笑笑说，“都说姑娘是千金，我有十个姑娘，不是万金吗？我家本来就穷，姑娘们出嫁再陪送，还能富吗？”乾隆一想也是，又问下联：“那五个儿子怎么能说是绝户呢？”老太太说，“俗话不是说，一个闺女半个儿，我有十个闺女，加在一起不就是五个儿吗？可我实际上一个儿子也没有，这不叫绝户叫什么？”乾隆又问：“那横批上‘寡人在此’怎么说呢？”老太太回答“这很简单，姑娘都出嫁走了，老头子也死了，只剩我一个人，所以说是寡人”。乾隆帝听完点点头，“说得有理，多有打扰了”，就走了出来。

二、运河传说故事

1. 四女寺的传说

武城县四女寺村是一个历史名镇，位于德州市德城区与河北省故城县交界处的大运河南岸，这里的地名，源于一个美丽、动人的民间传说。

大运河沿线的德州有个四女寺村，相传汉景帝年间（前 189 年—前 141 年），当时四女寺村称安乐镇。镇上有一傅姓夫妇，生了四个女儿，个个孝敬父母。四人约定各自在大门口栽一棵槐树，谁栽的树长得好就留在家里照顾父母。谁知数月后，四棵槐树全都枝繁叶茂。大姐不忍心耽误妹妹青春，便偷偷地用热水浇三人的槐树。不料这一举动，被三个妹妹发觉了，于是都暗暗地效仿大姐，用热水浇他人的槐树。但过了一段时间，槐树不但没死，反而更加茁壮。四姐妹认为是天意，越发坚定了留家侍亲的决心。

光阴如梭，四女二十年如一日奉亲至孝，傅氏夫妇虽年近古稀，仍目明耳聪，那四棵槐树也日见粗壮、郁葱成荫。四女又在庭院里建一座梵宫，朝夕焚香，日夜诵经，祈祷双亲平安长寿。传说后来傅家积德行善感动神灵修道成仙，过往行人客商争相一睹傅家遗迹。日久天长，竟使得安乐镇店铺林立，商贾云集，买卖兴隆，富足一方。后人念及四女施恩故里，就把安乐镇改为四女镇。后人为四女建寺塑像，并立碑铭记。

四女寺在历史上居水陆交通要冲，依仗大运河码头和“九州通衢”官道，四女寺的传说，除广泛流传于周边县区外，还沿大运河远扬千里之外。历代官吏、文人墨客也留下了游记、诗词，对四女“和睦事亲”的传统美德大加赞誉，历经千百年流传不衰。

2. 临清运河铁窗户的传说

话说大运河临清段，三元阁至避雨亭这一段河道，即临清人所说的南湾子，此段是一条“C”形水道，水流湍急，滚沙无常，水患频仍。传说大禹治水时，在此河段留下一泉眼，泉水成潭，久旱不枯。后来有一条修炼多年的蛟鱼，相中了此处，以泉眼为府，常兴风作浪危害过往船只，吞噬行人牲畜，刷岸溃堤。这条蛟鱼成为沿岸百姓和船家的祸患，人们想尽了办法除掉蛟鱼，但始终没有根除此患。

听老人们讲，清嘉庆年间，大宁寺来了一位高僧，算出农历六月初一蛟鱼幻化成人形来大寺街游玩。当蛟鱼刚走进大寺山门，等待多时的高僧，抛起铁钵，兜头罩下，只听“轰”的一声，一条水柱冲天而起，地上仅留下片腥臭的黑水，众人一片哗溃。高僧手拿铁钵神情凝重地自语道，“唉，百年不遇的机缘错过了，临清的不幸，运河的不幸呀”。这时游人和众商铺的伙计掌柜们都凑过来，高僧为大家讲了蛟鱼、水患、欲擒、受伤、逃走的经过。继续说道：“此孽障这次伤得不轻，需经七七四十九天，卧河底泉眼中吐纳疗伤，如果这期间能把它降伏，是最佳时机”。

听说高僧有方法除蛟鱼治水患，众商家纷纷表示，“为造福临清百姓，我们大家愿出钱、出力。

“阿弥陀佛，我佛慈悲，有好生之德。我们用大铁窗户把它封在河底泉眼里，这样既不伤它性命，又能束缚住它”。

一时间，这件事轰动了整个临清城。大寺街布店的刘四爷联合众商铺，捐款捐物。大寺街铁匠铺的张家、王家、毕家也都自愿出工。铁匠铺在众商户的资助下用了三天时间，打造了个丈余见方的铁栅栏窗户，三条挠钩铁链。

农历六月初六这天，大宁寺山门口前聚集了无数看热闹的人。众人抬着铁窗户、挠钩铁链，顺大寺往西，经银锭巷、大宁巷，钉子街，炭厂街各路口，穿过了避雨亭，直奔南湾子。

正午时分。高僧一手举铁窗户，一手拖着挠钩铁链，下了水。高僧潜到河底，定睛一看，泉眼向外突突地翻涌着水流，只见丈余长的一条蛟鱼，卧在里面。高僧毫不迟疑把挠钩抛向蛟鱼，蛟鱼在泉眼里上下翻腾，越翻腾挠钩铁链缠得越紧，使蛟鱼动弹不得。这时高僧快速把铁窗户钉向泉眼口，八丈长的挠钩铁链的这一头固定在铁窗户上，在蛟鱼的翻腾拉扯下铁窗户已牢牢地固定在了河底泉眼上。

自从高僧用铁窗户关住了鲛鱼后，临清南湾子运河段，再没有发生过重大水患。

时至今日，大运河临清段已干枯多年，唯独铁窗户处形成了一个偌大水面的潭坑，旱季农民用数台抽水机，在潭坑抽水浇地，从没抽干过，从而更增添了它的神秘感。

第二节 中国大运河民间信俗

一、中国大运河水神崇拜

在中国大运河沿线，作为中国本土宗教的道教十分流行，大运河水神信仰与道教文化相融合形成了独特的运河水神崇拜文化。大运河沿线的水神，有的是治水人物演变，有的是道德楷模化身，当地百姓将这些人物与道教相结合，形成了一批富有特色的大运河水神。

1. 大运河水神的历史演变

大运河沿线人们到底信仰什么？千百年来有哪些水神曾在大运河上接受沿岸百姓和水上人家的祭祀呢？笔者经过研究，发现大运河水神信仰主要有三个来源。

治水名人演变。治水名人最早的要上溯到神话时代的共工和大禹。传说中的共工氏活动在现河南西部伊水和洛水流域，共工治水采用“高处铲平，低处填高”的治水方法。大禹治水的故事比共工治水的史载和传说更多。《史记·夏本纪》用了约3000字详细描述大禹和大禹治水的过程：大禹总结了父亲鲧治水未成的教训，放弃了鲧一味重视堵水的方法，采用开山辟谷疏导洪水的方法。大禹重视实地勘察和总体规划，带领官民开发九州土地，辟通九条河流，开凿了包括人工运河在内的大量水利工程，建立起了疏川导滞的河网和初期的农田排灌工程体系，奠定了四百年夏朝的基础。后人将大禹奉为水神。在浙东运河沿线的绍兴会稽山建有大禹陵纪念这位治水英雄。在会通河畔的山东泰安市宁阳县堽城坝附近也有纪念大禹的禹王庙。如今在运河沿线很多地方都建有禹王宫。而春秋时期开凿大运河最早一段古邗沟的吴王夫差和汉代开凿运盐河的吴王刘濞，则被扬州人民奉为运河水神，成为扬州人民历代祭祀的对象。如今，在扬州城北侧的古运河畔仍建有邗沟大王庙，供奉着二位大王。而在永济渠（卫河）畔的河南滑县道口古镇的大王庙则供奉了战国时期李冰、明代黄守才、张居正、清代朱之锡等四位治水人物和南宋谢绪演变的五位水神。山东济宁南旺分水龙王庙则是为了纪念明代修建南旺枢纽的治水官员宋礼和民间治水能人白英而建的。

道德典范演变。运河沿线供奉的最多的金龙四大王谢绪即是道德典范演变而来。谢绪是南宋灭亡时期自杀殉国的杭州人士，之后演化为“金龙四大王”。“金龙四大王”信仰最初兴起于民间，后来逐渐由民间护佑漕运的水神上升为国家祭祀的黄河和运河之神。淮扬运河沿线的露筋女也是道德典范化身的水神。传说露筋女生于唐代末年，一年夏天，她与嫂嫂二人步行沿运河去高邮，行至露筋，电闪雷鸣，大雨滂沱。就在两人四处寻找避雨处时，只见河堤旁有一茅草棚，嫂嫂就上前要求借宿，里面的单身男子，特地将自己的床腾出来，自己用一张芦席睡在地上。姑娘恪守“男女授受不亲”的古训，坚决不肯进屋投宿。嫂嫂也劝她不过，只好由她去了。姑娘疲惫不堪地独自睡在门外，身上嘬叮着黑压压的大片麻蚊。东方既白，嫂嫂开门一看，姑娘耷拉着脑袋，停止了呼吸，身上的每一根筋都像蚯蚓般暴起。后来，当地人为颂扬她的贞节，在她死去的地方兴建了露筋祠，称她为露筋女，并立碑刻石，以昭后人。后人将露筋女作为运河女神供奉，凝聚着渔民们祈求平安的心愿。

宗教信仰或人物演变。在淮扬运河沿线就有从道教演变而来的“九牛二虎一只鸡”镇水神兽信仰。传说道教始祖老子炼丹得道后，骑一头青牛升天而去。在人间留下九头牛，两只虎和一只鸡，保护着山林湖泊不再遭灾。明代就有刘伯温设“九牛二虎一只鸡”镇洪水的传说。根据这个传说，1701 年，为镇住洪水，康熙皇帝命人用生铁铸

禹王宫供奉的大禹像

宿迁龙王庙供奉的“金龙四大王”

淮扬运河边邵伯镇的镇水铁牛

造了“九牛二虎一只鸡”，将它们分别放置在高良涧、高堰坝、清江浦、马棚湾、邵伯更楼等淮扬运河的险要河段上。有人说，这“九牛二虎一只鸡”的组合，也表明了康熙皇帝要使出“九牛二虎”之力消除运河水患的决心。300多年来，运河沿线的镇水铁牛成为老百姓祈求平安，避免洪水侵扰的崇拜偶像。

2. 大运河水神信仰的传播

大运河两岸的水旱灾害频繁和行船的危险催生了水神信仰。生活在大运河两岸的人们，一方面享受着运河舟楫、水产等恩惠，另一方面也承受着运河暴虐、泛滥的种种苦难。因此，运河沿岸的人们对与自己生存息息相关的运河，产生了敬畏崇拜之情，多种形式的漕运保护神祭祀活动都表达着与大运河密切相关的民间信仰。水旱灾害的频发则导致民间治水神和祈雨神信仰的盛行。在科技落后、生产力水平低下的条件下，人们在灾害面前往往束手无策，于是人们便希望借助神灵的力量，祈求水患平息或普降甘霖。发大水了，人们去祭祀河神；遭遇干旱，也去祭祀河神；船要过闸河，更去祭祀河神。利用祈祷和祭祀河神平息水患、祈求降雨在中国有着悠久的历史传统，在地方官员和普通民众看来，这也是河神最为基本的职能。和漕运官员祈雨济运不同，地方官员祈雨则主要是为了农业生产和维护地方社会秩序。虽然水神信仰活动对防治水旱灾害不可能有直接的帮助，但也对当地社会产生了重要影响。当然，这种影响更多的是作用于人们的思想或意识。求神可以在一定程度上缓解人们的紧张情绪，增强抗灾的信心和决心，起到安定人心、组织动员的作用。运河是漕运的载体，而漕运是明清两代的政治和经济命脉。漕运官员及运河沿线地方官员之所以崇敬和祭祀金龙四大王、妈祖等水神，其目的也是希冀水神显灵，保佑漕运畅通。所以每当运道淤塞、漕运受阻之时，往往就是河神信仰盛行之时。

大运河文化交流的特点带来水神信仰的广泛传播。大运河在助推经济发展的同时，更带来信仰和文化的交流和碰撞。大运河的文化传播功能带来运河水神信仰沿运河流域的大范围传播。如妈祖信仰是从海运之神传到运河的，妈祖又称天妃、天后，相传原本是五代时期[1]福建莆田沿海一带的普通农村女性，由于某些偶然因素被奉为地方神灵，并随着海上贸易的盛行而在我国沿海地区迅速传播，逐步成为从事海上贸易的水手和商人们的保护神[2]。元代时海运是漕粮转运的主要方式之一，由于天津是海运的北方终点，故漕粮运往天津后需沿北运河、通惠河方可抵达大都城。在这一过程中，海神妈祖信仰也逐渐在京津冀地区传播开来。自明永乐年间大运河再次疏浚开通后，沿线城市商贸发展迅猛，善于经商的福建商人也将妈祖信仰传播到运河沿线。[3]妈祖信仰的另一个传播路径就是由南方的宁波顺浙东运河、江南运河、淮扬运河向北沿线传播，因为宁波是大运河的入海口，既有海运也有运河航运，宁波的庆安会馆即是妈祖庙。金龙四大王信仰也带有很强的流动性和迁移性，漕运大军、商人成为传播信仰的重要媒介。学者蔡泰彬在《明代漕河四险及其守护神——金龙四大王》一文中认为金龙四大王在元朝已是江南民众普遍崇奉的水神，明清时期随着漕运兴盛而从江南地区逐渐传入江北运河沿岸各州县。申浩的《近世金龙四大王考——官民互动中民间信仰现象》一文也重点对信仰起源进行了考究，认为金龙四大王最初是在明代江南地区形成，随着政治中心北移，漕运的目的地变成北京，这一信仰也沿运河传播，到达江苏北部及山东、河北、河南等地。如大运河徐州—淮安段，黄运关系最为复杂的区域便是金龙四大王信仰的中心祭祀区[4]。而以治水英雄为原型的大王庙、龙王庙也随着运河传播，分布到永济渠、通济渠、会通河、中河、淮扬运河沿线的广大地区。

大运河文化的包容性使大运河流域出现了众多的水神信仰。大运河文化艺术的一大特征就是包容，大运河流域由于文化的交流增多，相比于其他地区的人们包容性更强，这种包容使大运河沿线的人们形成了不同的信仰，以道教为基础使大运河水神的多源出现成为可能。同一条大运河，不同的地段，信仰的河神是不同的，有些河段更出现“诸神”并列的情况。南方的水神随着大运河的流淌，影响

南旺分水龙王庙供奉的是宋礼、白英、潘季驯等治水英雄

1 王元林．中国大运河沿岸天妃信仰及其遗迹调查［J］．中国文物科学研究，2016（4）：6.
2 王霄冰，林海聪．妈祖：从民间信仰到非物质文化遗产［J］．文化遗产，2021（06）：35-43.
3 郑自海．从京杭大运河看妈祖海神信仰的传播［N］．中国海洋报，2010-04-16（005）.
4 褚福楼．明清时期金龙四大王信仰地理研究［D］．广州：暨南大学，2010.

力一路向北，北方则同样有自己的水神，在大运河上供奉各路神仙的庙宇都有。因此，大运河沿线区域不仅是一条繁荣的商品经济带，同时也是一条密集的水神祭祀文化带。

3. 大运河沿线水神信仰遗迹

大运河绵延千余年的开凿贯通、疏浚维护历史，促进了中华大一统国家的形成和维系。大运河水神信仰在运河沿线广泛传播，进而产生了诸多供奉水神的大王庙、龙王庙和天妃（妈祖）庙等，如今，这些水神信仰遗迹，成为大运河经由漕运活动对沿线区域社会文化产生影响的重要实物见证。

宿迁龙王庙。宿迁龙王庙位于大运河中河宿迁段皂河镇附近的运河南岸，原名为“敕建安澜龙王庙”。供奉的水神是金龙四大王。龙王庙行宫始建于17世纪末（清康熙年间），清雍正五年（1727年）和清嘉庆十八年（1813年）两次重修，形成了现在占地36亩，周围红墙，三院九进封闭式合院的北方官式建筑群。自清代以来，每年的农历正月初八、正月初九、正月初十这三天，为皂河安澜龙王庙庙会之日。届时众多善男信女，前来烧香拜佛，祈福求祥。附近山东、河南、安徽几省的坐贾行商、民间艺人也纷至沓来，云集皂河。因正月初九为庙会的“正日子”，故当地又习惯称之为“初九会”。见证了运河水神信仰和中国古代国家对漕运的持续重视，具有极高的历史、科学和艺术价值。

天津天妃宫。始建于元代延祐年间（1314—1320年）的直沽天妃宫（又称东庙），是海上漕运进入鼎盛时期的产物。该庙建成后于元泰定三年（1326年）改为天妃宫。元至正十一年（1351年）第二次重建天后宫，明万历六年（1578年）又重修圣像殿宇。清光绪二十六年（1900年），天妃宫被战火烧毁。直沽天妃宫不仅是元代海上漕运进入鼎盛时期的产物，也是北运河漕运遗迹的重要补充和完善。在历史上，凡是由直沽

宿迁龙王庙的龙王殿

天津天妃宫

海口经海河进入北运河的海运漕粮，都经由直沽天妃宫。在此祭祀妈祖，既标志海漕的终结，又标志河漕的开始。

元代时，海上漕运兴盛，天津成为海路运输线的终点。为祈求漕粮平安到达，妈祖像和妈祖信仰也跟随浩荡的船队一路北上，传入津门。明代时，漕粮基本改由运河运输，虽然少了海浪带来的危险，但依然会受到自然气候因素的影响。当河面风浪较大，特别是船只密集时，容易发生碰撞导致的沉船事故。因此，人们依旧希冀妈祖的护佑，兴建和修葺妈祖庙，祈祷水运平安。当信仰的种子在天津扎根，妈祖的角色就开始由“海神”变为“河神”。

上虞曹娥庙。曹娥庙又叫灵孝庙、孝女庙，是为彰扬东汉上虞孝女曹娥而建的一处纪念性建筑。曹娥（130—143 年）是上虞曹家堡村人。母早亡，其父曹盱是一位巫师，善于“抚节安歌，婆娑乐神”。汉代吴越地区逢端午节有祭祀潮神伍子胥的习俗。东汉汉安二年（143 年）农历五月初五，曹娥江上举行迎潮神仪式，曹盱不幸溺水而死，尸体被浪涛卷走。年仅 14 岁的曹娥痛失慈父，昼夜不停地哭喊着沿江寻找。到十七天时，她脱下外衣投入江中，对天祷祝“若父尸尚在，让衣服下沉；如已不在，让衣服浮起”。说完，衣服旋即沉没，她立即投江寻父。三日后，已溺水身亡的曹娥竟背负父尸浮出了水面。曹娥的孝行感动乡里，迅速传扬开去。元嘉元年（151 年）上虞县令度尚改葬曹娥于“江南道旁”，并报奏朝廷表为孝女，为其立碑建庙。因此，曹娥庙，又叫灵孝庙、孝女庙。曹娥庙坐西朝东，背依凤凰山，面向曹娥江，占地 6000 平方米，建筑面积达 3840 平方米。

淮扬运河上的镇水铁牛。关于铸铁牛可以抵御洪水的说法大概始于唐朝，古人认为，牛是大地的象征和载体，自古就有用铁牛镇水的传统。雄鸡，据说可以抵御水患。古人认为洪水属阴性，而雄鸡报晓，可以驱鬼除阴。壁虎，也被古人视作驱除水患的神兽。清代，人们用生铁在淮扬运河沿线铸造了“九牛二虎一只鸡”，用于镇水防洪。如今淮扬运河沿线的“九牛二虎一只鸡”只剩下六头铁牛和一只石壁虎。铁牛分别位于淮安的高家堰、高邮的马棚湾和邵伯

上虞曹娥庙及神台

古镇等地，在古运河茱萸湾的壁虎坝还有一只石壁虎。如今，人们为了升学生子，祈求祛病除灾仍然来祭拜这些镇水神兽。

泰安禹王庙。泰安禹王庙位于宁阳伏山镇堽城坝村北，大汶河的南岸，坐北朝南，占地 16132 平方米。是供奉治水英雄大禹的。创建年代不详，据清咸丰元年（1851 年）重修《宁阳县志·秩祀》记载，“原名汶河神庙，在堽城坝，明成化十一年（1475 年）员外郎张盛建坝，因立庙”。堽城坝为古代著名的水利建筑工程。这项工程在历史上为繁荣南北水路交通、灌溉鲁西南广袤的农田，发挥过巨大的作用。庙内立有“同立堽城堰记”碑，记载着明成化十年（1474 年）堽城坝重建的原因、选址、用料及施工工艺等。庙内还有一通石碑为明成化十一年（1475 年）“造堽城石堰记”碑。庙中有一株被称为大禹化身的古桧柏，直径达 1.52 米，号称“齐鲁第一柏”，还有一株柏树被誉为“虬枝歧柏”，是宁阳八景之一。

邗沟大王庙。邗沟大王庙坐落在扬州古运河由东西向转向南的拐弯处，这里是古邗沟与宋代运河的交汇处。供奉的是两位与大运河有关的“大王”。一是春秋时的吴王夫差，开凿邗沟的第一人。吴王夫差修建邗沟，不仅成为京杭大运河的开端，而且开启了扬州城迄今 2500 余年的历史。邗沟的开挖对扬州地区的经济文化和航运交通的发展有着重大的作用。另一位“大王”便是汉初吴王刘濞。他利用吴荆之地丰富的自然资源，接纳各地的流民在吴地开荒种地。经过四十年的发展，使东南地区成为有名的鱼米之乡，他开山铸钱、煮海为盐，使吴国成为西汉初期各诸侯国中最富强的一个，而且开通了扬州向东的运盐河。夫差和刘濞对大运河的贡献，扬州人民没有忘记，历代建庙祭祀，供奉香火。后人将他俩当作财神供奉起来。邗沟大王庙原建在便益门北的古运河旁，20 世纪 50 年代被毁。2007 年，扬州市民在古运河畔重修大王庙。其南门上方悬一匾额，上书“恩被干吴”四个金色大字。殿前的四根抱柱上，两副木刻楹联尤为醒目：“曾以恩威遗德泽，不因成败论英雄”；“遗爱成神乡俗流传借元宝，降康祈福世风和顺享太平”，充分表达了扬州人民对两位吴王的景仰和感恩之情。

邗沟大王庙

滑县大王庙。位于道口镇的滑县大王庙建于明万历十八年（1590 年）。供奉的“王”是谢、黄、张、李、朱五位治水先贤，即南宋谢绪，明代黄守才、张居正，战国李冰，清代朱之锡，以祈求保护卫河安澜、水运通畅，人们安居乐业。据《滑县县志》记载，“由道口镇任德民、郭东野等八家盐业、绸缎业商户集资创建。该殿原名为十方院，有大小庙宇三十余座”，特殊历史时期时大多被拆除，现仅留存大王庙。大王庙坐东朝西，俯瞰卫河。该殿面宽五间，进深十二架像，为“一殿一卷”式建筑。殿内梁架分主殿梁架和拜殿梁架两个部分。如今，大王庙依然受到运河边人民的祭拜。

南旺分水龙王庙。为纪念明代著名水利专家、工部尚书宋礼和著名农民水利专家白英等创修南旺枢纽工程，人们在南旺汶河、运河交汇处建造了“分水龙王庙”。明永乐年间（1403—1424 年）开始修建分水龙王庙，有龙王殿、戏楼及钟楼等建筑。明正德七年（1512 年）建宋公祠、白公祠和潘公祠。清康熙十九年（1680 年）建禹王殿，其后相继增建了莫公祠、关帝庙、文公祠、蚂蚱神庙、观音阁等建筑，规模持续扩大，到清朝末年已经形成一座结构和功能完备的大型建筑群落。分水龙王庙由东、中、西并列的三组建筑组成，地面尚存关帝庙、禹王殿、观音阁等砖木建筑，其他建筑为遗址状态，主要包括：龙王庙建筑群基址、水明楼建筑群基址、祠堂建筑群基址等。遗址总占地面积五万多平方米，规模较大。

露筋娘娘庙。露筋娘娘庙位于大运河边的古镇邵伯镇东风渔业村，是为纪念露筋女而建立的。当地人为颂扬她的贞节，在她死去的地方兴建了露筋祠，称她为露筋女，并立碑刻石，以昭后人。石碑上立着一只石雕的振翅欲飞的大蚊子，长长的嘴叮在石头上，似乎在用力地吮吸着什么，这种碑的造型在全国实属不少。据说，碑文是宋代大书法家米芾的手笔。而今古碑不复存，碑刻仍存高邮文游台内。后人将露筋女作为运河女神供奉，凝聚着渔民们祈求平安的心愿。在封建社会，露筋女的贞节观受到了民众的赞扬。从宋代开始，有人题诗赞美露筋娘娘，如欧阳修写过《憎蚊》，王士祯写过《再过露筋祠》等，宋四书家之一的米芾为礼赞露筋祠曾题写过《露筋之碑》。但也有人对此事提出质疑。

白浮泉都龙王庙

乾隆皇帝曾两次游览露筋祠，题诗“蚊嘬安能至命亡，露筋事半属荒唐。虽然事可风巾帼，善善何妨思欲长”。

运河沿线，往往都会借祀奉诸神诞辰而举办不同的民间祭祀活动。既有观音、真武、东岳大帝、玉皇，也有城隍、火神、关帝、文昌、药王、马神等。当然也有运河河神，大凡立庙供奉之神，都在祀奉之列。在长江以南的大运河沿线地区迎神祀祝活动多称迎神赛会，而在长江以北运河地区，祀祝多为庙会、神会。期间，除烧香供奉外，同时举办百戏杂耍，秧歌花鼓等活动。像杭州农历三月二十八东岳大帝迎神会，“是日百戏竞集，观者如堵，所为杂剧、清乐、耍调、小说、蹴鞠、拳棒之属，令人应接不暇。”在山东东阿县，农历三月二十八祀东岳大帝会举办天齐庙会，会期“演剧，远近香客云集，商贾因以为市，前后七八日甫散”。

二、中国大运河特殊风俗

1. 通州运河龙灯舞蓝色的龙

每到过年过节，大运河北端的通州运河龙灯会就会舞起蓝色的龙，这种祈福方式，其源头可追溯到道光年间。过去一般在年、节、庆典、祭祀或灾年时，运河龙灯都要起会。春节的农历正月初二至正月十五为节日欢庆起会，主要为烘托节日气氛；二月二龙抬头、三月三娘娘庙会为祭祀起会，祈求赐福百姓、风调雨顺、五谷丰登；如遇旱、涝、病虫等灾害更要起会，祈求减少灾害、拯救生灵。

其他地区的龙以红色为主，而通州运河边所舞的两条蛟龙为什么是蓝色的？据通州人介绍，蓝色龙在北京地区极少见，蓝色代表“水”，带有鲜明的运河文化特色。目前只有运河沿线的通州舞蓝色龙，也说明了运河之水沟通南北文化的功能。蓝色双龙，通常男女各舞一条，龙皮用白布缝制，用蓝色染料描画出龙身和龙尾，用细麻制作龙须，龙骨架分别用白松木条和竹篾制作。舞动起来时，两条方头蓝身金鳞的巨龙，做着双跳龙把、串花篱笆、龙翻身、二龙绞、闹江舟、龙盘窝等颇有难度的套路动作，或如腾云驾雾，或如翻腾水中，奔腾舞动，神武飞扬，展现了独具一格的“风采”。两条蛟龙的舞动，承载着老百姓美好的期望。其实在大运河的南段，淮扬运河畔的扬州也有舞蓝龙的习俗，大运河文化的传播作用形成了运河沿线区域的文化交流。

2. 运河开漕节

通州运河开漕节始于明代，源于祭坝和祭祀吴仲等人。每年农历三月初一（清明

通州龙灯会照片

扬州舞蓝龙表演

节前后），开河后第一帮粮船到达通州后，即择日举行春祭。这就是开漕节。

每临开漕节，中央掌漕官员和通州地方官吏、各省在通州工商会馆官员、民众等数万人齐集通州城东运河西岸，共庆首批粮帮运船到达。祭坝有春祭、秋祭之分，春祭又有公祭、民祭之别。公祭由官方主持，各方头面人物参加，是正式的祭祀活动，仪式隆重而简约。祭祀活动在通惠河东端葫芦头东岸石坝举行。气氛热烈，场面盛大。

清晨，仓场总督率坐粮厅官员及其所属军、白粮经纪和掌管石坝的州判、掌管土坝的州同，各按身份着官服或礼服齐集石坝东，按等级列队，每人高举三炷香，向事前请置于石坝几案上的吴仲、何栋、尹嗣忠、陈璠等四人木神主鞠躬礼拜。

公祭后开始民祭，民祭由商民组织。接着是巡坝表演和民间文艺表演，有莲花落、太平调、打花银、地秧歌、小车会、跑驴、高跷会等表演，还有各种武术表演[1]。祭坝后，官员们集中在石坝衙门公宴，白粮经纪人等去城内饭馆酒楼聚餐，老百姓们则去里河沿吃刚出摊的烧饼，喝鲫鱼汤，或去北门口吃小吃。开漕节过后，漕船、商船就可穿行于大运河沿线区域。

3. 运河龙舟赛

龙舟赛是一种古老的中国民俗活动，主要盛行于吴、越、楚一带。据传战国时楚国大夫屈原含恨投江自杀，有许多人划船追赶施救，他们争先恐后，追至岳阳洞庭湖时仍不见屈原踪迹，之后每年农历五月初五划龙舟以纪念他。吴越地区则传闻龙舟赛

1　北京市通州区文化委员会．大运河文化带：通州故事丛书［M］．北京联合出版公司，2018.

起源于纪念伍子胥。《清嘉录》中记载，“吴地（江苏一带）竞渡，是源于纪念伍子胥，苏州因此有端午祭伍子胥之旧习，并于水上举行竞渡以示纪念”。

据专家考证，龙舟赛最早是江浙地区吴越民族祭水神或龙神的一种祭祀活动，其起源有可能始于原始社会末期。早在7000多年前，河姆渡地区的远古先民已用独木刳成木舟，并加上木桨划舟。我国古代南方水网地区人们常以舟代步，人们在捕捉鱼虾的劳作中，攀比渔获的多寡，休闲时又相约划船竞速，寓娱乐于劳动、生产及闲暇中，这是远古时竞渡的雏形。

在古代典籍有关龙舟起源的记载中，最早是出现在东汉。事实上，大运河南端的吴越一带直到东汉时才开发，端午的习俗最初只在长江下游吴越民族中流行，后来随着大运河的开通，吴越文化逐渐和中原文化交流融合，这种习俗才传到长江上游和北方地区。汉代赵晔《吴越春秋》也认为，龙舟的起源“起于勾践，盖悯子胥之忠作”。至今专家公认的中国最早的“龙舟竞渡”的图形，发现于浙江宁波市鄞州区云龙镇甲村。因此赛龙舟是起源于运河地区，也一直在运河沿线流行。

赛龙舟多是在喜庆节日举行，是多人集体划桨竞赛。龙船一般狭长、细窄，船头饰龙头，船尾饰龙尾。龙头的颜色有红、黑、灰等色，均与龙灯之头相似，姿态不一。一般以木雕成，加以彩绘（也有用纸扎、纱扎的）。龙尾多用整木雕，上刻鳞甲。除龙头龙尾外，龙舟上还有锣鼓、旗帜或船体绘画等装饰。古代龙舟也很华丽，如元代王振鹏画龙舟竞渡的《龙池竞渡图》，图中龙舟的龙头高昂，硕大有神，雕镂精美，龙尾高卷，龙身还有数层重檐楼阁。龙舟竞渡前，先要请龙、祭神，安上龙头、龙尾，再准备竞渡。这种风俗沿袭下来，至今运河各地还常举办龙舟竞渡活动。

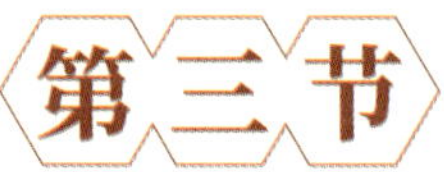

第三节

中国大运河社交风俗

中国大运河像一条金丝带，将我国南北文化串连起来，形成一条独特的文化带。南北各地的文化习俗、风情民俗相互吸纳融合，形成了独特的运河民俗文化。运河两岸的人生礼仪民俗，代代相传，成为社会文化的一部分。运河各地与生育、婚嫁、寿诞、丧葬有关的习俗受到普遍重视。

一、生育习俗

过去运河沿线人家生小孩，从怀孕、降生到百日、周岁都要举办庆祝活动，送礼称贺，习俗繁杂，礼仪繁多。

怀孕。又叫“有喜”，是家族中的一大喜事。如婚后不孕，就要四处求子。娘家得知女儿有喜后，便开始给孩子准备尿布、四季衣服。

产前。临近产期，娘家要派人带礼物来探望孕妇，称为“催生”。浙东运河沿线的绍兴将女子分娩之月，称为落月。娘家人在女儿分娩前，要将婴儿所需的衣帽等物品送到女婿家。送的食物为熟鸭、红蛋、活鸡、挂面、红糖、解缚粽等，装在四盒筐中。

做产。过去，大运河两岸的孕妇生孩子都在家中生养，一般由以助产为业的助产婆或家中有经验的老妇接生。婴儿所喝的第一口奶称“开口奶”，一般要请一个正在哺乳的妇女先喂一次，称为“换奶”。生男婴要到女婴家换，生女婴要到男婴家换。婴儿出生三天被视为一个重要日子，各地都要举行一些仪式。浙东运河绍兴一带要宴客，称“三朝酒”，并分赠红蛋、荔枝、桂圆、核桃、红枣等喜果。扬州等地要给孩子洗澡，称“洗三”。

满月。婴儿出生一个月称为满月。被视为孩子人生中的第一件大事。这一天孩子要剃头，要办满月酒，还要请艺人来家里唱戏，亲友要给婴儿送“剃头礼”，如金银项链、锁片、手镯、项圈、如意等物品，上面刻有“长命富贵”“长命百岁”等吉祥祝福的字样。

过百岁。婴儿降生百日，称“百晬”，又称“百岁”，各地都要庆祝。南运河沿线的山东德州等地，过百岁多在婴儿出生后第 99 天，一般由姥姥、姑姑等来送礼庆贺。江南运河地区的苏州等地则有送百家衣、百家锁的风俗。百家衣是用各种颜色的碎布做成的衣服，传说穿上可以消灾免祸。百家金则是用金银打制的锁片，锁上有长命富贵的字样，挂在小孩的脖子上。

抓周。婴儿出生满一年，称周岁。周岁这天要举办抓周仪式，又叫试周、试儿。这一天，在孩子面前放着书本、刀、尺、算盘、秤、针线、玩具等，看他先抓哪一样，通过抓取的东西来预测孩子的爱好、性格和前途。

二、婚嫁礼俗

结婚是人生的一大喜事，向来有“小登科”的说法。隋唐时期，大运河区域内民间婚姻就有纳采、问名、纳吉、纳征、请期和亲迎六个环节。纳采即男方有意于一女子，派人送礼物到女方家，女方家如不愿结亲，就不收礼物。问名就是男方修书到女方家，双方交换年庚。纳吉就是男家问卜于祖先鬼神。纳征就是男方向女家送聘礼。请期就是男方确定婚期后写在帖子上，备上礼物征求女方家意见。亲迎就是新郎于结婚当天到新娘家迎娶新娘。经过多年运河文化的交流，到了清代，运河各地的婚礼大都经过议婚、订婚、铺房、迎娶、拜堂、回门等阶段，每个阶段都有较为完备的仪式。

议婚。是指由媒人在男女双方之间，商量缔结婚姻关系。结亲的基本条件是相当的门第和财产，兼及品貌、年龄等，一般同姓不通婚。苏州一带，一般是男方家主动提婚，若女方同意议婚，男方就请媒人送求婚帖子，女方则将女儿姓名、生辰八字和允婚帖子，裹以红封，连同红米由媒人送到男方家，并不声不响地放在灶座下，如三天内男方家无碎碗破甑之事，就要请算命先生来合婚。

订婚。订婚是男女双方落实结婚意图的一种书面形式，大运河北部的河北、山东一带又称订婚为传启。绍兴一带男方要请人用红纸将求亲之意写成小帖，送到女方家。女方接到拜帖后，即写允帖。传帖后表明婚约达成，可以互通庆吊，互送节礼。

铺房。就是布置洞房，主要是安床和铺床，床要靠东墙或西墙。铺床一般在婚礼前一天晚上进行。铺床的人由夫君和儿女俱全的老年妇女担任。江南运河地区苏州一带则由新郎舅父舅母来铺床。淮扬运河沿线扬州一带在铺床时要说喜话。如铺床草时要说“良辰吉日喜洋洋，我代主家来铺床，两头铺的金丝草，中意铺的子孙塘。子孙塘呀子孙塘，一代更比一代强”，挂帐子时要说“新挂帐子四角方，新郎新娘睡中央，早开花来早结果，早生贵子喜洋洋。”安帐沿时要说“新挂帐沿六尺长，中间有对小凤凰，凤凰不落无宝地，状元出在你府上”。

迎娶。这是整个婚礼过程中最重要的环节。南运河德州一带，临娶前一天，新郎要换上新装，鼓乐相随，到村庄上挨户行礼，称“行家礼”。迎娶新娘过门分迎亲、等亲、送亲三种。在迎亲的当天，要组成一支迎亲队伍，由一人肩挎红带持迎亲帖作前导，吹鼓手高奏喜庆乐曲随后，新郎骑马，帽插金花，走在迎亲队伍之后，最后 4 人抬一台花轿，里面有压轿的男孩和大公鸡。来到女方家，在鞭炮声中，有人拿喜钱请压轿的男孩下轿。新郎进入女家后，等候新娘梳妆。新娘上轿前要穿嫁衣，还要开脸和上头，即用红线把脸上的绒毛绞掉，把头发绾起。新娘梳妆完毕，吹鼓手高奏喜乐，在新郎和送女客的陪同下，拜辞父母。有的地方要由舅父背上花轿，意思是不沾娘家的土。

拜堂。新娘拜堂不仅要拜公婆、长辈，而且要拜观礼的宾客，称为拜客。在唐代，拜堂后，新娘要在明亮的蜡烛前端坐三天。唐朝诗人朱庆余有诗“洞房昨夜停红烛，待晓堂前拜舅姑”。有的地方还要闹新娘，向新娘索要财物，故意刁难。现代的婚礼

淮扬运河边的迎亲队伍

尽管拜堂改在舞台上由司仪指挥象征性进行，但闹新房还是常有的。

回门。回门是婚礼中的最后一项，新郎新娘在婚后同去女方家中。回门日期各地不尽相同，一般是在成亲后第三天，北运河河北、天津一带为婚后第四天，称为“回四”。南运河德州一带则在婚后第三天，由娘家的父亲来将女儿接回，住九天，称为“住单九”。回门后，有的还要办回门酒。

三、寿诞礼俗

寿诞俗称过生日、庆寿、做寿。祝寿的起始年龄，各地不同。江南运河沿线苏州等地男子最重 30 岁的生日，有“三十不做，四十不发”的说法。浙江绍兴则有短十八、亡十九、二十做阴寿之说，即不为 20 岁青年做寿。尽管各地情况不同，但到了 50 岁起，逢十都要做寿。一般要设寿堂、点寿烛、挂寿幛，张灯结彩。平辈人拜寿，对寿堂躬身一揖，晚辈则要四拜。凡客人拜寿时，寿星的儿孙要还礼。祝寿的礼物有寿桃、寿面、寿烛、寿联、衣料和礼金等。所送的寿礼中，一般以女婿礼物最厚重。有的备办好多种礼物，放在桌上，叫人抬着，一路吹吹打打，鞭炮连天，送到丈人家，所谓“挑盒子”。主家款待宾客，先是吃长寿面，然后美酒佳肴，盛筵招待。过 80 大寿的人家，还要多准备吃饭的碗，以备宾客吃完饭带走，俗称讨“寿碗”。如今，大运河沿线的人家在给老人做 80 岁以上的整数寿筵时都要提前准备好寿碗，赠送给宾客。

此外，还有丧葬礼俗，包括初丧、入殓、成服、吊孝、出殡、做七等一套礼俗。

运河区域的民俗，是千百年来南北各地长期交流积淀而成的民族文化的具体反映，这种文化认同充分表现了中华民族的强大凝聚力向心力，也体现了大运河文化的交融带来的文化影响力。

四、中国大运河沿线居住民俗

人们常说“十里不同风，百里不同俗”，运河沿线的建筑风格就是这种不同风俗的表现形式。不同的自然条件，不同的地理环境，使运河区域形成了各具特色的居住风俗，在房屋形制和建房、搬迁礼仪上表现得尤为明显。

住房。隋唐时，大运河沿线民间建筑都是中轴线和左右对称的庭院布局，在宅内两座主要房屋之间，用带有直棂窗的回廊连接成四合院。明清时期，运河两岸居民住房多为砖木结构，方向大多数是坐北朝南，封闭式院落。北运河、南运河一带大多是主屋三间，两头用作卧室，中间是堂屋，堂屋主要用于接待宾客和全家人就餐等活动。房间前面开一个小窗户，透气采光。江南运河一带住房则多为临河而居，将住房建在水边，部分延建到水面上，以石条柱砌柱脚，上面铺上石板，再在上面砌墙。这种房子称为水阁。南方住房还讲究明灶暗室，厨房要明亮，早晚可以节省灯油。卧室则要暗，隐蔽且有安全感。

江南运河苏州一带人家喜欢在庭院内种植桂花、玉兰及牡丹，忌栽桑槐。有“前不栽桑，后不栽槐”的说法，避“望门桑、坏”的讳。而在南运河临清、德州一带则喜欢在门前两侧栽槐树，长成之后既遮阳又能打家具。因此有“姥姥门口大槐树”的童谣。

建房。运河两岸建房时有许多仪式，首先建房要请阴阳先生看风水，定方向，确定建房日期。方向一般为坐北朝南，略偏西一点，称为“太平向”。古时人们认为只有皇宫的金銮殿和官府的衙门及寺庙道观才能朝正南，民居如果朝正南就要遭天灾人祸。无论是农村还是城市，人们建房时，还是有这样的讲究。确定方向后还要择吉日开工建设。隋唐时，人们在盖房时于破土动工前要宣读一篇《建宅文》，以祈福主人幸福吉祥。在上梁前，要唱《上梁文》。房屋建成后，还要举行镇宅仪式。房屋建成后，搬进新居之前，江南运河一带要先在灶上烧发禄火，连续烧水直到把灶烘干。第一次点火要炒蚕豆，称为头头利市。进宅要祭祖宗，然后将祖宗牌位搬到堂屋，有的是挂在后门顶上。祖宗牌位安置好再祭宅神，然后才能搬家具进新房。

迁居。大运河沿线各地迁新居时都要择吉日，浙江一带迁居时还要先搬梯子、竹竿等，取其“步步高、节节高”的吉祥之意。迁居后亲友送“糕元宝”等，祝贺发财。南运河沿线的人们迁居完成后还要准备酒菜，招待四方邻居，名为“喝邻酒”。

五、大运河商贸民俗

大运河两岸是商品经济最发达的地区，沿线的集市贸易十分繁荣，而人们逛庙会、赶集市都有不同的风俗。

庙会。又称赶庙会、赶会。原是祭奠寺庙神佛而举行的集会，地址一般设在寺庙所在地附近，会间往往要唱大戏，供民众娱乐。后来逐渐有商人加入，便形成了祭神、游乐、贸易三合一的形式。运河两岸各地都有庙会，像大运河北端的直隶通州，有里二泗娘娘庙会、北坝菩萨主庙会、东岳庙会等。而淮扬运河沿线的扬州在清代有数以百计的都天庙，每年 5 月都要为都天迎会，人们抬着都天塑像在大街小巷游行，开展各种民间娱乐、商业活动。徐艺乙在《江南水乡的民俗与旅游》中写道，“都天会连续三天，最后一天五月十八为出驾日，四乡八镇的农民和大江南北的客商都云集而来，都天会达到高潮。有展览、贸易等多种功能，迎会之时，商家大做生意，各种面点师、工艺师大显身手。各类玲珑玉器、竹木制品、土偶漆雕、布匹绸缎、花粉胭脂、古玩字画等都有出售”[1]。在隋唐大运河沿线河南滑县的道口古镇还有一个火神庙会，每年的农历正月二十七、二十八、二十九三天，这里都要举办“火神庙会”。

集市。古代因商品贸易还没有达到每天交易的程度，大运河沿线的集市有约定俗成的日期，或单日、或双日、或逢五、或逢十，这天又叫逢集，一般大集全天，小集半天，到午即散。也有早市、夜市。中运河畔的窑湾古镇则有一种凌晨开市，天亮即散的“鬼市”。

道口古镇的火神庙会

1　徐艺乙. 江南水乡的民俗与旅游, 北京：旅游教育出版社，1996.

因地处大运河与骆马湖的交汇处，历史上，南来北往的货船往往会在窑湾停泊一夜。而在清晨开船前，船工们需要准备好下一段航程的货物和补给。因此，每天三更半夜，四面八方的小商小贩和镇里居民不约而同地来到窑湾街市，做起小买卖。久而久之，便形成了一个独特的市场：店铺半夜开门，灯下营业。天一亮，人群散去，复归平静。时至今日，中运河沿线的窑湾古镇还保留着这个“半夜开张，天明罢市”的特色集市，称为“鬼市”。成为吸引游客的一个独特品牌。

一般集市上分设市、行，各市、各行都有固定的集中营业区域，如粮食市、草(柴)市、骡马市、蔬菜水果市、鱼市、鸡蛋市、破烂市、木器市、铁器市、缸瓦市、杂货市等。在便于管理的同时，也方便赶集的人们选购。

七、大运河节庆风俗

大运河文化交流作用的体现，到了宋代，在岁时节日及习俗方面，从北往南沿运河地区逐渐形成许多共同的特点。特别是随着运河文化的昌盛，城镇经济的繁荣，岁时节日尤其频繁，并且常伴有丰富多彩的民俗活动。每年农历的除夕、正月、五月、八月等是运河地区民间节日比较集中的时节。

1. 除夕与元旦

除夕是运河沿线隆重的节日，人们十分重视，要祭祖、守岁、燃爆竹、挂桃符等。除夕之夜，全家相聚守岁，一起恭迎新年的到来。子夜时，燃放爆竹，以驱除年兽。江南运河沿线的人们要于农历正月初一这天饮屠苏酒以避瘟疫。所以有诗“爆竹声中一岁除，春风送暖入屠苏”。镇江一带的沙田户有秤江水的习俗，即用一只瓿取水秤重，来测年景丰歉，水重则来年江水大，水轻则来年江水小。元旦，即大年初一，亲朋好友要相互拜年，相聚欢宴。晚辈要向长辈磕头拜年，长辈要给晚辈压岁钱。

古代大运河沿线地区春节还有一项民俗活动，那就是驱傩。在汉代春节就有驱傩仪式，大傩选在腊日的前一日（即除夕前）举行，称为“逐疫”。到了宋代，这种大傩就演变为一种傩舞，宋画《大傩图》上画了十二个人，身着奇装异服，头戴假面具，手持各种道具跳舞。随着时代的发展，这种仪式也更加娱乐化，宋代的儿童也戴着傩面具玩耍。

2. 元宵节

正月的元宵节，又称上元节、灯节，从农历正月十三到正月十八，无论南北城乡，家家张灯结彩，爆竹烟火，彻夜不息。隋炀帝时，每年农历正月十五都要调集全国的戏班到洛阳演出。宋代大运河沿线的元宵节家家户户都要放灯，运河南端的杭州从农历正月十四到正月十八，连续放灯五天。放灯期间，灯品至多，精妙绝伦。为了鼓励民间放灯，临安官府还给市民发放蜡烛和灯油。江南运河边的苏州，明嘉靖《姑苏志》记载，正月“上元作灯市，采松竹叶结棚于通衢，下缀华灯……其悬剪纸人马，以火运之，曰走马灯。竹游五日而罢，十三试灯，十八收灯”。太湖一带则盛行“元宵扎竹为灯龙，有长二十节者，遇广场则数龙盘绕，蜿蜒生动，富家或构灯台，奏竹肉凭栏赏玩”。在长江以北的运河地区，民间的上元灯节民俗不输于江南。如在扬州“远近村镇，相传入市观灯，街巷填溢，自相蹂践”“每夜爆竹振荡，彻夜不休”。在中运河沿线的山东枣庄，“元宵，比户张灯，祭天地、神祇、祖先，与元旦同。通衢演戏，点燃花炮、烟火，扎秋千，架棚悬灯，办演各般故事戏耍，谓之闹元宵”。如今，运河沿线地区仍有元宵灯会，就是传承的古代的习俗。

3. 清明节

清明节时家家都以柳条插于门上，名曰明眼。清明日祭祀扫墓，都去郊外，形成清明踏青的习俗。在宋代以前，扫墓上坟都是在寒食节，宋代起改在清明节。张择端的《清明上河图》的第一部分就反映了当时人们清明扫墓的场景。《东京梦华录》卷七《清明节》条记载，“凡新坟皆用此日拜扫。都城人出郊，四野如市，往往就芳树之下，或园囿之间，罗列杯盘，互相劝酬。都城之歌儿舞女，遍满园亭，抵暮而归”。运河沿线的人们至今清明节仍然有踏青郊游的风俗。

4. 端午节

端午节是与大运河关系最密切的节日，端午节的来源有说是南方吴越先民创立用于拜祭龙祖的节日，有说是纪念楚国诗人屈原的节日，也有说是纪念吴国大夫伍子胥的，浙东运河沿线说是纪念曹娥的，北方也有纪念介子推的说法。划龙舟与吃粽子是端午节的两大礼俗，这两大礼俗在大运河沿线地区延续至今。宋朝时，杭州西湖以赛龙舟为盛事。湖中画舫齐开，游人如织。龙舟比赛时，湖中立一根标竿，上面挂满彩缎、银碗等，用以奖赏获胜者。龙舟比赛进行中，奋勇争先，现场人声场鼎沸，热闹异常。端午节运河沿线各地也有共同的风俗。人们要在门上插艾草、菖蒲，身上佩戴符袋、香袋等以祈福禳灾。同时举行各种娱乐活动。运河沿线城市，人们还有斗百草等民俗活动。范成大《四时田园杂兴》诗中就有“青枝满地花狼藉，知是儿孙斗草来”之句。受不同地域文化的影响，运河沿线各地也呈现不同的端午民间习俗。

古时无锡民间自农历五月初一起，在家中挂一盏大老爷灯，灯的四面镂空如门，门内有睢阳神张义士及其仆从的画像，门上有联，用五色纸刻细花糊在上面，灯顶部有宝盖，灯内贮油，日夜不熄，一直燃到农历五月底，以此灯来护家避邪。端午节前，女婿还要给老丈人送咸鸭蛋。端午节当天午饭菜十分丰盛，要宰杀新鹅，准备佳肴，名为“赏午”。端午节无锡民间家家户户要包大量的粽子，一次性煮熟。主要是因为端午节时，农民要忙于抢收小麦，抢栽稻秧，没时间做饭，可以用作劳作时的点心，俗称忙食、冷食。

江南运河一带苏州端午节有在家里悬挂钟馗像的习俗，而且要挂整整一个月。如果原先中堂挂了其他诸如山水花鸟福寿图，这时就要暂时取下，等到一个月过后钟馗像取下时再挂。还要在家中桌上花瓶中插蜀葵、石榴等物，号为“端午景”。苏州端午还有一个习俗就是药店施药。端午前后，正是栽插时节，人们在田间劳作，常常会被毒虫咬伤。每到端午节，苏州各地的药店都会向市民免费赠送苍术、白芷、大黄等治疗毒虫咬伤的常用药。

淮扬运河一带扬州的端午习俗最隆重。端午节扬州的孩子们穿戴上虎衫、虎兜、虎鞋，背着布老虎，鞋底还绣有“五毒”踩在脚下，脸上涂着雄黄酒，额上有大人蘸雄黄、朱砂写的一个“王”字，借助“虎威”来驱邪避恶；颈项和小手腕上戴着红、黄、青、白、黑五色丝线“百岁索”，传说五色丝能避邪驱恶。还有将煮熟的鸭蛋放在五色丝线做成的鸭蛋兜中。人们在衣襟上挂上一串五色丝缠绕的香袋，香袋里一般装着配制的白芷、苍术等芳香类中药。年轻女子逢端午节时戴应时的鲜花，妇女们戴上艾叶和石榴花、“端午花”，红火悦目，十分喜庆。此外，还在花瓶里插上石榴花、端午花、菖蒲、艾草等，称为“端五景”。扬州人端午宴的菜谱里必须要有“十二红”，就是十二种红色的菜，如烧仔鸡、红烧肉、烧老鹅、烧黄鱼、炒长鱼、炒虾子、炒苋菜、炒蚕豆瓣、拌黄瓜、拌凉粉、咸鸭蛋等，

扬州的端午十二红

预示今后的生活红红火火。

浙东运河一带绍兴人将端午节称为孝女节。据说绍兴人过端午，实际上纪念的是救父投江的东汉孝女曹娥，上虞的曹娥江因其而得名。在绍兴乡间，端午节也叫“女儿节”，因为这个节日，外嫁的女儿女婿必须回家。看望爸妈，同时带上一大堆礼物，如桃子、粽子等。娘家人把这些礼物分给左邻右舍，向人炫耀女儿女婿有多孝顺。

端午节还是美食节，周作人在《端午》一诗中就有描述，“端午须当吃五黄，枇杷石首（黄鱼又称石首鱼）得新尝。黄瓜好配黄梅子，更有雄黄烧酒香”。山东运河沿线的人们在端午节还有吃艾叶煮鸡蛋的习俗。这天一大早，家人便将新鲜的艾草放在锅里煮鸡蛋。鸡蛋熟时，蛋皮变成微绿色，还带着微微的艾草香。端午节这一天，小孩子要戴“五毒兜”，上有绣织的五毒图（蛇、蝎、蜈蚣、壁虎、蟾蜍），寓意以毒攻毒，以保健康。妈妈或奶奶会在小孩子兜里放一个温热的鸡蛋，或用温热的鸡蛋在其小肚子上滚几滚，边说“一年不会肚子痛”之类的话。

杭州、湖州一带端午节这天也是市民外出游玩的日子，北宋诗人苏轼在湖州当官时曾写过《端午游遍诸寺》，抒发了端午节游览湖州山川名胜的愉悦心情。在饮食习俗上，杭州端午日习俗主要是吃粽子、五色水团、时令水果以及饮茶酒。“无论士庶，递相宴赏”。与现代并无差异。

5. 七夕和重阳

七夕节在农历七月初七，这一天，男女老少坐在院子里，将酒脯时果放在面前，吃着瓜果，奏着琴筝，述说牛郎织女的故事。而重阳节这一天的风俗则是登高望远。说是为了登高，实则是秋游。重阳节还有佩戴茱萸，赏菊的习俗。王维的诗《九月九日忆山东兄弟》清楚地描写出了重阳习俗，“遥知兄弟登高处，遍插茱萸少一人”。

在各种民间节日中，敬神祭祖是主要内容，在大运河上的船家，都要祭拜河神。运河各地因习俗不同所拜的河神也不同。

中国大运河船民习俗

常年生活在船上的群体被称做船民或船户。大运河上的船民作为一个特殊的群体，养成了独特的生活习俗和生产习俗，形成为一种船民文化。他们有自己的语言习惯和语言禁忌，行船时也有特殊的禁忌。运河船民习俗代表着这一特殊群体的文化传统，反映了古代运河上船民真实的生产生活状况，承载着深厚的历史文化信息。

1. 大运河船民的生活习俗

船民也分三六九等，专门从事长途贩运的豪华大船，做的是大生意，是船民中的富裕阶层。驾着小木船拖家带口，常年漂泊在水上做小本营生的船民，是船民中的底层。过去在江南运河边上随处可见这些从苏北过去的棚子船。一般船长约七八米，宽约两米，深不足一米。分船头、船艄和中舱三个舱，其中船头部分还有一个隔舱，叫“方头”，也叫桅舱，是竖桅杆的地方。中舱与船艄之间有一块宽约三十公分的横板，叫面梁。烧饭的锅灶一般安放在船艄，那块横板就是一家人的餐桌。船艄的棚子上有一个可活动的天窗，方便烧煮食物时出烟。还有一边的板壁也是可以活动的，为方便淘米洗菜，同时又是船上人的厕所。船舱是用来装货或摆放杂物的，舱口铺着木板，木板上就是一家人的活动空间。如果船上是两代或者是三代人同船，夜里船艄里也要睡人，通常是小夫妻带着孩子睡中舱，老人睡船艄。中舱稍宽敞，晚上作为卧室，白天将被褥折叠起来，便成了孩子们的活动场地。如果有客人上船串门，还兼作客厅。船尾放上小盆，种些万年青或葱之类的盆栽，象征兴旺昌盛，往往还挂个鸭笼，养一两只鸭，象征着船民后代有“尾”，香火不断。

船头的装饰

台儿庄段中运河上的船民称保护神为“金龙四大王”，又称“大王老爷”。其实“金龙四大王”就是宿迁龙王庙中供奉的运河河神谢绪。因为金龙四大王主管河道，船民每月农历初一、十五便从桅杆往前的船头部分摆供敬祭，以供心神相通。船民祭祀金龙四大王传统仪式可以用“船头浇酒祀神龙，手掷金钱撒水中”来概括。江南运河浙江塘栖一带的船民有信奉“船头菩萨”的习俗。他们把“船头菩萨”的灵座供奉在船中舱左手面，设香炉。

船民以船为家，他们在船上生儿育女。生小孩后，就用温水洗身，三天后再洗一次，与岸上人家的“洗三”差不多。能走路后，用绳索缚住幼儿小女的腰身，系在船上，以防不慎落水，故有“船家的儿女——成串”的歇后语。船家新生的孩子初次去外婆家时，要给小孩舔一舔划桨上的水，寓意小孩从此就不怕水了。

2. 大运河船民的婚嫁习俗

船民在船上生活有些特殊的习俗。船民的婚嫁大多在内部进行，船家青年男女长大后，多数找同样的船民成亲，久而久之便形成了独特的婚嫁习俗。船上结婚的程序大致和岸上相同。若是娶亲，则先要提亲，定亲后要见面、下通书、下小启、下大启，下启时女方还要回启。接着开生辰，定日子准备成亲。船楼子就是新房，贴上双喜、对联。上联写“九曲三弯随船转”，下联为“五湖四海任舟行”，横批“百年好合”。婚嫁那天，亲家双方的船都停靠在河岸边，新娘戴凤冠、披红袄、坐小船到对岸男方家的船上。男方家船舱在船头搭上喜棚，新人不仅要拜天地，还要拜船头菩萨。喜宴也在船上进行，几条大船拴在一起，既牢固又宽敞。当地船民们还有一些特殊的婚嫁习俗。

三界合同书：也称媒人帖子，是订婚的凭证。是由提亲的媒人两头说合，在双方家长认可并征求子女意见的基础上，请媒人和水童子（坛头）等根据婚配男女双方的生辰，用干支五行推算生辰八字，相配者请人写好大红喜帖，由四大媒人传换庚帖。

四水礼：是船民对聘礼的称谓，主要是首饰、衣服、食品三大类。首饰多为金、银、铜、玉器之类，服装中必备红棉袄、红鞋、红裤，由男方家择吉日请四大媒人用彩船送到女方家，叫“装新衣”。食品类，有“双刀肉”（两根肋条相连的肉在中间划一刀）两块，前腿七斤，后腿八斤，配上猪心，名曰“连心肉”。鲜活鲤鱼一对，活公鸡两只，象征“龙凤呈祥”。高粱曲酒四坛（瓶），粉丝四斤，挂面四斤，以示情深意长。各种糕果十二包，每包四两，其中要有红枣、莲子（或栗子），预祝喜结连理，早得贵子，步步高升。

船家娶亲，结婚时要坐轿船，相当于迎亲花轿。新郎要接新娘过船，又称过喜船，就是接新娘。然后要开喜舱，将新娘迎入喜舱。第二天，两船各自驶往他方，新娘就成了男方船上的劳动成员了。船家若是嫁女，则简单得多。嫁到岸上，按当地的风俗进行即可。

3. 大运河船民的丧葬习俗

船民航运在外，客死他乡者，因船需要送货暂时不能回家发丧，便上岸找合适的地方先扶柩下葬，用芦席盖上，或在当地雇人看护，等船回程时再运回乡。如果给别人使船，便要高价雇船运回来。若是恰好遇到专门拉灵柩的船，则便可顺路运回。一般运货船和粮米船不会运送死者。等灵柩运回，在船头搭灵棚，发丧场地也是在船上进行，几条大船拴在一起。举行完丧葬仪式，然后就到事先选好的林地，挖好墓穴下葬，有老林就埋进老林。有的船民家在岸上没有坟地，就另买一块坟地埋葬。

4. 大运河船民的行船禁忌

以船为交通工具，有关船运的习俗和禁忌很多，如浙江杭州、绍兴一带乌篷船船头雕有状如虎头的“鹢”，用以“镇蛟龙”求吉祥。古时在船的桅杆上贴上“大王”“老牌”，或者吉祥动物图案，在船头挂红灯笼等，以求一路顺风。逢年过节时，要在桅杆上贴“大将军威风八面，二将军得力先行”的对联，摆“三牲”，船头“挂红”等。

船体常挂彩色布条，用以驱邪避凶。妇女不能站在船头正中，不能跨过船头和网架，不能与男人同桌吃饭，夏天也要穿上长裤。两船相碰时，新婚妇女不得用手或竹篙抵挡。在扬州，不准产妇上船。船行时要烧香敬神。淮安船停靠生疏码头时，要先用竹篙从船头到船尾打水一遍，叫“破漏地”。船卸货后，不让货主扫仓，如有剩余货物均由船工收拾。扬州行船，在迎庙门、巷口、大路尽头“三不靠”。船上孩子挂葫芦，一是图吉祥，二是起救生的作用。扬州船民拎肉上船要藏在篮子里，卖船不卖跳板。人们乘船出行时必选吉日，一般以三、六、九为吉日。过桥是船民们最担心的事，所以，吃饭时船民最忌讳将筷子放在碗上（俗称过桥）。在船上，忌头搁膝盖，手捧双脚，姿势像哭，不吉利；忌在船上吹口哨，以免“引浪招风”；忌拍手，因拍手意味着“两手空空，无鱼可捕”……

5. 大运河船民的语言禁忌

船民行船时有特殊的语言禁忌。“帆”，是船在运输行船过程中，竖起在桅杆上的一条大布，乘顺风方向，借助外力给船加速。在没有机械动力的年代，大船的动力一般都靠“帆”，但是“帆”，读音同“翻”，所以船民都忌讳的一件事就是把“帆”读作“fān”，他们都一般习惯于叫做“篷”。乘客和与送行者忌讲“翻身”“搁置”“死”

等不吉利的话。淮安一带人们乘船出行前，家中妇女早起不能说“死”“罪犯”等不吉利的话，如出门时遇见死人、寡妇或老鸦叫都认为是不祥之兆，听到喜鹊叫则是吉兆。在无锡、常州等地，行船的人讲东西翻身只能叫涨身。在船上吃饭，盛饭叫“装饭”，碗不准扣在桌上，吃鱼只吃半边，忌将鱼翻转。吃鱼要先吃头，喻意“一头顺风”。剩饭菜不能说“倒掉”，要说“卖掉”或“过鲜”，以忌“船倒翻”。船上的餐具也各有特殊的称呼：筷子叫“撑篙”，羹匙叫“掏子”，菜盘叫“羹搭”，饭锅叫“锅子”。行船遇到浮尸，则称“元宝”，不能称“死尸”。绍兴有哑子船的习惯，当船过桥洞时，船民不得出声，以免冒犯桥神。扬州对船主不称老板，而称“老大”。由于“老板”与“捞板”谐音，人们称通常船体被大风打成碎块以后，打捞船体碎片的行为为“捞板”。

吴语地区的船民，在船上不能讲“碰石岩”“碰滩（汰）横”等不吉利的话，遇到不吉利的谐音、方言都用改称，如“猪”谐音“输”（赌钱要输），“石”“舌”谐音“蚀”（经营要亏），“鸡”谐音“欠”（收入不丰），因此猪、石、舌、鸡等字都要避讳。猪头改称“利市”，猪耳叫“顺风”；石浦叫“赚浦”，舌头叫“赚头”，食罩称“赚罩”；鸡骨礁念“鸭骨礁”，鸡娘礁叫“老鸭礁”；称“做乱梦”为“聊天”，因“梦”与“网”谐音，以避“漏网”逃鱼。

第五节

中国大运河民间杂技与魔术

来往于大运河之上的“特产”，除了漕粮、食盐，还有沧州的杂技。在“杂技之乡”沧州吴桥出土的东魏时期壁画中，便可见到人物倒立、转碟、骑马的形象，足以说明吴桥杂技的历史悠久。南运河和会通河北段沿线是中国杂技的发祥地。

“上至九十九，下至刚会走，吴桥耍玩意儿，人人有一手”。河北沧州吴桥是著名的杂技之乡，翻跟头、变戏法的杂技刚开始或许只是当地人谋生的一技之长，后来也随着大运河的南来北往发展壮大，逐渐成为家家户户的生活方式。“小小铜锣圆悠悠，学套把戏江湖走……南北二京都不收，条河两岸度春秋”。这首吴桥著名的“锣歌”中提到的“条河”，指的就是大运河。水陆交通带来了频繁的贸易往来、文化交流，也为沧州本地的人文传统和民间习俗创造了展示和传播的舞台，沿着大运河走出沧州，走向了世界。

在吴桥，老艺人穆文庆于1912年组班赴东北演出。1926年，又带班子到国外演出。在演出期间，他结识了著名魔术师天一，学习了天一的一些大型魔术节目。回国后，他将班子更名为“大天一魔术团”。1929年他带团到南、北美洲演出，在美国纽约、华盛顿、芝加哥和加拿大等地的演出都广受欢迎。他最拿手的节目有《钓鲤鱼》《长绳套兔》以及滑稽魔术《抛瓶子》等。他的同门师兄穆成义、金仲生、杨发清、徐剑秋、小天敏等，后来也成为著名魔术师。他的徒弟天津人杨小亭、陈亚南，曾是天津杂技艺术的代表人物，享誉国内外。

在山东宁津，清末曾经享誉海内外的杂技艺术被继承下来。20世纪30年代初，张氏传人在北京天桥参加“八大怪堂会”比武，表演的“古老中幡”节目，因技艺超人、功力深厚而震动全城。20世纪40年代，宁津全县有杂技“大把式”300余人，另有1000副挑子，到全国各地，走乡串镇，赶集赶会，撂地演出。

在山东东平，清末民初出了李逮友（绰号“李半仙”）、张义成（绰号“张大辫”）等著名杂技艺人。李逮友少年时代曾随师父进京为慈禧太后献艺，后自己独闯江湖。他表演的“仙人摘豆”“九连环”等节目，技艺高超，能在围满观众的方寸之地，众目睽睽之下，千变万化而不露破绽。清光绪二十年（1894年）他在故乡组织李家马戏

杂技表演

中幡表演

班，到各地巡回演出达 40 年之久。他的子女李新勇、李凤娥、李凤云均为杂技演员，养女李凤英技艺高超，绰号“盖山东”。他的高徒张正振于 1921 年率团赴国外演出，历时 6 年，足迹遍及各地。张义成少年时代拜阳谷县薛成琳、薛纯琳为师，学习古彩戏法和幻术气功，后来独闯江湖。他精通戏法，善演艺功，头扎一条大辫子，辫梢上系一桶水，水桶拎起，疾如流星，滴水不流。1920 年前后，他以自己的子女和徒弟为成员，组织“双盛杂技马戏班”，在开封、洛阳、南阳、淮阴、商丘等地演出。他的 4 个儿女均有很高的技艺。20 世纪 30 年代，其子张振玉曾率“双盛杂技马戏班”到东南亚地区演出。

在会通河沿线的山东东阿，张正振、孟继功、孟继成等继承清末杂技艺人张鹏芳、李金枝等的技艺，成为著名演员。1919 年，张正振联络十多位艺人，组成“东盛班”，到各地演出节目。后孟继钱组织“三盛马戏团”，主要在运河一带演出。

南北运河的交汇处天津作为北方的政治经济文化中心，也是杂技艺人的集中之地。这一时期，北京天桥集中了“皮条杠子”老六、“空中飞人”曹鹏飞、“赛活驴”关德俊、“什样杂耍”金震、“伞技”宋淑霞、“柔术”朱丽英等一批杂技高手。天津则出现了杨小亭、陈亚华、陈亚南、金幻民、孙杰等一批著名魔术师。

运河沿线其他地区从事杂技艺术的人虽然较少，但也出现过有影响的艺人。如苏州人吴恩琪，早年从事魔术表演，1914 年在苏州创办“幻术研究社”，推广魔术艺术。1947 年，60 岁时，将其几十年积存的道具，全部赠送给同行和后辈，为南派魔术的发展做出了重大贡献。

龙舟竞技

附录

中国大运河艺术的保护与弘扬

中国大运河作为一条充满智慧与创造力的人工河，是沿线人民的母亲河，也是中华民族流动不息的血脉。大运河不但运送了物资，灌溉了两岸沃野，促进了经济繁荣，也孕育了灿烂的文化，融合了丰富多彩的艺术。大运河像一条穿越、编织众多纬线的经线，在中华文明的腹地流淌，打破了大自然的文化阻隔，直接促成了南北文化的交融；它又像一根擎天的立柱，撑起了数根文化的"横梁"，构建了中华文化巍峨博大的格局。

中国大运河沿线文化资源众多，有各种节庆文化、非物质文化遗产，有特有的文化形态和景观，且不说其漫长的河道、数不清的码头、船闸、桥梁、堤坝以及沿岸的衙署、钞关、官仓、会馆、庙宇和驿站，那些厚重的精神产品，特别是文学艺术，足以为中国大运河文化的发展传承提供重要的资源、灵感与思路。顺着这条水道，一条贯穿南北的文化大走廊逐渐成型，北方的儒学思想与南方的诗性文化有了交融。文化兴盛，文人、艺人沿河南来北往，文艺随之传播。京剧是由徽剧、汉剧、昆曲、秦腔四大剧种交互影响形成，这些剧种的融会正是以大运河为纽带。流淌的大运河赋予音乐自然的灵性，跃动的音符则给予人们心灵的慰藉。宝贵的文化艺术在大运河的滋养和灌溉下形成和发展，成为大运河及沿岸城市的文化名片，述说着大运河沿岸特有的故事和风采。

习近平总书记在党的二十大报告中指出，"推进文化自信自强、铸就社会主义文化新辉煌"。中华优秀传统文化是文化自信之源。2023 年 6 月 2 日，习近平总书记在文化传承发展座谈会上强调，"只有全面深入了解中华文明的历史，才能更有效地推动中华优秀传统文化创造性转化、创新性发展，更有力地推进中国特色社会主义文化建设，建设中华民族现代文明"。距今已有 2500 多年历史的中国大运河是一条文化之河，可以说是中华文脉，是建设中华民族现代文明的宝库。中国大运河文化艺术的特点是多元、包容和开放，而这正是衡量文化先进性的核心标准。中国大运河区域是中外文明交流互鉴的前沿地带，包容开放是中国大运河文化艺术中最具魅力的特征。推进

第 38 届世界遗产大会执行主席卡塔尔玛雅萨公主宣布中国大运河申遗成功

大运河文化带建设，要承袭开放交流的运河文化特点，以包容开放的胸怀，全面落实开放发展理念，利用厚重的中国大运河文化艺术，让中华优秀文化“走出去”，传播“中国声音”，进一步增强文化传播力，不断提升中华文化影响力。我国已经进入文化为引领的时代，拥有深厚的文化底蕴才能传播久远。中国大运河作为一条跨越时间维度、地理空间与文化荷载的超大体量遗产，在中国乃至世界范围内都具有号召力。我们要整合运河资源，打造新时代传播中华优秀传统文化的窗口，放大运河文化影响力，对接国家“一带一路”倡议，将大运河文化带建设与经济、文化“走出去”结合起来，通过凝聚文化共识，加强文化交流，促进经济的合作共赢，将大运河建设成为中国与世界接轨的桥梁与纽带。

一、加强中国大运河文化艺术的保护展示。作为世界遗产，打造新时代大运河文化艺术首先要恪守对国际社会的承诺，将大运河文化艺术保护好。2024 年是大运河申遗成功十周年，要加强对运河文脉的传承，保护与弘扬运河艺术。针对中国大运河艺术，重点是“传承好”，加强记录保存，鼓励传承弘扬，倡导教育实践，再造保护传承的社会环境和文化空间。实施中国大运河沿线非物质文化遗产记录工程，对濒危的文艺项目进行抢救性保护，对具有一定市场前景的文艺项目实施生产性保护，振兴大运河沿线传统工艺。加强对运河文化艺术重要载体和空间的保护，实施周边自然、人文环境和集聚区域整体性保护，对运河文艺资源进行数字化记录、保存。加大对大运河沿线国家级非物质文化遗产保护利用设施建设项目的支持力度，以核心区为重点区域，实施大运河艺术家研修研习培训计划，支持沿线非物质文化遗产项目集中地区推动非遗与特色小（城）镇等相结合，推进大运河沿线文化生态保护区建设，进一步扩大传承人群，提高传承实践能力。加强大运河文化艺术保护利用设施建设，统筹建设传统表演艺术类、传统手工技艺类、传统民俗活动类项目保护利用设施。开展大运河沿线文化艺术记录。落实中国传统工艺振兴计划，对大运河沿线具有一定市场前景的天津泥人张雕塑技艺、杨柳青木版年画绘制技艺（天津）、魏县传统棉纺织技艺（河北）、大名草编（河北）、临清贡砖烧制技艺（山东）、宋锦织造技艺（江苏）、扬州漆器髹饰技艺（江苏）、越窑青瓷烧制技艺（浙江）、杭州织锦技艺（浙江）等国家级非物质文化遗产项目实施生产性保护，对面临传承困境、濒临消失的珍贵文艺资源及时实施抢救性保护。

二、加强对中国大运河文化艺术的研究传承。大运河流经地是民族传统艺术的重要组成部分。要从大运河艺术中汲取传统文化的营养，为建设中华民族现代文明贡献力量，真正实现文化自信。要加强对中国大运河艺术的研究，分析其规律，以求充分认识和利用大运河艺术价值，更好地传承和弘扬这一珍贵的文化艺术遗产，进一步推动大运河文化带建设，努力使中国大运河文化艺术重新焕发出蓬勃的生命力。将运河文脉传承好，离不开加强对大运河文化的研究挖掘，要对中国大运河沿线文化艺术的价值与精神内涵作深度梳理与挖掘，形成一批研究成果。进一步继承弘扬大运河文艺精神，为实现中华民族伟大复兴的中国梦增添动力。同时，运用这些研究成果创作一批运河文艺作品，推动文化与旅游的深度融合。要加强对运河文艺研究成果的出版，将运河文艺研究书籍纳入主题出版计划予以重点扶持，出版一批运河文艺研究成果，向国外介绍大运河，让大运河文化传播出去，不仅在中国，而且要在全世界掀起“大运河热”。一要深入开展学术研究，为大运河文化带建设提供理论基础。要加强对大运河学术体系的建设，提高基础研究水平，加强战略性、全局性、前瞻性问题研究，着力提升解决重大问题能力和原始创新能力，逐步形成品牌效应。二要开展面向现实的应用性研究，为大运河文化带建设提供决策咨询。理论研究要体现对实际工作的指导作用。在新的历史阶段，无论是高校，还是社会各界的研究者都要积极参与大运河文化带建设实践，发挥智库的作用。积极开展应用研究，为大运河文化的保护、传承和利用，为推进其高质量发展提供有力保障。

大运河文艺研究成果（出版物展示）

三、加强中国大运河文化艺术人才的培养，传承运河文脉。只有充分了解中国的传统文化，才能真正做到文化自信。传统文化不能一蹴而就，只有通过日复一日的积累和沉淀，才能筑牢文化自信的根基。同样，中国大运河文化艺术人才的培养也如此，要广泛培养人才，让大运河文化传承后继有人。大运河文化保护传承利用，一方面，要通过高校的讲台、课堂传承大运河文化艺术，让运河学成为一门学科，走进高校，引导更多的学子们热爱大运河，了解大运河，投身大运河文化带的建设。另一方面，要通过各个艺术门类的“师带徒”，培养一批对运河艺术感兴趣的年轻人，从而使大运河文艺后继有人。坚持以文化人、以文化城，大力传承弘扬生生不息的大运河精神，彰显运河城市特色，促进文化自信、文明进步和文艺繁荣。要传承大运河城市书香文脉，开展“文化走亲”“非遗进校园、进社区、进企业”等活动，弘扬传统文化，增进文化自信。策划建立中国大运河沿线城市文艺合作组织，合理修缮利用运河文化遗存，提高大运河沿线人们的文化艺术欣赏水平，让大运河沿线城市的书香文脉看得见、听得到。

四、讲好运河故事，用优秀作品传承运河文艺。自古以来，中国大运河沿线就是中华文学艺术的摇篮。要繁荣运河文化艺术事业，讲好运河故事，推进大运河沿线城市地方文化交流展演展览展示活动的提档升级，实现其表演的通俗化、市场化、国际化，增加其市场认同度，进而推向世界运河城市，用世界语言讲好运河故事，积极推动中国大运河文艺“走出去”。要用运河边成长起来的文学艺术形式去创作新的运河文学艺术作品，如用京剧、昆曲、扬剧、淮剧、锡剧编演运河大戏。要撰写一批运河小说、运河诗歌、运河散文，要创作一批反映运河精神的书法、绘画、雕塑作品，来传播运河文化，利用大运河这一世界级的文化遗产，通过活化运河历史文化，输出文艺产品，传播优秀运河文化，让世人感知到中华文明的渊源博大。杭州歌舞剧院原创的歌舞剧《遇见大运河》在大运河沿线城市巡演 106 场后，又在大运河申遗成功两周年之际走进国家大剧院献演。在此之后，他们又赴德国、法国、埃及、希腊、美国、巴拿马、俄罗斯、瑞典等国的运河城市交流演出，弘扬运河文化。联合国教科文组织特别授予《遇见大运河》团队“文化遗产传播保护使者”荣誉称号。北京、江苏等地围绕大运河题材编排了交响乐、电视剧、小说、诗歌，各类运河文艺作品层出不穷。培育做响“运河风情”“江南曲美”展演展览品牌，策划举办大运河曲艺交流展演、大运河文化艺术节等活动。打造并输出体现大运河精神的影视剧、舞台剧，讲好运河故事，传播优秀中华文化。

五、打造运河文化平台，用国际交流传播运河文艺。要推进运河文艺交流国际化，让运河园林、运河传统、运河歌舞“走出去”。大运河作为“一带一路”的交汇点，要借助对外文化交流和贸易平台，实施“一带一路”文化交流工程，以“一带一路”共建国家为切入点，积极组织大运河文艺项目，参加我国与共建国家举办的文化节、艺术节，传递大运河的文化精神，在国际上建立大运河文化的亲切感，增强运河文化的核心竞争力。要通过举办运河文化旅游博览会、运河文艺交流演出等形式，来传播运河文化，增强运河文化的影响力和传播力。同时，充分运用好运博会、运河名城论坛等对外交流平台，挖掘京津、燕赵、齐鲁、中原、淮扬、吴越等大运河沿岸地域文化特征，推动分类集中、功能衔接、融合发展，布局六大运河文化高地，构筑大运河艺术与地域文化伴生共荣的集中展示空间。

联合国教科文组织特别授予《遇见大运河》团队文化遗产传播保护使者荣誉称号

世界运河城市论坛

六、推进文旅融合，用国际旅游推介运河文艺。大运河沿线拥有国家级非物质文化遗产 500 余项，这些都是重要的运河文化资源，打造国际旅游目的地也离不开大运河这一世界级的文化符号。要利用运河文化，讲好运河故事，传播中华文化，让世人感知到中华文明的渊源博大。大运河作为世界遗产，不仅可以吸引国内游客亲水休闲，而且还具有相当大的国际吸引力，为旅游产业的发展提供了全新的成长空间。发展大运河旅游是彰显大运河文化神韵，塑造大运河文化形象，展示大运河文化名片的重要手段。大运河旅游离不开运河文化的加持，要推进文旅融合，在运河物质遗产中展示运河文化，让动态的非物质文化遗产进入固态的物质文化遗产，在互动的基础上激发出新的活力。如在扬州的盐商大宅表演淮扬菜制作技艺，在苏州的沧浪亭上演实景版的昆曲《浮生六记》。要通过文旅融合，使运河沿线的景观更有观赏价值，保护传承附着在物质遗产上的运河文化。推动大运河成为与长城、故宫、兵马俑、敦煌齐名的国际旅游目的地。

曲艺演员在古运河游览船上为游客表演

七、发展运河文创，用文化产业宣传运河文化。大运河作为一条人造的河，带动的是周边一群创新创造的人，运河两岸的桥梁、船只、景色，都是人类的创造，千百年来运河儿女创造了灿烂的文化。传承弘扬大运河文化的同时，更要发展大运河文化，

苏州沧浪亭上演的实景版昆曲《浮生六记》

要集聚大运河文化关键资源要素，发展与大运河文化相关联的创意设计服务、文化软件服务、文化休闲娱乐服务、文化艺术服务等产业，推动文化产业与旅游、体育、农业、工业等相关产业深度融合，助力区域经济高质量发展。提取运河文化元素，如戏曲元素、民歌元素，将中国大运河文化转化为多样化、个性化的系列文创产品，将运河文创产品销售出去，在传播弘扬运河文艺的同时，促进运河旅游产业的延伸和运河经济的发展。比如扬州漆器、苏州宋锦、天津杨柳青年画等传统手工艺，本身就是运河艺术的一部分，通过开发创意产品，销售到国外，既传播了运河文化，又产生了经济效益。要通过在国外举办工艺品展销活动等多种形式，让运河工艺“走出去”，让更多的国外友人感知运河工艺的文化魅力，在更大范围内扩大辐射力、影响力。要传承历史、着力创新、面向世界，传承和发展大运河园林的技艺、工艺和手艺。要梳理运河园林艺术的传统核心要素，提炼出特色鲜明、通俗易懂的运河园林特点，让世界了解运河园林“基因”，推动大运河园林艺术走出国门。要承袭开放交流的运河文化特点，以包容开放的胸怀，扩大对外开放，提升国际化水平，扩大与运河沿线城市及“一带一路”共建国家和地区的文化贸易往来、文化产业交流合作，推进开放发展与合作共赢，加快发展对外文化贸易，推动运河优秀文化企业、产品和服务“走出去”，构建互利共赢的文化产业国际交流合作新格局。

中国大运河是一条积淀丰厚的文化遗产长廊，沿线文艺资源十分丰富，众多的文化资源为大运河艺术的发展与传承提供了灵感与思路。切实保护和传承弘扬大运河艺术，不仅具有历史文化价值，而且具有较高的经济价值和社会价值。建设大运河文化带，就是要更好地挖掘、保护、传承大运河文化，并创造新的大运河文化艺术，使大运河成为展示和传播中华优秀文化的长廊。要加强对大运河艺术的传承弘扬，打造新时代大运河艺术，将大运河建设成为新时代传播中华优秀文化的窗口，建设中华民族现代文明的示范点。

中国大运河史诗长卷展示墙

《中国运河志》发布会现场

后 记

2024年是中国大运河申遗成功十周年。这本书是我写作的第十九本大运河图书，也是我来到扬州市文联工作后构思的第一本大运河图书，不可避免地打上了文学艺术的烙印。从中国文联系统来看，有11个相关艺术家协会，基本对应音乐、舞蹈、书法、绘画、戏剧、曲艺、民间文艺、摄影等艺术门类，再加上中国作家协会对应的诗词、散文、小说，这就构成了作为市级文联联系服务的文艺家团体。在服务这些文艺家团体的过程中，作为中国大运河的研究者，我萌生了研究中国大运河与各艺术门类之间的内在关系、剖析大运河对文学艺术发展的作用的想法。将这一想法与同事肖剑锋一讨论，他也认为在大力推进大运河文化带建设和大运河国家文化公园建设的今天，出版这样一本书很有价值。因此，《中国大运河艺术》应运而生。我想这既是一位申遗人献给中国大运河申遗成功十周年的一份礼物，也是一位文艺工作者对运河艺术的致敬。

这本书的内容主要是研究大运河与各文艺门类的关系。我过去写的大运河图书，有赖于在大运河申遗期间的长期积累，一般是以图见长，放入了多幅精美图片。但编著这本《中国大运河艺术》时，我积累的图片并不多，幸好有广大文艺界同事及新闻出版界朋友的帮忙，我们得以找到了一批艺术作品的精美图片，如“十大传世名画”“十大书法作品”、精彩的文艺活动照片等，使这本书能够继续做到图文并重。这本书是“中国大运河系列”的第六册图书。这几年围绕大运河文化研究，出版了十几本书，尽管这些书都图文并茂，但细细想来还是觉得学术性并不强。而这本书注重在学术研究上下功夫，因此文中插图并不多，重点展示了艺术作品的图片，这样增强文字部分的整体性和阅读的流畅性，使全书更有文艺气息，对图书的印刷质量也更有保障。此前，国内还没有人从中国大运河的视角来研究文学艺术，这本书可以说是第一本中国大运河艺术的专业研究图书。本书用科学严谨的笔法，别出心裁的设计，让读者在轻松愉快的氛围中，读懂中国大运河与文学艺术的深厚关系及内在逻辑，了解中国大运河的价值所在。相信这本书将对文学艺术知识的普及、大运河文化的传播传承，对利用大运河建设中华民族现代文明有一定的推动作用。

在中国文联、中国文物学会等机构的关心支持下，在扬州大学人文社科处、音乐学院、中国大运河研究院的帮助下，在扬州市文联诸多同事的共同努力下，本书历经半年编写而成。在本书的写作过程中，参考了姚汉源先生的《京杭运河史》、安作璋先生的《中国运河文化史》，以及《中国曲艺发展简史》《中国舞蹈史》等资料。本书的写作还得到了邵萍、宋桂杰、周泽华、董辉、季文静、章栎、黄杰、蒋永庆、周鑫、朱世生、黄钢、葛瑞莲、王莲、顾巧年、吴建军、姜国权、周倩、王俊生、周倩、胡涛、卞洁璟、栾婷、胡晓风、苏海霞、王爱民等的帮助，以及国家博物馆、北京通州图书馆、扬州博物馆、现代快报等单位在图片、制表等方面的大力支持，在此一并表示感谢。

大运河是沿线人民的母亲河，大运河文化带和国家文化公园建设又让大运河成为新时代的文化焦点之一，希望以这样一本书来吸引更多的文艺工作者全面了解大运河、认识大运河，从而热爱大运河，参与到保护传承利用大运河文化的伟大事业中来，助推大运河文化带建设和中华民族现代文明建设。

姜师立

2023 年 8 月